叢書・ウニベルシタス　1032

フランスという坩堝《るつぼ》

一九世紀から二〇世紀の移民史

ジェラール・ノワリエル
大中一彌／川﨑亜紀子／太田悠介 訳

法政大学出版局

Gérard NOIRIEL
LE CREUSET FRANÇAIS; Histoire de l'immigration XIXe–XXe siècle

This book is published in Japan by arrangement with Seuil
through le Bureau des Copyrights Français, Tokyo.

目次

はじめに

『フランスという坩堝《るつぼ》』の初版は、一九八八年に刊行された。今日、この本は移民史に関する「古典」になったといいうる。本書の第一章で示すように、一九八〇年代初頭には、まだこの研究分野は存在していなかった。当時、移民という現象は、フランスの現代史におけるその比類のない重要性にもかかわらず、「記憶の場」に属さないものとされていたのである。二〇年ほどのあいだに、物事は大きく変わった。今では非常に多くの若手歴史家がこの問題に取り組んでいる。論文や著作の数は、目を見張るようなテンポで増加し、移民史に関するインターネット・サイトや、雑誌、講座が作られ、多くのシンポジウムも開催されている（巻末の文献目録の補遺を参照されたい）。移民史をめぐる原資料を、整理し、分類し、保存するために払われてきた努力、とりわけ非営利団体《アソシアシオン》ジェネリックがここ数年来（一九九九年〜二〇〇五年）払ってきた努力が、ようやく実を結びはじめたのである。これもまた、本質的な成果であるといいうる。なぜならば、史資料《アルシーヴ》なくして、いかなる歴史もありえないからである。

一般の読者に訴求するために、移民史の研究者たちは、非営利団体の人びとや、学校教員、あるいはメディアやショービジネス界の専門家と、つながりを作ってきた。その結果、移民史の研究者たちは、ドキュメンタリー作品や教育に関わる活動を創り出すことに貢献してきた。この種の貢献は、自国史における移民現象《イミグラシオン》の重要性を認めさせるために集団的な努力が払われるなかで、大きな役割を演じている。私の主張、すなわち今日のフランスを作った数百万の移民をテーマとする記憶の場を作るべきだという主張は、フランス革命二〇〇年祭で人びとの頭がいっぱいだった当時にあっては無関心のうちに迎えられたが、最後には聞き入れられるところとなった。フランス政府の最上層部の支援を受けて、国立移民史博物館が、二〇〇七年にはポルト・ドレ宮にて開館する予定である。

移民現象をめぐる新しい見方

もちろん、いかなる本も、たとえそれがどれほどの美点を備えていたにせよ、その本一冊だけで、これほどの広がりをもつ集団的な運動を引き起こすことはできない。一九八〇年代以降、移民現象をめぐる新しい言説が公共空間のなかで重きをなすようになった。八〇年代以前には、この現象は今現在の問題と見なされていた。当時まだ「移民労働者」と呼ばれていたこれらの個人に興味を抱いたのは、社会学者や経済学者のみであった。これらの個人の運命は、極左の諸政党を例外として、政界の関心をほとんど呼ばなかった。そして極左の諸政党はといえば、一九六八年五月以降、移民のなかに、現代におけるプロレタリアの化身を見出していたのである。

こうしたトーンの変化は、複数の要因によって説明される。一九七〇年代の中葉には、経済危機と、移民の大量流入の終焉とをつうじて、フランスにやってきた最後の移民の波に属する人びとがしだいに定着していった。一九八一年に権力を掌握すると、左派は、移民たちの内部における文化関連の非営利団体がいっそう発展するような施策を講じたが、この時代はまた、記憶に関わる問題が強い興味を惹き起こし始めた時代でもあった。こうした背景があったからこそ、一九七〇年代における活動家的な文脈のなかで自己形成し、「オルタナティヴな歴史学」と呼ばれていたものを推進することに心を砕いていた若手の歴史家たちは、年長の移民を主人公とする「生活史」を書くようになったのである。

もうひとつの主要な出来事は、一九八三年以降、フランス政治の舞台の前面に、極右が復帰したことである。国民戦線は、そのあらゆるプロパガンダを移民現象を軸として組み立てていたが、その際に、「フランスのアイデンティティ」に関するナショナリスト的な言説を復活させた。つまり、記憶の問いが議論の中心に据えられるようになるにあたっては、国民戦線がおおいに貢献しているのである。実際、極右のおもな主張のひとつは、移民たちが、「純血種のフランス人」とは同じ歴史を共有しておらず、それゆえ移民たちは〔フランス社会に〕「統合されえない」というものであった。国民への「帰属感情」や忠誠の基礎としての「ルーツ racines」という主題を復活させることによって、この言説は移民現象をフランス社会にとっての「新しい問題」として提示しようと試みたのである。すると、それまではこの問題にほとんど興味を抱いていなかった歴史家たちが、突如この問題をみずからに関わるものとして感じるようになった。「望ましからざる者」は社会に統合されえないという言説が煽った外国人嫌悪の帰結を、過去において歴史家たちの一部も（直接本人が、あるいは家族が）すでに被ったことがあっただけに、歴史家たちはいっそうみずからに関わることとしてこの問題を感じるようになったのである。

移民現象に注がれるまなざしのこのような歴史化は、人びとを「カテゴリー化」し計算する方法を一変させた。一九八〇年代末に創設された統合高等評議会は、「移民」の公式の定義とされるものを作り出した。〔その定義によれば〕この用語は、外国において外国籍の人として生まれ、フランスに居住する者のことを、今後は指すことになるのである。国立統計経済研究所（ＩＮＳＥＥ）が人口調査で用いるようになったこの新しい分類法は、公権力が、諸個人の法的地位よりもむしろ出自を重視する言説に寄り添い、これを強化したことを示している。第三共和政期に導入された慣習と断絶するこうした決定は、激しい議論を巻き起こしたが、そのことをここで長々と論じることはできない。しかしながら、こうした新しい行政上のカテゴリーを裏書きすることを避けるために、歴史家は、もはや移民《イミグレ》ではなく、移入者《イミグラン》という用語を、これからは使ったほうがよいと私は考えている[1]。

その副題〔「一九世紀から二〇世紀の移民史」〕にもかかわらず、『フランスという坩堝』は、「移民史」に関する総括を提供するとの主張を述べてはいなかった。というのも、そうした総括を可能にしたであろうような基礎研究が執筆時には存在していなかったからである。そのために私は、この本を一種の「研究計画」として構想した。すなわち、各章が、将来の研究において取りうる方向性を指し示していたのである。それから二〇年経った現在、研究が前進した点や、欠落している点を指摘しながら、まずは最初の決算を行なうことができるであろう。

二〇年間の研究

移民史というこの新しい分野の出現にあたっては、現代史の研究における二つの重要な領域、すなわち社会史と政治史とが寄与している。草分けとなった研究者たち（とりわけピエール・ミルザ、ミシェル・ペロー、イヴ・ルカン）は、それまでの数十年間に関心を呼ぶようになった諸問題——政治史では国際関係史や世論の歴史、社会史では労働史——に取り組むなかで、そのような意図を必ずしももっていたわけではないのに、移民現象と出会うことになった。これらの人びとは、その経歴の当初から移民現象をみずからの関心の中心に置くことで、新世代の歴史家の一群を形成したのである。

最も迅速に進歩を遂げた分野は、一九世紀以来フランスに定着した、さまざまな移民コミュニティの歴史に関するものであった。この動きは、フランスの大学における研究の論理それ自体によって説明がつく。実際、歴史学の大半の博士論文は、個別研究《モノグラフィー》の枠組みに組み込まれているのである。みずからの能力を証明してみせようとする見習い歴史家たちは、手に入りうるあらゆる史資料を閲覧しうるように、きちんと限定された時空間の枠組みのなかで研究をしなければならない。移民史はこの種の調査研究に適しており、その結果、多くの場合はパリ地方に住む、特定の国籍の人びとを対象とする個別研究が増加することになった。イタリア人たちの歴史（Blanc-Chaléard, 2000）、スペイン人たちの歴史（Benveniste, 1989; Lillo, 2004）、ポルトガル人たちの歴史（Volovitch-Tavarès, 1995）、アルジェリア人たちの歴史（Pitti, 2002）が、こうした見通しのもとに着手された。そして、リヨン（Massard-Guilbaut, 1995）やマルセイユ（Temime, 1990）、あるいはシェール県（Rygiel, 2001）やノール県（Cegarra, 1999; Popelier, 2003）といった、パリ以外のフランスの地方についても、移民史の業績が出てくるようになった。さらに、これらの個別研究の延長線上に、特定のコミュニティを〔フランス〕全土の枠組みで扱う研究も、数を増してきた。今日、アルジェリア人（Gilette et Sayad, 1984; Hammoumou, 1993; MacMaster N., 1997）、ポーランド人（Ponty, 1988）、ロマ（Asséo, 1994）、ロシア人（Goussef, 1996）、アルメニア人（Hovanessian, 1995）、ルーマニア人（Diminescu, 2003）について、こうした総括的研究を私たちは手にしている。

難民の歴史についても、多くの研究がなされている。とりわけ一九三〇年代（Milza et Peschanski,

1994; Caron, 1999)〔の難民〕への関心が高いが、東南アジア（Condominas et Pottier, 1983; Hassoun, 1997）や東ヨーロッパ（Dufoix, 2002）からやってきた難民たちを主題とする調査研究のおかげで、最近の時代についても関心は高い。そしてこれらの研究によって、当初あまりにも労働者の移民現象に集中していた見方が修正されうるようになった。知識人（Betz, 1991）や小商店主（Zalc, 2002）、学生（Manitakis, 2004）のような、労働者以外の社会集団に関する研究の恩恵を、今日私たちはこうむっているのである。さらに、当初は「二〇世紀史の専門家」だけがもっぱら扱っていた移民現象という問題が、近代史専攻の歴史家（Dubost et Sahlins, 1999; Roche, 2003）や、七月王政期を研究する歴史家（Mondonico-Torri, 1995; Derainne 1999）の興味をひきつけるようにもなっていった。これに加うるに、ここまでざっと述べてきた、主に社会史に属する業績群とは異なる、経済学的・人口学的な研究も、フランスに住む人びとの変動における移民現象の重要性を立証している（Tribalet, 1991; Taïeb, 1998）。

近年伸びてきた第二の大きな分野は、移民現象の政治的な次元に係わるものである。庇護権の問題については複数の精密な研究があり（Noiriel, 1991; Legoux, 1995; Masse, 1996）、移民政策についても同様である（Weil, 1995; Viet, 1998）。また、フランス国籍の歴史（Guichard et Noiriel, 1997; Feldblum, 1999; Weil, 2002）や共和制国家の行政実践（Noiriel, 2001; Rygiel, 2004; Spire, 2005）についても多くの著作が書かれている。外国人嫌悪（Silverman, 1992; Barnabà, 1993; Dornel, 2004）や公共空間における外国人表象（Wahnich, 1997; Gastaut, 2000）の歴史学によって、「共和主義的伝統」の否定的諸側面が明るみに出されるようになった。さらに、フランスの事例を、国際的な見通しのなかにあらためて位置づけた著作についても強調しておかなければならない。合衆国との比較（Horowitz et Noiriel, 1992; Green, 1998; Collomp, 1999; Rainhorn, 2005）への関心が高いとはいえ、国籍をめぐる比較史（Brubaker, 1997; Weil et Hansen,

1999）については、むしろヨーロッパ的な視野において展開がなされてきた。また、要約的ないしは入門書的な書物（Blanc-Chaléard, 2000; Dewitte, 2003; Viet, 2004）がここ数年増えてきているが、その情報源となっているのは、これらの基礎的研究である。なお、要約的・入門書的な書物のなかには、フランスの事例を国際的な人口移動の歴史のなかにあらためて置き直すという長所をもつものも複数ある（Moch, 1992; Bade, 2002）。

こうした紹介は、網羅的というにはほど遠いが、移民現象をめぐる歴史研究の動きを例示するものではあるだろう。私の考えでは、フランスの歴史記述の他のいかなる分野にも増して、過去二〇年間における進歩が速かったのがこの分野である。右に挙げた諸労作は、多くの点について、『フランスという坩堝』で提示された全体の見通しを豊かにし、補うものである。しかしながら、これらの労作は、『フランスという坩堝』で擁護されていた主要な命題を無効にするものではなかった。現代フランスの経済史、人口史、社会史、政治史において、移民現象が果たした本質的な役割は、移民現象と労働市場との密接な関係や、外国人嫌悪をめぐる動揺が繰り返し発生しているといったこととともに、十分に確認されたのである。『フランスという坩堝』が引き起こした批判について、ここでは二つの主要なものについてのみ触れておきたい。

「移民現象」と「統合」——二つの定義の再考

第一の批判は「移民現象《イミグラシオン》」という用語の定義それ自体に関わる。私の考えによれば、言葉の厳密かつ現代的な意味で「移民現象」について語りうるのは、諸個人が空間を移動し、国境を越える場合だけである。

この二重の次元によってこそ、現代史におけるこの問題の中心的な重要性が明らかになる。実際にこの問題は、近代において私たちの世界を揺り動かした二つの「革命」が交わる点に位置する。第一の革命、それはもちろんフランス革命であり、これによって、人民主権の原則に基づき、国民と外国人とを対立させる根本的な分割によって特徴づけられる、国民国家の時代が始まった。第二の革命、それは産業革命である。技術的進歩（鉄道の誕生）や大工場の登場とともに、人間の移動は著しく加速し、はるかに大規模な様相を呈するようになった。この二つの現象が結びついたことこそが、私たちが今日論じている「移民《イミグレ》」の登場をもたらした。

本書の目的は、私が先ほど言及した基準に従って、移民現象の歴史という固有の領域をできる限り厳密に限定することであった。「移民」の研究ではなく、移民現象と呼ばれる歴史的過程の研究が課題であった。そのことこそが私に、地域的な移住《ミグラシオン》（パリ地域圏のブルターニュ地方出身者、マルセイユのコルシカ島出身者など）や植民地からの移住（北アフリカ、インドシナ半島、あるいは海外県出身者）の問題に触れることなしに、国民／外国人の分割を優先するように促したのであった。もし私がこれらの移住者《ミグラン》の集団の歴史に言及しなかったとしても、それは彼らがぶつかった問題を闇に葬るためではもちろんない。彼らの多くが故郷喪失《デラシヌマン》、人種差別《ラシスム》、疎外の苦しみを味わったのは確かである。しかし、これらの移住を説明する歴史的過程は、国外からの移民現象を特徴づける歴史的過程と同一ではない。だからこそこれらの歴史的過程を区別することが不可欠なのである。しかしながら、研究の進展によって、地域的移民、植民地からの移民、国外からの移民のあいだの共通点および相違点に関する集団的な考察への取り組みが可能になることを期待したい。

第二の批判はおおむね「統合」問題に関する私の分析手法に集中した。私の分析は誤解された。というのも、二〇年来この主題に関する考察が、政治と科学、活動家精神と研究を混同する著者たちによって、独占されているからである。一九八〇年代を通じて「統合」という言葉は政治‐メディア的な語彙において中心的な重要性を獲得した。この言葉は、民衆階層に属する郊外の若者のふるまいをスティグマ化しようとする明らかな底意とともに用いられた。こうした背景が大学の世界に大きな波紋を呼び、統合を擁護する人びと（Schnapper, 1991）と統合のなかに植民地主義の変種を見出す人びと（Boubeker, 1999）の対立をもたらした。私はこの本では、歴史家たちがいずれの政治的な前提からも断固として距離をとったうえで、「統合」問題に取りかかることを求めたい。

私はひとつの事実の確認から出発した。一九世紀以降フランス国内に定着した移民集団は彼らの言語と出自の伝統をしだいに失った。そして、移民「問題」によって何としても世論の不安を煽ろうと望む人びとが何を言おうとも、この〔喪失の〕過程は今日まで続いている。もし言語の例を取り上げるならば、どの集団についても、第二世代からは、出自の言語を犠牲としてフランス語が重きをなすようになり、第三世代においては第一世代の言語の忘却はさらに加速することが確認される。この現象はフランスに固有のものではなく、古くから移民を受け入れているあらゆる国で見出される。私はこの本でいかなる価値判断も述べない。私にとって統合は「悪」でも「善」でもなく、説明を必要とするひとつの現実である。

そのために私はエミール・デュルケームとノルベルト・エリアスの考察に依拠した。これら二人の社会学者は、社会のなかで生きるためにあらゆる個人が家族、同業集団、非営利団体、地域などの、いくつもの社会集団のなかに統合されなければならないことを示した。しかし一九世紀末以降、個人がこれらの集団に完全に参加しうるのは、彼らが国民国家の成員である限りにおいてである。国民を基礎とする社会で移民の「統合」が研究されるとき、法的次元が絶対的に根本的であるのは、その次元がとりわけ労働市場へのアクセスや政治生活への参加といったそれ以外の次元を統御するからである。しかし、排除の問題に同時に取りかかることなしに統合の問題を考えることができないのは、それらが同じひとつの問題の二つの側面だからである。「移民現象」という用語は、一九世紀末の、大半の工業化した国家が大不況に対応するために保護主義的政策を採用した時期に、フランス語の語彙に受け入れられた。国境および労働市場の厳格な管理が、共和主義体制《レジーム》による社会政策の最初の具体的なかたちであった。そういうわけで、統合の二つの基本的な位相、法的な位相と経済的な位相はつねに固く結びついていた。というのもそれらは互いに条件づけ合うからである。追い出されるという危険を冒すことなくフランスで生活して働くために、そしてあらゆる種類の職業に従事する権利を得るために、フランス国籍が必要であった。

私は第三共和政が、移民現象がとりわけまず入植や領土の開拓の役割を担ったアメリカやオーストラリアといった国々がすでに用いていたモデルとは、非常に異なる移民現象の新しいモデルを「発明した」と考える。もちろん、私が「モデル」という用語をこの本で用いるのは、「模範的な」政策を評価するという規範的な意味においてではなく、「メカニズム」と同義の中立的な意味においてである。「共和主義的な統合モデル」に関する自己満足的な言説は、フランスに最終的に定住した移民のうちのわずかな一部しか考慮しない。たとえばこれらの言説は、彼らの大半がフランス本土にとどまらなかったという事実を隠す。移民は自発的に、あるいはフランス国家が経済的理由や時には政治的理由で彼らを追い出したために、本国へと帰ったり、よその国へと移っていったりした。フランスは労働市場の「硬直性」と戦うという理由から初めて体系的に移民を活用した国家である。社会的流動性をめぐる言説に少しばかり現実味を持たせるために、フランス共和国の指導者たちは、〔フランス〕市民が有する諸権利をもたない労働力、それゆえ自国民が拒否する産業部門の仕事に就くよう経営者側が合法的に強制できる労働力を大量に徴募したのであった。フランスの民衆階級による〔特定の産業部門への就業の拒否に見られるような〕抵抗は、マルサス主義的な実践〔出生数の減少〕の発展によっても明らかになった。したがって大規模な移民導入には、人口統計上の不足（第一次世界大戦によって非常に悪化した）を埋めるという第二の役割もあった。移民導入をめぐるこの「フランス型モデル」は、一九四五年以降、「栄光の三〇年」〔高度成長期〕のあいだにヨーロッパ全土に広まった。

この統合／排除の過程では、国籍の問題が決定的な役割を果たした。フランスでは今日でもなお、雇用のおよそ三分の一が国籍の条件に規制されており、ヨーロッパ連合に加盟していない国の国民を排除している。一八八九年以来、国籍法では生地主義が意味をもってきたために、移民の子供たちはフランス人になることで、こうした型の差別を逃れることができた。つまり、国民国家内部における統合は、一般に下層に留まるものではあっても、社会的な流動性を実際に促進していたのである。このメカニズムは一九八〇年代からうまくいかなくなった。というのも、大規模な失業が経済的および社会的生活のひとつの構造的な構成要素となったからである。（とりわけポルトガルや北アフリカ諸国から来た）移民の最後の波が、危機にもろにぶつかった大工業の分野において、最も熟練を要しない職を担うために集められたことを考慮するならば、貧困や失業に今日最もさらされているのが彼らであることは理解されえよう。

一九九九年の国勢調査から

一九九九年の国勢調査（補遺を参照）が、こうした状況のもたらした帰結をよく表している。大規模な移民現象の停止は、外国人人口の減少（一九八二年の三七〇万人に比して三三〇万人）と（上記の意味での）「移民」の数の停滞（一九八二年の四〇〇万人強に対して一九九九年の四三〇万人）から読み取れる。国籍の分布によれば、アジア大陸（外国人全体の一二・六％）およびサハラ砂漠以南アフリカ（八・七％）出身の近年の移民が一定して増加しているにしても、依然としてポルトガル人、アルジェリア人、モロッコ人がフランスで生活する主要な三大外国人集団であることが分かる。モロッコ人（五〇万人強）、アルジェリア人（四七万五〇〇〇人）と比して、今日最も多いのはポルトガル人（約五五万人）である。しかし、国立統計経済研究所が「移民」と呼ぶ個人に関するデータを検討するならば、アルジェリア出身の住民が第一位を占める（五七万四〇〇〇人）。この違いは、ヨーロッパ連合の成員であるポルトガル人が今日、フランス人と実質上同等の権利を持っているという事実に由来する。したがって、彼らはもはやフランス国籍を求めようとはしないのである。

労働力人口に関係する数値によって、本書で抽出されたいくつかの顕著な傾向が確認される。生まれつきフランス人の二五％が労働者であるのに対し、仕事を持つ外国人の半数近くが労働者である。一九八二年の国勢調査と見比べると、二つの展開のあったことがわかる。第一は外国人女性の労働人口の漸進的増加であり、第二に失業中および一度も働いたことのない移民の数の増加がある。一九九九年の国勢調査によると、こうしたかたちの排除の犠牲になっているのは、ポルトガル系の若者（一三〇〇〇人）以上に、とりわけアルジェリア（約一万六〇〇〇人）およびモロッコ移民（一万四五〇〇人）出自の若者である。フランスに到着した当時、それぞれの親たちは同程度の働き口に就いていたのにもかかわらず、現在ではこのような違いが生まれている。しかし、一九九九年の国勢調査は、アルジェリアあるいはモロッコ生まれの移民が、公務員や知的職業においては、ポルトガル生まれの移民よりも相対的にかなり多いということをもまた示している。これらのデータが示すのは、かつてのフランス植民地帝国出身の人びとに対する今日の差別は、とりわけ民衆階級の若者に関係しているということであるが、公権力はこの問題を最近になってやっと意識し始めたにすぎない。

私が『フランスという坩堝』で手がけた統合／排除の過程の第三の側面、外国人嫌悪と人種差別が、ここに見出される。これらの言説は、今やフランスの政治状況に確かに根づいた極右組織によって広められるのみならず、「郊外の若者」の暴力、「共同体主義《コミュノタリスム》」の進展、イスラム教とイスラム原理主義との混同等に関してメディアが広めるステレオタイプによってもまた、勢いを増している。

この本を執筆しながら、私は一九世紀以来の移民現象の歴史を彩ってきた偏見や幻想の衰退に貢献することを、何よりもまず望んでいた。残念なことに、この目的が達成されてはいないことを私ははっきりと認めざるをえない。

注

（1）辞書の定義に示されているように、この二つの言葉は異なる意味を含んでいる。アメリカ起源の語である「イミグラン」は、人口集団の定着や、国民全体の発展への当該人口集団による寄与を強調するが、「イミグレ」という語には、このような歴史的意味合いがない。

フランスという坩堝《るつぼ》

序論

歴史は、現代のフランスでの「外国人」をめぐる論争の争点になった。現在の状況を「新しい」、「憂慮すべき」あるいは「不安を掻き立てる」ものだと主張する人びとは、そのことを証明するために過去を利用する。これらの人びとが言うには、確かにフランスは古くからの移民国であるが、これまではニューカマーの統合は問題とされてこなかった。こうした主張をする人びとのなかの一部の者は、今日の移民は「ゲットー」に集中しているが、一九六〇年代以前の移民は国内全体に「散らばっていた」という。こうした主張をする人びとのなかの他の一部の者は、以前の移民の大半はフランスに「文化的に近い」国の出身であった、とする。さらに、現在の問題は「市民権の危機」と関係があると言う者もいる。かつて同化の願望に取りつかれていた移民は、今では「自分たちの差異」を育むことしか考えていないというのである。

移民史はまた、上述した視点と必ずしも矛盾しない、別の言い方でも利用される。かつてミッテラン大統領によってソルボンヌのシンポジウム(1)で言及され、このテーマにおける「良識」のライトモチーフの一つとなりつつあるものだが、それは多様な移民の貢献によってフランスは「豊かになった」という主題である。この観点からすると、移民現象は「われわれの社会経済史におけるカギの一つ」（F. Gaspard et C. Servan-Schreiber, 1985, p. 192）、ないしは「国内の産業社会史における重要な部分」（H. Le Bras, 1986, p. 201）と見なされる。

この論争状況のなかで、唯一聞かれるべき声が聞こえてこない。それは歴史家の声である。現代フランス社会への移民の寄与についての議論を引き出せるような題材は、学校教科書の中からも、〔よくある〕「フランス史」の中からも、ましてや学術書の中からも見つけることができない。そのような文脈のなかで、（マルク・ブロックのいう）「歴史家の仕事」をしようとする研究者は、いくつかの選択肢から選ぶことをしなくてはならない。第一の選択肢は、何ごとも起きなかったかのようにふるまうことである。つまり、学者は時事的な要請に応える必要はないという原則通りに、市井の喧噪から遠いところで地道にやるという選択肢である。その反対に、市民的責任の名において、歴史家はガス室やマヌキアン事件〔アルメニア出身の詩人マヌキアンが率いる外国人集団が対独レジスタンス活動を行ない逮捕された事件〕、人種差別……について「真実を述べる」ために政治論争に介入するという選択肢がある。

こうした歴史家としての職業的役割をめぐる二つの考え方は完全に正当なものである。しかしながら、本書で私たちが追究したのは第三の道だ。すなわち、現在の緊急問題を無視するのではなく、違った方法でそれについて考察する権利、科学的考察の自立性を守る権利を主張するという道である。それゆえ、本書の第一の願い――この願いを無視する人びとにも、それを根拠もなく利用する人びとにも向けられている――は、移民史が、研究に値する問題としてそろそろ認められるべきだということである。これから見るように、一世紀（以上）も前から、移民史研究はつねに政治的関心や論争に従属し、そのために対象の構築が妨げられ、移民史についての学問的な活動は一種の「ゲットー」に押し込められてきた。このような制約から「脱出」しようとする集団的努力が焦眉の課題となるなかで、歴史家はみずからの役割を果たさなくてはならない。みずからの仕事によって、「長期持続」に特有の一歩退いた物の見方を提示し、その時々の局面ごとの分析を超えられるように手助けすること。さまざまな現象が繰り返し起きてきたことを強調することは、「法則」、あるいは少なくとも恒常的なものを抽出する唯一の方法であり、現代の文脈のなかで何が実際に「新しい」のかを理解する唯一の方法である。どうか誤解しないでいただきたい。本書の目的は、フランスに定着した民族的《ナショナル》あるいは「エスニックな」[2]共同体の特殊性を否定することでも、それぞれの歴史的局面の特殊性を過小評価することでもない。〔本書の〕目的は、今日までの移民現象に関して支配的な、全体を分析せずに個別の事例に集中してきた研究上の論理と袂を分かつことにある。たとえば、「ユダヤ人問題」や「マグレブ問題」、「難民問題」などは個別に切り離して考えられてきた。しかし、個別の事例がいかなる点で研究対象としての移民現象そのものを構築することに資するのか、という検討が実際になされてきたとはいえない。

この試みにおいて、歴史学は批判的な目的のためにも利用されうる。少なくともリュシアン・フェーヴル以来、私たちは、言葉の歴史を作り出すことが、日常で当たり前とされていることに疑いの気持ちを差し挟むことであると知っている。ところで、移民現象に関する限り、他のいかなる主題にもまして、私たちが語る「現実」とは言葉の問題である。ジャン＝ポール・サルトル（1954）をもじって言うならば、移民とは何よりもまず他人が移民と見なす人のことであると言えよう。このことは、科学的厳密さは無意味なゲームでもフェティシズムの一形態でもないということを明らかにする、きわめて適切な例である。言説の裏に、実は知識人に特有の力が隠れている。マグレブ出身の青年であるバシールは、「人が移民という時、絶望し、名誉を失い、もはや何も持たなくなった人びとを思い浮かべる」と苦々しく述べている

（『ルモンド』紙の特集「フランスの移民」、一九八四年一〇月、A. Zerhaoui による引用）。このような言葉を前にするとき、問題は、もはや私たちが外国人に「賛成」であるか「反対」であるかということにはなく、研究者が外国人を苦しめる用語を使用し、そのことを通じてこれらの用語を存在させることに役立ってしまっているのはなぜかという理由を考察することにある。歴史学は、言語の「脱自然化」の企てとして構想されるならば、私たちの使う語彙のなかに、ある用語が登場し、そして現代社会の分析手段（なによりまず統計上の装置である）の一部となり、〔さらにその用語が〕日常の論争のなかで「自明な事柄」としての地位を確立するにいたるのは、いかにして、またなぜなのか、ということを明らかにする。歴史研究はまた、「第二世代」の問題に手をつけるやいなや、語彙をめぐる争点が一層決定的なものになるということをも明らかにする。これから説明していく必要があるが、一〇〇年周期の振り子運動〔のような動き〕に従って、私たちは現在、家系や「出自」に対する関心の再来によって特徴づけられる時代に身を置いている。一般に信じられているのとは異なり、問題は「ブール」〔Beurs. マグレブ出身の移民第二世代を指す〕だけに関わっているのではない。実のところ、移民の定義の基準を、法的領域から「文化的」あるいは「エスニック的」な領域に移し替えることで、一九世紀末以来フランスの政治生活に深い影響を与えてきた根本的な問題が引き起こされたということ、そしてそのことによって、ここでもまた多くの犠牲者が出たことを歴史は示しているのである。

あらゆる移民研究が直面するジレンマを最初に強調しようとしたのは、何にもまして本書の意図が取り違えられないようにするためである。実際、現在のフランスの人口の三分の一は、近親に「外国人」の祖先がいると見積もられている。(3) しかし、この事実が私たちにとって科学的な重要性を持つとはいっても、それは、「ルーツ」を取り戻し、「出自」を明らかにし、あるいはフランスの「複数のアイデンティティ」

を称揚したいという思いから来るのではまったくない。また、「人権」思想に普遍性という名誉を取り戻してやりたいという意図もない。このような表面的でたえず蒸し返される類の議論に私たちは関心がない。個人は誰しも、みずからの過去をみずからの考えに従って自由に扱うのであり、〔そうである以上〕みずからの「エスニックな」あるいは「民族的」「社会経済的」な出自を強調しようが、黙っていようが、自由なのである。反対に、集団としてのレベルで考えると、フランスの現在の住民の出自の多様性を真剣に受け取るならば、そのことは、フランスの直近の過去をめぐる視点の変化につながるだろう。現代フランス社会の歴史の外部にある問題として、移民現象を考察することはもはやできなくなり、その内部にある問題として検討しなければならなくなる。フランス語では適切な言い回しが見つからないが、もしあったとすれば、本書の問題設定《プロブレマティーク》を強調するために、英語で言う *Immigrants into Frenchmen* に当たる題名を私たちは本書に付けたであろう(4)。

この最初の視点の変化を出発点として、伝統的歴史学に無視されてきた一連の問題が姿を現す。いかなる社会構成体に属している個人であれ、およそ個人というものは、みずからの存在に意味を与えるために、たとえ多少なりとも神話的であったとしても一貫性のある過去のなかに、みずからの存在を位置づけることを必要としている、ということを人類学者たちは私たちに教えてくれる。すなわち、個人は何らかの家系や系譜のなかにみずからを書き入れることを必要としている。現代社会においては、歴史家は、望むと望まないとにかかわらず、その学問的な業績によって「出自をめぐる物語」を構築するのに寄与している。フェルナン・ブローデルが最後の著書で強調したように (1986, t. I, p. 11)、「フランスの過去を定義すること、それはフランス人をフランス人自身の存在において位置づけることである」。このような条件のもとでは、今日のフランスが移民現象に何を負っているのかを説明することは、この国の数百万の〔移民出自の〕住民に対して、「純粋な」〔事実の上での〕真偽という争点を超えて、フランス国民の「大きな」歴史のなかに、彼（女）ら個人の歴史（および彼（女）らの家族の歴史）が正統な場を見い出す可能性を提供することである。しかし、近年の歴史において移民現象が重要なものとなっているのは、移民現象が現代フランスについてのあらゆる考察を巻き込む認識論的《エピステモロジック》な次元の問題を引き起こすためでもある。この観点から見たときに問題の面白みをなすのは、移民たち自身というよりは、むしろ〔フランス〕共和国の歴史において思考されないままに留まってきたことを説明すべく用いられる説明原理のほうである。たとえば、現実の諸個人の諸制度（国家、政党、国民）に対する関係はどのようなものか、社会の形成と固定化のなかで根を失うこと《デラシヌマン》が果たす役割はどのようなものか、「出自」の問題や「帰属感情」には、かの「心性《マンタリテ》の歴史」のなかでどのような位置が与えられるべきか、諸個人や諸個人が所属する集団の定義のなかで、階級や、国籍、性別、等々の基準はどのように結びつけられるのか。

本書はまた、歴史学の「危機」や「見直し」（M. Ferro, 1985; P. Nora, 1984-1986; D. Roche, 1986; F. Dosse, 1987）についての現在の論争に寄与する意図も持っているといってよい。この種の考察は非常に内容豊富な場合も多いが、歴史学に限らず、認識論的考察と経験的研究の間の断絶によってしるしづけられる弊害に時として悩まされている。発見的観点からは、理論的分析と具体的調査とを関連づけたほうがより有効であるように思われる。実際、この方法だけが、私たちが理解に努めている「現実的なもの」が、いかにして歴史学の科学的な実践にとって根本的ないくつかの〔認識論上の〕問いを惹起するものであるか、ということを示しうるのである。

本研究は、本研究なりの仕方でフェルナン・ブローデルの思い出に忠実であろうと願っている。彼の最後の著書では、社会科学への統一的なアプローチのなかでの社会学と歴史学との「和解」の必要性が主張されていた。ブローデルはそこで、生涯を通して擁護していた論点を再び強調してもいた。すなわち、歴史は、現在を理解することを可能にするものでなければならない。死者の世界についての認識は、生者がみずからの世界のなかで方向を定めようとするとき、生者を助けるものでなければならない〔という論点である〕。しかしながら、本書の〔執筆にあたって〕苦しかったことは、この目的を果たそうとすると、学生時代に感じていたブローデルの魅惑を少しずつ断念し、巨匠が構築した理論体系の根本部分まで批判せざるをえなくなったことである。ブローデルの道は、私たちのところにまではつながっていなかったからだ。

注

(1) シンポジウム「フランスと文化の多元主義」(一九八七年五月一五日)。大統領は以下のように述べている。「われわれは皆、少しローマ人であり、少しゲルマン人であり、少しユダヤ人であり、少しイタリア人であり、少しスペイン人であり、そしてポルトガル人でもある」。そして、このように付け加えている。「われわれはすでに、少しアラブ人になってしまっているのではないかと思うのである」(『ルモンド』紙、一九八七年五月二〇日付より引用)。

(2) 本書では、マックス・ヴェーバーがしていたように、用語の曖昧さを強調するために「エスニックな」という言葉には括弧をつけている。ヴェーバーに従って、血縁関係に基づかない、慣習や記憶の同一性を起源とした共同体において主観的な信仰を育む人間集団を「エスニック」集団と呼ぶことにする(M. Weber, 1971, p. 416)。

(3) 第三世代にまでさかのぼる。内務省や人口・移民局、あるいは国立人口統計学研究所(ＩＮＥＤ)に再三照会したにもかかわらず、この問題に関する確実な統計数値を見つけることはできなかった。フランス人の三分の一が外国人の祖先をもっていると推計する内務省の研究は、よく引き合いに出されているもののその根拠とする出典は見当たらない。最も信用に足る数字は、アラン・ジラールによる調査(一九七一年)で使用された世論調査であり、それによれば、「フランス人成人」のうちこの当時で二〇%が外国に「ルーツ」をもっていた。一五年経った〔現在〕、移民人口、二〇歳未満の若年層を加え、質問が無遠慮すぎると考える「調査協力拒否者」を考慮すれば、しばしば主張される三分の一という割合は納得できよう。

（4）　これはユージン・ウェーバーの『農民からフランス人へ』（*Peasants into Frenchmen*）を引き写したものである。

第一章　記憶の場ならざるもの

忘却が、そして私にいわせれば歴史をめぐる誤りさえもが、国民が創り出されるにあたって本質的な要因をなすのであり、それゆえ歴史学の進歩は、しばしば国民性にとって危険なのである。

エルネスト・ルナン『国民とは何か』、一八八二年

移民現象《イミグラシオン》の奇妙さ《エトランジュテ》は、歴史のなかにある奇妙さであり、それはフランス史における未知《エトランジェ》の部分なのである。

ナビル・ファレス、雑誌『エスプリ』、一九八五年

私たちは、私たちがその主張を反復する人びとの弟子であるのと同じ程度に、私たちがその主張に反駁する人びとの弟子である。

ポール・ラコンブ『科学としての歴史』、一八九四年

ある科学的な学問分野が、みずからのあり方を疑問視する能力。仮に、こうした能力がひとつの分野の発展にとって本質的な要因であるとするなら、まずは、なぜ、近年まで、移民史が歴史研究の「盲点」を

なしてきたのかということを、問わなければならない。エルネスト・ルナンは、ソルボンヌで有名な講演を行なったが、この講演のまれにしか引用されない一節において、記憶と歴史、歴史と国民の関係を強調した。ルナンのこの一節は、移民現象を科学的対象として把握する作業が、いかにして共和主義の歴史観に特有の問題設定《プロブレマティーク》や概念やテーマのために妨げられてきたかということを示すために、私たちが行なう分析の手がかりを与えてくれる。ここで問題となっているのは、「欠けている部分を批判する」、あるいは「不十分なところを強調して示す」といったことではない。そうではなく、他のすべての社会科学にも関わる、科学認識論上のひとつの根本的な問題を取り上げることが問題なのである。ミシェル・ド・セルトー（1974, p. 15）がすでによく理解していたように、研究者のまなざしは、つねにある所与の場所から出発して物を見る。それゆえに「研究者のまなざしが、共通の情況や問題設定をもつことによって、ある種の研究が可能になる。しかしそれは、他の種類の研究を不可能にもする」。このことを、私たちは以下で具体的に示してゆきたい。

1　正統性なき対象

移民現象について進められている研究をまとめた一九七七年の目録には、三一〇件の研究〔課程博士論文、国家博士論文、国立科学研究センターや科学技術研究庁の研究レポート、等〕が出ている。そのうち、歴史学者によって指導されている、ないしは「歴史学の」機構（UER〔教育研究単位〕、研究室）のなかで遂行されていたのは、たった六件の研究だけであった。より最近のものとしては、国立教育資料センター（CNDP）が、国立図書館の目録をもとに、この主題で審査を受けた博士論文のカタログを作成した。

このカタログでも、歴史学の比率は低い。しかしその一方で、このカタログは、この二〇年ほどのあいだに生じたテーマ選択の変化を反映してもいる(1)〔フランス語版原書にはここに「移民に関する審査済み博士論文数の変動(一九五一―八三年)」と題された表があるが、原著者の指示により、英訳版に倣って削除した〕。五〇年代初頭から六〇年代中葉まで、この主題は一五件程度の研究しか生み出していない。続く一〇年間に、博士論文の数は八〇件に達する。この時期以降の変化はほとんど指数関数的である。すなわち、審査を受けた博士論文の数は、約一〇年間で三〇〇件近くに達するのである。

のちに触れることになるが、他の多くの分野と同じく、五〇年代は、いまだ移民現象という主題について法学的な研究が優位を占めていた、それ以前の時代の延長線上にある。たしかに、博士論文の大半が法学徒によって書かれていた世紀初頭や戦間期とは、状況が異なる。とはいえ、一九五一年から一九六五年までの間でこのカタログに記載された業績の半分は法学徒によるものである。次の時期(一九六六～一九七四年)は、この分野への社会学からの大量の参入(業績全体の四〇%)によって特徴づけられる。そして、最近の時期は、社会学と競合するまでにいたった心理学の博士論文の増加によって特徴づけられる(2)。

こうしたデータは、この主題に関する戦後の学問的な取り組みのなかで、歴史学が果たした役割が小さかったことをきわめて的確に描き出している。取り上げられている最初の二つの時期において、博士論文の数はあまりにも少なく、グラフのなかに反映させることができないほどである。最後の一〇年間に事態は好転するが(三〇〇件の業績中の約一〇件)、歴史学からの業績が目立たないという特徴は修正されないままにとどまる(3)。

現代史のデータバンクであるマリアンヌ(この名前自体からしてすでに推して知るべしではあるが〔マリアンヌは共和主義の象徴〕)から検索することで、近年の出版物の数を計ることができる。一九七九年から一九八五年にいたる時期について、移民現象という研究領域の主要な側面をカバーするキーワードを入力しても、コンピュータは五〇件前後の文献しか表示しない（同じ時期に「製鉄工場主」について同じ型の検索をかけてみると、数百件の資料が出てくる）。この五〇件前後の文献のなかで、本は二冊だけで、あとは数本の博士論文とタイプライターで打たれた出版物になる。論文については、全国規模の雑誌が一種類のみ（『二〇世紀《ヴァンティエーム・シエクル》』）、この問題に関心を寄せてきた。また、移民たちにも歴史があると考えてきたのは、特定地域を扱う大学の影響力ある雑誌（『北フランス雑誌《ルヴュ・デュ・ノール》』）一種類のみのようである。これ以外の研究は、地方の雑誌や外国の出版物、あるいは歴史学に関係する機関以外からの出版物のなかに分散して掲載されている。

確かに、移民現象という主題は、この主題に特化しているわけではない歴史研究のそこここに現れ出ていると主張することはできる。地域史の博士論文を執筆するなかで、研究者はしばしば労働者の背後にいる移民たちと出会ってきた（Y. Lequin, 1977; G. Noiriel, 1982）。また他の研究者たちは、ピエール・ルヌーヴァンやジャン＝バティスト・デュロゼルの後押しのもと、政治史から出発してこの問題に触れている（P. Milza, 1981; R. Schor, 1985; J. Ponty, 1985）。しかしこうしたことは、移民現象そのものが、歴史研究の種差的《スペシフィック》な対象として真に認知されてきたわけではないという事実をあらためて示すものでもある。

基礎研究におけるこうした欠落は、当然のことながら、より広汎に流通している歴史関連の書籍のなかに引き継がれていくことになる。近年出版された数多くの「フランスの歴史」本は、この問題についてまったく触れない（P. Chaunu, 1982）というのでなければ、数行か数段落で考察を済ませてきた。著者たちが関心を寄せることが最も多いのは、とりわけ人口変動の問題である。第一次世界大戦時の大量の死者によって生じた人口不足の「解決」に関連させるかたちで、移民現象は相も変わらず「説明」されている

(G. Duby, 1972)。
共和国と国民の「記憶の場」をめぐって最近書かれた六六篇の論考〔『記憶の場』〕においても、移民たちの扱いがよくなったとはいえない。それは当然のことではある。というのも、ピエール・ノラ〔『記憶の場』の編者〕にとって、「慣習的に存在してきたフランス性の規範にほとんど還元できない移民人口の強いプレゼンス」は、今日のフランスの「新しい条件」(1986, t. 3, p. 651) をなしているのだからである。

地方史や地域史の研究において、移民現象の不在はいっそう顕著である。ルーベ市〔北フランスの都市〕の歴史で、ベルギー人の存在にまったく触れていないものさえ散見されるのだが、ベルギー人といえば、第三共和政期の初頭にはこの街の人口の絶対多数を占めていたのである (J. Toulemonde, 1966)。同じように、もしそんな場所があるとすれば、移民現象のメッカともいいうるであろうプロヴァンス地方においても、地方史はこの現象を無視しうる問題として扱っている (E. Baratier, 1969)。二〇年（一九五〇年から一九七〇年）のあいだに、大学の紀要である『プロヴァンス・イストリック』は、移民現象にじつに四ページも割いたのである！　すでに上梓した著作のなかで、私たちはロレーヌ地方について同じ現象が見られることを強調しておいた (G. Noiriel, 1984)。

学校生徒向けの著作では、さらに甚だしい程度の「集団的な記憶喪失」ぶりが示されている。第一学年《プルミエール》〔日本の高校二年に相当〕の教科書のなかには、この問題にまったく触れていないものがある (Belin, 1982)。大半の場合、移民問題は、次のような数行に還元されている。「人口の停滞は、内向きの逃避的態度を伴っており、このことは、全人口の六％（原文ママ）を占める外国人、とりわけイタリアやポーランド、ベルギー、スペインの出身者に対するとき明らかであった。政治難民の増大は、外国人嫌悪の反応を招いたのである。[…] このような態度は、一九三五年以降、移民が人口増加の唯一の源泉であったこと、そして失業者が出続けている際にも、フランス人が引き受けたがらないいくつかの職種について、外国人に頼らなければならなかったことがあるだけに、正当な態度とはいえない」(Hachette, 1982)。私たちは、教科書が、大学の研究者の書く文献と矛盾しているといって非難することはできない。なぜならば、そこに私たちは同じ主題が言及されているのを見出すからである。移民を、国民にとって異質な集団であるとすること。移民を、「わが国」に働きにやってきて、もしその人がいなくなれば、フランス人自身が引き受けなくてはならなくなるであろう嫌な仕事を引き受けてくれるがゆえに、国の温情に浴することができる個人であるとすること。教科書に見られる単純化は、ただこうした提示の仕方を戯画化したにすぎないのである。

フランスと、現代のもうひとつの移民大国であるアメリカ合衆国における歴史記述に関する出版物とを比較するとき、その対比には驚くべきものがある。アメリカの〔歴史〕研究では、戦間期にはすでに、移民史が高い地位を占めている(J. Brun, 1980)。一九五九年、オスカー・ハンドリンはこの主題に関する業績全体についてピューリッツァー賞を受賞した(とくにO. Handlin, 1959を見られたい)。一九七四年にアメリカ歴史家協会会長に就任したジョン・ハイアムのような他の第一級の歴史学者も、この主題についての著作にみずからの知的声望の多くを負っている(J. Higham, 1975)。この領域における研究の伝統が存在するということの疑いえないしるしであるが、合衆国には移民史を扱う多くの教科書があるばかりか、ハンドリンが一九七二年に執筆した図説の歴史のような、多くの画像が入った書物さえ存在している(O. Handlin, 1972)。歴史書のなかでこの問題に充てられる地位以上に、フランス人の読者にとって驚かされるのは、アメリカ社会とその過去に「内的」な問題として、つまり国民にとって構成的な与件として、移民現象のプロセスを示そうとする意志である。これに対して、フランスの教科書は、逆向きの言説を有している。すなわち、移民現象は、フランスの形成とは何の関わりもなく、フランス人やフランス人の過去と何の関わりもない、「外的」な（一時的で新しく、周縁的な）問題だという言説である。

この対比を説明するためにしばしば唱えられる議論――すなわち、移民現象は、その規模からして合衆国においては根本的な現象であったが、フランスにおいては二次的な現象である――は、分析にたえるものではない。実際のところ、「エスニシティ」と「移民」を混同すべきではないのである。人種構成の観点からフランスとアメリカとが対照的であると言うことはできるにしても、移民現象（ある国の人口の一部分が、一時的ないしは最終的に他の国に移動するという意味における）に関してまで、同様の対照が成り立つわけではない。

フランスの単一性の神話とは逆に、アメリカの神話は自国の歴史における移民現象の地位をふくらませようとする傾向をつねに帯びていた。ジャニンヌ・ブラン（1980, p. 19）が記すように、人口流入が最も多い時期でさえ、「直近に移民として入国した人びとの数が、人口全体の一五％を超えたことは決してない」のである。同様に考慮に入れるべきこととして、移民流入の記録は、伝統的にアメリカにおけるほうがフランスにおけるよりも正確だということがある。というのも、第二次世界大戦までの移民は、主として海を渡ってやってきたからであり、それゆえ港というどうしても通過しなければならない点をもっていたからである。フランスの国境の「透過性」は、つねにきわめて多数の非合法の移民の流入に有利に働いたのであり、その結果、統計が偶然に左右される部分が残ることになった。しかしながら、本質的な論点は、アメリカでは、制限的な法律が成立した二〇年代初頭に移民現象がはっきりとした低下を示した一方、フランスでは、とりわけこの時期以降に移民現象が規模を増していったという点にある。一九三〇年には、フランスは外国人数の増加率が世界で最も高い国になる（一〇万人あたり五一五人。アメリカでは四九二人）。六〇年代末には、フランスは再び、工業化された諸国のなかで移民人口の規模が最も大きな国のひとつになるのである。したがって、一般に流布されている考えとは逆に、少なくともこの半世紀のあいだ、移民問題は、合衆国におけるよりはフランスにおいて、経済的・社会的・政治的により大きな重要性を有してきたと言うことができる。世代論の観点からするならば、三つの世代について、「移民体験」をめぐる生きられた記憶は、アメリカの住民におけるよりもフランスの住民におけるほうがより広汎に存在しているのである。『ウォール・ストリート・ジャーナル』（一九八六年一〇月二四日付の『ルモンド』に引用されていた）が最近指摘していたように、アメリカ経済は、カナダやオーストラリアやフランスといった国々に比べて移民流入が少ないことに目下悩まされている（アメリカでは住民全体の七％が外国出身であるのに対し、オーストラリアでは二〇％、カナダでは一六％、フランスでは一一％である）。この記事によれば、「〔アメリカ〕国民は、国家から受け取る以上に多くを与えるであろう、新しい移民がもたらす若々しい息吹を必要としている」。これらの比較に用いられた数字が、いかなる資料に基づくのかは不明である。銘記しておかなければならないのは、ここで対象となっている国のそれぞれにおいて、統計上のカテゴリーが異なるために、結論を述べるには微妙なものがあるということである。もし、アメリカの行政当局がいう「フォーリン・ボーン」(4)（外国生まれ）のカテゴリーを基礎として、フランスでこれに当たるカテゴリーと比較するとするならば、一九七〇年に、近親者に外国出自の者がいるアメリカ人は全人口の五％以下であるのに対して、一九七五年の統計によればフランスでは一二ないし一三％である。このずれが優れて描き出しているのは、アメリカにおけるよりもフランス社会において「第一世代」の移民が果たす役割が重要だということである。一方、他の数値データは、一九七〇年にはすでに、「第二世代」の地位が、両国において比率の上で同程度の重要性を帯びていることを示している。この当時、アメリカ生まれのアメリカ人の一一・八％が、外国出自の片親または両親をもっていた（US Bureau of the Census, 1975)。

同じ年に、成人人口のみを対象にしてアラン・ジラールが行なった調査によれば、一〇％近くのフランス市民がこのケースに該当していた（未成年者を含めていたならば、比率はさらに高いものとなっていたはずである）。正確な調査が待たれるが、私たちは今日、三世代にわたる移民現象のインパクトは、アメリカ、フランスの両国で同程度であるという考えを、蓋然性の高いものと見なすことができる。

2　国民と歴史学者——影響力の問題

フランスの歴史記述とアメリカの歴史記述のあいだにあるこの対照的な性格を説明する主要な原因は、両国で国民形成がなされたそのあり方にある。すべてのアメリカ人は、インディアンでさえも、みずからのことを「移住者」であると考えている。一八世紀末になってもまだ住み手のない土地が広汎に存在していたこの新しい国では、ひとつの「坩堝」のなかでさまざまな移民の波が「融合」する過程として国民の形成が考えられており、世界中から集まってきた資質の総合としてのアメリカ市民が、この「坩堝」のなかから誕生するとされてきたのである。フランスでは、起源《オリジン》について感じられているこの同じ魅惑が、移民現象の「不可視性」を説明する。大量の移民現象が開始される時代に、「諸国民のなかで最も古い国民」〔フランス国民〕はすでに相当程度実際に構成されてしまっており、その創設の神話（その最たるものとしてフランス革命がある）もまたすでに相当程度定着していた。アメリカとフランスが表す、多くの点で対立する移民「モデル」の定義にとって、これらの初期条件がもつ重要性を、私たちは本書の最終章であらためて論じるであろう。しかしながら、ここですでに、二重の時間的なずれについて強調しておく必要がある。アメリカの事例では、移民現象は早咲きの現象であり、国民の形成は遅れておこった現象である。

フランスの事例では、状況は逆である。すなわち、国民〔形成〕の事実の古さが、遅れて起こった移民現象とともにある。この時間軸上の対比は数多くの帰結をもたらす。現代の国家では、起源を記念することが政治的コンセンサス〔を作るため〕の戦略にとって本質的な要素をなしているが、先に述べた帰結のなかの一部には、このような現代の国家において歴史学者が果たす（あるいは人びとが歴史学者に果たさせようとする）役割から、もたらされているものがある。アメリカでは、他の社会集団に対するアングロ＝サクソン支配の正統化は、領土上におけるアングロ＝サクソンの存在の〔時間的〕先行性をたえず思い起させることによってなされている。その後の移民の波もまた、ワスプ（White Anglo-Saxon Protestant）のこうした先行性との関係で位置づけられているのである。こうした条件のもとで、起源の神話の形成において歴史学者が果たす社会的な役割は、各コミュニティの威信や利益が、コミュニティの起源の古さを際立たせることにかかっているという事実によって、〔いっそう〕強調されることになるのである。アメリカの移民史においてスカンジナヴィア出自の歴史学者たちが果たしてきた役割を説明する理由のひとつがここに見てとられる。

フランスに関していうならば、創設の神話の強化は、フランス革命をめぐりたえず蒸し返される論争を軸としてなされてきた（F. Furet, 1979）。一九世紀末以降に審査を経た歴史学の博士論文の目録を少し調べてみれば分かるように、他の学問的な分野を犠牲にしてまで、集団的な研究上の努力の本質的な部分が、この問題に費やされてきた。移民現象は、共和国の起源と正統性をめぐる純フランス的な論争のなかでは、まったく理解されない、さらには存在する理由すらない問いなのであって、このことが移民現象に関する歴史記述の少なさの第一の原因である。このアンバランスはまた、フランスの歴史学者たちが、政治との間で取り結んできた、他の国〔の歴史学者たち〕に比べてより緊密な関係を反映してもいる。こうした関係があるために、研究の世界の外部からの要請に応えようとしたり、また政治的に重要な問題が学問的にも重要な問題であるということを自明なこととして考えたりする傾向がもたらされた。おそらくはこうした傾向が、ルナン（1882）の次の言葉が理解されなかった原因なのである。「学問《シアンス》を歪めることのないように、多くの利害の関わるこれらの問題について、学問に意見を求めることはやめにしましょう［…］学問には他にもっとなすべきことがあるのです。すなわち、学問には、ただ真理のみを、求めることにしようではありませんか」。

前述した時間軸上の対比は、歴史学者が社会に注ぐ「まなざし」について他の帰結をもたらした。フランス国民をめぐる制度的な枠組み〔言語、行政機関、等々〕は、大革命よりもはるか以前に、フランスが〔人で〕「あふれた」空間であり、移民流入よりも移民送出にむしろ関心が向いていた時代に制定された。大革命と帝政は、とりわけ言語の水準で、集権的で統一的なこうした過程を一貫して強める働きをした。昔のフランスを思わせる痕跡が、今日のフランスにおいてこれほど数多いのはそのためである。したがって、物質的な痕跡や指標の研究を中心とする歴史学のアプローチ――こうした方法論がどれほど「フランス学派」の流行をもたらしたか、私たちは後に検討するつもりである――は、むしろ〔研究対象の〕選択に困るほどである。歴史的建造物、中心市街の建築様式、地域考古学、地名学といったもののすべてが、フランスという枠組みの古さを証明している。しかし、こういったものすべてはまた――フェルナン・ブローデルの最近の本が一ページごとに示しているように――新しい世界を覆い隠してしまっている。これほどがんじがらめの構造のなかでは、人口構成を大きく変えた数百万の移民が、みずからの痕跡を目に見えるものとし、移民自身の記憶の場を作り出すにいたるにはかつてない困難に出会うことになろう。アメリカでは、ヨーロッパからの数百万の移民が通過した島であるエリス島は博物館になっているが、中欧からの移民の大半を戦間期に集めたトゥール〔ロレーヌ地方の街〕の選抜センターは、あたかも郷土《テロワール》の神話と調和することのない歴史は魔法によって消し去られなければならなかったかのように、取り壊されてしまったのであった。

過去は、空間の中にだけ、みずからの痕跡を残しているわけではない。「国家の記憶」である公文書館、そしてより一般的に、歴史学者が研究を生み出すにあたって用いるあらゆる道具もまた、消し去ることのできない痕跡を帯びている。一九世紀の初頭からフランス一般統計局（ＳＧＦ）が、のちには国立統計経済研究所（ＩＮＳＥＥ）が作成してきた、公的な統計の例をとりあげてみよう。私たちは、続く章で、これらの統計が移民に関わる研究のなかでしだいに重要性を増していったこと、また、これらの統計が外国人に対するまなざしを方向づけ、したがって問題設定や政策を継続的に方向づけてもきたことを見るであろう。

一九世紀の中葉に、最初の調査が実施され、フランスにおける外国人の数を数えることが試みられるはるか以前から、公式の分類法に関わる主要なカテゴリーはすでに制定されていた。自然科学や政治経済学、文法のモデルは、明晰にして論理的な定義を一七世紀以降広めたのであり、当初から、社会的な等級づけにあたっては、きわめてはっきりとした切り分けがなされていたのである（M. Foucault, 1966）(5)。とても早い時期に、「フランス精神」は法のなかに浸透していくことになる。憲法制定議会の時代にすでに、法思想は「国民」と「外国人」のあいだにはっきりとした境界を確立していた。そもそも民法典は、法的合理性のモデルとされていたのではなかったか（M. Weber, 1986）。すでに述べた中央集権化の古さは、「エスニックな」出自《オリジン》の共同性を弱め、比較的等質の「市民身分《エタ・シヴィル》」を生み出すことに貢献した。革命における闘争は、旧秩序とともに、出自に関するあらゆる事柄の権威を失わせ、その程度たるや、貴族身分を廃止する初期の政令が〔身分だけでなく〕出自を思い起こさせる名前まで攻撃していたほどである。「華美な名前は特権のひとつの形である。その権威を無に帰せしめなくてはならない」(P. Sudre, 1903, p. 12に引用)。同様に、同業組合《コルポラシオン》の廃止は、旧体制下では、製品の保証となるがゆえにつけることが義務化されていた商標をなくすための一連の措置をともなっていた。たしかに、これらの措置は長続きせず放棄されることとなるが、しかしフランスの法制度のなかにはこうした措置のなかにあった何かが残っている(たとえば、民法典は父子関係の調査を禁止している)[6]。

フランス式の統計の論理を理解するには、移民現象に先立つ歴史がもつ、これらすべての諸要素やそれ以外の諸要素を介在させる必要がある。今世紀の初めには、区分線として、ただ国籍という基準しか用いられなくなるほどに、法的な定義が内面化されていた。職業分類のなかで「農業労働者」を想定した分類項目はなく(当時の庶民階級の主要な構成要素であったにもかかわらず)、同様に、デカルト的な論理〔フランス式の統計の論理」のこと〕は外国人について混合的なカテゴリー(「第二世代」のような)を認められないものとした。それ以外にも、会話に用いている言語や、信仰している宗教、そして「人種」が、基準としては採用されなかった[7]。

アメリカ式の分類法との対比には驚くべきものがある。一九世紀における相当の期間にわたって奴隷制が維持されたこと、異なる人種が同じ領土内に存在していたことにより、国勢調査の実施者たちは、「エスニック」な基準を優先する分類方式を、すでに一八世紀には採用していたのであった。その後、宗教に関する情報は全国調査から消えるのであるが、会話に用いている言語や、両親の国籍等々についての質問項目は残存する。かくして、移民史学者は、合衆国での滞在を認められた移民の年度ごと、出身国ごとの数の変化を裏付ける、豊富な統計データに頼ることができるのである(US Bureau of the Census, 1986)。

また、一〇年おきに行なわれている調査に基づいて作成された、純粋に歴史的なデータだけが載っている数巻〔の資料〕があるが、この調査からは、片親または両親が外国籍であったアメリカ市民の人数を、その出身国籍にさかのぼって数えることができる（US Bureau of the Census, 1975）。「エスニシティの復興」の表れともいえようが、近年、行政当局は、アメリカ市民を、その先祖の国籍との関係（イギリス人、フランス人、ドイツ人、等々）で分類している。そして、これらのグループのそれぞれについて、年齢層別の構成に関する説明、人口や職業、経済的な資産、等々についての情報が掲載されている（US Bureau of the Census, 1983）。これらのデータに加えて、一九七八年以来、シカゴの国立世論調査センターは、アメリカ人が、みずからの祖先の出自について抱いている思い出に関する世論調査を行なっているが、この世論調査の結果は、歴史書の結論にも反映されている（Th. J. Archdeacon, 1983）。対照的な統計方法を作り出すことが、社会や、その社会の歴史および「アイデンティティ」に対するまなざしを変えてしまうということが、以上から理解されるであろう。

3　起源と契約、あるいは問題設定の難しさ

移民現象をめぐるフランスの歴史研究は、アメリカにおけるその種の研究と比べて、もうひとつの大きなハンディキャップに悩まされてきた。すなわち、一九六〇年代に至るまで、社会科学がこの問題に無関心だったのである。そのため、公式の統計の欠損を補うべき情報源、とりわけ社会学的な調査が、第二次世界大戦の時期までほぼ見いだされないのである。

この点をよく理解するためには、一九世紀末にさかのぼる必要がある。この時期、大学の大半の学問分

野に欠けていた制度的な支えを充実させるべく、大学は急激な変化の途上にあった。ルナンが一八八二年にソルボンヌで行なった「国民とは何か」という有名な講演は、一世紀近くのあいだ、大学人たちが国民という問いとのあいだに取り結んできた関係を理解するうえで本質的な資料である。この百ページほど〔の講演〕には、一八八〇年頃のフランス人が、共和国の正統性と両立するかぎりでこの主題について口にすることができたあらゆる観点が、凝縮されている。この講演で言われているいくつかの議論は、それ以降、実際に国民的なコンセンサスを得ることになる。ドイツ式の議論に反対して〔アルザス＝ロレーヌに関する論争の文脈に私たちは身を置いている〕、ルナンは、人種と国民を混同することは根本的な誤りであると考える。フランスは、「ケルト的でも、イベリア的でも、ゲルマン的でも」あるのだ。したがって、純粋なフランス人種は存在しないが、さまざまな民族がもたらしたものの混淆の産物としての、フランス人民は存在し、この混淆は、じつに大革命のはるか以前から作られてきたのである。そのうえ――とルナンは言う――人種についての議論が際限のない議論であるのは、そうした議論が初めから異なる定義を用いているからなのだ。動物学者にとって、種（race）とは「血」によって定義されるものである。一方、「そうではなく私たちのような歴史学者が理解する意味での人種（race）とは、作り上げられ、また壊れていくものである」。というのも、人間集団とはすぐれて歴史的な事象だからだ。エスニックな血統と「死んだ」歴史（言語）を前面に出すドイツ式の定義に対して、フュステル・ド・クーランジュに続き、ルナンもまた、「生きられた」歴史（共通の記憶）と相互の同意を標榜するフランス式の観点を突きつける。この〔ルナンによる〕定義の両義性は、それが反対の意味で解釈される原因にもなっている。じつのところ、ルナンは二つの相矛盾する原則を述べている。すなわち、一方において、国民とはひとつの「魂」である。「個人と同じように、［国民とは］長きにわたる過去の努力や犠牲、献身により作り上げられてきたものである」。実際、祖先たちこそが、「われわれを、われわれがいまそうであるところのものたらしめた」のである。他方において、国民とは「ひとつの精神的な原理」である。それは、「共同の生活を継続したいという明晰に表明された欲求」なのだ。そして、ルナン（1882）は言う。「個人の存在が生命の絶えざる肯定であると同じく、国民の存在は（この隠喩をお許しください）[8]、日々の人民投票なのです」。それゆえに、国民は「汝は余に属す、余は汝を取る」と言う権利をもたない。

私たちは、この二つの命題から出発して、過去と現在、歴史学と法学（あるいは社会学）、起源と契約、右翼と左翼、等々のあいだにある、一連の対立項を見てとることができる。

この初発の矛盾を軸として今日にいたるまで創り出されてきた政治論争にあえて言及しなくとも、フランスにおいて、国民という問題（したがって移民現象）に関する知的な省察は、長期持続〔の観点〕からするとき、契約／起源という対立によって構造化された思考の体系のうちにたえず捉えられてきたと言うことができる。この論争のなかで歴史学者が直接果たした役割に立ち返るというのではなく、私たちは、社会科学の総体がこの対立によってどれほど影響されてきたかを示すことにしたい。

3・1 新しい契約のひと——社会学「フランス学派」の定礎者、エミール・デュルケーム

最近の研究は、エミール・デュルケームが、一九世紀末の共和主義思想の復興、なかでも連帯主義思想の繚乱とレオン・デュギーのような人物の法理論において果たした役割を明らかにしている（C. Nicolet, 1982）。私たちの議論にとって重要なのは、とりわけ、学者が政治的な動向によって押しつけられる問題にみずから関わりあいになる必要はないというルナンの命題を、デュルケームもまたみずからのものにしていたという点に注意を払うことである。このことこそ、議会で「外国人」論争が激しく吹き荒れ、人種

の定義についての議論が延々となされ、ドレフュス事件が勃発してもなお、デュルケームと『社会学年報』の追随者たちが、科学の名において真なるものを口にすべく介入することを必要だと判断しなかった理由なのである。この点でもまた、アメリカとの対比は印象的なものだ。大西洋の対岸〔アメリカ〕における科学的社会学の誕生をしるしづけるシカゴ学派は、当初から移民問題（ユダヤ人問題を含む）に関心を寄せていた。戦間期にいたるまで、この学派の主要な代表者――パーク、バージェス、ワース、等々――は、エスニシティごとのクオータ政策や「土着主義《ネイティヴィズム》」による外国人嫌悪のために移民たちの生活が困難をきわめていた時代に、多少ともはっきりと同化主義的な目標を掲げながら、みずからの学問的業績を積み上げていったのである。同じように、人類学者であるフランツ・ボアズは、外国人の身体形態と第二世代における その変容に関する、移民に敵対的な上院の委員会が依頼した調査に参加することを了承している。この調査研究の全体の結論は四〇巻にものぼるが（犯罪や、都市問題等に関するものである）、当時の偏見を反映していないとはいえないであろう。しかし、フランツ・ボアズの研究は、とりわけ骨相学的な指標（フランスにも専門家がいた）をめぐる人種差別的な議論を打ち破るものであった。とくにユダヤ系の人びとについて、第二世代ですでに、人体計測上の測定値はアングロ＝サクソンの「規準」に近づき、第三世代では「融合」はいっそう明らかだとしている（これらの調査の抜粋がJ. Brun, 1980 にある）。同じ思想的水準にあるものとして、トーマスとズナニエツキによる全五巻の「ポーランド農民」に関するすばらしい業績を挙げなくてはならない。史料の収集（数千通の移民の手紙を集めている）や、たいへん充実した「生活史」の作成、歴史や、出身国／受入国の比較研究を通じて、この業績は移民現象という主題をめぐる科学的な研究の端緒を開くものであり、この主題についてフランスで出ている研究の多くは、今日にあっても、トーマスとズナニエツキの研究よりその質が依然として劣っている（W. I. Thomas et F.

Znaniecki, 1958)。

当然のことながら、歴史学者にとって、これらすべての調査は、フランスにはそれに相当するものが見当たらない、きわめて内容豊かな資料である。フランスにはそれに相当するものが見当たらない、という言い方をするのは、移民問題がフランスの政治生活の主要な問題のひとつになったという見方が一般化した第一次世界大戦の後になっても、こうした論争の的になる問題には介入しないという態度が依然として続いていたからである。みずからの博士論文では労働者階級を扱っており、「フィールド」の研究におそらくは最も近いデュルケーム派の社会学者であったモーリス・アルバックスの仕事は、この点で意味深長である。「エスニックな経験」を説明するために、アルバックスはシカゴ市を研究した。アルバックスは、第一世代および第二世代に関する情報や、国籍上の基準（イタリア人）および宗教上ないしは「エスニック」な基準（ユダヤ人）とを混ぜてしまうアメリカの統計を細部にわたるまで分析するのだが、この混淆のなかに、比較研究の美点を称賛する社会学派の一代表者として、言及すべき興味深い事柄があるとは考えもしないのである。同じ問題に関する別の一文も、また驚くべきものである。「シカゴ大学に独創的な社会学派が存在しているのは、この〔学派に属する〕観察者たちが、みずからの研究対象を遠くまで探しにいく必要がないという事実と無縁ではない」（M. Halbwacks, 1932）。しかし当時、フランスでは今日と同じくらい多くの移民が見られたのであり、また、マルセイユはシカゴほどではないにせよ、三〇年代にはユダヤ人、イタリア人、アルメニア人、北アフリカ人、スペイン人……の居住区があり、これらはマルセイユの人口の重要な一部をなしていたのであって（とりわけその起源を考慮に入れるならば）、マルセイユの街は「エスニック」な実験場が帯びるべきすべてを備えていた。したがって、欠けていたのは〔研究〕対象ではなく、社会学者のほうだったのである。

数年後、リュシアン・フェーヴル監修の百科事典のある巻で、フランスの人口を主題としてアルバックスが行なった分析も、似たりよったりである。数ページ先で、アルフレッド・ソーヴィが「移民国フランス」という題名を冠した一節を書き、フランスの経済、社会、政治にとってのこの問題の重要性を明らかにしているにもかかわらず、モーリス・アルバックスは、外国籍の人口の推移や、国籍別の分布、第一次世界大戦が人口上もたらした帰結に関係するあらゆる事柄をめぐる、統計上の凡庸な注釈をしか私たちに示さない。しかしながら、後に検討するように、その内容の貧弱さにもかかわらず、これらの数値データからは、多少の努力を行なうならば、興味深い知見を引き出すことができるのである。アルバックスは統計上の記録の改善を要求するのだが、それは外国籍の人口をより適切に把握するためではなく、ヴィダル・ド・ラ・ブラーシュやシーグフリードを不可避的に思い起こさせる、フランスのなかの諸「地方」が構成する「エスニックな人格性」という遺制の名目で、フラマン人やブルトン人等々の「集合的存在」を認識しうるようにするためなのである。

同じ角度から、フランスにおける科学的人類学の定礎者であり、デュルケームの甥でもある、マルセル・モースの業績も検討することができるかもしれない。社会学に与えられた新たな役割に関する一九二七年の綱領的な論文において、モースは、科学的成果によって公権力の取り組みを助けるべく、この学問が現代の課題について発言する権利を要求した。シカゴ学派の業績、移民をめぐるエディス・アボットの研究が数度にわたって称賛されるが、しかしそれはつねにアメリカ的例外という同じ視角のもとでなされるのである。「アメリカにおいては［強調ノワリエル］移民流入が、他の土地では移民流出が引き起こす、これらの深刻で、現代的かつ心をひかれる問題の研究に、社会学全体の協力が必要なのである」（M. Mauss, 1927）。

フィールドワークをめぐるデュルケーム学派のためらいを説明するために引き合いに出されてきた理由をここで力説することはしない。すなわち、フランスの大学の「理論的伝統」に由来する理由（大学での正統性ある学問分野として受け入れられるためには、「高貴」かつ「高度」な研究対象をもたなければならず、調査の仕事は労働局の職員向けとされていた）や、社会学におけるエリート養成のあり方に由来する理由（高等師範学校と哲学の教授資格試験《アグレガシオン》は、移民労働者との出会いに前もって関心を向けさせるようなものではほとんどない）、アメリカと比べた場合の人員および物質的手段の貧弱さに由来する理由（これらの問題については、とりわけ V. Karady, 1982; H. Joas, 1986 を参照）、がそれである。

これらの問題をめぐる科学的社会学の慎重さを理解するにあたっては、もうひとつ別の要因も念頭におく必要がある。ヴァンサン・ベルドゥレ（1981）が述べるように、初期のデュルケーム派の多くは都市のユダヤ系の出身であった。（たとえ、またおそらくはそれゆえに）著作のなかで直接に取り上げられてはいないにせよ、「出自《オリジン》」の問題がデュルケーム、また彼に続くモースやアルバックスの関心を惹いてやまなかったと考えることは可能である。おそらく、移民現象をその総体において正面から捉えることへのこの拒絶は、反ユダヤ主義の勢力拡大によって再び活発に論じられるようになった、かの「アイデンティティ」の問いにつながっているのである。ジャン＝クロード・シャンボルドン（1984）がそう考えているように、デュルケームの社会学が、「同時代のフランスにおいて同化ユダヤ人であるための作法についての省察」としても読みうるものであるならば、デュルケームの業績は、出身集団への忠実さや「外国人」につきものの周縁性、等々の根本的な問題をよりはっきりと提示した、ゲオルグ・ジンメルやルイス・ワースのようなドイツのユダヤ人出自の知識人たちの関心から、おそらくは見かけほど遠くかけはなれてはいないのである。(9)

この主題をめぐるデュルケームの貢献を理解するにあたっては、その貢献を文脈のなかに置きなおしてみる必要がある。後に検討するように、ドレフュス事件は、反ユダヤ主義の次元だけにはとどまらない。一八八〇年代以降、フランスでは、大革命に由来する法的諸原理に対する類例のない異議申し立てが生じた。多数の反外国人法案が議会に提出され、出自の問題がフランス思想においてごく普通に語られる主題となった。『社会分業論』(1893) が出版された年には、外国人にみずからの身元を証明する義務を負わせる最初の重要な法律が採択された。その四年前には、帰化者を、その出自ゆえに部分的な法的無能力者とする最初の国籍法が公布されていた。こうした背景のもと、すべての外国籍のユダヤ人、あるいは外国的な「雰囲気」をもつユダヤ人を標的とする反ユダヤ主義が広がっていく。ドイツによる併合のために自分たちの地方から逃げてこなければならなかったアルザスのユダヤ人、それにポグロムを避けるためロシアから大挙して到着した人びとが、ここで標的となった犠牲者である。一八八六年に出版され、たいへんな流行書となったドリュモン〔一八四四～一九一七。フランスの文筆家、政治家〕の『ユダヤ的フランス』は、ミシエル・ヴィノック (1982) が示すように、アーリア人種とセム人種の両立不可能性に関するテーヌやルナンの研究を利用していた。この通俗化を起点に、遺伝に関するステレオタイプ、エスニックな出自による決定論が根づくことになる。

デュルケーム――知られているように、アルザス地方のラビの息子である――にとっての問題は、もちろんドリュモンに「反駁」することではなく、ドリュモンに着想を与えた人びとに反駁することであった。本書で後に見るように、「エスニック」な主題（フランス風の）は、この時代「左翼」であると「右翼」であるとを問わず、フランスの多くの有名な知識人によって論じられていた。私の考えでは、それゆえに『社会分業論』は、「根づくこと《アンラシヌマン》」という主題について述べられた最も根源的な批判として考察されうるのである。著者〔デュルケーム〕にとって、みずからの敵たちがこれみよがしに並べてみせる、家族や「民族《エトニー》」、地域の環境、祖先崇拝、遺伝といったものは、ある過去の時代、「機械的連帯の時代」に属しているのであって、そこでは個人は自己の帰属集団に隷従しており、真の自由を奪われている。反対に、近代世界は、有機的連帯の勝利を経験するのである。〔すなわち〕交通手段や人びとの流動性の向上によって、土地に根づくことの社会的な役割はしだいに弱まり、文化や伝統の、家族間もしくは世代間における直接的な伝承の地位も、副次的なものになる。ある世代から別の世代への価値や知識の伝達は、過去が現在のなかに、すなわち歴史的建築物や、法的規則、等々の物質性のなかに形をなしているがゆえに、しだいに間接的な仕方で行なわれるようになる。それゆえ、誕生時には「未開な」子供に、その子供が生まれおちた社会のあらゆる文化を（遺伝によるのではなく）教え込む諸制度（学校を筆頭とする）の役割が発生するのである。デュルケームはまた、国家に属する機関のたえまない増加が、機械的連帯の場に対して諸個人が「根こぎになること《デラシヌマン》」を強める働きをするとも考えていた。家族法の拡張は、家族すらこのような変化を免れないことを示していた。かつての帰属先から完全に切り離されて、個人はしだいに、新しい社会構造にみずからを結びつける数多くの糸が交差する点になっていく。個人を定義するのは、現在にあってはもはや「血族的」な諸要素ではなく、個人が属する国民〔の共同体〕のなかで、その個人が果たす役割なのである。したがって、職業上の組織がそうであるべきところの、各種の新たな中間団体のなかに「根づく」新たなかたちを創り出すことが必要になる（E. Durkheim, 1893 et 1897）。

　私たちは最終章において、〔デュルケームによる〕これらの考察を再検討する。その際、これらの考察は、一八九〇年代の孤立のなかでは多くの点で絶望的なものであったにせよ、敵対者たちが掲げた諸命題がもはや信頼のおかれるものではなくなっていること、またこれらの考察が、今日移民問題を考えるうえで依然としてきわめて貴重なものであることを示すつもりである。

大学では、支配的な傾向が契約的な観点に忠実なままにとどまった（国籍法をめぐる論争はこの支配的な傾向に反対する潮流の激しさを示すであろう）もう一つの主要な学問分野があったが、それは――たとえ一七八九年の諸理想を受け継ぐ憲法の基本原理を尊重したためだけであったとしても――法学である。〔しかし〕このことは、次章でみるように、外国人に対して敵対的な司法制度が確立されることを妨げるものではなかった。

3・2　フランスにおける移民史の「恥ずべき」起源

これら二つの学問分野〔社会学と法学〕の移民現象に対する立場は、五〇年代にいたるまでほとんど変化しなかった。社会学に関する限り（法学については第二章で論ずる）、拒否の恒常性は、この学問分野が誕生する機縁となった知的な対決が半世紀にわたってその激しさを保っていたことによって説明がつく。(10)「契約」の信奉者たちの観点は、私たちが「起源」の極と呼ぶであろうものを占めている人びとと、「契約」の信奉者たちがたえず議論を戦わせなければならなかったことを忘れるならば、理解することができない。この「起源」の極を占める人びともまた、ルナンに依拠するのであるが、「動物学的」な意味においてではなく、歴史的な意味において、「人種」や「遺伝」といった観念を前面に出す。その原理の最良の定義を――ジュール・スーリを引用しつつ――与えたのは、モーリス・バレスである。「われわれは皆、実体の継承者にすぎない。すなわち依然として生きている思想や言語、そしてこの思想や言語とともに受け継がれてきた一連の身振りや習慣、反応、といったものにすぎないのであり、このことが、死者が生者を支える「強調は引用者」ということを説明し、かつ、数世紀にわたる変異から生まれ、フランスのフランス人と外国人とを分け隔てる、かの独特にしてエスニックかつ国民的な諸特徴が、譬えなどではなく、われわれの神経中枢にある解剖学上の諸要素の配置と同じぐらい現実的なものであることを説明するのである」(Z. Sternhell. 1985. p. 259 による引用)。「現在のなかの過去」をめぐるこうしたフランス式の構想は、広汎な反響を得ることになる。この構想によって有利な立場を与えられた歴史学者たちは、みずからの責任でこの構想を用いることになる。[11] しかしまた、この構想は、シーグフリードやヴィダル・ド・ラ・ブラーシュ、ル・ボン、ヴァシェ・ド・ラプージュ、ベルティヨン、等々のたがいに異なる知識人たちの思想体系のなかで中心的な位置を占めてもいるのである。〔さらに〕私たちは、デュルケーム派もまた、みずからの社会学にこの構想を取り入れようとするのを見るであろう。

こうしたバレス的な構想が、移民現象に、フランス史を形成する要素としての地位を与えない理由は、容易に了解される。しかしながら――ここに、対象の科学的構築を妨げる逆説があるのだが――歴史的過程としての移民現象に関心をもつのは、長きにわたってただ「起源」の命題の支持者だけだったのである(たいていの場合――「人種の将来」にとって移民現象がもつ危険を強調するために)。この点に関して、知的な混沌状態のなかに、それぞれに大きな違いをもつ三つの主要な潮流を区別することができる。

――共和派的な問題設定から外れているがゆえに、最も周縁的な立場にあった潮流は、自然人類学の支持者たちのそれである。確固とした制度的基盤をもたない学問分野であったこともあり、自然人類学はとりわけ幾人かの医師によってリードされてきた。移民現象との関連でとりわけ記憶にとどめておくべきは、ルネ・マルシャル博士(1931; 1942)の名前である。マルシャルは、歴史学、生物学、心理学を結びつけた新しい科学――人類生物学――に基づく真の移民政策をたえず追求しており、その主張はヴィシー政権のもとで多少の人気を博することになる。

――起源の問題に関心をもつ第二の思想潮流は、人口学である。その重要性は〔自然人類学よりも〕はるかに大きい。私たちは「移民現象《イミグラシオン》」という用語の発明をすら、この学問分野の創設者であるベルティヨン父子をつうじて、この潮流に負っている。医学を学び、自然人類学に関心を抱いたことから、ベルティヨン父子は、「人種の将来」の問題や「フランス人の血統」の保持に強い関心をもつ〔学説上の〕「支流」の創始者となった。ベルティヨン父子は、移民問題を、フランスの「出生率低下という憂慮すべき問題」という角度から扱い、外国人の徴募を、危険をともなうその場しのぎの手段として捉えていた。帰化という法的行為は、外国人に「フランス人という付け鼻」をまとわせる、恣意的な政治的行為としてしか見なされていなかったのである（J. Bertillon, 1911）。

人口学のもうひとつの「支流」は、統計学の世界により深く結びついていた。この支流の代表者たちは、しばしば理工科学校《エコール・ポリテクニック》で数学的学識を得て、これを移民研究に応用したのであった。「出自」によるフランス人ではない人びとについて、「フランス化」と帰化に関する精緻な計算を施した最初期の研究を公刊したアルフレッド・ソーヴィがこの場合にあたる。同じ主題について、アルフレッド・ドゥポワは、外国人（すなわち、完全にフランス化していないフランス国籍者）に関する法的ではない諸定義の範囲をさらに拡げることになるきわめて詳細な調査を、フランス一般統計局の依頼で行なった（A. Sauvy, 1927; A. Depoid, 1942）。これらの研究は、アプリオリに「エスニック」ではないが（当時のフランス思想を支配していた「居てほしくない人間たち《アンデジラーブル》」）についての問題を参照されたい）、技術的な評価にとどまるものであって、そこから結論を引き出す仕事は他の人びとに委ねられていた。

――「起源」の極の第三の潮流は地理学である。当初、統計学者や人口学者、人類学者、歴史学者とのつながりを確立したことによって、二人の男が重要な役割を演じていた。エミール・ルヴァスールとヴィダル・ド・ラ・ブラーシュである。フランスの人口に関するその諸著作のなかで、ルヴァスールは移民問題を正面から取り上げる。フランス一般統計局の国勢調査について、第二帝政以降の外国人の大量流入を強調するルヴァスールの注釈は、「異種族集団の問題」をめぐる彼の不安と並んでしばしば論じられた。ヴィダル・ド・ラ・ブラーシュは、社会学に欠けているものを埋め合わせるべき枠組みと方法論を与えた。今日の歴史学者にとって、地理学の諸雑誌（とりわけ『地理学年報』——ヴィダルが創刊した——や『高山地理学雑誌』）、また人文地理学でヴィダルの方法論を適用した特定地方に関する博士論文は、移民史について入手可能な最も貴重な情報源である。「人間的事象」としての移民現象に対する関心、これらの個別研究におけるフィールド調査の精密さは、地理学者が研究の途上でなぜ外国人たちと出会ったのかを説明してくれる。移民現象を明示的な主題とする、法学以外の最初の浩瀚な博士論文を生み出したのがこの学問分野だったということは、驚くべきことではないだろうし、またこの論文が、今日でも多くの歴史学者にとって当該の主題に関する主要な情報源でありつづけていることも驚くにはあたらないだろう。ジョルジュ・モーコの博士論文（1932）は、一九世紀中葉以降のフランス一般統計局の統計データを豊富に用いている。またこの博士論文は、フランスの多くの企業や都市での著者独自の調査にも富んでいる。労働市場における移民労働者の位置や、〔移民〕徴募政策の施行実態、各コミュニティ（とりわけポーランド系）の日常生活、移民の大量流入が同化、共生（外婚、非行、学業……）について引き起こした諸「問題」に関する詳細な記述が、この博士論文には見出される。〔一方〕一九世紀に作り出されたエスニックなステレオタイプが、依然としてはっきりと読み取られる。著者は、スラブ民族の「退行的性格」、イタリア人の「衝動的性格」、「種にとっての危険」に言及している……。

三〇年代の危機——最近の時期のことを思い起こさせなくもない過程を経た——によって、「起源」の問題設定は、経済の拡大のために徴募や契約の問題への関心が高まっていた二〇年代の情況よりも有利な情況に依拠できるようになった。〔経済の〕停滞によって移民はより目に付きやすい存在となり、「非生産的な人間」、とりわけ児童へと目が向けられるようになった。外国人嫌悪の幻想《ファンタスム》によって先鋭化した、家族の、すなわち系譜学の、すなわち「同化」の問題設定が、確固たる足場を得た。移民現象に関して、三〇年代から五〇年代にかけて、政治の水準においても（次章を参照）社会科学研究の水準においても、「同化」の主題が支配的となったことは、右に述べた事実によって説明される。

一九三七年に、国際連盟主催の国際会議で、ジョルジュ・モーコは、フランスにおいて従来〔移民の〕問題が完全に無視されていると強調し、ある作業プログラムといくつかの研究の方向性について提案した。二年後、モーコは、アルベール・ドゥマンジョンとの共著で（アカデミックな地理学にとってこの主題がどれほど正統性を得たかをこのことは示している）、農業〔部門〕における外国人についての大規模な調査を公刊している。この調査は、ボランティアの情報提供者（大半が教員）に依拠する、フィールド調査と集団的研究というヴィダルの伝統を、移民問題に導入した意味において重要な業績であった。三〇〇〇部ほど刷られたアンケート用紙に、一〇〇〇人ほどからの回答があり、数十巻の個別研究が書かれた。第二次世界大戦後、この方法は、国立人口問題研究所の依頼で、アラン・ジラールとジャン・ステッツェルが行なったフランスの外国人に関するたいへんよく知られた調査のなかで、ふたたび用いられることになった（G. Mauco, 1932; G. Mauco et A. Demangeon, 1939; INED, 1953 を参照せよ）。

ヴィシー政権下では、反ユダヤ主義の政策、外国人の親をもつフランス国籍者の行政機関からの追放によって、半世紀前にルナンが発していた警告の見通しの確かさが悲劇的な仕方で例証され、「起源の問い《アンジュ》」がもつ政治的問題性は絶頂にまで高まった。これと直接のつながりがあるわけではないが、初年度に四〇〇〇万フランの予算と、全体で一五〇名の研究者を与えられた、人間問題研究の財団（アレクシス＝カレル財団と呼ばれる）を設置したのもヴィシー政権である（A. Drouard, 1983）。この財団の活動の中軸のひとつが、人口問題の研究である。国立人口問題研究所（一九四五年にこの財団を継承した）の初期の出版物のなかに、一九四一年から四五年に〔財団によって〕行なわれた研究が収められている（一九四五年から四八年までの雑誌『人口』、ならびに国立人口問題研究所刊『研究と資料』一九四七年、を参照）。研究者の経歴についていえば、私たちが「起源」の極の基礎を形作るものとして特定した布置が、依然として続く。主要な研究は、医師の人類学者（ゲサン博士）、人口学者（アルフレッド・ソーヴィ）、私たちが後で取り上げることになる歴史学者にして人口学者（ルイ・シュヴァリエ）によってなされていたのである。モーコによって創始された移民現象の領域における「地理学的方法」もこれに含まれる。〔さらに〕研究者たちは、ソーシャル・ワーカーや非営利団体《アソシアシオン》の責任者……といった、「非研究者」のネットワークに依拠していた。私たちは、続くいくつかの章において、一九世紀初頭のポーランド系難民の歴史についてにせよ、戦間期の終わりのパリ地方におけるロシア系およびアルメニア系のコミュニティの日常生活についてにせよ、これらの研究が歴史学者にとっては選りすぐりの素材となることを見るであろう。

当面は、これらの研究が、第二次世界大戦の直後に、国の復興を見通すなかで、根本的と考えられた政策的関心と緊密に結びついていたことを銘記しておこう。この時期にソーヴィが公刊した論文は、(12)問題の二つの側面を同時に扱おうとする姿勢を示していた。すなわち、外国人労働力の徴募政策を確実なものにすることと、長きにわたってフランスに滞在する人びとの同化を促進することである。この後者の点は、当時ちょうど成年に達しつつあった「第二世代」（二〇年代の大量移民の子供たち）が、〔対独〕抵抗運動における行動の対価として、感謝の念が実際の同化政策に表されることを期待しつつ、はっきりと主張していた要望にも見合ったものであった。しかしながら、「エスニック」な差異は多かれ少なかれ明らかなので、すべての移民が「同化可能」であるわけではないとする、広汎なコンセンサスが成立する。人口高等審議会の公文書館が保存している一九四五年六月付の法務省宛の書簡で、ドゴール将軍自身、帰化に関してある差別的な政策を勧めている。「民族的な観点からするならば、この半世紀にわたってフランスの人口構成を大きく変えてきた地中海人と東方人の流入は制限するのが適切である。アメリカにおけるような厳密なクオータ制を用いるところまではいかないとしても、北方人（ベルギー人、ルクセンブルク人、スイス人、オランダ人、デンマーク人、イギリス人、ドイツ人、等々）の帰化に優先権を与えることが望ましい。これらの分子で五〇％の比率を占めることが考えられる」（S. Beaud, 1987 による引用）。

はっきりとした名称によって呼ばれない、この「エスニシティごとのクオータ」政策（そして「人権の」フランスの公式の代表者たちが、直近に入国した移民、すなわちイタリア人やアルメニア人、ポーランド人たち等々をどのように見ていたのかを例証している）を実施するために、社会科学にお呼びがかかったのである。実際、移民の法的定義を主に用いていた学問分野は、これらの問題を解決するにあたっては無力だと考えられていた。たとえば、ロベール・ゲサンは、ナショナルな帰属を規定する「ポーランド人」「イタリア人」といった法的な用語は、エスニックな現実を把握するにあたっては適切でなく、アルメニア人、アラブ人、ユダヤ人、等々についてはなおさら、厳密な分析を施すべき曖昧きわまりないカテゴリーであるとした。このような見通しからすると、二つの学問分野、すなわち人類学と、とくに歴史学が、根本的な役割を演じることになる。国立人口問題研究所の初期の出版物は、一連の「進行中の研究」に言及している。〔そこでは〕ひとつの「研究計画」が述べられているのだが、研究の成果を私たちはいまだに手にしていない。

ひとつの転換点が問題であるということ、すなわち移民史が、専門家や雑誌、シンポジウム（アメリカ滞在の口実になる）を備えた、大学での研究の主流にこの時点でなりえたかもしれなかったことを明確に示すために、戦後すぐに出版され、歴史学者のあいだでそれ〔移民研究〕以外の分野の業績で有名な三人の研究者が残した、綱領的な三篇の文章について詳しく見ておこう。

第一の資料は、一九世紀フランスの短期移民に関する権威ある博士論文を書いたアベル・シャトランの手になるものである。一九四六年と一九四八年に、著者〔シャトラン〕はリヨン大学の紀要である『ローヌ地域研究』に二篇の論文を発表した。第一の論文では、二〇世紀初頭以降フランスを舞台に起きた「人口学上ならびに民族誌学上の革命」が強調され、なかでも南仏において、シャトランの言い方では、人的構成が完全に変わったという（シャトランは一九三六年にマルセイユ市の人口全体の三分の一が外国出自の人びとであったと推定している）。これに加えてシャトランは、外国人の法的定義が、このような大規模な変化を把握するうえでは完全に不適切であると述べている。その結果、シャトランは「法規上の外国人」と「エスニックな〔意味での〕外国人」、「すなわち外国出自のすべての個人」とを区別することを勧めている。この後者の人びとこそ、「法的な決まりごとに前にして、人口経済学者のように歩みを止めてしまうことのできない地理学者の関心を呼ぶ、ほとんど唯一の」人びとであるに違いないのである。アベル・シャトラン（1946）は、それゆえに、移民現象に関して唯一「より多くの真実、より多くの現実性に」向かうことの可能な新しい学問分野――人口地理学――の構築を提案している。これに加えてシャトランは、みずからが提案する探求の道は陥穽に満ちている、なぜならば「調査対象者に、両親や祖父母が外国人であるかどうか、あるいはかつて外国人であったかどうかと尋ねることは、慎みのないこと、既存の法に反することであるように思われる」からだ、と最後に述べている。二年後、著者〔シャトラン〕は、同じ雑誌のなかで、外国人を主題とする二冊の著作を書評しつつ、みずからのプログラムをより詳しく説明している。人口統計上のデータをそのまま利用する傾向があるモーコを批判して、シャトランは人口地理学に特有の方法論を提案している。この方法論は〔次の〕いくつかの点にかかっている。すなわち、地理的単位を優先して行政単位を捨てること（地域圏をとり県をとらない）、「外国人をめぐる完全な概念にできうる限り迫ること」、行動や適応の変容を測るために第一世代と第二世代の社会的実践を分析すること……。最後の二つの点は、系譜学や、人名学、一九世紀初頭にまでさかのぼりうる身分証書《エタ・シヴィル》の調査を大規模に活用することを求めるものである（A. Châtelain, 1948）。当時はいまだ実用品ではなかったコンピュータを付け加えてみれば、ここで私たちが目にしているのは事実上、数年後に「歴史人口学」とともに定着したプログラムである。主な違いは、「我らが祖先」すなわち旧体制下の農民を優先させることで、移民〔の研究〕が消えてしまった点である。

同様の過程を際立たせる第二の基軸は、政治学である。アンドレ・シーグフリードには、とりわけ地域ごとの政治的「気質」をめぐる彼の分析や、政治行動の恒常性に関する彼の説明に、フランスの歴史学者たちが負うものがあると認めていることは知られている。シーグフリードもまた戦後すぐに、移民現象に関する論文を発表したのだが、以来この論文は忘却の淵に沈んだようである。比較研究の観点に立ちながら、〔この論文で〕シーグフリードは、フランスとアメリカが世紀初頭以降、同じ問題に直面してきたと考えている。これに加えて、シーグフリードは、「思うに、この問題を単にたまたま起こった現象として考えることはできない。この問題は、世界的な重要性と歴史的な射程をもった大きな動きのなかにそれなりの地位を占めているのであり、私たちはこれを分析しようというのである」と述べている。アンドレ・シーグフリードにとって、ただ歴史だけが、移民問題に関する法則を導出することを可能にする。誰しもが期待をかけている新たな移民政策を作り上げるために依拠しなければならないのは、まさしくこの学問分野〔歴史学〕なのである。

この概観を終えるに際し、ルイ・シュヴァリエ——コレージュ・ド・フランスの教授であり、フランスにおける移民史研究が正統性を得るにあたっておそらく最大の貢献を果たしたものの、より多くの人に知られているのは〔むしろその〕パリの人口に関する研究である歴史学者——の業績に言及しておこう。国立人口問題研究所が戦後初期に発行していた『移民関連資料』のなかで、ルイ・シュヴァリエもまた、歴史研究の計画を述べた複数の論文を書いている。はじめに、シュヴァリエは、同化の歴史〔を書くこと〕がこの国で企てられたことは決してなく、外国人の諸コミュニティの歴史自体、いくつかの散発的な、そしてたいていは学術団体によって出版された研究に尽きてしまうと指摘している。シュヴァリエは、移民史にありうる二つの方法論を簡潔に提示している。ひとつめの方法論は、旧体制から出発して、現代にいたるものである。もう一方の方法論は反対に、系譜学とケース・スタディに基づいており、現代から出発して過去にさかのぼるものである。そして著者〔シュヴァリエ〕は次のように結論づけている。「これまで述べてきたのは、今後企てられるべき研究、そしてそうした研究を実施するやり方についての概要にすぎない。こうした研究のみが、移民現象の原因や体系性、同化のさまざまな局面を説明しうる。この同化の問題は考慮すべき最も重要な問題であり、また、外国籍人口に関する既存の研究がつまらないのは、純粋に政治的経済的な関心から脱却し、所与の環境における人間の変容を考察することができなかったためである、と強調しておこう」(INED. 1947)。〔ここからは〕シーグフリードとの見解の一致を見てとることができる。

こうした立場表明は、歴史学にとってこの〔移民現象という〕問題がもつ重要性に、研究者たちが気づくことがなかったとするのが誤りであることを示している。反対に、異論の余地がないのは、戦後初期にこの新しい歴史学の誕生を告げた人びとがみな、みずからの態度〔変更〕の理由の説明もなしに、異なる方向へと進路を大きく変えたということである。ゲサンとモーコは精神分析へと方向転換してしまった。シュヴァリエとシャトランは、移民現象を捨て、純フランス的な伝統により合致した、一九世紀における人口移動の歴史学に移った。[13] それでもシュヴァリエは、数年後、シャルロット・ロランの本（1962）に寄せた序文のなかで、この奇妙な放棄についていくつかの説明の手がかりを与えている。シュヴァリエは、移民研究を「その序列の最も下の段階」に抑圧してきた、フランスの社会学の「伝統」を問題視している。シュヴァリエはまた、シカゴ学派をも、「フランスや他所にいるシカゴ学派の忠実な模倣者たちを不利な状況に」放置したかどで非難している。地理学、とりわけヴィダル学派も批判を免れておらず、「現在の事物から、昔の、ときには大昔の風俗や信仰、思想へと移ってしまい、〔これらの風俗や信仰、思想が〕ある時代よりも他の時代においてよりはっきりと読み取られるとか、かくかくしかじかの激動の時代に試され、しかるのちにある伝承や諺に固まっていったとかいうことに突如として移っていってしまった」とする。最後に、著者〔シュヴァリエ〕は状況の役割を強調する。「ゲットーはここにはない」、すなわち、フランスの「同化主義的」伝統がフランス社会における移民現象を目に見えないものにしたというのである。これらすべての原因論はすばらしいものであるが、しかしなぜ立案された計画が実行に移されなかったのかという理由を説明しない。おそらくそれは、新しい世代がその信用を失わせつつあった構想を擁護することが、一九六二年にはもはや不可能であったからなのだ。

3・3　新しい移民、新しい社会学者

実際、六〇年代以降、経済的かつ知的、政治的でもある情勢の大きな変化が生じる。この変化は、先行

する世代が「同化」や、「人種」の淘汰、「エスニック」な両立不可能性等々について唱えていた言説を理解不可能（いずれにせよ正当化不可能）なものとする。ところが、これらの問題に関する真の科学的な議論の代わりに、過去の忘却が規則となるのだ。以前の立場をとっていた人びとは、この点について抵抗しようという気持ちを少しでももつならば、ヴィシー政権の下で生まれた（あるいはむしろ、強化された）問題設定を正当化することにならざるをえなくなるだけに、いたって慎重であった。このことがあるために、アラン・ドゥルアール（1983）が最近分析した、アレクシス＝カレル財団の業績をめぐる何十年にもわたる沈黙が、同化の諸問題をも覆い隠したのである。その結果として、新世代の社会学者たちは、この海域で航海を行なうのは自分たちが最初だと信じることができた。

六〇年代において、一九世紀末に開始された社会科学の制度的な局面は終焉を迎える。社会学にとって、六〇年代は、もはや何人かの個人に依存するのではなく、その名にふさわしいいくつかの研究機関や大学のセンター、国立科学研究センターの研究所等――それ以前の数十年間とは次元の異なる量の人員や機材を擁する――に支えられた、真の科学的実践の出発点であった。こうした制度上の新たな夜明けに、社会闘争（人民戦線から対独抵抗を経て冷戦へ）や植民地戦争（アルジェリア戦争）の雰囲気のなかで成長した新世代の社会学者たちが対応する。一九六八年の五月から六月の出来事によって強められた、世界に対する新しい見方が定着する。とりわけマルクス主義の影響下にあって、この時期以降、知識人たちは、研究とは奉仕するためになされるのであり、それも国家やフランス国民ではなく、「被抑圧者の大義」や「地に呪われたる者」（の大義）を支持するのでなければならないと考えるようになる。私たちが関心を抱いている研究領域においては、反植民地主義と組み合わせられたマルクス主義が、それ以前はあまり用いられることのなかった「移民労働者」という単語の普及に一役買う。脱植民地化とともに、それまではバラバラだった二つの動向、すなわち、厳密な意味における移民研究と、植民地世界に関する仕事とが融合することになる。後者の動向は、『イスラム研究雑誌』や、一九三七年に設立された地中海高等評議会のおかげで第二次世界大戦以前においては自律性を有しており、フランス在住モロッコ人に関するジョアニー・レイの博士論文（1937）は、この地中海高等評議会の発案で出版されることになった。外国人に関する同時代の研究よりも、植民地世界に関する研究は、はるかに「理解ある」〔父権的温情主義のスタイルにおいて〕ものであったが、五〇年代にはすでに、新世代の社会学者の側からの批判が強まりつつあった。アルジェリア人労働者に関するアンドレ・ミシェルの博士論文（1955）は、知的情況の変化をあますところなく示している〔資本主義国家の支配およびその支配に賛同する研究者たちに対する非難、これらの移民たちが仕事や日常生活のなかで耐えている搾取の諸形態をめぐる執拗な記述、フランス人労働者と外国人労働者の階級的団結に捧げられる称賛〕。この〔ミシェルの〕研究は、ひとつの移行期とも考えられる。というのも、この本には、古い見方を反映した序文がついているからだ。この序文はピエール・ラロックの手になるものであるが、ラロックは、フランスにおける植民地出自の労働者の搾取に関する報告書の著者であり、この報告書は人民戦線のもとでむしろ「進歩的」であると判断されていた。だが国務院評定官〔たるラロック〕は、移民問題における国家の役割に関するミシェルの批判を認めることができない（とりわけ社会保障について）。二つの視点、二つの時代がここにはある。しかし、本章の冒頭に引用した博士論文に関する統計が示すように、今や社会学が立役者である。(14) この新世代の研究者たちは、主に新世代の移民に関心をいだいていると明確にしておくことも重要であろう。国立人口問題研究所が一九五三年に発行した、イタリア人とポーランド人に関するアラン・ジラールとジャン・ステッツェルによる調査研究は、これらの国籍の人びとに対する最後の調査研究のひとつである。戦後初期まで、「〔社会〕統合上の深刻な問題」を引き起こすがゆえに、精緻な政策と徹底的な熟慮が必要だといわれていたアルメニア人や中欧からの移民については、もはやまとまった研究が発表されることがなくなった。彼らが惹起していた「問題」は、ひとりでに解決したのであろうか。

この時期以降、アルジェリア戦争の動揺によって重層的に決定された問題設定の枠組みにおいて、また目を見張るような成長の開始によってしるしづけられた経済の新たな周期という文脈のなかで、最も頻繁に取り上げられるようになった研究対象は、マグレブからの労働者、とりわけアルジェリア人である。かくして私たちは、二〇年代と同じような（しかしそのことに気づくためには歴史を軽視しないようにする必要がある）「A局面」（物価変動に関するF・シミアンの用語。A局面は物価の上昇または比較的高い水準を特徴とする）にある移民流入の諸特徴を、再度見出すのである。すなわち、独身男性の比率の高さ、入れ替わりの激しさ、独身者向けのホテルや貸部屋の超満員状態、等々である。社会学がこの時期以降手にしたあらゆる手段、とりわけ大量の「質問票」のおかげで、移民現象のこの側面に関する詳細な認識が可能となった。完全に現代向きのこの接近方法のために、「同化主義」的問題設定は、いっそう周縁に追いやられた。社会科学に対して公権力が適用した戦略――実際的かつ短期的な目的で契約された研究を助成する（M. Amiot, 1986）――は、ここに格好の領域を見出すのであり、その結果、研究の経験主義的性格ならびに研究の現在時への完全なる従属はさらに強化されるのである。移民現象に関して第二次世界大戦後に生み出された社会学の業績について、ミシェル・オリオル（1981）が最近行なった総括は、こうした方向性の帰結を示している。すなわち研究の細分化にして、経済的関心事の優先であり、そのつど与えられる諸定義に従って「排除された人びと」となる移民労働者の「生活条件」をめぐるあらゆることが優先されるのである（住居や不適応などに関する研究）。

しかしながら、社会学／人口学の古い対立が完全になくなったわけではない。人間問題研究財団が行なった研究に対する敵対を隠さなかったジョルジュ・ギュルヴィッチが創設した社会学研究センターと、この財団を継承した国立人口問題研究所とのあいだには、移民現象の考え方において細かな相違以上のものがあった。政治の世界でも知識人の世界でも、「人口増加主義《ポピュラシオニスト》」の潮流は、たとえその存在が周縁に追いやられることはあったとしても、消え去ってしまうにはあまりに古く、あまりにフランス人の生活に根づいたものだった。国立人口問題研究所の研究者たちの関心が、家族をめぐる新しい問題設定のために、移民現象からは遠のくことがあったとしても、外国人の統合についての考察は、アラン・ジラールが主導した研究の重要な一側面であった。しかしながら、「同化」や「寛容の限界」のような概念が引き起こした論争は、(15)国立人口問題研究所の若手研究者たちが違うタイプの研究をより多く企てようとする傾向があったことを伝えている。この時期以降前面に出されるのは、アルフレッド・ソーヴィの「経済学者的」側面である。社会学においてよりも数学においてのほうが能力の高い理工科学校出身者の支配が始まる。この時期以降、移民現象の「科学」は数式とモデルに集約されることになる（D. Courgeau, 1970）。

この新しい情況が、歴史学者〔による研究〕にとって、およそ有利なところがなかったことは理解されえよう。しかし、戦後初期にこの主題についてなされた研究上の提案の信頼性が失墜したことは、「同業団体」内部の争いによっても説明が可能である。コレージュ・ド・フランスでなされたブローデルとシュヴァリエの闘いは、互いに致命傷を負わせるようなものではなかったにせよ、私たちの議論にとって興味あるものである。前者によって雑誌『アナール』に発表されたルイ・シュヴァリエの著作『労働階級と危険な階級』をめぐる書評は、シュヴァリエが提起していた学問的問題設定に関する型どおりの批判である。シュヴァリエは、フランスの知的世界にシカゴ学派のアプローチが「受け入れられる」ものとなるよう、同書でこのアプローチを一九世紀初頭のパリ〔田舎からの膨大な量の人びとの流入によって特徴づけられる〕に適用したのであった。かくしてシュヴァリエは、ある「生物学的」歴史〔都市病理学〕を称揚するのだが、その対象そのものにブローデルは異議を申し立てる。また、決定的、すなわち「すべてを決定する」変数として示されることで、「移民現象」に与えられる重要性に対しても、同様〔に彼は異議を申し立てたの〕であった。さらに、攻撃の対象となったのは方法論である。文学テクストを引き合いに出すこと、統計のもつ説明力の全能性をシュヴァリエが拒否すること、経済史に対するシュヴァリエの侮蔑、さらに最高に冒瀆的だったのは、「短期の情況」に与えられた特権的地位であって、こういったことすべては、ブローデルの理解を確実に超えていた。さらに、著作そのものを超えて、フェルナン・ブローデルが受け入れず、歴史学という学問分野に対する攻撃として明らかにとらえていたのは〔F. Braudel, 1969 に再録された論文〔を参照〕〕、コレージュ・ド・フランスにおけるルイ・シュヴァリエの「傲慢な教え」、すなわちシュヴァリエによれば、みずからの主題をひとつの「マニフェスト」として提示するという主張である。みずからの著作のポケット版での再版にあたって、ルイ・シュヴァリエ〔1978〕は、暗黙のうちにブローデルへの返事となる、新たな序文を書いている。シュヴァリエによれば、五〇年代と六〇年代における研究の世界での区分線は、「お金をもっている者ともっていない者」のあいだに引かれている〔遠まわしに言われているのは「アメリカは、人間科学館〔ブローデルの拠点〕ではなく私の研究に資金を出したほうがよかっただろう」ということである〕。そして、シュヴァリエは、「トリフィィ゠レ゠ゾリ」や「トリフィイ゠レ゠カナル」〔どちらも何の特徴もないフランスの田舎の村の意〕における出生率や死亡率の計算をもっぱら気にかけているというかどで、歴史人口学を直截に非難している。

歴史学者たちがこうして場を放棄してしまった結果、フランス社会の過去と未来からの移民現象の完全なる「外在化」と呼びうる過程のなかで、社会学者〔たちの立場〕が強化されることになった。「マイノリティ」に関する、ある新しい叢書（Entente 出版より公刊）の惹句にあるように、外国人は「私たちの街の入り口に」いるのである。出身国の統治者（亡命は一時的なものでしかないという考えで亡命者たちを励ます）から、社会学のあらゆる学派を経て、フランスの公権力（労働市場の「柔軟性」を改善するためにさまざまな形態の不法状態を助長する）にいたるまで、フランスでの滞在が一時的なものでしかありえない、「余分な」人物としての移民労働者のイメージが形作られるのは、まさしく正真正銘のコンセンサスのなかにおいてなのである。

　こうした予断《アプリオリ》の第一の効果は、移民現象と不幸とを同一視することである。貧困に迫られてみずからの国を離れざるをえなかった移民は、受け入れ社会のなかで失敗にしか遭遇しない。ここから、根こぎになること、孤独、さらには狂気といった主題が生じ、それはフランスにおけるマグレブ文学でも広汎に流布している（C. Bonn, 1982）。このことに加えて、一九六八年以降の「差異」の崇拝がある。地域主義的、またフェミニスト的な権利要求と並んで、「エスニシティの目覚め」が称揚された。今やアルメニア人は「同化作用に脅かされ」、「みずからの独自性を維持」すべく全身全霊で闘っていると見なされるのである（Y. Ternon, 1983）。フーコー主義の「極左的」解釈は、移民労働者を、「馴致《ドメスティカシオン》」の過程にある「未開人」、国家という「統合する機械」の犠牲者としていた（M. Marié, 1977）。国民国家の利害に移民研究がきわめて頻繁に従属させられていたそれ以前の時代の支配的言説を転倒させるかたちで、非難／再評価に向かう傾向がこの主題に関する社会学的業績をしばしば特徴づけていた。この論理においては、対象の定義の基準は科学的検討の外部にある。というのも、何よりも重要なことは、研究されている事例がもつ極端な、それゆえ「模範的」な性格を強調することだからである。すなわち、好んで選ばれるのは、つねに最も不幸で、最も搾取されており、最も同情されるべき、要するに最もなじみのない人びとなのである。こうした言葉で対象の重要性が思い描かれるとき——それは同時に研究者の重要性をいうためのひとつの方法ともなっているのだが——アルジェリア人、ユダヤ人、インドシナ人について、未開人のなかでも最も未開な者とは誰かを見定めるという一種の競争が引き起こされる。その結果、先行研究の特徴であった、移民現象をめぐる実体論的なアプローチが、関係論的なアプローチを犠牲にするかたちで強化されるのだが、後に見るように、だからといってこのことは、そうした仕事の一部が有している美点までも損なうものではない。

同時に、移民研究は、ゲットーに閉じ込もることになる（V. De Rudder, *l'Homme et la Société*, 1985）。学問分野ごとの仕切り、学術センターが次々と「勢力範囲」化されていく傾向が、研究を細分化しつつ、〔研究〕対象をも細分化する。移民現象の「専門家」でない人びとは、大抵の場合この問題をまったく無視するか、あるいは枠外に置いてしまう。さらに、国立統計経済研究所の統計装置は、「社会職業的諸カテゴリー」に付与された説明的かつ記述的な全能性によって、この方向性を加速させる。

社会的流動性に関する最近のある研究は、「家系の影響が見られない領域はおそらくほとんど存在しない」とするが、この主題に関する移民現象の効果についてはー言も述べていない（C. Thelot, 1982, p. 117）。国立統計経済研究所の雑誌『経済と統計』の大半の論文は、「社会的出自」と「元来の職業的階層」を混同している。そこでしばしば援用されてはいるアメリカ社会学の伝統は、元来、社会空間を、民族的《ナショナル》な基礎の上にも構造化された空間として考えるための手段を与えてくれるはずなのであるが。

フランスの移民現象にその最近の構成要素しか見ようとしない社会学的視線は、ピエール・ブルデューの視点にもまた現れている。ブルデュー（1987）にとって、現在の不寛容は、短期移民の停止、およびフランスにおける移民の定着が最終的な性格のものであることを、フランス人と年長の移民の双方が自覚したことによって説明される。このような分析は、西ドイツのように、移民現象が新しい現象である国については、おそらく正しい。しかしそれによって、フランスの問題の独自性を理解することはできない。ここで問題となっている「年長」者は、実際のところ、六五歳以上の移民のなかのきわめて少数にすぎない。一九七五年の危機の初まりの時点で、この年齢層に属する三〇万人を少し超える程度の移民のうち、アフリカやアメリカ、アジアやオセアニアの国籍の合計が三万七千人であったのに対し、ヨーロッパ系は二六万五千人であった。「年長の」アルジェリア人は、「年長の」イタリア人の十分の一しかおらず、「年長の」ポーランド人の六分の一しかいなかったのである。一九八二年になっても、六五歳以上の年齢層で、アルジェリア人一人に対してイタリア人五人という比率である。その一方、ヨーロッパ諸国の国籍者は、古い移民の波を表しており、その大半がずっと以前からフランスに定着していた。これらの人々をドイツ連邦〔共和国〕のガストアルバイターと混同するのはまずありえないことである。(16)

経済危機や、移民流入の停止、およびそこから導かれる諸結果〔根づくこと、家族のはっきりとした可視化……〕にともない、再び「同化」（たとえこの単語がタブーであったとしても）の問題に関心の的が移ってくる。これまでに述べたすべてのことから、「差異」や大文字の他者の根源的な「他者性」、「統合する機械」が生じさせる害悪に関するみずからの議論が、今度は「フランス人のためのフランス」や血統主義復活のために闘う人びとによって乱用されたときの社会学者の狼狽は理解されうるであろう。学校での二言語併用の問題（すでにソーヴィが五〇年代に提出していた）、「〔移民〕第二世代」の統合に関わる諸問題、フランスの人口〔構成〕の将来をめぐる疑問が、さまざまな言説のなかに再登場してくる。同様に、法学的な論理への従属度の低い分析ツールを手に入れるために、統計モデルの再設計があらためて提案される。移民現象をめぐる諸言説を特徴づける、たえざる振り子運動のなかで、振り子は再び今日、起源《オリジン》やエスニシティ、歴史の側にある。学問的な（そして確実に政治的でもある）争点は、こうした古くからの周期的なゆらぎの乗り越えにいたることにある。

4　フェルナン・ブローデルへの疑問

現在まで、移民現象が歴史研究の対象として確立したことが一度もないとすれば、それはまたいくつかの科学認識論的な性格をもつ理由から来ている。私たちは、まさにこうした理由について論じつつ、この章を終えることにするが、その際、現代の研究に最も鮮やかな足跡を残した歴史学者、すなわちフェルナン・ブローデルの業績に立ち戻ってみたい。

ブローデルの最後の著作である『フランスのアイデンティティ』で興味深いおもな点は、この本が、ミシュレから「アナール学派」にいたる歴史学のエクリチュールの主要な諸形態が互いにからまりあうパリンプセスト〔元の文字を消し、その上に新たな文字を書いた羊皮紙の写本〕としてまさしく読まれうることである。私たちの関心をひく第一の主題は、いうまでもなく移民現象についての視座である。同種の他の多くの著作と違って、ブローデルはこの問題を避けていない。しかしすべては、ブローデルにとっても移民はフランス史の一部をなしてはいないということを指し示している。移民を主題とする章の全体が、「彼ら」と「われわれ」の対立図式のうえに書かれている。確かに、数度に及ぶかつての外国人移民の波に言及がなされてはいる。しかしそれは「これらの外国人の同化は、近隣諸国の出自だったこともあり、比較的迅速になされた」という常識的な見解を強めるものなのである（F. Braudel, 1986, t. II, p. 185 *sq.*）。明らかに、著者にとってこれはあまりにも自明で、あらためて注意を向けるまでもない問題なのだ。「われわれの一員となることを受け入れた「外国人」のリストは、あまりにも長大なものとなるだろう」。実際、私たちはここで本書序論で触れた危険に出会うのであって、この種の歴史への言及が果たす唯一の役割は、今日の移民「問題」を強調することなのである。「私見では、フランスにとって初めて、移民現象が国民的な規模で一種の「植民地的《コロニアル》」な問題をなげかけた」。私たちはここで、歴史は現在を理解するのに役立たなくてはならないという考えが現れるのを見るのだが、しかしそれは、私たちがあれほど多くのものを負っているフェルナン・ブローデルとは思えないほどに、本当に貧しいあり方においてなのである。「過去の全体は現在のなかにある[17]」と他の誰よりも繰り返してきた歴史学者が、移民現象をめぐる過去によってどのように私たちの現在がしるしづけられているのかを説明する際、ただの一文で済ませてしまう。ブローデル曰く、外国人たちを「吸収」することによって、「フランスは物質的文化的に豊かになったのである」。「吸収」することをつうじて、私たちはどのようにみずからを「豊か」にしえたのか、すなわち「彼らとわれわれ」から「われわれにおける彼ら」への移行はどのように果たされたのかを知りたいと望む読者は、『フランスのアイデンティティ』三巻のなかに何も見出すことができないのである。

〔ブローデルの〕信奉者たちは、もし死によって作品が中断されていなかったなら、続く巻でこの問題が扱われていたであろうとか、欠けている部分があるのは著者の高齢によって説明がつく……とか述べることで、これらの欠陥を説明するかもしれない。私は反対に、ブローデルは、みずからが擁護する歴史の構想のために、こうした問題に応えることができないのだと考えている。まず、約一〇〇〇頁近くに上る全体のなかで、移民現象に充てられた三五頁は、何かこの著作の全体に対して余分に付け加えられたものであるかのような印象を与える。言われていることの本質は逸話の類（タクシーの運転手について、等々）

であり、それが肯定的な感情に満ちたものであったとしても、本の構造とはなんの関わりももたない。こうした欠陥は、生涯にわたってブローデルが擁護することをやめなかった歴史的時間の構想（かの「長期持続」）を参照することによってしか説明されえない。この構想が、『アイデンティティ』の錯綜のなかから、私が引き出したい最初の糸である。

この書物についてはさまざまな説明がなされているが、「歴史」という対象の定義そのものをめぐって社会学者と歴史学者が対立する、今やほとんど百年に及ぼうとしている論争の残した痕跡のすべてが、十分に強調されてきたとはいえない。序文ですでに、当該分野〔歴史学〕の科学的実践の名において、ブローデルは歴史＝物語を問題視している。「欠かすことのできない比較、すなわち数種の実験、それも前もって構想された計画に従って実施され、私が自分の好きな時に問題とすべき諸要素を変えて再開することのできる実験」の名において、空間と時間にみずからが向けてきた関心を、著者〔ブローデル〕は正当化している。社会学に多少とも通じている読者は、比較研究の利点を中心に据えるこうした科学認識論のなかに、デュルケームの影響を容易に認めることであろう。それに、ブローデルはデュルケームを名指しで引用してもいる。歴史学と社会学は、いつの日かニュアンスにおいてしか違わないようになるだろうという、デュルケームの発言をブローデルは自説のために再びとりあげるのである。実のところ、歴史学と社会学のあいだの摩擦に満ちた対話で根本的な役割を演じたのは、ここに引用されていない一人の人物、すなわちフランソワ・シミアンである。出発点は、今世紀初めに、「歴史至上主義的な歴史学者たち」（アンリ・ベールの言による）の指導者であったセニョボスと、シミアンとが対立した有名な論争であり、またこの論争は、アナール学派、そしてなかでもブローデルが、みずからの「創設的神話」とした論争であった。

私たちの研究からすれば あまりにも遠く離れた問題について長々と論じることはできないが[18]、この論争の主題を簡単に見ておくことはやはり必要である。シミアンの目的は、「歴史学者という部族がもつ偶像」に抗して闘うことであった。すなわち、政治的偶像、個人的偶像、年代記的偶像がそれであり、シミアンによれば、当該分野〔歴史学〕だけでなく、この分野を超えて大学制度を支配する人びと（ラヴィス、セニョボス、ラングロワ……）の著作の本質が、これらの偶像に要約されるのである。私たちにとって重要なことは、シミアンがとりわけ攻撃していた命題を強調することであり、その命題とは、社会的事象は避けがたく主観的かつ個人的であり、それゆえ研究者は諸個人の行為の動機を再構成するよう求められる、そしてそれゆえに、歴史学は物理学や生物学の客観性には達しえない、とする命題である（C. Seignobos, 1901を参照）。シミアンにとっては反対に、科学的な学問分野のあいだに本性上の相違は存在しない。実際のところ、歴史学者たちの立論は、歴史学者たちの根っからの経験論、および哲学者たちが少なくともカント以降区別することを学んだ、現実の対象と認識の対象のあいだで、相も変わらず歴史学者たちが行なっている混同を示している。シミアンによれば、物理学においても歴史学においても、人間の主観性という媒介を経ることによってしか、ひとは現実的なものに達することはできない。しかし、抽象の過程は、現実的なものを破壊するのでも現実的なものに「忠実でない」わけでもなく、実際に現実的なものを科学的な対象に構成するのである。科学にとって、対象は構築されるのであって所与ではなく、諸法則を取り出すことを可能にするのはまさしくこの客観化の過程なのである。しかし、もし対象が構築されているならば、対象を定義するあらゆる要素が、この構築物との関連において接合《アルティキュレ》され、構造化されるはずである。現実性のさまざまな側面のあいだに連関（*Zusammenhang*）を確立しうるのはただ歴史学だけだという口実のもとに、社会科学の全体を支配しようとする歴史学の主張が無根拠なのはそのためである。実際のところ、シミアンによれば、この「連関」なるものは、プレゼンテーション上の詐術、学校教科書の論理（第一に農業があり、第二に工業がある……）にすぎない。もし対象が構築されているのなら、異なる諸要素のあいだに内的必然性の関係が存在しているはずである。実験とは、比較すること、すなわちこれらの必然性の程度を適切に評価する目的で、これらの諸要素を変化させることの謂である。シミアンがもうひとつ別の講演で詳しく論じている因果性の研究と実験は、たとえそれぞれに特殊性があるにせよ、原則的に生物学と歴史学とで異なるものではない。歴史学者は、みずからに固有の「実験室の条件」を創り出すことに関心をもつべきなのである。対象についてのこうした構想からは、「どれほど進んだ科学であっても、みずからに属する諸事実の領域の内部にある、任意の対象、任意の問題に取り組みうるわけではない」（F. Simiand, 1903 et 1906）というもうひとつの結論が論理上導かれる。この論点は、シミアンよりも一〇年ほど前に、ブローデルが最も偉大な歴史学者のひとりとするポール・ラコンブによって提起されていた。ラコンブは、歴史研究の途方もない発展、彼がいうところの「ぞっとさせられるほどの規模」の蓄積を不安に感じており（ある人びとが発見しつつある「歴史学の細分化」は、昨日今日に始まるものでないことが分かる）、収集された諸現象の重圧は、それらを〔互いに〕結びつけることによってしか軽減できないと考えていた。しかし、ラコンブによれば、このような理論的操作は、あらゆる人の手の届く範囲にはない。それゆえ、「歴史」といわれているもののなかに、双方とも正統とはいえ、非常に異なる二つのジャンルを区別する必要がある。すなわち、「多くの人びとの手に届く」教養あるアマチュア向けの「技芸としての歴史学」と、「われわれの時代の任務」であり、私たち自身そのなかで生きている世界の理解に貢献することを目的とする「科学としての歴史学」とである（P. Lacombe, 1894）。

「歴史学の危機」をめぐる現在の議論、すなわち科学に対する歴史学の諸関係をめぐる問いかけという枠内で、たとえ極度に図式的なやり方においてではあっても、「科学としての歴史」の支持者たちの議論を思い起こしておくことは無益ではない。というのも、アナール学派は、みずからの価値を認めさせるために、これらの人びと〔の主張〕を単純化し歪めたからである。近年なされたいくつかの分析（F. Dosse, 1987; K. Pomian, 1986）が述べるのとは反対に、アナールの「創始者」たちは、右に引用した二つの講演のなかでシミアンが定めていたプログラムを、実行に移してなどいない。コレージュ・ド・フランスでの初回講義（F. Braudel, 1969, p. 20 に再録）の際に、ブローデルは「科学としての歴史学」が、「未来を予見する」と主張し、みずから「預言者的」〔原文ママ〕であろうとしたがゆえに「破産」したとして、問題視している。実際のところ、リュシアン・フェーヴルの時代からすでに、一種の取り違いが定着しており、この取り違いによってアナールの人びとは、ソルボンヌの歴史学者たちとのライバル関係を「科学的」な基盤のうえに（社会学の威信を経由しつつ）築くのであるが、しかしそれは、みずからの業界に受け入れ可能なものとなるよう、シミアンの諸命題を「順応させる」ことをつうじてなのである。

右に述べた主張については、多数の証拠を挙げることができる。「歴史学者はみずからの対象を創る」、すなわち対象を「きわめて複雑なテクニックとともに」発明するというフェーヴルの声明（L. Febvre, 1953, p. 7）にもかかわらず、その歴史学の実践上の規則は、依然として経験論のままである。いわゆる「事件」史（この単語を用いるのはとりわけブローデルなのであるが、彼はこの語をやや性急にシミアンに帰している）に対して、アナール学派はとりわけ研究テーマを変更することで名を上げる（経済史、「心性史」……）。しかし、対象を定義するのに用いられるのはつねに、常識的な「先取観念」〔研究以前にあらかじめ抱かれている観念〕なのである。最良の証拠は、フランソワ・シミアンとモーリス・アルバックスが、アナールの人びとを例外とすることなく、歴史学者たちに対する批判を続けていた点であろう（F. Simiand, 1932; J. Craig, 1979）。

学問的な論争を、「同業団体の利害」や「ある学問分野の帝国主義」といった戦略上の側面に切り詰めてしまうことがたいへん流行している。しかし、デュルケーム派が歴史学者たちに対して論争を続けてきたのには、いくつかの深い理由がある。フランソワ・シミアンや、シミアン以前ならばポール・ラコンブのような人は、日常生活の諸現象を、そのまま取り出すことによって「歴史を作る」(科学的実践の意味で)ことはできないとつねに考えてきたのである。反対に、リュシアン・フェーヴルにあっては、彼の提案する「理論の」復興とは、実際上、歴史学者が行なう調査の領域を拡張するための口実とほとんど変わらない。「私たちは愛の歴史をもたない。誰かがそのような歴史について考えんことを。私たちは死の歴史をもっていない」(L. Febvre, 1953, p. 236)。ここでの問題は、学問分野のこのような変容に賛同するか、あるいはこれを批判するかといったことにはない。デュルケーム派の社会学にとっての問題は、瘴気や黄水仙や涙やあるいは地中海〔といった語〕の後に、歴史という単語をくっつけるだけでは、ひとつの科学的対象を構築したというには十分でないと示すことにある。ノルベルト・エリアスがからかい半分で述べていたように、「歴史研究のなかに、ひとはもちろん、一匹の犬や一台の花壇や偶然に選ばれたある人物の「歴史」を含めることができる」。しかしそれは、科学的な研究を大きく前進させるものであろうか(N. Elias, 1985, p. LII)。結局のところ、社会学者たちが浴びせかける本質的な批判は、社会学者たちにいわせるなら、科学的対象の構築と、「常識」から汲み上げられた観念の歴史化とのあいだで、歴史学者たちが行なう混同に向けられているのである。現状の自明性と断絶しようとする努力の欠如が、移民現象をめぐるブローデル的アプローチの第一の際立った特徴である。

シミアンが世紀初頭に行なった講演にさかのぼることによって、ブローデルの著作でしばしば実践されているもうひとつの方策もたどりなおすことができる。「科学的諸法則」を抽出するにあたっては、観察された現象が一度だけ発生するのではなく、「実験室での観察の諸条件」が同一のまま保たれるなら、規則性をもって現象が繰り返されることを証明する必要があるとシミアンは考えていた。そしてそこから、「事件史」に対する批判、および「時系列」的で「数量」的な歴史だけが科学的であるとの主張に、シミアンは導かれるのである。生涯をつうじて、シミアンは若かりし日の主張の正しさを証明しようと試み、統計的手法で有名な専門家、高等研究実習院における「経済史」の指導者となるにいたる。しかし、歴史学者「業界」のなかで、「科学認識論者」シミアンがおよそ成功を収めることはなかった。一方、シミアンの経済研究は、ブローデル、そしてとりわけエルネスト・ラブルースを指導者とする本物の学派を生み出すことになる。かくしてシミアンは、「異議申し立てをする」歴史学者たちに、彼らが何よりもまず求めていたもの、すなわち「社会経済史」と呼ばれる特定の活動領域を与えたのである。この表現の成功（シミアンのなかには見出されない。その起源はシャルル・リストのような『政治経済学雑誌』に集っていた経済学者のもとにむしろ見出される）たるや、一九三〇年代にはすでに、言葉使いのうえでも思考のうえでも、この表現がまったく意識されずに用いられるようになったほどであった。歴史学者たちの眼に、この表現はきわめて「自然」なものと映ったので、リュシアン・フェーヴルを最後として、「社会経済史」という表現をめぐる批判的な分析が有益であるとは誰も考えなくなったのである。『社会経済史年報』があり、社会経済史の何ヵ所かにおよぶ〔研究〕センターがあり、『社会経済史雑誌』があり、『フランス社会経済史』と題する、ラブルースとブローデルが監修し、きわめて多くの歴史学者が参加した膨大な論集も存在している。この表現はさまざまな著作や、論文やシンポジウムなどでたえず用いられている。〔ところが〕実際のところ、扱われているのは単なる経済史であって、リュシアン・フェーヴルがその秘密を明らかにしている。すなわち、「社会」という用語が『年報《アナール》』の標題に付け加えられたのは、この用語にはきわめて漠然とした定義しかなく、それゆえ「加入者を広範に募る」ことができるだろうとの理由からだったのである[19]。逆説的なのは、このようにして、それ自体として構成された社会史は日の目を見ることがなかったわけであるが、それは部分的には……ひとりの社会学者！によって批判がなされたからなのである。経済史の専門家たちは、みずからの学問分野が経済学者たちの有している諸概念に多くを負っていることを喜んで認めている。同じように、歴史人口学は、人口学者にして数学者であったルイ・アンリの援助なしには実現を見ることはなかったであろう。政治史に関していえば、アンドレ・シーグフリードに対する負債が知られている。反対に、（マルクス主義的ないくつかの定式を除けば）社会学の作りだした概念が、真の社会史を基礎づけるために必要だと歴史学者たちが考えたことは一度もなかった[20]。それはすべて、社会基盤を浮き彫りにするにあたっては、「経済構造」を取り出しさえすればいいという前提に由来しているのである。経済は「社会という舞台の背景」であり、「経済的分析を先行して行なわないならば、記述だけしか残らず、説明はできなくなる」と、ラブルースが主催した「社会史」をめぐる有名な「創設時の」シンポジウム（一九六七年）でジャン・ブーヴィエは述べている。しかし、これらの命題を正当化するに際して、社会学者はひとりも引き合いに出されてはいないが、それも当然であろう……。「社会経済的」に「心理的」の層を付け加えるだけで、シミアンがセニョボスに対して非難していた「一覧表の歴史」〔歴史学の諸分野をただ羅列する〕の論理が再度登場するには十分なのである。こうした項目別の〔執筆〕プランは、非常に多くの『フランス史』本のなかにも見出される、万能選手である。

フランソワ・シミアンがしばしば結びつけていた対象の構造と数量的アプローチとを分離することで、「社会経済」史は、コンピュータの威信の恩恵にも浴しつつ、科学を作るのは数字であると考えるに至った。ルイ・シュヴァリエがよく理解していたように、歴史人口学の科学的正統性の大きな部分は、この前提に依っている。〔そして〕この分離を経て、建築物の上層階にあたる第三の「踊り場」、つまり心性史が導入される。「時系列的〔な歴史〕」は、質的分析というより上位の様態に逢着する。文明の諸体系の歴史が荒削りながら姿を現してくる」と、ピエール・ショーニュ（1974）は述べている。しかし、シミアンの客観主義では、経済以外の分野で厳密な接近方法を提供することができない以上、「集団的心性」の歴史学の波によって押し流されるのは、結局のところ数量的なものなのである。それは、シミアンの問題設定（1932）が、まさにそれに反対するために構成されていたいくつかの実践の、鳴りもの入りでの復活であった。すなわち「行きあたりばったりの例証」であり、常識から借用され「新たな対象」等々と名づけられた先取観念の歴史化である。ポール・ラコンブの表現を用いるなら、これは「科学としての歴史学」に対する「技芸としての歴史学」の勝利といえる。たしかに、ブローデルは、「心性史」にはつねに慎重な態度を示してきた（それはおそらくブローデルが、時系列化と科学的対象の構築とを混同しない程度には、シミアンの思想をめぐる正確な認識をもっていたためである）。しかしながら、『アイデンティティ』のプランそのものを検討するならば、「社会経済」的な構想の「鋳型」は十分に見出すことができる。すなわち、第一部が空間（後で再び論じることにしたい）、第二部が「人間と事物」つまり人口学と経済学。そして「社会的なもの」に関する巻が続刊となっている。対象の接合《アルティキュラシオン》の水準において、今日でも学校教科書でまだ多く見られるアンリ・オゼール風の「一覧表」（農業／工業／商業）と比べて、どのような違いがあるのだろうか。

フェルナン・ブローデルが編み出した時間概念――これが提示されるや、[21]歴史学に関する科学認識論上の論争は主としてこの概念をめぐるものとなり、マルク・ブロック（1974）が展開した歴史家の仕事に関する省察は脇に追いやられた――は、異なる諸水準を積み重ねたこうした世界観を整備したものにすぎないとすら主張することができる。その博士論文において、そしてブローデルはこの点については以後立場を変えないのであるが、「長期持続」は物理的環境の「不動の時間」に対応し、「中期持続」は「社会経済的諸条件」に、「短期時間」は「出来事」の「心理的」な付帯現象に対応する。ミシェル・ヴォヴェルが記すように（*Espace-Temps*, 1986）、現代史についてブローデルよりも大きな影響力を及ぼしたエルネスト・ラブルース（1967）――この時期の「社会経済」に関する業績の主要部分はラブルースの弟子たちによるものである――においても、同じ三要素からなる構造と同じ階層区分とが見られるのだが、それらはしかし〔ラブルースのもとでは〕「遅れ」の様式のもとに提示されるのである。すなわち、心理的なものは社会的なものに対して遅れ、社会的なものはそれ自体経済的なものに対して遅れているのである。このような条件にあっては、原則的に「政治」問題として把握されている移民現象が、『アイデンティティ』のなかで表面的な仕方で扱われていることは驚くにあたらない。もし事態が逆であれば、それこそ驚くべきことであったろう。

この分析図式の豊かさそのものが、歴史研究の一時代全体の「思考されざるもの」を説明しているという事実について、再度強調しておきたい。「社会的なもの」が経済的なもの、政治的なもの、ないしは人口学につねに従属させられてきたという事実は、社会学的思考における本質的な問いが、歴史学者のあいだではきわめてわずかな反響しか呼ばなかったという帰結を生む。このことがとりわけよく当てはまるのは、「個人」と「集団」のあいだの関係をめぐってたえず蒸し返される論争である。他のいかなる学問分野にもまして、歴史学は、レイモン・ブドン（1979）がフランス思想の「全体論的」な予断《アプリオリ》と呼ぶものによって特徴づけられており、そこではこれら二つの観念が混同されてきた。ミシュレから最近出版されたものにいたるまで、すべての『フランス史』のなかから、フランスをひとつの「人格」として描き出す比喩を取り出してみせる必要があろう。こうした比喩は、ソルボンヌの「歴史至上主義的な歴史学者」にも、アナール学派の歴史学者にも同じようにみられる。ブローデルの博士論文に対する情熱的な称賛のなかで、リュシアン・フェーヴル自身、次のように書いていたのではなかったか（1962, p. 169 *sq.*）。「ここに初めて、ひとつの海が、あるいはもしこう述べたほうがよければ、いくつかの海の複合体が、歴史的人格の尊厳の域にまで高められるのが見られる」。『年報《アナール》』の編集長にとって、研究の部分のそれぞれは、「人格」のひとつの側面に対応するのである。すなわち、「環境」の分析は「身体的な肖像」に対応する、等々。より近年の著作でも、同じ比喩が用いられている。ピエール・ショーニュ（1982, p. 10）にとって、「フランスはひとつの人格であり、ひとつの集合的な人格の神秘は、私たちの生物学的存在から形成されるもろもろの人格を合わせた神秘よりも厚みがあるわけではない」。『記憶の場』第一巻の序文においてすでに、ピエール・ノラは、個人の集団への同一化をはっきりと前提として立てている。同じ本の後の箇所で、国民は「現存在」として定義され、「自分自身について意識」したり、「かつてのように元の状態を回復」したり、「みずからを発見」したり、「その地理的な存在の統一のなかに自己を感じて」いたりする（1984, p. VIII, et 1986, t. 3, p. 648）。こうした主張は、社会契約を後ろ盾とし、エスマンをその最も有名な擁護者とする「〔集合的〕人格としての国民」論で頂点に達する、フランス法学における実証主義的伝統に固有のカテゴリーを、フランスの歴史学者たちがどれほど内面化してきたかを示している。一方でこの理論は、法学界では世紀初頭に、とりわけレオン・デュギー（1907）によって激しく攻撃されていた。

確かに、フェルナン・ブローデルはその最後の著作で、フランスは一個の人格ではないと明示的に述べている。しかしブローデルの問題設定の全体は、著作の表題や、精神分析への参照等々が示すように、全体論的な構想に囚われたままである。社会史が政治史から最も区別されるのは、対象の定義に際して用いられる基準に関してである。すでに言及した「科学としての歴史」の諸原則に従い、対象が実際に構築されるのならば、「フランス」は出発点にはなりえない。「国民」を所与のものとして、「つねにすでにあるもの」として考えることはできない。社会史にとっては、現に生きている「人物」たち、すなわち現実の諸個人という「構成要素」（マックス・ヴェーバー）から出発して構築作業を行なわねばならず、その結果、「国民」という当初の「先取観念」が、おそらくは完全に解体される、つまりいずれにせよ、合理的に基礎づけられた接合との関係で再構成されることにならねばならない。

この問題に関わる学問上の争点のすべてを理解するためには、再度シミアンとセニョボスの有名な論争に言及する必要がある。リュシアン・フェーヴル、そしてとりわけブローデルのために、私たちはこの哀れなセニョボスに、文書館にこもりっきりの人物で、「事件史」を主張し、「偉人」たちを崇拝したということだけを見るのに慣れてしまい、彼の方法論的考察は読まなくても済むと感じるようになってしまった。[22]ところが、そこには思われている以上にブローデルに近い歴史的時間へのアプローチが見出されるばかりか、シミアンに対するセニョボスの反駁は、デュルケーム流の「全体論」と、それが研究にもたらしうる危険とを正しくも問題化しているのである。すなわち、「教会制度や王政、株式取引や投機のような、想像的な存在の伝記を書かされるがままになるというのは、歴史学における大きな危険である」。そしてもっと後の箇所で、次のように述べている。「抽象的な名詞――たとえば、市場や繊維産業、機械化――によってひとは現象を表現する。そしてひとは、このように抽象的な文言が、あたかも現実の存在を指しているかのように用いるのである」（C. Seignobos, 1901, p. 150 et 224）。シミアンは、こうした反駁を「唯名論者の冗談」であると一言で片づけるが、そうすることでシミアンは、オーギュスト・コントの遺産である、集合的な実体によってしか思考しないという、いたってフランス的な伝統を実際のところ強化しているのである。〔他方、その方法論的考察にもかかわらず〕ラングロワやセニョボスの歴史学上の著作もまた同じ前提を露呈するのであり、このことによって彼らは、論争上不利な立場に立たされることになる。ラングロワやセニョボスに、シミアンが示しうると考えているのはまさにこのことである。

このような事態は、セニョボスが彼一人でみずからの主張を作りだしたわけではないという理由によって、おそらく説明がつく。セニョボスは、同時代にドイツで展開されていた類似の論争の際になされた分析に着想を得ている（そもそも著者たちは、ゲオルク・ジンメルの著作を明示的に参照している）。

ところで、「フランス歴史学派」は、二〇世紀をつうじて、社会科学における客観主義の最も強力な批判をなす思想の流派を無視した。ただし、おそらくは、シャルル・モラゼ（1942）を除いてであるが。シミアンの理論的な分析をめぐるモラゼの駁論は、マックス・ヴェーバー（1964）の社会学から部分的にではあれ着想を得ていた。実際のところ、その科学認識論上の論文でヴェーバーは、生物学のなかに科学の絶対的なモデルを見出す人びとの「自然主義的一元論」に断固として反対している。逆にヴェーバーにとって、最も一般的な法則を研究する自然科学と、一般的な法則は内容が最も空疎であるがゆえに最も価値に乏しいとする人文科学とのあいだには、ある根源的な差異が存在している。ある概念の外延が大きければ大きいほど、その概念は抽象的であり、現実から私たちを遠ざける。それゆえにこそヴェーバーは、概念を、「事実の混沌のなかに秩序を置く」ための試みと定義づけるのである。ヴェーバーが推奨する「理解社会学〔sociologie compréhensive＝内包的社会学〕」は、個人を、それだけが国家や党や教会……といった「人格化された概念」の脱構築を可能にする研究上の基礎的な単位として考えていた。ノルベルト・エリアス（1981, p. 152 et 29）もまた、しばしばこれらの問題に立ち戻っているが、その際エリアスは、研究者による日常言語の使用にからんだ科学的な障害物を強調したり、「制度のひとつひとつを構成する人びとを隠してしまう（ところの）制度概念の物象化的な使用」を批判したりしていた。同様に、エリアスは、「諸国民を、個人からなるものとしてでなく、単位として見なす」態度に抗議してもいた。

もし、学派間の論争だけが問題であるということならば、こうしたさまざまな視点を、ここで示してみせることにさしたる利点はなかったであろう。しかし、これらの異なる視点からもたらされる方法論上の選択は、決定的な重要性を帯びている。本書で詳しく見るであろうように、移民現象に関する歴史的研究は——その理由は容易に理解されよう——諸個人から出発するアプローチを優先させるがゆえに、集団的実体としての国民の脱構築を要求するのである。

ブローデルの「全体論」はまた、そしてとりわけ、もうひとつの思想潮流、もうひとつの「導きの糸」のなかに根をもっており、今度はそちらの糸をたどることにしよう。それは、ヴィダル・ド・ラ・ブラーシュの地理学思想である。ヴァンサン・ベルドゥレ（1981, p. 185）が記すように、歴史家たちとヴィダル学派のつきあいを説明するにあたっては、「全体論的な手続き、諸集合およびそれに関連する諸現象の研究が、ヴィダルの思想においては根本的であった」。両者のつきあいは、地理学者〔ヴィダル〕とその追随者における「地域的（あるいは国民的）気質」という中心的な比喩によって明らかとなるのだが、この比喩を、シーグフリード（ヴィダルの弟子であった）が、政治学および政治史の分野に導入することとなる。ところで、周知のように、アナール派の歴史学者たち、リュシアン・フェーヴルやとりわけフェルナン・ブローデルに対するヴィダルの影響は大きい。ブローデルは、ヴィダルがその有名な『フランス地誌』で作り上げた、フランスの「人民」がみずからの郷土《テロワール》に根ざしているという教義に由来する、『アイデンティティ』のなかでもとくに目につく主題を継承している。ヴィダルにあって、「根」がもつ力を証明することにかける執拗さは、それがある不安に浸透されたものであるだけに強いものがある――すなわち、父祖伝来の諸「地方」を解体してしまう産業上の大きな変化に直面した一世代全体の不安である。『地誌』の結論で、地理学者〔ヴィダル〕が、「国民的気質」が進行中の大きな変化に抵抗するために有している能力を信頼していると述べるのはそのためである。また、自国のさまざまな「恒久性」をまず何よりも際立たせることによってフランスを安心させるという、ほとんど「活動家」的な使命が地理学者たちに割り当てられているのもそのためである。「フランスの地理的な諸条件のなかで固定的かつ恒久的なものをめぐる注意深い研究こそ、これまでにも増して私たちの目指すべきものであり、またそうでなければならないものである」(P. Vidal de la Blache, P. Guiomar dans P. Nora, 1986, t. 1, p. 591)。

『フランスのアイデンティティ』は、この根づき《アンラシヌマン》の「哲学」に深く浸潤されている。しかし、ヴィダルはまた「土台」を、つまり建築物としてのこの著作の最も「下層の」水準をも提供している。「長期時間」、すなわち歴史開闢以来、人びとが作り整えてきた物理的な環境がそれである。最も古い時代の歴史から、最も現代的な事柄に乱暴に移ってしまう傾向があるとルイ・シュヴァリエがすでに批判していたヴィダルと同様に、『アイデンティティ』においてブローデルは、工業化が始まった時点でフランス史は終わったと考えている。単純にページ数を数えてみるならば、法律面や行政面、政治面の歴史についてはいうまでもなく、現代史や産業史に当てられた分量が非常に少ないことに気づかされる。おそらく、とりわけ近代について研究をしてきた歴史学者の能力の限界について語るべきなのかもしれない。しかし根本的には、フランス国民がどのようにして形成され、またどのようにしてかつての「種族」が「融合」し、革命での統一と開花にいたったのかという点の理解に中心的な関心が向いていたリュシアン・フェーヴルのアプローチを、私たちは再び見出すのである。「枠組み」がいったん据えられたなら、それ以外のすべての事柄は、「表層」にある副次的な現象の水準にしか属しえない。フェルナン・ブローデルが、地名、村々の形態、屋根の風見といった、物理的な空間内の「痕跡」をめぐるヴィダル流の方法論にこれほどの重要性を与えるのはそのためである。用いられているのは、まさに農村をめぐる歴史学と人類学の知識である。

専門家がはっきりと指摘したところだが、ブローデルがその最後の著書で、少なくとも五〇年以上前の地理学のある種の実践の重要性をこれほど強調し、それ以降の地理学の進歩に目を閉じているのは（C.-P. Péguy, dans *Espace-Temps*, 1986）、この本の中心課題をブローデルが解決するためにそれが不可欠だったからである。

『アイデンティティ』のすべては、人間はみずからを自由だと信じる一方、歴史によって完全に規定されていると示すことに向けられている。この課題が同書に憑いて離れないことを示す多くの文章を取り出してみせることもできるであろう。それは、ひとりの研究者の人生の正当化であるだけでなく（ブローデルの業績の中心命題は、「長期持続」が現在を説明する、というものである）、もうひとつの歴史のエクリチュール、すなわち、「今日のフランス人は、その「祖先の継続」にすぎない」というルナンやラヴィス、そしてとりわけバレスに見られるエクリチュールの痕跡である。ブローデルにとっては、歴史が一八世紀末で止まるというまさにそのことのために、それ以降の事柄は点線でおぼろげに、しかしまっすぐの線で今日につながってしまう。このような見通しのなかで、風景がその「痕跡」を届けてくれない場合には、地図がその代役を果たす。ここから、エルベ・ル・ブラとエマニュエル・トッドの共著である『フランスの発明』（1981）への、普段はもっと慎重なはずの著者の熱狂が生じる。『フランスの発明』は、「フランスの人類学的システム」の恒常性を、コンピュータを駆使して作成された一連の地図をもとに措定している[23]。ブローデルやショーニュが、この疑義を差し挟まれ、また疑義を差し挟むことの大いに可能な本についてこれほど称賛を惜しまないのは、とりわけ、最も遠い過去と、今起きていることとのあいだの失われた環を、この本が彼らに与えてくれるからである。その環とは家族であり、家系であり、系譜上の連続性である。「すべてがそこから出発する、ほとんどすべてがそれによって説明される」とブローデルは述べるが（1986, t. II, p. 88）、ピエール・ショーニュはさらにあけすけである。「さまざまに異なるフランスの間にも共通の接着剤が少なくともひとつある。それは、非常に古くから住んでいる人びとの持続と連続性である」。ここから、「私たちより以前にあった人びとと、私たちがみずからの存在のなかにその遺伝上の痕跡をとどめている人びと」との血縁関係が導かれる（P. Chaunu, 1982, p. 35 et 40;「われわれの血」のなかにある蛮族侵入の「痕跡」については、F. Braudel, 1986, t. II, p. 14をも参照のこと）。ところで、フランスに住む人びとの根づき〔の深さ〕という、この「理論的」建物の礎石は、肯定されるわりにはほとんど証明されていない。「目に見える証拠」という資格でル・ブラとトッドが地図化した統計データにはひとつの欠陥があるが、それは、このデータがフランス国内の人口移動に限定されているということである。ところで、すでに二〇年以上前に、ある人びとの定着《アンラシヌマン》〔根づき〕や安定性を説明するのは、移民の流入、すなわち他の人びとの離郷《デラシヌマン》〔根こぎ〕であるということを、アンドレ・ベルトラモン（1966）は数字を挙げて証明していた。したがって、これら二つの現象を一体として把握することが不可欠である。今日のフランス住民の三分の一が外国に「根」をもつという統計を真剣に受け取るならば、「恒久性」や「伝統」をめぐる説明原則としての家族の全能性は崩壊するであろう。

　同様に、大量移民の仮説から出発した、二〇世紀に関する歴史人口学の研究も再検討に付されるべきだろう。たとえば、フランスの住民の定着という予断のために、ジャン・デュパキエが監修した、第一帝政期に結婚した八〇〇〇組のカップルおよび今日に至るまでのその子孫をめぐる調査は、いささか歪められている観がある。この調査のある協力者自身が述べているように、個人の選別の際、トラTraで始まる姓とするという選択は、土着のフランス人に関しては妥当なものであったが、外国人についてはうまく適用できないものであった（とりわけ、ヴェトナム人が過剰に表出されることになった点を見よ）。一方、一九世紀初頭以降の家系の長期持続や恒久性を期待して採用された方法論は、移民流入による人口の大幅な更新を評価できなくしてしまった。帰化者に関する補足的研究は、この研究から事実上排除された外国出自の諸個人のごく一部しか扱ってはいない（F. Vejarano, 1985）(24)。

家系図をめぐる最近の流行も、フランス人の系譜が父祖以来の恒久性をもつという考えを強めている。複数の歴史学者や人類学者が協力している豪華な雑誌である『ジェ・マガジン』〔「ジェ」は家系図 Généalogie の Gé から〕をざっと検討するだけで、このことは納得されるであろう。そこにあるのは、「我らが祖先」へのたえざる賛歌である。「我らが祖先たちが投票したとき」、「我らが祖先たちが年貢を払っていた頃」、「我らの祖先たちが使っていたおもちゃ」……。この月刊誌のほとんどすべての号で、数本の記事が、私たちの祖先はフランスの歴史と土地に根づき、「我らが」農村の香りを放つ姓をもっているといった提示の仕方を自明なものと見なしているのである。

しかしながら、デュルケーム派の社会学に回帰するならば、現代社会により適した用語で、「現在における過去」の問題を把握するための違った道具を作り出すことができる。

この理論的道筋を最も深く掘り下げたのはモーリス・アルバックスである。とりわけ、彼の記憶をめぐる業績がそうであり、そのなかでアルバックスは、若き日のもう一人の師であったアンリ・ベルクソンの思想との接合を図っている。アルバックスの考察のなかには、諸個人の生きる空間は、諸個人と諸個人の属する諸集団の足跡によって深くしるしづけられるものだという考えが見出される。しかし、フェルナン・ブローデルとは異なり、アルバックスは、過去が現代に近ければ近いほど、その痕跡はより目につきやすいものになると考えている。さらにアルバックスは、「痕跡」の定義をその風景に対する効果に限定してはいない。反対に、近代社会において人びとは、みずからを取り巻く物理的な環境から自己を引き離す傾向にある、とアルバックスは考えている。過去の足跡が、とりわけ、国家機関や政党や組合……といった集合的な生の制度化された諸形態のなかに、そしてこれらの諸形態が宿る建築物の諸形態（省庁や役場……）のなかに読み取られるのはそのためである。過去は、ある社会が保存してきた文書や図像の史料の総体のなかにも凝縮されている。過去は、諸個人の肉のなかに、「その顔の表情や、〔諸個人が生きる〕場の外観や、無意識のうちに保存され再生産される、思考したり感じたりするその仕方のなかに」まで、みずからのしるしを刷り込むのである。最も重要な理論的革新は、個人的な回想から集合的記憶への移行が具体的にどのようにしてなされるのかを説明するアルバックスの努力にある。わかりやすい文章で、それまで非常に「フランス的」であった問題設定に、ドイツでフッサールやマックス・ヴェーバーが発展させた現象学的考察を持ち込んだのである。その結果、社会生活の象徴過程の分析において、諸個人の「生きられたもの」や「主観的経験」がもつ根本的な役割が強調されるようになった。そこにあるのは、旗や記念碑や追悼行事が、ある個人や集団のもとでは熱狂を引き起こすものの、他の人びとは無関心のままにとどまるといったことがなぜ起こるのかを理解するための出発点である。そしてそこにあるのは、強力な運動がいかにして作られ維持されるのか、こうした運動が、〔運動に参加する〕人びとの心を操作することで利益を得る人びとの手を、どうすれば、またいつ免れるにいたるのかを理解するための出発点である。こうした研究の方向性から出発するならば、国民的（そして「非‐国民的」）事跡の歴史は、通常の「教育的」な予断を乗り越えることができるだろうし、また心性史も、異なる基礎のうえに発展することができるのである。

エミール・デュルケームを参照しているのだから、ブローデルもまたこうした分析を用いて、「フランスのアイデンティティ」に対するみずからのアプローチをより豊かなものにしたのではないかと思われるかもしれない。しかしブローデルはそうはしなかったのであり、私たちの見るところ、それは二つの主要な理由に起因している。第一の理由は、土地への根づきという問題設定とデュルケームの概念体系とは両立不可能だということである――根づきという問題設定（ブローデルの説明、少なくとも彼の最後の本では中心にある）に抗しつつ、デュルケームの概念体系がむしろ構築されていたことを私たちは見た。第二の理由は、科学的社会学の創始者〔デュルケーム〕の業績は、萌芽的形態においてではあれ、多くの点で矛盾する展開を含んでいた、ということである。ひとつの路線は、フランソワ・シミアンによって開拓された路線であり、経済史や「長期持続」、客観主義の開花をもたらした。もうひとつの路線は、アルバックスが作り出した路線であり、より個人主義的かつ主観的な社会学の発展を促した。おそらく、この二つの路線を和解させることは可能ではなかったのである。シミアンに依拠することで、ブローデルはアルバックスの業績の興味深い点を理解することができなくなった。しかし、ブローデルの盲目は、大学の学問分野間の競争のゲームによってもまた強められたのであった。ラヴィスやセニョボスの「心理学的な」歴史学（少なくとも五〇年代までは支配的であった）に対抗して構築されたために、アナール学派は、諸個人やその主観性の役割を再評価するアプローチを受け入れる姿勢をほとんど持たなかった。一方、「アナール《アナ》の書き手《リスト》たち」は、一九一四年以前には、その拡張主義的な意図を隠さなかった社会学を遠ざけておかねばならなかった。「長期持続」というすぐれて歴史的な概念を優先することにより（前述の歪曲という代償を払って）、シミアンの思想は「併合」されうるとしても、アルバックスの問題設定は受け入れるにはあまりにも社会学的であった。『地中海』の公刊以前に、アルバックスは、「長期持続」に対する決定的な批判をすでに展開していたのである。あらゆる現象を単一の持続に関連づける歴史学者を非難しつつ、アルバックスは、ひとつひとつの社会集団、ひとつひとつの「対象」が、みずからに固有の持続を構築するのであり、それゆえ「本来的な《アン・ソワ》」計測単位は存在しないと述べていた（M. Halbwachs 1964）。ブローデルは、歴史の（それゆえ歴史学者の）時間が他のすべての持続にとっての計測基準であるとするひとつの「理論」[25]――社会科学の全体に対してみずからの学問分野がもつ覇権を保証するにはよくできている――を台無しにしてしまう、このような事物に対する見方を認めることはできなかった。そこから、アルバックスの業績に対するブローデルの関心のなさが生じるのであり、〔ブローデルの〕『集成』（1969, p. 111）においてアルバックスは、一行の半分程度で「処刑《エグゼキュテ》」〔酷評〕され「独断論者」として片づけられるのである。

人間的な弱さを越えて、アナール学派の冒険が今日に至るまで有している大いなる逆説を説明するいくつかの客観的な理由を、ここに私たちはもっている。現在を理解することを可能にする歴史学の企てとして当初より構想されながら、アナール学派は、この野心に必要な道具を作り出すことができなかった。ジャック・ル・ゴフが最近述べたところによると、ブローデルには、その名に値する現代の社会史に着手するための「有力な方法論上の土台」が存在しない。そしてル・ゴフは、『アナール』が、十年来、この主題〔社会史〕に関する号を完成させようと試みてきたのだができていないと説明している（J. Le Goff, dans *Espace-Temps*, 1986）。

私たちは、『アナール』が与えることのなかったこの道具を、社会科学の全体から養分を得つつ、鍛え造りだすところから始めなければならなかった。というのも、移民史に着手しうるのは、まさにこうした代価を支払うことによってだからである。

注

(1) この目録は、あくまでも限界のある研究ツールである。この目録にはすべての博士論文が登載されているわけではない。とくに医学は登載されておらず、そのために医学分野では多くの研究が移民を扱っているにもかかわらず、この分野を私は除外している。さらに、博士論文の著者の所属する場所がつねに示されているとは限らず、そのため微妙な解釈の問題が生じた(たとえば、社会学の博士論文と心理学の博士論文のどちらなのかを決めるに際して)。最後に、博士論文のタイトルから、移民現象を扱っているとはわからない研究について、この目録には登載されていない。したがって、このツールは、確認が必要な指標以上のものを私たちに与えてくれているわけではない。

(2) 私たちは、「教育学」で審査を受けた博士論文を社会学に分類した。違った分類方式をとれば、心理学に有利な傾向がもっと強調されるであろう。

(3) ナンテール大学で閲覧した、進行中の博士論文に関する資料一覧は、移民という主題に対する歴史学徒の新たな関心を裏付けるものである。約一〇件(第三課程の新制博士論文)の博士論文が目下この主題について準備されている。

(4) 外国で生まれたフランス国籍者、帰化者、そして外国籍者からなるカテゴリーである。アメリカの統計に関する助力について、フィリップ・ブルジョワに感謝する。

(5) はっきりと区分けされた諸カテゴリーをともなう言語の古典主義のために、たとえばユージン・ウェーバーの本の標題である *Peasants into Frenchmen* (1976) を正確にフランス語へ翻訳することは不可能である。

(6) 七月王政下におけるパリの外国人を主題とするある書物のなかで、その著者は、外国人数の推定を不可能とする理由としてこの出自のタブーを挙げている(L. Desnoyers, 1844)。

(7) 一八七八年の国際人口会議は、フランスの影響のもと、宗教に関する質問は調査項目のなかに今後入れないということを決議した。フランスでは、宗教に関する項目は身分証書〔戸籍〕にも記載されないことから、今日の歴史学者にとって、たとえばこの一世紀間のユダヤ系人口の推移を推定するということは大変困難となっている(D. Bensimon, 1984)。

(8) この「言い訳」がなぜ重要なのか、私たちはのちに見ることになる。

（9）〈国民〉についてのマルセル・モースの論文（1920）も、このような見通しのなかで読まれなければならない。
（10）タルドや雑誌『社会改革』のような、社会学における少数派の潮流は、移民問題により多くの関心をもっていた。
（11）ソルボンヌ大学の改築にあたっての記念行事（一八八九年）の日に、ラヴィスは、「自国の土地への愛、父祖の長きにわたる記憶、父祖の思想と行動、すなわち父祖の歴史と伝説のなかにわが魂を見出す喜び」を声高に言明している。
（12）雑誌 *Population* の論文選が最近本として再刊されたが、おそらくはブランド・イメージに配慮してのことなのであろう、この種の資料を体系的に排除しているのは残念なところである（H. Le Bras, 1985）。
（13）その博士論文（1977）のなかで、アベル・シャトランは「人口地理学」について一言も語っていない。
（14）移民現象に関する研究を連合させるために設置されたGRECO13は、今日九〇名の研究者を数えている（AFA, 1986）。
（15）「寛容の限界」という「概念」について考えるためのいくつかのシンポジウムさえ開催されている（たとえば *Sociologie du Sud-Est*, 1975 を参照せよ）。
（16）両国で実施された移民政策のあいだの本質的な相違点は、歴史によって説明される。ドイツ連邦共和国において大量の移民現象は最近の現象であること、景気拡大の時期にすでに外国人の非定住性がより大きかったこと、そのため今日では帰国させることがより容易であること、が挙げられる。そしてこのことはまた、外国人プロレタリアートの過剰搾取という、フランスでは古くからある問題を、ドイツの世論がごく最近になって見出したのはなぜであるかということをも説明している……（G. Walraff, 1986 という著作のドイツでの成功を参照のこと）。
（17）雑誌『アナール』の「現在における過去」という新しい欄がブローデルの提唱により作られたことを、最近になってマルク・フェロは思い起こさせている（*Espace-Temps*, 1986 において）。
（18）これらの問題は目下、高等師範学校の社会科学研究室での集団的研究の対象となっている。
（19）リュシアン・フェーヴルは、それは年報《アナール》に「かき集められた」ことにより「社会」という単語が「傷つけられた」ためだ、との説明を行なったうえで、「社会経済史は存在しない。歴史学そのものはその統一において存在する。すなわち、当然のことながらその全体が社会的である歴史学が」と付け加えている（1953, p. 20）。
（20）このことは、社会史に属するすばらしい研究の出版を妨げることはなかったにせよ、具体的な研究の方針は、理論上のおおよその、明示的もしくは暗示的な方向性によって、最終的には決められていたと依然として考えることができる。「社会経済的」をめぐる意識されざる態度のうえに、多くの博士論文によって行なわれるモノグラフィー的な切り分けが作り出す、「明証性」が付け加えられる必要がある。この「明証性」は、ヴィダル派の地理学、およびこの種の地理学における対象の構築と物理的空間内での地理的切り分けとの混同とが表す転回の、反映である。実証主義の成功と共和主義のイデオロギーの影響とが、歴史研究における過去の理論的断絶の原因となっている。すなわち、「情況」の分析を優先させるために、「出自《オリジン》」（社会的あるいは他の）に関わる用語による説明――ミシュレはしばしばこうした説明を行なっていた――を排除することによって特徴づけられる、客観主義の勝利である。

（21） この著作は、歴史学者がその労働のなかで出会う現実的な問題に関する省察の真の宝庫である。

（22） この点については、G. Mairet（1974）の適切な注解を参照のこと。

（23） 使用された統計の作成条件がまったく批判されていないという事実からは、一連の有害な結果が生じている。とりわけ、移民現象に関する完全なる盲目がある。

（24） したがって、エリザベート・ゴードン（*le Monde*, 5 août 1987）が思っているのとは異なり、この調査のおかげで「我が国の人びとの社会史」とその社会的流動性について、ほとんどないしはすべてが明らかになるとするのは根拠に乏しい。

（25） マルクスの時間概念と対比しつつ、ブローデルの時間概念に対する最も論理構成のしっかりした批判を行なったのは、ルイ・アルチュセールである（L. Althusser, 1968）。

第二章　カードと法典

「ところであいつは、どこの国籍だ。彼はパスポートを見つめた。ああ、ギリシア国籍か。やれやれ。」

アルベール・コーエン『ソラール』、一九三〇年

「労働者階級」や「管理職」といったカテゴリーは、それが経済的・技術的な分業の自明性のなかに根づいているからこそ、大半の人びとによって受け入れられている。反対に、「移民現象《イミグラシオン》」や「移民《イミグレ》」という概念は、それが完全に国民／外国人という法的な対比のなかに位置づけられるだけに、元来はるかに抽象的である。これらの用語の社会史を作り出すことは、それゆえまずは、以下で見てゆくように、一世紀少し前までほとんど知られていなかったほどに「人工的」なひとつの言葉が、どのようにして、それを用いる人たちにとってだけでなく、その単語を適用される人びとにとってもまた、これほど「近しい」ものになりえたのかと問うことである。実際のところ、移民たちの「アイデンティティ」とは、何よりもまず、法的な手続きや身分書類、法律といったものを経由するということ、つまりは《カード》や《法典》を経

由するものだということが、たいていの場合忘れ去られている。

1　共和政の発明品としての移民現象

1・1　「外国人」の時代（一七八九年から一八八九年）

クロード・レヴィ＝ストロース（1952）が述べるように、あらゆる社会は「良い者」（集団のメンバー）と「悪者」（集団外の人間）を指し示すための言葉をもっている。旧体制のもとで、外国人は、法的に劣った者のカテゴリーをなしていた。慣行上、一八世紀にはもはや時代遅れになっていたとはいえ、外国人はとりわけ民事上の権利（主に相続権）を有していなかった（J. Mathorez, 1919-1921）。しかし、「外国人」という観念自体、封建法の性質からして、今日私たちがこの観念をつうじて理解するものとさしたる関係を有してはいない。実際、外国人の地位が「近代」的なものとなるのは、まさしく革命以降のことなのである。憲法制定議会の二つの画期的な行為が、外国人の定義を大きく変えた。すなわち、八月四日の夜、〔身分〕特権が廃止され、国民はただ一つの同じ憲法や法律に服する共同体となった。ジャン・ポルトメールが述べるように、「これからは国籍が、外国人を識別する基準となる」のである。同じ時期に、人間と市民の権利宣言は、あらゆる個人の平等をおごそかに述べ伝えていた。「今後、外国人は、人間としての権利を有し、かつ国民との平等に向かう天命さえもっている」（J. Portemer, 1959, p. 535 *sq.*）。革命の当初から、二つの基礎的な法律上の原理が現れるが、これら二つの原理のさまざまな組み合わせが二世紀にわたって外国人に関わる法を規定することになるのである。近年の諸研究（D. Lochak, 1985; C. Bruschi dans S. Laacher, 1987; C. Nguyen Van Yen, 1987）において外国人に関わる法は論じられているので、ここでその歴史を長々と取り上げる必要はないだろう。ただあらためて述べておきたいのは、人権宣言があったにもかかわらず、中間法《ドロワ・アンテルメディエール》〔フランス革命の勃発からフランス民法典の成立までの時期の法〕の時代にはすでに、外国人を狙った差別が再び姿を現していたことである。ナポレオン法典において、外国人差別はいっそう強化された。外国人は、「居住許可《アドミッション・ア・ドミシル》」を（政令によって）得るか、さもなければフランスとの間に相互協定を結んでいる国に属しているのでなければ、公民権を与えられず、多くの民事上の権利（相続権、養子縁組の権利、等々）からも除外されていた。好むと好まざるとにかかわらず、浮浪者として外国人が逮捕された場合、刑法二七二条に従って、国外追放の処分を受けるおそれがあった。国外追放の原則は、共和暦六年葡萄月《ヴァンデミエール》二八日の法律でフランス法に導入されたのち、一八四九年一二月三日の法律により確認され組織化され、その後一世紀近くのあいだ効力をもった。帰化に関しては、旧体制と革命初期には支配的だった生地主義（*jus soli*）が、血統主義（*jus sanguinis*）の前にしだいに姿を消していくことになる。

法律の文言を分析する以外に、法の社会史は、法的規則がいかにして、その適用対象となる人びととの日常生活に影響を及ぼすのか、また法的規則を施行するために動員される人的物的な手段はいかなるものであるのか、といったことを理解するように努めるのでなくてはならない。〔こうした問いに〕答えるための最初の要素は、法律家の同業集団のなかで、法のこの部分がどの程度の関心を引き起こすかを追究することによって与えられるであろう。確認せざるをえないのは、第三共和政の初めまで、外国人の問題はほぼまったくといっていいほど優れた精神をもった人びとを引きつけることがなかったということである。註釈学派に属する「民法学者」が教育と実践をいまだ独占していた時代にあって（A.-J. Arnaud, 1975）、民法の註釈は法律家たちが好んで行なった作業であった。ところが、この作業のなかで、外国人に割かれる言及はごくわずかなものにすぎない。第二帝政の初期にあってなお、弁護士会のメンバーはこの問題に無関心で、判例の検討は、「法曹の優柔不断さ」（M. Gand, 1853）を露わにしている。その著書『外国人法典』（1832）のなかで、ルガ〔ベルナール＝ジョゼフ、弁護士、生没年不詳〕は、外国人について「完全に正確な定義を与えることは法的にはほとんど不可能」としている。「ある個人に外国人という資格を帰すべきか否かを判断するにあたっては、法が指し示す状況に照らして考えることが必要である」。ルガは、帰化の問題について、法律そのもののなかに、またドマ〔ジャン、一六二五～九六。法学者、ジャンセニスト〕のような最良の法律家においてすら、粗雑な混同が見出されると注意を促している。[1] 法律家たち自身にとって曖昧なこの〔外国人という〕概念は、いずれにしても、今日とは異なり、労働者がもつ困難な条件を思い起こさせるものではない。外国人がフランスにやってくるのは、レマンがその博士論文（1861, p. 111）で述べているように、快適な気候や、勉学や好奇心、旅への情熱、さもなければ商売のためといった「数多くの理由」によるものでありえた。しかし、工場や畑での労働はおよそ念頭に置かれていなかったのである。

いったん法を離れ、当時の「社会」的な文献を分析しても、同じ結論が導かれる。つまり、「労働問題」は存在していたが、「外国人問題」は存在してはいなかったのである。オディガンヌ〔アルマン、一八一四～七五。文筆家・弁護士。経済論を多く残した〕は、フランス全土を旅行するに際して、北フランスのベルギー人（あるいはフラマン人）や、マルセイユのイタリア人（あるいはピエモンテ人）を眼中に入れていない。しかし私たちからすれば、当時はまさに、これらの地域で非常に多くの外国人の移入があった時代なのである。同じように、ルイ・レボー〔一七九九～一八七九。文筆家・政治家〕の諸研究やル・プレ学派による個別研究は、確かにそうした外国人集団に言及してはいるが、しかしこれを別個のものとして取り分けることをしない。外国人集団は、フランス全国を遍歴する職人やオーヴェルニュ人、アルプスから降ってくる山国の住人たちと同じように、民衆階級を構成する一要素と見なされるのである。第三共和政の初頭まで、私たちは、ルイ・シュヴァリエ（1978）が描き出す「労働階級」と「危険な階級」からなる心理的宇宙のなかに身を置いている。すなわち、七月王政のもとで生まれた「階級」を中心に置く問題設定のなかに身を置いているのである。ユーゴーそしてゾラとともに、「人民」の観念が同じ図式から出発して定着するが、世紀末には「新たな見方」が登場することになる（A. Audiganne, 1860; F. Le Play, 1856 et 1859; L. Reybaud, 1863）。このことに加えて、学問的な文献には人口過剰のフランスという見方も出てくる。子供の数の多いことが、労働者の貧困の一つの原因としてしばしば言及されるようになる（J.-L. Giresse, 1867）。一八世紀末にモオー〔ジャン＝バティスト、一七四五〜九四。人口学の定礎者の一人〕がすでに指摘していたように、フランスの不幸は移民送り出し国であることにある。そしてこのことから、世界中に散らばって暮らしている数多くのフランス人に対する攻撃を望まないならば、フランス国内の外国人の処遇をあまり悪くすべきではないという必要が生じる（P.-L. Cauwès, 1869）[2]。

すなわち、すべては、今日用いられているような意味での「移民」や「外国人」といった概念が、一九世紀中葉の知識人の文献には見られないことを示している。一九世紀をつうじて、外国人に対する強制的な措置がしだいに弱められるに従い、この問題に関する法律家たちの無関心はむしろ強まったとすら考えられるだろう。習俗の進歩、自由主義的な思想の勝利、そしてとりわけ交通手段の発達によって、警察による統制が廃止に向かうだろうという考えは、第二帝政期の法律文献において、ほとんどひとつのライトモチーフをなしている。ある人びとは、滞在許可を得るために、外国人は到着後八日以内に出頭せよとした一八五一年のセーヌ県知事の政令が失効したことを記している。他の人びとは、外国人を滞在させていることを申告しなかった宿の貸主は罰せられるとした革命期の古い法律は、刑法による裏付けがない以上、無効と考えている（J. Portet, 1882）。自由貿易の導入、および一八六〇年と一八六一年の国際条約は、商品に認められた往来の自由を、人間についても要求するものであった。この領域での制約は、もはや過去に属するものと思われたのである（A. Danguillecourt, 1875; E. Hepp, 1862）。

自由帝政は、帰化に関しても規制緩和を行なった。一八六七年の法律は、帰化申請の資格を得る前に過ごさなくてはならない「滞在」の期間を三年に短縮した。同じ法律はまた、新たな帰化者が被っていた〔権利上の〕無能力をすべて廃止した。この法律以降、フランス国籍の取得は、市民のもつすべての権利を与えるものとなったのである（D. de Folleville, 1880）。

外国人をめぐる「輪郭のぼやけた」理解は、行政や司法の下部組織にも及んでいた。国立公文書館には、帰化に関する法を官吏が正しく執行しうるよう、内務省や司法省が行なわなければならなかった明確化のための努力の例が数多く残されている。一八一〇年に某県では、一〇年間ではなく一年間で、県知事がある個人に帰化を認めていた（AN F2 I 441）。一八三一年には、内務大臣が、この問題について過去に認められた「頻繁な誤り」が繰り返されぬよう、帰化に関する規則をめぐって県知事団に念を押している（AN F7 12238）。一八五六年には、やはり内務大臣が、帰化者の名字と出生地を正確な綴りで記すよう求めて、ムルト＝エ＝モーゼル県知事を叱責している（AD MM 6 M296）。

法を執行する手段そのものがしばしば貧弱であったことも言っておくべきであろう。カナダの歴史家M・R・マラス（1986）の考えでは、一八七〇年以前、避難民たちは一定の自由の余地を有していた。というのも、避難民の移動に関する「厳格な管理」は、「西欧の貧弱な官僚機構に膨大な諸問題を引き起こしたからである［…］当局が外国人を追放したいと考えていたとしても、当局が目的を達する確率は低かった。指紋や身分証明用の写真、効率的な資料カード、近代的な警察網がなかったので、避難民たちはかなり容易に国境を越えることができ、みずからが選んだ国でほぼ平穏のうちに暮らすことができた」。この推論はあらゆるカテゴリーの外国人にあてはまる。ホテルや宿屋の台帳がきちんと記入されることは少なくなっていた。ナンシーでは、一八二六年にはすでに、ホテルや宿屋の台帳は侮辱的ないしは滑稽な記載で溢れており、警察署長はこうした記載をやめさせようと努力していた（AD MM 4 M136）。身分登録《エタ・シヴィル》〔日本の戸籍に近いが家族単位ではなく個人単位で調製される〕という制度の古さ、そして身分登録の使用を規制すべく民法に細かく記されているにもかかわらず、身分の証明は時として実行上の困難が伴った(3)。一八八〇年にいたってなお、「職業的犯罪者たちは互いの間で名前をたえず換えており」、「警察は、警官の記憶だけに頼らざるをえなかった」とピエール・デュランは伝えている（1910, p. 53）。外国人相手となると、身分登録が事実上存在しない国からやってきているだけに、困難はいっそう深まった。帰化者についても、みずからの新しい身分を証明するのに時として困難が伴った。というのも、「ばらばらの紙切れ」として役場で保管されていた申告書が行方不明になったり、正式の書類が法令集に反映されていないといったことがあったためである(4)。

「外国人」が別個のカテゴリーを形作ってはいなかったことを示すもうひとつの証拠は、毎月の逮捕者を合算した統計表である。ブッシュ＝デュ＝ローヌ県のような〔外国人が多い〕県でも、「外国人」の項目には、フランス国外で生まれた個人と、フランス国内の他県で生まれ「国内パスポート」の携帯義務を負っていた人びととが、区別されることなく共に含まれている。「イタリア人」とフランス人とが対立していたマルセイユの「不穏な」地区での乱闘騒ぎについて、報告書類で言及がなされているが、そこには外国人嫌悪は見られない。たとえば一八五七年には、喧嘩の末複数の死者が出ているにもかかわらず、市の警察官は、「一二月に発生したさまざまな殺人は公の安寧に何らの影響も及ぼさなかった。殺人犯はすべて逮捕され司直に引き渡された」と記している（AN F7 3942）。七月王政末期までの「外国人の現況」という項目に分類されている文書館の書類は、数値データにもとづく唯一の注釈であるわけだが、外国人の「善良なふるまい」や外国人が「いかなる不満の対象にもなっていない」といった事実に関する文言しか含んでいない。「公の安寧」は、フランス警察の体面に関わる点なのであり、その名に値する報告書は、すべてこうした結論で閉じられるのである（たとえば、警視庁が一八三〇年から一八四五年までに作成した *Bulletin de Paris* の F7 3884、また他の事例として F7 11979A、F7 11980B、F7 12338 を参照されたい）[5]。

この時代、「フランス人であること」が実質的な利点をもたらさなかったという事実にも注意を促しておきたい。確かに、一八四八年以降、フランスの成人市民が有することとなった投票権や公職から、外国人は除外されている。また、確かに一八五〇年のある法律は、外国人が学校を設立することを禁止し、一八五二年のある政令は、外国人が新聞の編集長となることを禁止している。しかしこれらのことは、人民大衆の日常の関心のなかではほとんど重要性をもたない。反対に、「民事上の権利」の享有が漸進的に認められたことは、実態が平等になっていくうえで大きな役割を果たした。たとえば、一八五〇年七月一五日の共済組合に関する法律は、非フランス人の排除について何ら言及をしていない。同様に、フランスの大都市の社会福祉事務所について各都市が制定した規則は、都市ごとに多様であるにもかかわらず、国籍の基準以上に、当該の都市における在住年数の基準をとりわけ前面に置いている。このことは、「社会権」がこの時代には依然として、「キリスト教的慈善」の物質的・イデオロギー的な支配力のもとにあったこと、そして「貧者」には祖国がないということによって説明がなされる（A. Houzé de L'Aulnoit, 1885）。確かに、景気の悪い時期には、一八四〇年代のノール県でのように、最初に扶助から排除されるのが外国人だったということはありうる（F. Lentacker, 1973）。しかしそれが一般的原則であるとはいえない。

一八九八年の法律にいたってなお、企業においては「フランス国籍者に対するいかなる選好も法律上なされていなかった。労働災害の補償に関して、外国人労働者とフランス人労働者とのあいだには完全な同化が存在していた」(J. Martin, 1908, p. 10)。同様に、この主題に関わる訴訟が多数あったにもかかわらず、森林法一〇五条は外国人を排除しないとしており、判例は、居住を認められた外国人が入会地で薪を伐採する権利をつねに認めてきたのである(P. Médecin, 1909)。

これから、徴兵の問題について論じることになるが、その際私たちは、民衆階層ではとりわけ不評だったこの〔徴兵という〕負担を非市民が免れるがゆえに、フランス人ではないことには利点すらありうるということを見ることになる。

居住許可の原則と血統主義の組み合わせによって、フランス人なのか外国人なのか、もはやはっきりとしなくなってしまった人びとという中間的な諸カテゴリーが永続的に存在することになった。七月王政期にはすでに、司法省がこの状況に懸念を抱いている。一種の「簡易帰化」として定義された居住許可は、「個人を二か国の間に置く、帰化の危険な類似品」であると思われた(AN BB 11405. P. Echinard, 1973, p. 271に引用)。ダニエル・ド・フォルヴィルのような有能な法律家が評するところによれば、一八八〇年頃のフランスには「はるか以前より代々フランスに住んでいながら、厳密な意味で帰化を果たしていない、しかしフランス人の身分〔居住許可により得られる〕は享受している多くの人びとがいる。[…]皆がこれらの人びとをフランス人だと思ってしまっているがゆえに、公務員になっていたり、あるいは選挙民の誤りによって国会や市町村議会に議員として選出されてしまっていたりすることがありうるのである」。二〇世紀の読者には、この世界がどれほど遠く思われることか……。

1・2　移民現象──言葉と観念

一八七〇年代にいたるまで、「移民現象《イミグラシオン》」や「移民《イミグレ》」といった用語は、法学的・社会学的な文献にはほとんど見られない。この点については、事典類を検索することが重要である。第三共和政初期のフランスでの政治や社会に関わる語彙をめぐるその博士論文（1963）において、ジャン・デュボワはこれらの単語に言及していない。これらの用語はまた、『リトレ』辞典の初期の版にも顔を見せず、一八七六年刊の補遺のなかに現れるのである。一八六五年から七六年にかけて公刊された、ピエール・ラルースの『一九世紀大百科事典』は、移民現象の問題を完全に無視している。一二年間におよぶ執筆のあいだに現れた新語の「欠落を埋める」べく一八七八年に刊行されたこの事典の最初の補遺においてさえ、〔移民という〕言葉も題材も出てこない。十年ののちに公刊された二巻目の補遺で、ようやく移民現象は『ラルース』〔事典〕の関心を惹くにいたる。一八七八年に執筆された『医学事典』「移住」の項において、ベルティヨンが、「移民現象」という用語は「近年になって」用いられるようになったと述べている。

それゆえ、「外国人」という言葉とは異なり、「移民現象」という言葉（そして「移民」「入移民《イミグラン》」といった派生語）は、第三共和政と同時に形成された語彙の一部をなしていると言うことができる。ところで、この〔「外国人」と「移民」という〕今日しばしば混同される二つの用語は、同一の知的背景のなかにその源を有するものではない。すでにみたように「外国人」が法学の世界に属しているのに対し、「移民」は漸進的な制度化と結びついて決定的な進化をこの時期（一八八〇年代）遂げつつあった知的分野のなかに現れるのである。まず第一に、この用語は、ベルティヨン一家を代表とする「人口＝統計学者」の世界で定着する。すでに言及した『医学事典』の定義のなかで、父ベルティヨン〔ルイ＝アドルフ・ベルティヨン、一八二一～八三。医師、人口学者〕は、移民現象を「新たに選択された国」への移住者《ミグラン》の到着を説明する過程として描写したのち、「フランスは、自国の人口移動の動きをなんら把握していない［諸国］の筆頭にあげられる」と強調している。地理学者と人口学者に直接関係するこの説明に、父ベルティヨンは、統計学者や政治家、企業経営者の関心により近しい説明を付け加えている。「社会勘定の観点からするならば、ひとつの国はあるひとつの工場に似たものとしてとらえることができる。人や物、何を生産しているのであれ勘定簿の付け方は、同じ規則、同じ必要事項を含んでいるのである。すなわち、入ってくるすべてのもの［強調は父ベルティヨン］、出ていくすべてのものを正確に記録すること、この両者の動きの収支を確定すること、金庫および在庫製品（棚卸しまたは全数調査）の現状をつうじて動き（入りと出）に関する勘定の正確さを確認すること」。この方法こそ、「最高指導部（工場長ないしは国家元首）」が企業の歩みを知ることを可能ならしめるというのである。

『ラルース大事典』の定義は、フランス統計局の研究を示しつつ、三〇年間で外国人の数が三倍になったと説明している。〔大事典の〕著者にとって、この増加は、フランス人家族が「希望して得た少子化」を埋め合わせるものとして捉えられている。フランスの「同化力」は、これらの外国人を吸収するのに「十分強力」であるがゆえに、こうした少子化は、政治的リスクをもつものではないとされるのである。

移民現象をめぐる語彙とともに、私たちは、今日よく知られるようになった問題設定の枠組みに身を置くことになる。この問題設定は、一九世紀末にフランスが深く関わることになった産業社会を特徴づけるものである。

人口＝統計学者の影響力は、この時代に大きなものとなるが、それは、彼らが複数の学問分野の交差する点に身を置いていたからであり、かつ、これらの学問分野の威信と権力が目覚ましく増大を遂げつつあったからである。第一に強調すべきこととして、フランスの統計組織の物的、人的、概念的な手段の充実がある（A. Desrosières dans INSEE, 1977）。五年ごとの国勢調査《ルサンスマン》によって、国籍、性別ごとの外国人数は一八五一年以降（一八五六年の脱漏はあるが）数値化されている。統計資料の種類も、しだいに多様化していく。『パリ市週報』や、刑事司法行政、およびセーヌ県裁判所が、外国人に関する数量データを提供している。この時代はまた、定義や調査の手続きを一致させるために統計に関する国際会議が数多く開催された時代でもあった[6]。

統計学の進歩と軌を一にして進んだ人口学の進歩（J. et M. Dupâquier, 1985）は、フランスの人口に関する分析を、数年間で根本的に変化させた。この主題に関する著作をつうじて、地理統計学者、学士院会員であるエミール・ルヴァッスールのような権威ある知識人が、「フランスの出生率低下」という問題設定を定着させたために、この「憂慮すべき」問題を解決すると称する著作が大量に出現することになった（この角度からすると、移民現象はやむをえない措置と見なされる）。

同じ頃、政治経済学の分野もいくつかの決定的な変化を経つつあった。『経済学者雑誌』や『社会改革』の旧理論は、ルロワ＝ボーリューの雑誌である『フランスの経済学者』から猛攻撃を受けていた。ルロワ＝ボーリューは、その著作のなかで、旧い政治経済学が移民や植民地化の諸問題に無関心なままにとどまっているとして痛罵していた。自由主義の一貫した支持者であるルロワ＝ボーリューが保護主義者に対して行なった論争は、移民という問題設定が定着するのに役立った（この時期に行なわれた労働市場の保護に関する有名な論争を参照されたい）。「近年、そしてとりわけ労働問題が議論されるようになって以来、フランスにおける外国人の存在は、それまで誰も考えていなかった経済的な観点から検討されるようになった」と、〔十九〕世紀末に提出されたある博士論文は述べている（A. Barrier, 1898）。この新しい関心は、法学部における経済学教育の自立と無関係ではない。文献が示すとおり、経済学の博士論文は、世紀末に増加している。この時期以降、移民の主題は正当なものとなる。その正当性は、一九〇一年の法学の大学教授資格試験の論文試験に「フランス国民の労働を、外国移民に対して保護すべきか」という主題が登場したことからも窺える（H. Bigallet, 1901）。法学教育もまた、こうした変化を免れなかった。ジャン・カルボニエは、法学における「名望家」の終わりが一八八〇年代に訪れたと考えている。これは、まさしく法学の新しい分野（社会法、商法、行政法等々）が出現し、「民法学者」による独占に疑義がさしはさまれた時期である。学説の水準では、「公法学者」の攻勢によって、民法典以来の最初の大きな転機が引き起こされる（A.-J. Arnaud, 1975）。「移民問題」は、法学の新分野の代表選手たちが、世に認められる立場を築くために前面に押し出した議論のひとつなのである。一八八〇年にドゥ・フォルビルは、帰化に関する概論のなかで、国際私法の急速な発展を支持する論陣を張っている。ドゥ・フォルビルは、「万民法」に関する教育がフランスでは大学に存在していないことを嘆いている。ドゥ・フォルビルは加えて、行政法や政治学の教育を大規模に組織しなければならないとも述べている（D. de Folleville, 1880）。

「犯罪学」のように、法学や哲学、倫理学の周辺にしばしば位置している、知的領域間の境界が未確定な領域で、移民統計はしばしば「科学性」の証拠として広汎に利用されてきた（とりわけ、デュルケームの主要な「競争相手」であるガブリエル・タルドの業績のなかで）。イタリアでロンブローゾが打ち出した「エスニック」な説明は、自然人類学や心理学、生物学の同時代における発見が、遺伝や人種といった主題を正面に据えるものであっただけに、フランスでも大きな反響を得ることになった。これらの主題は政治の場でも引き合いに出され、国籍の新たな定義を提案するうえでの議論として活用された（M. Barrès, 1893）。

最初の真の国籍法典と考えられている一八八九年法（L. Le Sueur, 1890; C. Brushi dans S. Laacher, 1987）

は、一八八〇年代に作り出された断絶の大きさを表している。出発点に見出されるのは、バトビー元老院議員である。一八八二年にバトビーは、帰化法を改革するものではないが、法律文献のあちこちに分散している、この主題に関するさまざまな条文を集約しようという目的をもった法案を、同僚議員に提案した。古くからの原則を強化するこの「改正作業」に並行して、ノール県選出の代議士、マクシム・ルコントは、フランス生まれの外国人の子弟を成年時に自動的にフランス人と宣言しうる（したがって徴兵しうる）とする軍法の修正案を一八八四年に議会へと提出している。問題は、元老院に付託された。というのも〔すでに述べたとおり〕帰化に関する法案が審議中だったからである。バトビー法案は、この新しい要素を考慮に入れ、修正された。しかし、元老院議員たちは、ある法的観点からすると、この法案が矛盾した条項を含んでいることをすぐに理解した。そこでこの件は、〔今度は〕国務院《コンセイユ・デタ》の専門家に付託された。この組織〔国務院〕で支配的な「民法学者」たちに特有の合理性の形式ゆえに、血統主義に反するあらゆる提議が法案から拭い去られた。国務院の評定官たちは「国民性の形成における人種の役割」を強調する、その当時最新の人類学の研究を引き合いに出している（L. Agel, 1889）。徹底的に改変された法案が、元老院に再び付託される。この法案が知られるようになるや、世論には強い抗議の声が湧きあがった。国務院の「迷論」は、フランス社会の真の諸問題を考慮に入れていなかったがゆえに攻撃された。すでにこの時代に、議論は「〔移民〕第二世代」のフランス国籍取得の問題に集中していた。争点となっていたのは兵役であり、これはそれだけで二つの本質的な論争を引き起こす。反ドイツ的なナショナリズムの潮流は、フランス人口減少を前にして、「兵士を作る」他の手段を見出さなくてはならないと考えていた。ドイツには、フランスの七分の一の外国人しかいないにもかかわらず、フランスの七倍の帰化者を数えているだけに、国籍法改正は急務と考えられた（M. Cordier, 1887）。同じ方向に向かうもう一つの議論がある。すなわち、フランスに根づいた外国人集団が、世代から世代へと再生産されていくことは、ロシアやオーストリア＝ハンガリーにおけるような外国人問題（*Fremdenfrage*）を発生させる危険を冒すことだという議論である。したがって、フランスの領土上における「異民族集団」の存在に終止符を打つべく、法を改革しなければならない、というのである。

兵役の問題をつうじて現れる第二の重要な議論は、経済危機に関係している。「軍旗のもとで」過ごす年月が示す重荷〔兵役〕を負わなくてもよいことから、労働市場において、外国人はフランス国籍者にとって大変な競争相手となる。というのも、経営者にとっては、引き留めておくことができると分かっている労働者を雇うほうがたいていの場合好ましいからである。全フランス市民に対する義務兵役制は、一八八〇年代初頭に議決され、一八八九年に実際に施行され始めるが、このことはいっそう問題を深刻化させる。マクシム・ルコントが国籍法改革の提案を行なったのは、こうしたことすべてのためである(7)。ルコントは、下院で次のようにみずからの提案を正当化している。「八〇年前から、複数世代にわたる外国人が自分たちの自治を維持しつつ、フランス人と同じ国防上の関心をもたずに生きてきたというこの危険な事実に歯止めをかけることが必要不可欠である（いくつかの議席から「そうだ！　そうだ！」との叫び）」（*JO, Ch. dép., Déb. parl.*, 16. 3. 1889）。

その結果、元老院は、二つの主要な新機軸を含む新たな法案を審議することになった。すなわち、外国生まれの両親をもち、フランスで生まれた外国籍の子供は、この子供が成年時にみずから拒否する場合を除いて、成年時にフランス人となる。フランス生まれの両親をもち、かつみずからもフランス生まれの子供（のちに「二重生地主義」と呼ばれることになるもの）は、拒否することは認められず、フランス人である。

元老院を通過した新たな法案は、生地主義の立場をいっそう強める小さな修正を施されたうえで、下院で可決成立した。八年間の議論ののち、ある元老院議員が記すように、「新たな社会の状態」に適合した「新たな立法」が成立するに至ったのである（*J.O. Sénat, Déb. parl.* 3. 6. 1889）。

一部の人びとが「自由主義的」と見なすこの法律は、「人種」や「遺伝」の信奉者に対してなされた譲歩によってもまた際立っている。第二帝政のもとで強化された原則とは断絶し、帰化はもはや市民に認められたすべての権利を与えるものではなくなった。新規にフランス人となった者は、一〇年の間、議員となるための被選挙権を剝奪されたのである。国籍法典の登場とともに、国民と外国人のあいだの「内的国境」がはっきりと引かれるようになった。国籍法典は、法が合理化されたことを示している。というのも、二重生地主義〔両親の一方がフランス国内で生まれ、その子もフランス国内で生まれていた場合、子はフランス国籍となる〕が導入され、居住許可の原理が中心的なものではなくなったことは、(8) とりもなおさず、半ばフランス籍で半ば外国籍という地位のなかに何代にもわたって根を張ってきた住民集団を指すための、定義のはっきりしない中間的な法的カテゴリーが、もはや存在しなくなったということに他ならないからである。

帰化に関する一八八九年の法律は、一八八〇年代のもうひとつの決定的な争点と関係づけられるのでなければ、本当には理解されえないであろう。すなわち、「身分証明書類」の問題であり、この問題については、一八八八年一〇月二日の政令が解決の糸口を与えている。ここで私たちは警察の世界に入るのだが、この世界では、法律よりも通達のほうが頻繁に出され、また多くの紛争はひそかに処理される。この点をはっきりと理解するには、文書館《アルシーヴ》での細心の注意を払った作業が必要となる。すなわち、ある情況が〔経済危機や各種ナショナリズムの勃興といった「根本」の問題と、偶然の事情とについて情況が含んでいるものとともに）、具体的な措置や、制度的な諸形態のなかにいかにして凝固し、その後もはや「後戻りする」ことができなくなるほど持続的なものになるのかということを、私たちは文書館での作業をつうじて初めて示しうるようになるのである。一八八四年以降、国籍をめぐる論争に並行して、「外国人税」をめぐって議員間でもうひとつの論争が展開されてゆく。この問題については、三〇年たらずの期間に約四〇の法案が議会に上程された。この税の支持者が好んでとりあげる議論は、外国人労働者との競争に直面しているフランス人労働者を保護しなくてはならず、そのためには外国人労働者（ないしは外国人労働者を雇用する経営者）から特別税を徴収しなければならない、また外国人労働者は兵役負担を免れている以上、この特別税はひとつの「補償」としても捉えられる、というものであった。こうした形のもとにある限りで、〔特別〕税の計画は、第三共和政の歴代政府からつねに斥けられている。このような施策は一七八九年の諸原則からあまりにもかけ離れているがゆえに、マルタン・ナドーとモーリス・ルヴィエのように立場を異にする人々も、共和国の価値の名において非難したのである。しかし、これらの税の計画が失敗した本質的な理由は、フランスが外国と締結した数十本にわたる条約が含む自由往来の規定に、それが背馳するからである。このような施策を採用するならば、フランスは「国際的に孤立することになる」（R. Bernard de Jardin, 1899）。実際、拒否権を発動したのは、往々にして外務大臣であった。

この点に加えて、労働者不足によって世紀末に高まりを見せた利害対立もあった。大工業や農業の代弁者たちは、みずからが必要としている労働力が逃げ出してしまうかもしれない政策について、否定的に見ていたのである。

最後に、十一名からなる議会の委員会が一八八六年一〇月に作られることになった（AN C 5404 にある討論を参照されたい）。国際関係上の困難を回避するため、この委員会は外国人に、フランスにおける居住地の役場でみずからの居住について申告すること、およびこの申告が特別の台帳に記録されることを義務づける提案を行なった。税金の支払いと引き換えに、市町村役場が、申告を行なった個人に台帳への登録を証明する公的書類を発行するという提案である。

労働市場の保護への関心が、身分証明に関する顧慮という仮面をつけるようになったことが、ここから理解される。国際条約による障害を回避することを狙った操作だけがここで問題なのではない。当時、フランスにいた百万の外国人は、調査という名称に値するほどの調査の対象にはなっていないという集団的自覚がこの時点で存在したのである。代議士であったプラドンが一八八八年に議会に提出した報告書は雄弁であり、この報告書に言及する著作の多さからもその衝撃の大きさが知られる。フランスでの外国人の状況に言及するなかで、報告書は次のように述べている。「外国人の前歴については、何の情報もない。社会的なラベルであり、身分証明の最初の指標である〔外国人の〕氏名すら、確かなものではない。外国人は、必要に応じて氏名を変えてしまう。外国人が身分書類を持たないなら、あるいは、外国人が偽の書類を提示するなら、どこで外国人の言うことを確かめればいいのか。〔私たちには〕なす術がない。まさにこうした事情で、外国人に対して開始された多くの捜査が、棚上げにされざるをえなくなっているのである」。同種の他の文書では、税金が移民を調査する手段になると考えられている。「滞在税のために誰かが逃げ出すということはないだろう。しかし、この税を制定するためには、外国人の前歴や居住地、職業、素行に関する調査が行なわれる必要がある。つまるところ、注意深い監視を効果的に行なうこと、フランスに留まるに値しない者たちをフランスの外に追放することを可能とする警察規則を施行することが、必要である」(A. Bérard. 1886)。

何年にもわたってこの問題はメディアや議会で激しい論議の的となったが、具体的な施策に結びつくことはなかった。ブーランジェ将軍の陸軍大臣就任により、事態は突如進展した。シュネブレ事件〔仏の情報担当の警視シュネブレが一八八七年仏領内で独官憲に逮捕連行された事件。両国の新聞や政治家がナショナリズムを煽り、開戦寸前に至るも回避〕の文脈のなかで、官僚機構は、内務省と陸軍省のライバル関係を背景としつつ、戦争が起こるのではないかとの不安心理に取りつかれていた（AN F7 12581 および F7 12582 を参照されたい）。一八八六年以降、内務省は、外国人の統制管理について省庁間の調整を望む軍人たちから、きわめて執拗な攻撃を受けるようになる。警察の不熱心さを前に、陸軍省は憲兵隊を動員する。一八八七年三月から五月にかけて、スパイ行為の疑いがある外国人はB台帳《カルネ》に、またそれ以外の者は、徴兵可能な場合にはその旨の特記事項とともに、A台帳に登録される。「国内の情報機関」を、警察の部局を使って組織しようという意図に、県知事たちは強く反発する。アルプ＝マリティム県知事はこの行動のなかに、「権限の混同」の始まりを見、短時日の間に「将軍たち」が「公務員の実質的な主《あるじ》」となってしまう危険に抗議している（18. 2. 1887）。

窮地に追い詰められた内務省は、みずからの権限を奪われないためにも競争に乗り出す。一八八七年二月九日のある秘密の通達は、新規に到着した外国人を「暫定的」に、かつ戦略的な地点でのみ監視するよう、県知事たちに依頼している。〔そして〕外国人〔宿泊者〕には適切な台帳に記入させるとの一七九一年七月の法律につき、ホテル業者へ注意を促すよう、内務省は隷下の役人に命じている[9]。何か月かの躊躇ののち、最終的には、議会の委員会が提案した案に近い政令が、一八八八年一〇月二日に出されることになる。今日にいたるまで、外国人の身分証明の要をなす二つの施策が、六か月強の間隔をおいて、法律上・行政上の現実となったのである。

1・3　国境をうまく扱うためのいくつかの方法について

移民問題を解決するために、一八八八年から八九年にかけて採用された施策について政治指導者らが表明した満足の意に接すると、同時期に公論を賑わせた論争は消え去り、議論は他の話題へと移っていったのだと思われるかもしれない。しかし〔実際には〕まったく反対であり、まさしくこの解決策こそが問題を作り出したのである。「外国人の身分証明」の問題は、まだ始まったばかりであった。

ヴィシー政権の立法を経て今日の論争にまで至る連鎖は、長期持続のなかで私たちが追うことのできる三つの原因によってまずは――この後再び論ずることになるが――説明されうる。第一に、国際関係の深まりが挙げられる。ナショナリズムの激化に結びついた、技術（交通手段や軍備）の発展は、ノルベルト・エリアスが「相互依存の連鎖」（戦争の脅威やテロ）と呼ぶものを強め、かつ外国人の身分確認のためのあらゆる施策を正当化する。この点に加え、〔第二の点として〕みずからに関わる政治への参加から当然のように排除される主要な当事者〔外国人〕は、望ましくないとみずからが考える施策に異議申し立てをする際、唯一のやり方、すなわち逃亡しか持っていないということがある。合法性の創造は、非合法の可能性、すなわち「不法」移民の存在を事実もたらすのであり、このことは、他人の身元の追及を存在理由とする人びとの社会的な立場を強める働きをするのである。

最後に、不景気の時期には、外国人に対して労働市場を閉鎖する施策が、労働者の世界だけでなく中産階級や自由業の世界でも一般化する。外国人の身分を厳格に検査せよという「社会的需要」が高まるのである。この「需要」は、一般的にいって選挙の際に「採算が取れる」ものであるだけに、政界（後に見るように政党や時代によるニュアンスの違いはあるが）は、この「需要」を考慮に入れるのである。

一八九〇年代に、これら三つの要因は、外国人に対する課税をめぐる論争が続くなかで決定的な役割をすでに果たした。一八八八年一〇月の政令は、それが発せられて間もなく不十分だと批判された。パリでは、多くの外国人労働者が必要な申告をしていないことが報告されている。家具付き住居を巡視する警察《ポリス・デ・ガルニ》は、他の任務で忙殺されており、法を守らせるのに必要な手段をもっていない（R. Bernard de Jardin, 1899）。また、この政令が、労働市場での競争の問題を何ら解決するものではないという事実がとりわけ強調された。一八九三年八月八日の法律が採択されたのは、これら二つの理由のためである。この法律は、「外国人に身分登録を与えること」と、外国人による競争からフランス人労働者を効果的に守ることの双方を表立った目的としていた。この法律は、一八八八年一〇月の政令と同じ内容を定めるものであったが、対象とされたのは何よりもまずフランスで職業的活動に従事している外国人である。この法律以降、仕事に就くためにある自治体に転入してきた外国人は、自治体の役場ないし警察署で〔個人ごとの〕番号を記す台帳に登録を行なわねばならなくなった。賃労働者ではない人や遊民、観光客は、相変わらず一八八八年の政令の適用対象のままにとどまった。この台帳に登録されるにあたり、移民は、出生証書の抄本を提示し、みずからの身元を確認できるようにする必要があった。身分登録が存在しない国の出身である場合には、出身国の領事館に赴きみずからの身分書類の正確さを証明してもらう義務が移民に生じた。この手続きは、居住地を変えるたびに更新される必要があった。この登録台帳からの抄本を本人が発行してもらうには、印紙を買わなければならなかった。警察からの求めがあればいつでもこうした書類を提示しなければならず、さもなければ国外追放が待っていた。外交官はこの手続きを免除され、国境地帯《フロンタリエ》の住民も一度この手続きを行なうだけでよいとされていた。しかし、季節労働者は毎年更新の手続きをとるよう求められていた。

この五年の間に、新しい一歩が踏み出されたことが分かる。ジャニヌ・ポンティ（1985）が強調するように、勤労者と非勤労者のあいだの区別が、移民人口について初めてなされたのである。現代の「移民労働者」の形成に向かう第一歩であった。

大企業家や農民の反対、そして近隣国からの正式の抗議にもかかわらず、議会はますますエスカレートする一方であった。この法律が可決されるとすぐに、ノール県の代議士が、国境地帯《フロンタリエ》の住民も毎週申告しなければならないとする新たな法案を提出した（AN C 7323）。当初、外国人の脱法行為が容易であったことは、すべての野党にとって政府の怠慢を非難するのに格好の議論を提供していた。「非定住民《ノマド》」が権力の標的となったのである。

世紀末には、非定住民たちはとりわけ厳格な特別の調査の対象になった。一九〇八年四月にクレマンソーは、非定住民たちに内容のしっかりした身分証明を義務づける断固とした措置をとるよう要求した。結局のところ非定住民たちの運命は、一九一二年の法律により半世紀にわたって定められることになった。旅する人びと〔非定住者を指す法的カテゴリー〕は従来、浮浪者に関する法律で扱われてきたが、この法律以降、「身分証明用の人体鑑識カード」を携行しなければならなくなった。このカードには、身分登録に記載されている項目に加え、次のような内容が含まれるべきものとされていた。「身長、座高、肩幅、頭蓋の縦横の大きさ、頬骨のあいだの間隔、右耳の長さ、左手中指および小指の長さ、瞳の色。カード所持者の指紋および写真二枚（正面と側面）を載せるための空欄」（一九一三年二月一六日の政令第八条）。「わが国の近代法では初めて、その存在が危険であると当局が判断する個人に、滞在のみならず入国を拒否する権利を行政当局に与える条文が導入された」(G. Dallier, 1914, p. 58)。この法律が本書の議論にとって重要なのは、「非定住民」の陰で狙われているのがここでもまた外国人だからである。旅する人びとの歴史を主題とする著作では一般に無視されているこの論点を、G・ダリエは力説している。フランスが締約国となっている国際条約は、この身分証明カードが移民を対象とすることを禁止している。しかしながら一九一二年の法律の推進者が、とくに外国人を対象とする意図をもっていたことは明らかである」（*ibid.*, p. 56）。最初は、「非定住民」にして「外国人」であるという弱点を併せ持つ人びとに適用されたが、まもなくすべての移民にカード（語の近代的意味〔登録証明書〕における）が要求されるようになったのである。

第一次世界大戦をつうじて、あらゆる種類の非フランス人に対する警戒の念はさらに激しさを増した。一九一五年にはひとつの法案が出され、一八九三年の法律は不十分であるとし、戦争の終結後、フランスに滞在するすべての外国人に身分証明カードを義務づけるとした。「このカードには、はっきりと見える形で、所持者の国籍や身分登録上の内容、写真、職業、本人の署名が記載される」。これに、所持者の住所と毎年更新されるビザが付け加わる（AN C 7725）。この法案の核心部分は、一九一七年四月の二つの政令で公認されることになった。この政令以降、身分証明カードが、一五歳以上でフランスに滞在するすべての外国人に義務づけられることになった。独自の色づけがなされたカードが、農業労働者と産業労働者のために作られた。

一九一八年以降、通達や政令によって、外国人の身分証明カードの性格が定められてきたが、それはその時々の関心事項に応じ「試行錯誤」をつうじて行なわれていた[10]。一八九三年一〇月の法律を廃止した一九二六年八月一一日の法律は、約三〇年のあいだに起きた変化がどれほどのものであったか、またその間に得られた主要な革新がどのようにして取り込まれてきたかを示している。〔個人ごとの〕番号を記す台帳からの抄本にかわって、形式にのっとったカードが見られるようになり、そのカードには「正面無帽」というおなじみの断り書きとともに撮られた写真が添付される。個人の身分登録上の情報に、職業に関わるデータが付け加えられるようになった。賃金が支払われる仕事に従事するためには、労働契約を結んでいることが必要である。外国人の身分証明カードによって、従事している仕事の種類が特定される（農業あるいは産業）。このカードは、二年または三年ごとの更新が可能だが、就労する自治体への転入や転居ののち、有効との証印を四八時間以内に受けなければならない。このカードはフランス領土全域において有効であるが、職業上の活動領域を変えるには、新しい書類をまず得ることが必須となる。手数料支払いの再導入（公式文書によれば、「警察の事務に対する対価」であって税ではない）は、複数のカテゴリー間の区別を強めることになった。まず「勤労者」と見なされていないがゆえに、みずからのカードにかかる手数料を「全額」支払う外国人（家政婦、自動車運転手、職人、商人……）。次に労働者たちは、フランスに合法的に入国するという条件で、手数料の金額の割引を得ることができた。ただし、みずからの滞在資格の審査を入国後に受ける場合には、手数料を全額支払わなくてはならない。最後に、貧窮証明書を得ることができたがゆえに、手数料を免除される人びとがいる。さらに、観光客は、特別な規定の対象となった。一九二八年には、「国境地域住民《フロンタリエ》」のカードが作られた。ここから了解されるように、フランス人と外国人の境界線は、この時期以降はっきりと引かれるようになり、また数多くの下位カテゴリーが作られていくのだが、そうした下位カテゴリーは、この問題に利害をもつ人びととのあいだでなされたあらゆる妥協の痕跡なのである。

三〇年代においても、みずからの不幸の責任を外国人のせいにする社会集団の歓心を買おうとするときに公権力が用いるのは、やはりカードなのである。一九三四年には、一一ヶ月を超える効力をもったカードをもはや発行しないとすることで、国境はさらに閉じられたものになっていく。五年以上フランスに滞在している外国人には自動更新を認めるとの原則は見直される。一九三五年八月には、職人たちに対して各人の職種を記した特別な身分証明カードの所持が義務づけられたが、このカードは就労している県内かつ従事している職種についてのみ有効とされた。人民戦線もまた、「職人カード」を含めた特別な書類を創設することでこれを追認した。一九三八年になるとこれらの強制的な措置は強化され、一九三八年一一月一二日の委任立法《デクレ・ロワ》でそれは頂点に達する。すなわち、外国人商人は「商人」と最初のページに書かれたカードの発給を受けることが義務化されたのである。一九三八年六月には、従来からの証明書に加え、すべての外国人について「衛生手帳」が作成されることになった(11)(移民に対する戦間期の立法については、J. Ponty, 1985, J.-C. Bonnet, 1974 および AEF B 39914, B 39915–39916 をとりわけ参照されたい)。

このようにしてヴィシー政権は、外国人排斥的でかつ反ユダヤ主義的な立法を行なうにあたって、完全に準備の整った土壌を見出すことになった。ユダヤ人への身分証明カードが強制されると、その直後に、ユダヤ人の一斉検挙が起きた(M.-R. Marrus et R. O. Paxton, 1981)。

一九四五年における民主主義への復帰は、戦前に導入された制度を廃止しなかった。滞在許可証と労働許可証を分離するという新機軸はもたらされたが、カテゴリー間の区別(一時的、通常、特別)は残った。さらに、一九三八年の商人向けカードも存続した。自由業の大半の業種、および公務員も、外国人に対して門戸を閉ざしたままとなる。最近、国民議会〔下院〕である代議士が述べたように、外国人の滞在許可証の制度は、先の戦争以来ほとんど変わっていないが(*J.O.*, Ch. dép., Déb. parl., 17. 7. 1984)、それは、これまで五〇年ものあいだ実施されてきたことで、この制度を安定させ効率的なものにするために十分な経験が積み重ねられてきたということでもある。移民の問題は「滞在許可証」をめぐる問題設定の外ではもはや議論されえないということを、最近の論争は証明している。

国籍法の歴史は、カードの歴史ときわめて密接な関係にある。これから手短にではあるが見ていくように、およそ国籍法制に関して重要な法律は、一九世紀末にはすでにその輪郭が描かれていた枠組みのなかに組み込まれている。ここでの政治の役目は、この空間を限界までたどり、言葉の定義をいっそう洗練されたものにすることで、かえって自由裁量の部分を残すことができるよう、「曖昧さ」を再び産み出すことにある。ここでもまた私たちは、一八九三年が重要な段階であることを見出す〔カードの再定義が、法律に対する効果をもつことの新たな証拠である〕。実際、「二重生地主義」は、承認されてまもなく、再び問題視されることになる。政府自身が、〔二重生地主義について〕制約を課す二つの措置を含む法案を率先して作るのである。この時以降（そしてそれは一九七三年まで続く）、フランス生まれの外国籍の母親をもつ、フランスで生まれた子供は、成人時に新しい国籍を辞退することができるようになり、自動的にフランス国籍というわけではなくなる。この条文は、部分的には、自国民をフランスが「呑み込んで」しまうのではないかと懸念する移民送出国への譲歩であるが、一八九〇年代のフランスに定着した外国人排斥の機運をとりわけ反映している。このことは、一八八九年の法典をめぐる二度目の改革が示すところである。ここで詳細については述べる必要のないいくつかの場合について、申請者が帰化に「不適格」だと公権力が判断する場合、公権力は申請者にフランス国籍付与を拒むことができるようになったのである。国家がわが物としたこの新しい権限に対して、元老院でも下院でも多くの抗議がなされた。国籍に関わる問題に介入すべく、権力が多用する抜け穴になるとアントナン・デュボー（一八八九年法の「父」）は予言した。この法案は確かに、ある一つのこと、すなわち政府が「不適格」とするものの意味の定義を忘れており、そのことは恣意への扉を開くものだと〔議会の〕右派席に陣取っていたテリエ・ド・ポンシュヴィルは考えていた（*JO*, Ch. dép., Déb. parl., 1. 5. 1893）。国家による介入がその後拡大する一方となっただけに、これらの反対論者たちは間違っていなかったと認めざるをえない。一九四五年の法典では、拒否を正当化しうる事由として、「同化の欠如」と「深刻な身体的障害」が付加されている。この最後の条文を例外として、一九七三年の法律でもこれらの規定は手つかずのまま残り、政界でこの論点についてあらためて何かを言おうとする者は、今日稀となっている。

二〇年代の好景気や労働力不足とともに、「リベラル」な傾向が復活してくる。一九二七年の法律は、固有の意味での「帰化」（政令に記載されるとともに、第一世代にとくに関わる）と、「〔国籍〕取得」（むしろ第二世代向けである）という重要な区別を導入した。新たに作られた主要な規定は、帰化そのものに関するものであった。帰化を申請しうる年齢が二一歳から一八歳に引き下げられ、居住許可は廃止され、〔帰化に必要な〕「滞在」の期間は三年間に戻された。「人口増加主義者」たちを満足させるために、外国人男性と結婚したフランス人女性は自分の国籍を保持することが定められた。つまり彼女はフランス国籍の（そして望むらくはフランス人であることを誇りに思う）子供を産むことになるのである。

法案審議に際しての議会での討論は、一八八九年の議論と根本的に異なるものではない。この法律の起草者の一人であるシャルル・ランベールにとっては、さらにもう一〇万人の兵士をフランスに与え、「異民族集団」が形成されるのを避けることが問題であった。「血統主義」の支持者にとっては、この法案はあまりにリベラルであり、来る者には誰にでも国籍を与えてしまうという意味でフランス国籍を安売りする法案であった。法案の報告者が言っているように、帰化を制限する新たな手段が国に与えられなかったならば、新しい法典〔草案〕は多数派の支持を見出すことはできなかったであろう。一八九五年のミシュラン案（外国人の子孫を第四世代にいたるまで公職から排除することを提案していた！）を採用するところまでは行かなかったとはいえ、帰化者に対する禁止事項は強化された。被選挙権の欠格は、選挙で選ばれる公職の全体に拡大された。また、第一次世界大戦中に創設されたフランス国籍の剝奪の可能性も確認された（J.-C. Bonnet, 1974 と C. Salmon-Ricci, 1929 を参照されたい）。

三〇年代の外国人排斥もまた、同じテクニックを用いることで容易に満足させることができた。一九三四年七月一九日の法律は、国が賃金を支払うあらゆる公職から帰化者を除外することにより、〔法的〕無能力の境界が帰化者を狙い撃ちにするかたちでもう一歩ずらされることになった。ここでもまた、いったん言われたことは、消え去らないのである。人民戦線は、遡及効は廃止するものの、一九三四年の諸規定は強化する。一九三八年一一月の委任立法《デクレ・ロワ》は、境界をさらに後退させた。この委任立法以降、フランス国籍を得てから五年を経た後でなければ、帰化者は投票権をもたないことになる。「帰化からあまりにも「自動的」な性格を取り去ること〔…〕」が必要であり、「良い者と望ましからぬ者の区別をすることが適切」で、「主権者としての権利を共和国で行使する前に、共和国市民としての帰化者の教育を行なうこと」が必要だと述べることで、ダラディエ〔一八八四〜一九七〇。政治家、ミュンヘン会談時の仏首相〕はこうした施策を正当化した（AEF B 39915; J.-C. Bonnet, 1974）。国籍剝奪の手続きの簡素化、およびこうした追放された人びとを拘束する収容所の設置によって、ヴィシー政権が極限にまで推し進めていた施策にさらに拍車がかかった。一九四〇年七月二二日の法律によって、一九二七年以来、政令に記載され承認されてきた帰化を見直す手続きが開始される。一万四千人がこの手続きの影響を受けた（M.-R. Marrus et R. O. Paxton, 1981）。ユダヤ人、および両親の一人がもともとフランス人でなかったフランス人は公職から追放された。この点に関しても、ヴィシー政権より後になされた立法は根本的な転換を行なっていない。一九四五年の国籍法典について言及した際、同法典はより論理的な分類は行なっているが「既存の法制度を承認した」ものだと、ルネ・プレヴァン法相〔一九〇一〜九三。政治家、首相〕は評している（*J.O. Ch. dép., Déb. parl.*, 10. 10. 1972）。実際、細部の改正を別とするならば、一八八九年および一九二七年の原則は追認されている。帰化者の職業上の欠格、および投票権（五年間）と被選挙権（一〇年間）の一時停止が維持されている。

冷戦期には、共産党が指導する闘争に大量に参加していた当時の「〔移民〕第二世代」の活動家に対し「公共の秩序」を擁護する目的で、国籍の剥奪や帰化の拒否を許す仕組みを権力側は頻繁に用いていた。フランス社会全体の動揺を反映した真の変化が起こるには、一九七三年を待たなければならなかった。マゾー委員会が提案した改正案は政府からの強い抵抗に依然として直面する。帰化に先立つ滞在を五年間に縮める〔という案〕は、フランスが一つの「ざる」のようになってしまわないかと危惧するルネ・プレヴァンによって拒否された。ジャン・フォワイエ〔一九二一〜二〇〇八。法学者、政治家〕が、立法における「汚点」であり、それを維持することは「一九三四年の立法から立ち上る一種の悪臭をそのままにしておくこと〔拍手〕」(*J.O.* Ch. dép. Déb. parl. 10. 10. 1972) だとした、帰化者に課せられた欠格も法務大臣は断固として擁護した。法律は、選挙権の欠格を廃止はしたものの、「以前の国籍に依拠する代議政治」を促進すべきでないという議論が議員多数を納得させたために、被選挙権〔の停止〕については範囲を狭めることとしかしなかった。就職に関するすべての制限が撤廃されたのはじつに一九七八年のことであり、帰化者の被選挙権に関する措置が撤廃されたのは、一九八三年のことである。

2　話すことが行為することであるとき

外国人の身分証明書類をめぐって、厳格さを高めようとする側が常々引き合いに出す理由のひとつに、法を免れようとする「不正行為者」「不法滞在者」「非正規滞在者」がいるという事実があることを、ここまでの記述によって示してきた。この問題は、《カード》と《法典》の歴史のなかできわめて本質的なひとつの側面につながっている。すなわち、法的・政治的な水準で採択された決定を実施しようとする際に用いられる手段という側面である。社会史にとって、ここには、言語学者が分析してきた、言語の遂行的な効力がいかにして作られるのかということを示すいい機会があるということになる。もしピエール・ブルデュー（1982）が示したように、一連の社会学的な条件が、「話すことが行為すること」であるために求められるのだとすれば、移民現象の例は、歴史にもう少し力点を置き、かつ「言葉の魔力」についてはもう少し差し引いたかたちで、この〔言語が遂行的効力をもつにいたる〕プロセスを描き出すものであるといえよう。

警察の文書館は、外国人の身分検査に関する初期の措置を施行するにあたり警察官たちが当初直面した困難について、数多くの証拠を提供してくれる。外国人の滞在を台帳に記録することをホテル業者に義務づけるよう県知事たちに求めた一八八七年二月の機密の通達は、あらゆる方面からの強い抵抗を引き起こした。まず、ホテル業者自身がこの施策に反対であった。南フランスの特別司法警察職員は、「新たに決められた書式に則った台帳などどこにもないことを確認した。どれも旧式のもので記入もきちんとされていない」と一八八七年五月に記している（AN F7 12581）。二年後、「多くの場所で、いかなる身分証明にかかる申告も旅行者に求められてはいない」と同じ司法警察職員が述べている（AN F7 12581、この問題については J. Néré. 1959 も参照されたい）。一八八九年から九三年にいたるまでに、内務省から各県知事にこの件で九本もの通達が出されている。ホテル業者が渋面を作るだけでなく、市長たちも、仕事が増えることになるこの要請に従うことを拒んだ。一八九三年八月の法律がどのような反応を受けたかを尋ねる通達に対し、県知事たちが行なった回答が示すのは、多くの県で、市町村の責任者たちが障害になっているということである（AN F7 12584）。たとえばドゥー県では、この法律は「悪しき意図のためというよりは、外国人に関する最近の施策の複雑な仕組みを把握するのに大半の市長たちが手間取り、彼らの脊性や軽視によって〔施行が〕妨げられた」のである。ガール県でも同じ説明が見られる。「一八八八年の申告用の台帳は、多くの場所で記入漏れが目立ち、時には完全に紛失、ないしは役場の文書庫のなかで行方不明になっている」。市長たちの職務能力のなさも強調されている。エーヌ県では、「一八八八年一〇月二日の政令の文言を、市町村が必ずしも正確に解釈しなかった」、すなわち、家内の使用人として雇われている若者は法律から除外されているとある人びとは考え、また他の人びとは炭坑夫を算入しなかった、等々。

また、主たる利害関係者〔外国人〕も、みずからの習慣にない手続きに慣れるのに手間取ったと県知事たちは強調している。この法律が公布されてからの数年間、規則違反とされた人は多数に上った。カンタル県においてすら、調査対象となった外国人の半数（一六二名中八〇名）が、一年経っても必要な手続きを終えていなかった。ムルト＝エ＝モーゼル県のブリエ郡では、一八八九年五月三一日の時点で二八〇名がやはり同様の状態であった。この〔ブリエ〕郡において、いまや警察が「不服従者」と呼ぶ者のリストには、車大工、日雇い人夫、農民、炭坑夫……が含まれている。こうした「軽罪」は台帳に記録されたが、副知事が言及するこうした「軽罪」の原因は、状況をよく説明している。すなわち「自分はフランス人だと思っていた」、「父親がフランス国籍を有していた」、「フランス語が話せず理解できない」、「政令を知らなかった」、「そのことを考えなかった」（AD MM 6M 296）。エーヌ県でも同様の状態が確認される。「外国人の多くは、生まれたときから当該の市町村に在住しており、所定の手続きを踏まなければならないとは考えていなかった。他の外国人たちもフランスに非常に古くから住んでおり、法に違反しているとは考えていなかった」（AN F7 12588）。ガール県でも同様の見解が見られる。「それほど大きくない都市では、数年前から現地に在住している外国人はいわば居住権を得ており、法を忌避したままフランス人の言語と習俗とを身に着けて多くのフランス人のなかに溶け込んでいる」（AN F7 12584）。

フランスに長期にわたって根づき、外国人人口のなかで多数派になっているこれらすべての移民に加えなければならないのは、仕事や住まいをたえず変え、身分証明の検査が足かせとなる「渡り鳥」たちであり、また、司法当局と「微妙」な関係にあるすべての人びと、あるいは単に「身分書類」をもたないすべての人びとである。世論が「住所不定者《ノマド》」という用語で同一視する、これらの定住していない諸個人に対しては、法を執行するうえで効果的な手段を見つける必要があった。

この問題は、それが身分＝同一性《アイデンティティ》をめぐる問題設定の根本的な激変という枠のなかに組み込まれているがゆえに、一九世紀末には特殊な調子を帯びることになる。カルロ・ギンズブルグ（1980）が記すように、ジョヴァンニ・モレッリとその絵画における真偽を判定する方法から、コナン・ドイルの『シャーロック・ホームズ』を経て、フロイトとその神経症の説明に至るまで、記号の解釈にもとづく新たな科学認識論上のパラダイムが定着する。フランスの場合、たとえカルロ・ギンズブルグが言及していないとしても、「外国人」の問題が、思想と実践の再組織化の中心にあった事実は強調しておかなければならない。我らが二〇世紀が最も多くを負っている人物の一人には、少々忘れ去られているとはいえ、「ベルティヨン式《ベルティヨ》人体測定法《ナージュ》」、「口述ポートレート」、すなわち警官という職業のイロハとなった、諸個人の特定をめぐる近代的な技術の発明者である、アルフォンス・ベルティヨンがいるのではないだろうか。

ベルティヨンの方法は、個人の写真の分類、および類型を作るべく体系的に列挙され分類された人体の各部分の多数の計測に基づいている。とりわけ関係が深いのは、鼻、口、目、耳、骨格である。同様に「ベルティヨン式人体測定法」は、身体の欠損、障害、肌の染み、職業上の活動に由来する体の変形、「人種」的ないし民族的な特殊性といった、個人を特定することのできるような身体的烙印に大きな重要性をもたせていた（A. Bertillon, 1893 および A. Niceforo, 1907, chap. VIII, «Le signalement scientifique» も参照されたい)。出発点となる仮説は、人間にはひとりずつ固有の個体性があり、ひとはその個体性を身体上の特徴によって特定できるとするものであった(一八八八年にイギリス人ガルトンは、これらの技法に指紋による特定を付け加えるが、この指紋による特定は、その簡素さによって他のより複雑な方法の地位を奪うことになる)。新たな方法は、写真の精度の向上や、法医学の飛躍的進歩、統計学と自然人類学の成功といった、直近の科学の進歩の恩恵にも浴することができた[13]。しかしながら、科学それ自体がただひとつの原因であるわけではなく、思想の深い変化がこの新しい方法には伴っている。

身分特定に関する新たな仕組みの出発点には、身分〔情報〕を変え、そのために把捉できなくなる、累犯の犯罪者の問題があった。パリ警視庁が一八八二年にベルティヨンの方法を採用、司法鑑識課を設立し、のちに同様の手法をフランス全土に広げていったのは、主としてこうした状態を終熄に向かわせるためであった。個人を管理する方法として写真を用いるべきか否かに関する第二帝政下で発生した長期にわたる論争に、この決定は終止符を打った。一八七一年に、海軍・植民地大臣は、内務大臣に書簡を送り、累犯者に関し、六ヶ月以上の懲役に処された場合にはすべからく写真撮影を行なうべく、所定の措置を内務大臣が実施するよう依頼している。この依頼に対する返信のなかで、内務大臣は、一八六三年にはすでに、刑務所行政は写真の利用を検討していたが、刑務所監察官の見解でこれを断念した、と説明している。この〔写真撮影という〕措置は、「まったく例外的」な事例でしか取られてはならず、濫用を警戒すべきだと刑務所監察官は考えていた。この措置をすべての囚人に適用することは「法が予見していない刑罰の強化であり、善に戻るにあたっての障害となる手法をまたひとつ〔増やす〕」ことだというのである。さらに、人体は年齢につれて絶えまなく変化するがゆえに、写真は身元特定のための確実性に乏しい手法だと考えられていた(AN F7 12708)(骨格は二〇歳で最終的に固定化されることをベルティヨンが示すことになる)。

この仕組みの効率のよさによって警察側のためらいが取り除かれた後も、司法官たちは躊躇の念を表明していた（A. Niceforo, 1907 の序文でJ・ラカサーニュがこの問題に触れているのを参照されたい）。

外国人の身元を管理するにあたっての警察の「無能」を攻撃する報道機関や議会が打った激しいキャンペーンが、新しい方法を採用するにあたって重要な役割を果たしたことには疑いの余地がない。非定住民《ノマド》たちが、「身分証明用の人体鑑識カード」がその好例となるようなベルティヨン式人体測定法の体系的適用対象に最初になったということは、偶然によるものだろうか。司法鑑識課が作成した初期の帳面の、その大きな部分を、滞在禁止者の写真が占めている。〔二〇〕世紀の初頭には、「外国人アナキスト」に関する人名カードが完成していた（たとえばスペイン人に関して、AN F7 13066 を参照されたい）。しかし間もなく、この仕組みは「普通の」移民にも広げられることになる。史料が示すのは、「不審者の人相」「国籍の観点からする不審者の個別報告」と題された書類の増加（〔これらの人びとは〕ブーランジェが作ったB台帳に登録された）であり、こうした書類は、写真や指紋とともに、人物の身分登録上の、また身体上の特徴に関する多数の項目を含んでいる（たとえばF7 12591 以下の書類を参照されたい）。多くの事例において、一八八八年の政令や、一八九三年の法律に関する違反行為だけで、これらのリストに記載されるには十分であった。極端な例としては、三五年前からアルプ＝マリティム県のある町に在住し、息子が「フランスのために戦死」し、娘たちはフランスの税関吏と結婚した六五歳の老イタリア人が、県知事もなぜなのか説明がつかぬままに、不審者のリストに記載されていた、という例がある（AN F7 12587）。私たちの観点からするならば、重要なことは、ベルティヨン式人体測定法《ベルティヨナージュ》が単なる技法ではなく、新しい精神状態であり、世界と他者に対する別個の見方なのだと強調することである。世紀初頭と世紀末の警察の報告書を比べるとよく分かる。すなわち、「安寧」という基準が、「不審者」や「徴候」といった基準に取って代わられているのである。警察業務の合理化により、記号の解釈にもとづく新しい技法が活用されるようになった。ラヴァーターが作った一覧に基づく身体的特徴の記述や、ラヴァーターが常識的知識を「類型化《シニャルマン》」し、加工して作った人相学が行政規則化されたことは、他者をめぐる認識が変容する結果を疑いもなくもたらした。「やや浅黒い肌色」「外国訛り」等々が、「外国人性」の客観的、「科学的」な指標となったのである。(14) こうした解釈の方式は書法にも適用された。ドレフュス事件の際に、アルフォンス・ベルティヨンは、ユダヤ人大尉の有罪を筆跡鑑定によって「証明」したことで有名になったのである。治安総局は、外国人関連の調査票を一箇所で集中管理する措置を、フランス統計局から勝ち取る。なぜならば、「これらの調査票は、ほとんどつねに、調査対象となる本人が記入しており、多くの場合、その筆跡によって身元特定が容易になる性質を帯びている」からである（AN F2 I 1695–1696)。

このような「痕跡のパラダイム」からは、人びとについてつねにより多くのことを知ろうとする態度がもたらされる。外国人に関する多くの議会討論が、この主題をめぐる調査の不足を強調している。外国人の国外退去について、統計の名に値する統計が存在しないがゆえに、タランディエは、一八四九年一二月の法律の改正案について議論することはできないと考えていた（*J.O.* Ch. dép. Déb. parl. 10. 5. 1882)。さらに後に、産業界における外国人労働者の競争について審議すべく議会に作られた委員会は、労働局に対し実情を調査するよう求めている（AN C 7323)。したがって、信頼しうる統計的研究を実施すべく、情報を一箇所で集中管理することと、外国人の身分証明に関する法的措置とが軌を一にしているとすれば、それは偶然ではないのである。一八九一年以降、警察当局自身が実施した統計は、フランス統計局による統計と突き合わせられることになった。このとき初めて、全数調査に際して、外国人をとくに対象とする統計作業を行ない、その結果が公刊されるようになった。以後、統計的調査は増大の一途をたどるが、ヴィシー政権は特に言及しておくに値する(15)。

身分証明カードの仕組みがもたらした変化の大きさを理解するために、痕跡の問題が、カード上に表示された個人の身体上の特徴の記述にとどまるものではないことを示しておくのも無駄ではないだろう。カードそのものが、その物理的な作りによって、しるしとならなければならないのである。そのために、こうしたカードが作られてこのかた、色が重要な役割を果たしてきている。緑色は移民の工業労働者を、淡い黄色は農業労働者をそれぞれ象徴している。分類項目が増えるに従って、色の種類も複雑になる。たとえば、黄色が農民、灰青色が工業労働者、緑色が非労働者、赤インクの文字に青色が職人、オレンジ色が商人といった具合である。戦後になると、短期の滞在許可証が赤色、緑色が通常のカード、青色が「特権を与えられた」外国人滞在者、となる。どうでもいい細部であるとか詩人の妄想といったことが問題なのではないことの証拠として、半世紀間にわたり、この色の問題について、数多くの討論や会合が組織されてきたことが挙げられる。一九三三年には、このカードの色の問題について、内務大臣と労働大臣が対立をしている。この件について意見を求められなかったことに腹を立てて(「ならば私は何の役に立つのか?」)、労働大臣は内務大臣が採用した色使いに抗議している。労働大臣は、社会保障カードに用いられているのと同じ色にすれば、企業主はすでに慣れ親しんでいる、それゆえ緑色のカードを農業、マニラ色を工業とするのがいいと考えた。新しい色を用いることは、混乱や不正行為を生み出しかねないというのである。人民戦線内閣のもとでは、「職人」という言葉が記されるインクの色が判読しづらいという理由で問題になった。検問が順調に行なわれるためにも、カードは一目見てそれと分かるものでなければならないのである。従事している職業は最初のページに大きな文字で記されていなければならない。一九三三年に、移民問題に関する省庁横断の委員会が、内務省が採用したカードの案を批判している。「農業」や

「工業」といった言葉が十分はっきりと読み取れないというのである。「ある種、書類のタイトルとなるよう、直線の上にまっすぐな文字」で書かれている必要がある。一九三六年十一月、内務大臣は、職人という単語が、一目見て分かるよう、大きく太い文字で印字されることが望ましい」としている。ヴィシー政権のもとでは、「ユダヤ人」という単語が太字で書かれることになるだろう。

ある個人が別人になりすますことがないようにするのが決定的に重要であるのと同じように、カードのすり替えもできないようにしなければならない。〈外国人〉カードの創設者たちは、おめでたいことに、「三千フラン以下」の金額で「誰でも業者から買うことのできるありふれた用紙や、印刷用の活字を用いた書式」を使っていた。三〇年代には、フランスの大都市で違法な印刷所のない都市はほとんどなかったようである。[16] それゆえ、特別な用紙が必要になる。この件で入札を行なったところ、「ある化学薬品を垂らすと反応するように加工された用紙」を提案したリーヴ市の業者が契約を獲得している（一九三三年）。一九三七年には金銀の細線の透かし模様の入った用紙が出現し、今日発行されているものは「偽造不可能なカード」とされている。

移民が所要の税を支払ったことを証明する「スタンプ印」についても、警戒が必要であった。当初、「大量生産の規格品」、つまり一般に流通している製品が用いられたために、このスタンプ印は盗難や濫用の原因となった。したがって、特別の印章が必要となる。そのために、一九三五年には納税済証紙の仕組みが用いられることになったが、役所の職員たちが貼り付けるのに時間がかかりすぎるという理由で満足のいくものではなかった。

最後は、「白紙のページ」にどのように符号を配置していくかが取り組みの対象となった。たとえば、一九三七年六月には、「知事」という単語を印刷する場所、そしてカード取得者が署名する長方形の欄、さらに職員が、そのなかに県庁印を押さなくてはならない、点線で描かれた円形の押印欄を、それぞれどのように配置するかについての修正案が提案されている……（この段落における引用や情報の典拠はAEF B 39914–15–16である）。

外国人の身分証明カードのあり方についての際限のない修正は、行政に固有の知識の蓄積を伴っていた。すぐれて経験的な問題においては、進歩は試行錯誤によってしかもたらされないのである。一九二四年の省令は「カードも古くなると傷んで使用不可能になることから、一九一七年四月二日の政令が定めるような写真の貼り替えだけでなく、カードそのものの交換が望ましいということが実践によって示された」と述べている。さらに後になると、不正行為を避けるには、一枚紙よりも冊子を用いたほうがいいということや、写真の貼り付けには、身分情報が読めなくなるおそれのあるホチキスよりも糊のほうがいいということを、当局が取り決めるようになるのである。それ以外のことも同様であって、今日用いられているカードは、一目見ただけでは分からないが、こうした経験の蓄積を凝縮したものとして存在している。

こうした指摘は、「科学的鑑識」の技法を警察が採用したことからもたらされる過程の一側面、すなわち、監視業務の合理化を描き出している。こうした現象について網羅した歴史研究が行なわれるのを期待しつつ、他の事例を挙げることもできよう。たとえば、外国人の移動の問題について述べてみよう。入国に際して、外国人はまず、徴募を担当する国境の事務所でみずからの身分証明カードを受け取っていた。しかし、移民が、労働契約に記載されている場所に必ず向かうわけではないことは、早くから認識されていた。その結果、国境の事務所では、労働が予定される市町村への経路についてだけ有効な通行許可証を発行することになった。すなわち、外国人が現地に到着して申告を行なってはじめて、市長もしくは警察職員が身分証明カードを発行するのである。

出国に際して、国外退去を命じられた者たちがたどる経路もまた合理化されることになった。航空機や鉄道ができる以前は、護送馬車が用いられていた。しかし、一八八〇年代のサヴォワ地方では、護送馬車は国境から十四キロほどのブリアンソンで止まってしまうのであり、国外退去を命じられた者とこれを護送する警官は歩いて国境に向かったのであった。他の場所、たとえばマルセイユでは、護送馬車の到着を数日間、さらには数週間、待つ必要があった。その間に、国外退去を命じられた者が脱走したり、あるいは外国当局の何らかの干渉によって退去処分が取り消されたりといったことが生じえた（AN F7 12706）。異なる水準に考えを移すなら、身分証明に関する新たな論理のなかで、貨幣で支払われる税金の役割について強調する必要がある。すでに見たように、この種の税金は、労働市場を保護するための政治的な手段だったのであるが、またたく間に、〔外国人管理の〕システムが「独力で機能」できるようにするうえで欠かせない仕組みになった。一八九一年に、外国人管理部の規模拡大案を内務大臣に提出した際、治安総局は、この拡大案は国家の歳出を増やすものではないと説明している。一八八八年の政令の違反者からの罰金だけで三万八千フランが国庫収入となっており、「予算上の負担になるどころか」「国庫の収入源」であると述べている（AN F7 12585）。これに加え、固有の意味での印紙収入があり、一八九三年にはすでに年間二〇万フランに達していた（P. Médecin, 1909）。さらに、地方自治体に対して、法を適用するようにという議論（自治体は〔違反者が支払う罰金から〕収入の一部を得る）もなされており、「財政法」によってなぜ定期的にこの税金の税率を上げようとするのかが理解される。一方で〔こうした増税は〕国際的な抗議を時として引き起こし、結果として政府が後退を余儀なくされることもあった。

しかしながら、本質的なことは、〔この分野に関わる〕職員数の増大に関連して行なわれた警察部局の改組にある。一八八九年の手書きのメモのなかで、外国人管理部の重要性が増していること、そして「この部局の活動にたった三名だけがあてられていた一八八九年八月に、このような展開は予見されていなかった」ことを、治安総局が強調している。ここから、「議会で検討中の新たな法律」によってさらに増加するおそれのある仕事量に対応すべく、新たな組織図が提案されるにいたる。治安総局長によれば、効果的な管理を確保していくにあたっては、この部局を統率する文書管理責任者が一名、そして、数値の状態の確認、異動関連の書類の記入（死亡や出国……）、居住許可やフランス国籍への復帰、帰化についての登録のために五名の職員が必要とされた。さらに、書類の整理（職員一人あたり、一日で五〇〇通）、違警罪裁判所による有罪判決の記入、「国家的見地から見て疑わしい人物」に関する書類（この報告書の執筆時点で二八〇〇名以上が採録されていた）の作成、軽罪裁判所による有罪判決の記入のために、五名の補助員を雇うことが必要とされた（AN F7 12585）。外国人管理部の歴史が書かれたならば、続く数十年のあいだにこうした拡大がさらに続いたことが示されるであろう。司法鑑識課の設立ののち、外国人身分証明カード集中管理課、亡命者部、国外退去部、等々が出現する。こうした改組は、各県庁に反映され、また憲兵隊も改組に応じて増員されることとなった。

官僚組織の合理化のもうひとつの面として、集権化と専門化が挙げられる。一八八九年に新たに作られた国籍法典は、新たな手続きを導入した。市町村長では能力不足と判断されたために、治安判事が届出を受理し、司法省事務部へこれを転送する責任を負うことになった。一九三三年には、身分証明カードの書類の性質が変更されるとともに、カードの製造は印紙総局の専門家に委ねられた。

組織の集権化と肥大化のために、微小な細部（スタンプの押印方法まで含む！）をも規制しようとする省庁からの通達の数は増えていった。身分証明に関する新しい行政管理の様式に欠かせないだけに、こうした書類の山が省庁（そして文書館）に溢れることになった。いかなる種類の疑わしい人物であれ、その人に対応する書類と統計が存在しなければならず、いかなる公的な証明書も、異議申し立てや紛失や盗難に備え、国家の「記憶」のために、文書館に複写が存在していなければならなかった。こうした条件のもとでは、書類のあり方も合理化する必要がある。一九世紀末には、規格化された書式（受領証明、および帰化や国外退去に関する標準化された書類……）の増加によって、警察文書の形態史における新たな時代が始まる。印刷された用紙の利用が広まる。手書きの文書は少なくなり、タイプライターで打たれた、氏名の書かれていない報告書が増えていく。

一八八八年の政令の起草者たちは、フランス人の身分登録と同じ性格をもった身分証明書を移民にも与える必要があるとして、こうした施策を正当化していた。こうした展望のなかで、なぜフランスの行政当局が、外国から来た労働者に新たな「洗礼名」を与えようとする試みを繰り返したのかは理解される。共和国の法制の論理にとって、出自に関わるあらゆる痕跡を消し去ろうとする闘いの延長線上に、こうした試みは位置づけられるのである[17]。

実際上、帰化に関する法律を定める際には、つねに、氏名の「フランス化」の支持者とこれに反対する側の論争が生じてきた。戦間期には、フィガロ紙とともに、「フランス風の名前の陰に無数のよそ者が身を隠す」（24. 6. 1927）ことになるがゆえに、フランス化は危険であると考える人びとと、反対に「外国風の響きをもった帰化者の姓は外国に対するわが国の威信を傷つける」（人口減に反対する国民同盟から、移民担当副大臣フィリップ・セールへの書簡、J.-C. Bonnet, 1974, p. 166 に引用）と考える人びととのあいだでの闘いが猛威をふるった[18]。

一九四五年国籍法の投票に際して、似たような関心が再び現れてくる。雑誌『人口《ポピュラシオン》』に書いているある著者は、「田園地帯を除き、人びとの姓が不調和になってしまう」点について危惧を抱いている。この著者は、サッカーのフランス代表チームの選手の名前を列挙し、そのなかの五つの名前しか真のフランス人の姓ではないという。歴史音声学を根拠とする証明をつうじて、この著者は「フランス風の姓」を定義しうるとした。フランス風の姓で「多くの子音が連続していることは決してない」ので、ある姓がフランス風であるか否かは簡単に分かるというのである。ここから、〔姓の〕フランス化に関する提案が出てくる。すなわち、イタリア人の姓のiはyで、oはeauで置き換えるというのである（ヴァンデ風、あるいはふくろう党員風にでもしようというのであろうか〔ロワール河以北における革命期の反乱の総称としてふくろう党Chou-annerieの名が用いられるが、この名称は運動の指導者ジャン・コトローCottereauの綽名ジャン・シュアンChouenに由来するという〕）。だが、著者は重大な問題を提起する。すなわち、ポーランド人についてはどうするのか、という問題である。iをyで置き換えてもここでは問題は解決しない。けれどもそんなことは大した困難ではない。「ヴォシレフスキはおそらくそれに近いものとして、バジルで置き換えができるかもしれない」（A. Juret, 1947）。

第二次世界大戦後、複数の法律によって、この問題をめぐって再度規制がかけられることになる。「フランス化」の概念が詳細に定義される。姓に関しては、「姓からそれが帯びている外国的な性格を取り除くのに必要な修正」が、この概念の意味するところである。ファーストネームについては、外国風のファーストネームはフランス風のファーストネームで置き換えることになった（*J.O.* Ch. dép., Doc. parl., 28. 6. 1972）。

しかしながら、外国の姓が「フランス化のからくり」の犠牲となったのは、とりわけ日常の行政実務においてである。ジャニヌ・ポンティ（1985, p. 346）は、ポーランド人の炭坑夫について、役場の身分登録係と炭坑夫のあいだでのコミュニケーションが難しく、そのためファーストネームが性と間違えられたり、姓が短くされてしまったりといった誤記が生じたと述べている。いい加減な記載は多数にのぼる。「szezといった文字の連続は、srezになったりscにされたり、はたまたerとされたりしていた」。アルメニア人については、フランス化は、名前の末尾を削除したり、あるいは、BoyadjianをBoyajeanというように、名前の末尾のiをjやeで置き換えたりしたものが身分登録に記載されていることを確認できる（A. Keuroghlian, 1977）。ヴァール県の市町村の身分登録においても同様である。「GiraudoはGiraudになり、VimeïはVimey、さらにはVimetに、VialeはVialに変わった」（G. Mauco et A. Demangeon, 1939, p. 385）。次の章で私たちは、こうした氏名の損壊が、移民たちの「アイデンティティ」にどのような影響をもたらしたのかを検討するだろう。

3　それぞれの人にとっての移民

最近になってようやく、バンバラ人〔西アフリカに主に居住する民族〕ひとりひとりがその人にとっての民族学者をもち、また民族学者もおのおの自己にとってのバンバラ人をもつといったことが書かれうるようになった（J.-L. Amselle, 1985 におけるJ. Bazin）。これと同じように、移民現象という「現実」があると認められるようになったのは、そもそもフランス社会のなかで「外国人」の存在に関心を向ける人の範囲が拡大したことと軌を一にしている。物理的な形式、「書類」や制度の背後には、つねに人間がいる。かくして私たちは、一八八〇年にはそれについてのアイディアすら存在していなかった「カード」が、最後には相当な関心を呼び起こす様子を目にしたのである。内務、防衛、司法、外務、財務の各大臣、そして領事、市町村長、代議士、あらゆる職階の公務員がつぎつぎに舞台に登場してきた。省庁の各部局や、国家機関《アパレイユ》のさまざまな部分のあいだでの論争も勃発した[19]。要約するならば、今や多数の人びとが、移民のアイデンティティを物質化するところの《カード》および《法典》と、直接の関係をもつようになったのである。こうした問題が最も重要なのは、おそらく下級公務員のレベルにおいてである。エリートにとっては、外国人の問題は、さまざまな問題のうちのひとつにすぎない。下級公務員にとって、この問題は、まさしく仕事の存在そのものや仕事内容の定義に係わってくる。自分が居住する地方の文書課員であったシャルル・コルネット（1889）や、アルプ＝マリティム県庁の部長であったアンドレ・アンドレアニ（1896）を参看されたい。彼らが書籍の著者という閉鎖的なクラブの一員になることができたのは、まさしく「外国人問題」のおかげなのである。他の下級公務員たちに、法体系の複雑さを説明し、犯してはならない誤りについて前もって警告しておくための、普及版の書物が今や必要となった。「上級の行政官の指揮のもとで、身分登録の検査にとりくんだ私は、外国人に関する証明書類が望ましい規則にのっとったかたちで調製されていないことに気がついた」とシャルル・コルネットはなぜ自著が書かれるべきであったのかを説明した序文に記している。ひとつの人生の、ひとつの職業意識の集大成が、この言葉には凝縮されている。しかし、次の章で見るように、このことはつねに移民にとって好都合な結果をもたらすとは限らなかった……。

3・1　どのような「資格」で、移民なのか

これまでのところ本書は、移民に関する現在の法的定義にいたる長い道のりのほんの一部分しかたどっていない。今日、移民問題を規制している法律を検討するならば、戦間期に比べてこの問題がはなはだしく複雑になったことが確認できる[20]。一九八四年七月の法律は、既存の施策を「単純化」し、二種類のカー

ド（一年間有効の一時滞在許可証と、一〇年間有効で、原則として自動的に更新可能な在留許可証）を作ったが、このことは実際のところ、第二次世界大戦後、関係する行政部門の肥大化によって、どれほど複雑な仕組みが作り出されたのかを例証している。最近出版された法学書（C. Nguyen Van Yen, 1987）がきわめてはっきりとした説明を与えているので詳細には立ち入らないが、一時滞在許可証には、「学生」と記載されたものや、フランスで従事する職業が記載されたもの、携帯者を「同行家族」として示すものがあることを述べておこう。同じように、在留許可証についても、一九四五年の政令の第一五条に従って、フランス国内での居住が十分に長いことが証明できる者、フランスに係累がある者、「難民」とみなされる者、に分類される。「一時」許可証に対して、「永住者」の地位は、行政からの許可を必要とすることなく、どんな職業にも就くことができ、また「絶対的な緊急事態」の場合を除き、国外退去や追放の手続きを妨げるものである。

これら二種類のカードのそれぞれについて、さまざまな「特殊事例」が存在していることはいうまでもない。「会社員」資格のCST（一時滞在許可証）の取得を申請する際、申請者が、「高度の専門性」を有する外国人（大学人、企業幹部……）である場合や、OECD加盟国の国籍を有しフランスに一定期間居住している場合、さらに国際法による定義にはあてはまらないものの「準難民」とみなされるヴェトナム、カンボジア、ラオス、レバノン国籍である場合には、本人が雇用されていることは必ずしも求められない。同じ特権が、フランスに合法的に滞在する移民の家族にも与えられている。さまざまな「特殊事例」は、在留許可証の発行についても存在している。移民の家族や、フランス軍で軍務についた外国人、「政治難民」の地位を認められている人びと、幼年期からフランスに滞在している人びと（一〇歳以下で来仏）に対して、在留許可証は「正当な権利として」与えられている。

読者をうんざりさせるかもしれないことを覚悟の上でいえば、右に加えてさらに「特別措置」の対象となるさまざまな種類の人びとが存在する。たとえば、ヨーロッパ経済共同体加盟国の国民は、フランスで職業に従事するにあたり、申告をするだけでよい（許可を取る必要がない）。これらの国の人びとは、特別の滞在資格を有している。すなわち、共同体市民向け滞在許可証（五年間有効）であり、これは治安上の措置に対する最良の保護を提供するものである。「家族呼び寄せ」の手続きについても、共同体市民については行政による審査なしに認められている。その一方で、共同体加盟国の国籍をもたない外国人は、一定期間フランスに滞在してきた事実や、住居の状況、十分な金銭的裏づけのあることを証明しなければ認められないのである。

さらに、アルジェリア人もまた別扱いの対象となるカテゴリーになっている。エヴィアン協定（一九六二年にフランスがアルジェリアの独立を認めた）ののち、一九六八年に締結された協定によって、フランスにおけるアルジェリア人の地位が細かく定められた。アルジェリア人の滞在資格は、五年間有効かつ「給与労働者」と記載された「居住証明書」によっている。「歴史的理由」のために、一九八六年まで、アルジェリア人たちは移民人口に責任を負う行政当局によっては「管理」されておらず、内務省の担当となっていた。家族呼び寄せについては、住居に関する証明書（市町村役場が発行する）と健康診断書の提出を要した。[21]ブラック・アフリカを脱植民地化し、そのうえで大規模な経済的・文化的結合体を作り出して、そのなかでフランスが覇権を維持するというドゴール派の野望によって説明がつく他の特別措置も存在している。実際、一九六〇年のある協定は、完全な移動の自由（求められるのは関係国の身分証明カードの提示のみ）や、フランス人との完全な同化（労働市場での扱いを含む）を、ブラック・アフリカの旧植民地出身者に認めている。これらの国々の国籍保持者の法律上の地位を、「特権を与えられていない」他の移民の地位に合わせようとして多くの措置が取られたにもかかわらず、ガボン人、中央アフリカ人、トーゴ人は少なくとも理論上、当初与えられた権利を保持しつづけている。脱植民地化に由来する特殊例は、国籍法典に関する立法にも見出される[22]。

このような法律上・行政上の複雑な仕組みがどのようにして出来上がったのかを理解するには、移民の定義のなかで決定的であった二つの他の要素に言及する必要がある。すなわち、「福祉国家」の発達と、国際関係の緊密化とである。

すでに見たように、フランス人と外国人のあいだの区分線の「曖昧さ」は、一九世紀には、物質的な利点をめぐって作られた差別がなかったことで説明されていた。第一次大戦の前夜に、ある著者が強調していたところによれば、一九世紀初頭の政治家たちは、「フランス人」としての地位がこれといった特典を含むものではなかったからこそ、外国人にも同じ法的権利を与える傾向にあったのである。こうした状況下で、普通選挙の導入がもった重要性は容易に理解できる。普通選挙の導入以降、投票によって政治的見解を表明できる「有権者」と、それ以外の人びとのあいだの境界線は、もはや制限選挙王政下でのような経済的基準にもとづくのではなく、国籍帰属によって定義される地位にもとづく。国民や主権といった概念の操作に慣れている層から遠い庶民にとって、投票権とは「市民権」が最初に具体的なかたちをとって現れたものであった（兵役の問題以外で。ただし、兵役の問題はすべてのフランス人にとって同じ重みで経験されていたわけではなかった）。投票権は、「選挙人リスト」の作成および村や界隈の動員といった物理的な組織化を前提とするものであるだけに、理屈の上だけの存在ではなかった。有権者というクラブの一員である人びとと、それ以外の人びととのあいだの区分線は、具体的なものになったのである。それゆえ、国籍および外国人の滞在に関する一八四九年一二月の法律の報告者が、「普通選挙の導入によって、フランス市民の質がより大きな重要性を帯びることになった［…］現状からして、いっそうの慎重さが求められる」（*le Moniteur*, 15. 11. 1849）と述べて、法案に含まれる新たな厳格化の措置を正当化したのは、自然の成り行きであった。ナポレオン三世が真の政治的民主主義には制限を課したために、新たな政治生活のかたちがもたらす影響の大きさが完全に感じとられるようになったのは、ようやく第三共和政になってからのことであった。

初期の「社会立法」（一八四一年に児童労働を制限しようとした、また一八四八年九月には労働者の権利の第一歩を記した）は、いかなる差別も含んではいない。「これらの規定は、勤労者一般を対象としていたのであって、外国人を除外するものではなかった。なぜならば、外国人労働者に慈善をなす法律を与えると、外国人労働者が大挙して入国し、自国民と競争をしはじめかねない危険について、人びとがまだ正しく認識していなかったからである」（M. Didion, 1911, p. 60）。

衛生面に関する法律（一八九三年）、女性と児童の労働時間に関する法律（一八九二年および一九〇〇年）、日曜休業に関する法律（一九〇六年）は、フランス人と外国人のあいだにいかなる区別も立てるものではなかったが、一九世紀末に可決された重要な社会的措置の大半では、事情が異なっていた。「国民主権」という概念は伸縮自在であり、集団的な〔意志の〕表現のあらゆる形態から、移民を排除することが正当化されえた。労働組合に関する一八八四年の法律は、移民が責任ある地位に就くことを認めるものではなかった。同じように、一八九〇年の炭鉱における保安代表者に関する法律や、一八九四年の炭鉱労働者の救援年金金庫に関する法律は、移民に対して投票権も被選挙権も禁じていた。同様の差別は、一八九二年の法律（和解と仲裁）や一九〇七年の法律（労働裁判所）にも見いだされる。「慈善」に代わって現れた〔公的〕扶助に関する法律もまた、同じような隔離を含んでいた。既存の法制を変え、救急医療を無料化した一八九三年の法律は、フランス人のみを対象としていた。こうした特徴は、外国人の入院治療を禁止するという、この時代にしばしば見られる類の法解釈によって、さらに強められたのであった（Conseil d'État, 25. 2. 1897）。高齢者と身体障害者に関する一九〇五年の法律も、この規則から外れるものではなかった。内務大臣から各県知事に送られた通達は、この法律を権力が解釈する方法について、いかなる疑いの余地も残していない。ある通達によれば、「自治体において、高齢者または身体障害者を受け入れ、その者がフランス国籍者でない場合」、県知事は「即刻介入し、この文字通りの法の侵害をやめさせる」義務を負う（M. Didion, 1911, p. 110 における引用）。同じように、老齢年金に関して議会に提出された四二の法案の大半は、外国人に不利益となる何らかの条項を含んでいる。最後の例になるが、労働者および農民年金に関する一九一〇年の法律では、フランス人には選択が許された一方で、外国人は強制加入とされていた(23)。

最も重要な事例は、労働災害に関する一八九八年の法律である。判例解釈をつうじてしだいに差別が定着した原因は、とりわけこの法律が詳細な内容を定めていなかったことにある（J. Martin, 1908, p. 30）。外国人労働者に労働災害が起きた場合、その家族がフランスに居住していなければ（当時たいへん多かった短期の移民にはしばしば見られた）、家族は定められた額の支払いを受けることができなかった。体が不自由になった労働者が出身国に帰国しようとする際には、定められた額の三倍の金額を受け取ることができる代わりに、以後の支払いは止められた。同じ頃（一八九七年）、イギリスでは同じ問題について、国民と外国人のあいだに実際上何の差別もしない法律が成立している。「人権の母国」にいったい何が起きたのか。

この法律は、移民送り出し国の側に、強い不満の念を引き起こした。ベルギー議会は、「フランスの法律のナショナリスト的、ショーヴィニスト的」傾向に抗議して立ち上がった。報道機関によれば、「フランス共和国は外国人遺産没収権〔外国人に遺産相続を認めるかどうかは国王の専権事項とされていたが、一七九〇年に憲法制定議会がこれを廃止した〕を最近復活させた〔…〕フランスは、一二〇〇年前にポチエが自然権に属するものとみなした慣習的な権利を、〔外国人労働者は〕享受できないものとした」。著者にとって、これは「きわめて悪質な措置」であり、「フランス側の無分別な執拗さのためにそうした行動が必要とされるならば」、報復措置が求められると述べる（*le Journal des tribunaux*, 27. 3. 1900; J. Martin, 1908, p. 73 に引用）。

フランス側の指導者が、これらの措置を正当化するために引き合いに出した理由のうち、重要なものは次の二つである。第一に強調されるのは、フランスが大量の移民を受け入れており、かつ他の大半の国と比べて、労働者の権利に関して進んだ国だということである。雇用の少ない時期に、移民に有利な法律を作るならば、フランスに向かって大量の勤労者が流入するであろう。各国間における相互依存と「不均等発展の法則」を例証するこの問題は、今日に至るまで、この主題〔移民〕に関する政治的自由主義にとってのつまづきの石となっている[24]。第二の理由は、本章の中心テーマと合致するものである。すなわち、移民の身分証明の確認〔の問題〕である。フランス国外に給付額の支払いを行なうことを拒否するのは、気前のよさがないためではなく、公的財政に対する顧慮のためである。事故に遭った外国人が結婚しているか否か、この外国人に子供があるか否か、「受給有資格者」として出頭した人が本当に犠牲者の両親であるか否か、どうすれば確認できるのだろうか。そして、いったんこの外国人が出身国に帰ってしまったら、どのようにしてその後の足取りを追うのか。この外国人が亡くなったり、フランスやアメリカやそれ以外の国へ新たに移民したりしたことは、どのようにすれば確認されうるのだろうか。

ここまで述べてきた差別のなかのいくつかのものは、今日まで続いている。しかしながら、年代が下り、記録や定義や証拠の問題が解決に向かうにつれ、こうした差別も弱まってきている。こうしたプロセスのなかで、二つの大きな力が影響を及ぼしているということができる。すなわち、移民問題をめぐってその重要性が増しつづけているところの国際関係〔という力〕、および、フランス社会を構成する諸集団に固有の利害、である。近代の移民現象が作り出す、労働力の需要と供給の作用のなかで、移民送り出し国は恐るべき武器を有している。すなわち、自国民をフランスに送り出すことの禁止であり、こうした脅しは、イタリア、ポーランド、アルジェリアによって、異なる文脈のなかで用いられてきた。最も勢力の強い国は、さまざまな圧力手段（経済上、外交上の……）をつうじて、自国から送り出された労働者に対する、より好意的な処遇を獲得しうる。二国間条約や国際協定をつうじてもたらされる国際法により、移民現象や移民の定義がたえず拡げられてきたのは、こうした事情による。

一九一四年以前にすでに、フランスは主要な移民送り出し国と複数の協定を結んでいる（一九〇四年および一九〇六年にイタリアと、一九〇六年にベルギーと）。こうした動きは第一次世界大戦の直後（一九一九年にはイタリアおよびポーランドと、一九二〇年にはチェコスロヴァキアとの条約……）、そして第二次世界大戦ののちに（一九六三年から六五年のあいだに、チュニジア、モロッコ、ポルトガル、トルコ、ユーゴスラヴィアとの条約……）、さらに広がった。これらの条約は、外国人と国民のあいだの労働条件や賃金に関する平等の原則を承認し、権利の互恵性の原則を定めるものであった。福祉国家の立法を、移民労働者がしだいに享受するようになったのは、まさにこの後者の規則の名においてである。

フランスとイタリアのあいだの諸条約の事例を見ることで、国際的な協定が、移民の定義にどのように関わるのかを示すことができるだろう。フランス人がイタリアには少人数しか居住していないという理由から、互恵性の原則は、福祉の分野でイタリア側にあまりにも有利であると、フランス側は一九一九年に考えていた。それゆえ、条約は複数の場合を区別している。福祉の費用が受け入れ国側の負担になるのは、イタリア人勤労者が四五日以上前から、かつ少なくとも五ヶ月連続して留まる予定でフランスに居住している場合に限られる。疾病扶助を受けるには、少なくとも五年間連続して居住していることを証明する必要がある。老人や身体障害者、廃疾者に対する扶助の場合については、受け入れ国での連続滞在期間は一五年間とされた（F. Baille, 1927）。

ここから理解されるように、国際交渉は、権利を有する者とそれ以外の者のあいだの区別を行なう基準を、滞在の期間と合法性とに置くという帰結をもたらした。そして、推測されるように、こうした基準に左右される人びとが展開する戦略を理解するうえで、右のことはたいへんな重要性を帯びている。というのも、これらの人びとは、みずからの将来計画（何ももたずに出国するのか、あるいは外国の土地に定住するのか）を、こうした新しい規範に照らして決めていくよう余儀なくされるからである。一方で、この種の一般協定が結ばれると、そのなかで予見されていなかった具体的な事例が出てくるたびに、係争が引き起こされる。たとえば、一九一九年の条約は、フランスに（あるいはフランス人居留者がイタリアに）滞在した時間を数える際に、どの時点を起算の時点とすべきなのかについて、詳細を定めていなかった。それゆえ、一九二四年の新たな協定では、その第六条において、証拠となるのは外国人の身分証明カードと、勤労者カード、外国人登録台帳への登録であるむね定めている。こうした書類がない場合、行政調査を実施する必要がある。一九二四年の外交協定が定める、「権利をもつ」にあたっての記載や登録の必要性は、申請者を受け入れるに際して社会福祉事務所が課す条件をつうじて、さらに強められることになった。プロヴァンスの市町村で高齢者への扶助を受けるためには、じつに一四種類もの公的書類（出生証明書、診断書、国籍証明書、居住証明書、警察署による調査書、収入に関する市長の証明書……）を提出しなければならなかったのである。「書類」の問題の重要性が、移民たちにとってしだいに増していくありさまが理解されるであろう。

国際交渉の結果として生じた数多くの係争や、出身国の介入すら期待できない外国人（難民や無国籍者、また政府がフランスとこの種の条約を結んでいない国から来たあらゆる人びと）の増加。こうしたことすべてによって、移民に関する国際協定の数の増したことが説明される。一八九二年には、移民受け入れ国をコレラから守るための衛生に関する最初の合意書がヴェネツィアで調印された。一九〇〇年には、別の会議によって、国際労働者保護協会の基礎が作られた。一九〇五年のハーグ会議では、無料の法的庇護について話し合われた。一九一〇年のコペンハーゲン会議では、福祉の問題について話し合われた……。

一九二四年のローマ会議では、「出移民」と「入移民」についての最初の詳細な定義が提案された[26]。交渉は、各国のナショナリズムの激化のため、妥結にはいたらなかったにせよ（一九三一年のパリでも同様に妥結にいたらなかった）、こうした動きによって、移民現象に関する諸問題については国際的な監視権があるという考え方がしだいに定着していくことになった。こうした傾向は、難民の扱いに関する交渉（一九二六年と二八年の取極《とりきめ》、一九三三年と三八年の条約……）でさらに強まった。これらの交渉をつうじて、難民がそのかつての祖国との関係から法的に切り離されること、および、受け入れ国の法律に対して難民が負う義務を具現する、「ナンセン・パスポート」が国際的に承認されることとなる。一九五一年のジュネーヴ条約は、国際法における難民の定義を詳細に規定し[27]、一九五四年のニューヨークの条約は「無国籍者」を定義している。一般的にいって、移民現象に関する国際法の整備に向かう動きが、とりわけ「人権」概念を軸としつつ、第二次世界大戦ののちに格段に強まった。欧州審議会は、この問題について第一級の役割を演じている。この時期以降、ヨーロッパ諸国の閣僚の発議によって、移民をめぐる諸問題に関する国際会議が定期的に開催されるようになった。欧州議会は、外国人に関する「社会政策」を促進すべく、ヨーロッパ経済共同体諸国に「勧告」を発出している。各国は、数多くの二国間協定や国際条約のなかに今や組み込まれている（フランスはスペインとともに、この種の条約を最も多く結んだ）。この分野で国際法が近年尊重されるようになってきたために、移民政策における各国の行動はますます制限されるようになっている。

時を経て蓄積されてきたこうした交渉の数々は、移民現象に関わる法律が有する重要な特性のひとつを説明する。すなわちそれは、「特殊な事例」や「規則に対する例外」、「特別の制度」がモザイク状に組み合わせられたものなのである。この〔交渉の〕プロセスはまた、人びとが、自己の移民としての利害を守るには、出身国（出身国が存在している場合に）の外交当局を経由しなければならないという事実をも教えてくれる。技術的分業によって産みだされたすべての〔階級の〕人びとは、自分たちの代表者や闘争の手段、アイデンティティ上のシンボルをしだいに備えるようになり、その結果として国家も、これらの人びとに固有の利害を考慮に入れるようになる。しかしこれらの人びととは異なり、移民は、他国と比べてみても、フランスでは本当の意味での「社会集団」には決して成りえなかった。右に述べたことは、その理由の一端を示している。

3・2　移民政策の困難

しかし仮にそうであるとしても、フランス社会内部での社会的・政治的な闘争は——たとえ移民たちがこうした闘争からしばしば排除されてきたとしても——移民の定義の歴史的な形成に寄与してきた。労働災害をめぐる一八九八年の法律の成立後、外国人を狙った差別が減少したのは、国際的な抗議のためだけではなかったのである。

フランス国内でも、異議が早々に申し立てられた。「一八九九年五月七日、建設関係のさまざまな職種の団体に属する労働者たちが、外国人労働者の雇用に有利になるとしてこの法律に対する抗議行動を行なった」（J. Martin, 1908, p. 64）。出来たばかりの人権・市民権連盟は、組合が上げた声に加勢した。議会では、左翼諸党派がこの法律が「国民の労働」に及ぼす害について非難した。〔しかしながら〕権力の座にある人びとは、政治を行なううえで「弱いものに罪を着せる」だけでは不十分であることにしだいに気づいていった。フランス側の視点に立ってさえ、すでに複雑なものとなっていた相互依存の作用は、外国人排斥に対する一定の制約を課すものであった。労働運動にとって、賃金や労働条件をめぐるフランス人と外国人の平等の要求は、この要求が、国際主義の立場と、フランス人労働者の利害の擁護とを和解させるものであるだけに、変わることのない態度であった[28]。

警察的措置や課税といったものは、アンシャン・レジームを脱した社会の政策ではありえない。この命題は、一九一四年以前には漠然としていたが、第一次世界大戦の初期にあたる一九一五年一二月にアドルフ・ランドリーが議会に提出した五〇頁以上にもわたる法案のなかで力強く主張されている。この法案は、戦後のための真の計画を形作るものであった。冒頭から、ランドリーは数多くの課税案や一八九三年の法律について、それらが農業や工業での労働力不足を深刻化させたと批判している。いまだ戦争が、労働市場に対するその否定的な影響（一五〇万人の消失）を及ぼしきるよりも前に、法案の執筆者は、戦後になれば労働力不足の問題が再び登場するだろう、そのため多くの移民を求める必要が生じる、ゆえにこの問題に関する正しい政策について考える必要があると述べていた。ランドリーは、この政策についての概要を提案している。一九一四年以前、民間の〔移民〕募集組織はその欠陥を露わにしていた。この問題には、自由主義は適切ではない。〔人の〕流れを、本当に必要とされている場所へと導く操作は、国家がこれを行なうのでなくてはならない。また、政治指導者は「われわれの人種を劣化」させかねない「異民族集団」が形成されるのを防ぐために、新しくやってきた人びとを同化する戦略について考えなくてはならない。提案された施策は、本質的には肉体的・心理的な観点からする、フランスへの移民希望者に対する事前検査であった（AN C7725）。

この法案の執筆者が名士であること（高名な人口学者、将来の大臣）から、ここで取り上げられているのが、フランスの指導的な階層に広く共有された立場であったことが理解される。そして、計画内容の端緒となる部分は、すぐに実行に移された。すなわち、国家は戦争の期間中、軍需工場のために徴募された植民地からの勤労者や移民に関して、徴募し、選抜し、住居を用意する作業の責任を引き受けたのである（G. Mauco, 1932）。

議会で移民の問題が取り上げられる際の構図が固まっていくのは、戦後になってからである。主要政党はそれぞれ――どのような層の有権者に依存しているかに従って――この問題に関する自党の見方を作り上げたのであり、この見方は、今日にいたるまで基本的に変化していない。

需要の規模の大きさ、そして二百万人の外国人が急速に流入した結果フランス社会に引き起こされた諸問題（後述するようにとりわけ「福祉」の分野で）によって、なぜ戦間期のフランス政治のあり方に絶大な影響を及ぼしたこの論争が激しいものであったのかは説明がつく。この問題をめぐり、数多くの著作が出版された。理工科学校の学生たちがこの主題で博士論文を書いている（A. Pairault, 1926）。アルベール・トマ〔一八七八～一九三二。第一次世界大戦時の軍需相、のち国際労働事務局の初代事務局長〕やエドゥアール・エリオ

〔一八七二～一九五七。急進社会党の指導者、左翼カルテルで首班を務める〕、アンドレ・タルデューといった、高級官僚や主要な政治家が、この問題がきわめて重要であることを強調する序文を書いている（M. Paon, 1926; C. Lambert, 1928; G. Le Fèvre, 1929）。この時代〔戦間期〕に出版されたある研究が記すところによれば、一九一四年の戦争より前には「移民」という用語はあまり用いられていなかったが、この時期には一般の人びとが用いる言葉になっていたという（J. Pluyette, 1930）。

権力についていた短い期間のあいだに、左翼――フランス人賃金労働者の利害をとりわけ代弁している――は、移民の分野で民間のイニシアチブを統制する組織を立ち上げている。労働総同盟（CGT）は、労使双方が参加し、みずからも加わっている諸組織（とりわけ職業安定所）をつうじて、労働市場における外国からのいかなる競争をも排除するための監視の権利を、二〇年代には早くも獲得していた。左翼カルテル〔一九二四年の総選挙で成立した左派政党による連立内閣〕は移民高等評議会を設置したが、数ヶ月後にはポワンカレによって廃止された。人民戦線は、フィリップ・セールを長とする最初の移民庁を設置したが（一九三七年）これは短命に終わった。

右翼の諸組織は、所有者（とりわけ農業分野の）や経営者の利害、したがって外国人労働力に対して死活的な需要を有している人びとの利害を代弁しているわけだが、これらの組織は、人民戦線以前には、この時期の大部分で政権を担当していたこともあり、はるかに重要な役割を移民政策について果たしていた。全体として言うならば、右翼は、民間のイニシアチブに対して好意的であった。しかしながら右翼の各政党は、警察や行政が行なう検査について国が統制するよう真っ先に要求する存在であり、アメリカ式の「自由主義」であったことはない。じじつ、右翼側の関心は、外国人労働力の流れをフランス経済の需要にしっかりと適合させることにあった。そのため、早くも二〇年代には、徴募の分野での国家の監督権が批判にさらされることになった。大工業の経営者団体が運営していた一般移民会社は、戦間期の移民徴募の重要な部分を担い、たいへんな利潤もあげていた（一九二四年から三〇年のあいだに、会社の資本が二〇〇万フランから二〇〇〇万フランに増加している)。

このような状況のもとで、国家の役割は、ランドリーの計画に比べるならば控えめなものに映る。外務省と内務省が、それぞれ外交問題と公共の治安を担当する。これは、根本的に新しい事柄ではない。反対に、労働省は、新設された外国人労働力局(二〇年代には一二〇名程度の吏員がいた)をつうじて、みずからの影響力を拡大していく。労働省については、労働市場の競争を避ける目的で農業労働者や工業労働者向けに発行されていた外国人の身分証明カードに触れた際、私たちはすでに言及している。各県にある職業安定所に対して労働省がなぜ監督権をもつかといえば、それは相変わらず、労働力の規制への関心のためである。このことに加えて、身分確認や衛生面や労働契約に関する検査が実施される国境の事務所(トゥール〔ムルト＝エ＝モーゼル県〕やモダン〔サヴォワ県〕、マルセイユ、ペルピニャン、アンダイユ〔ピレネー＝アトランティック県〕、ルアーヴル……)ではとくに、徴募の事務の一部を労働省が握りつづけるのである……。

この時代、社会政策は、行政の活動のなかで、完全に傍流かつ時代遅れの一部門にすぎなかった。二〇年代のロワール県では、たった五人の常勤職員で、同県の扶助対象となる人びと全員を管轄していた。ロワール県の社会〔福祉〕課に「外国人」係ができたのはようやく一九三〇年になってからのことである。マルセイユでも同様である。マルセイユ市は、二〇年代には一万三千人の高齢者を扶助し、そのうち三千人がイタリア人であった。六千の家族が、多子家族手当を支給されていたが、そのなかの半分以上がイタリア人家族であった。また同じく、医療の無料扶助を受けて入院している患者の二〇%がイタリア人であった。ブッシュ＝デュ＝ローヌ県では、一九二六年度に扶助のために支出された総額は一七七〇万フランであったが、そのなかでイタリア人居留民を治療するためだけに支出された額は、四六〇万フランであったと推計される（ロワール県については、J.-C. Bonnet, 1974を、マルセイユ市については、F. Baille, 1927を参照されたい）。製鉄産業の盛んなロレーヌ地方でも、状況は同じであった。三〇年代の経済危機と失業にかかる費用が、「貧民」に関する昔ながらの対処の仕組みを崩壊に導いたのだった（G. Noiriel, 1984）。

　国が役割を果たさないなか、民間のイニシアチブが社会扶助の本質的な部分を担うことになった。戦争〔第一次世界大戦〕直後に創られた、移民のための社会的援助サービス（ＳＳＡＥ）は、移民が滞在している主要な地方に、数十人の女性ソーシャルワーカーと訪問看護婦を擁していた。これらの女性は、しばしば大ブルジョワや貴族の妻や娘であり、まったくキリスト教的な献身の考え方から出発して活動していた。すなわち、夫たちが実社会の物事を何とか運営しようと苦闘している陰で、みずからが引き受けるべき社会的役割は、「善行を施すこと」「貧者を救済すること」とされたのである。一九二七年には、大半の援助組織が、疲れを知らぬシュヴァレ夫人の指揮する、移民扶助全国委員会に統合された（J.-C. Bonnet, 1974）。移民問題に関する教会の新しい役割をより直接に体現しているのは、「外国人の司教」と呼ばれたシャプタル師である。シャプタル師は、『フランスの外国人カトリック信徒』という新聞を発行し、三〇年代の〔外国人の〕国外追放に反対すべく断固として闘った。一九三九年にはプロテスタント側が、同様の社会扶助の目標を掲げて、避難民救援超党派委員会（ＣＩＭＡＤＥ）を設立した。

　第二次世界大戦の終結後には、戦間期と同じシナリオが再び繰り広げられた。一九四五年には、移民問題の分野での国の関与が力強く打ち出される。全国移民局（ＯＮＩ）が創設され、外国人労働力の徴募と割り当てをめぐるあらゆる問題に関して公的な監督を行なうための機関となった。一方でまたこれらの問題は、真の移民政策の一部分をなすにすぎないとも考えられていた。真の移民政策は、フランス社会内部に外国人人口を組み込む計画によって補完されなければならないというのである。この「同化」計画は、実際には、三〇年代末に実施され始めていた計画の延長線上にあった。[29] この新たな戦略を主に担う機関は、一九三七年に設立された人口高等評議会である。この「同化」政策の鍵となる人物は、移民庁の官房メンバーにして、人口高等評議会における外国人問題の責任者、かつ一九三七年から一九五三年にかけて国際人口学研究連合の事務局長であった、ジョルジュ・モーコである。ILO常設事務局が一九三七年に組織したシンポジウムで、モーコはすでに外国人の同化計画の概要を述べており、これが戦後になると実行に移された（G. Mauco, 1937）。

こうした流れにあって、移民問題が一九五〇年代以降、しだいに制度化の様相を強めていく家族に関する政策の進展と緊密に結びついていったことは、驚くにあたらない。このことを私たちは、一九四五年の人口省創設の際に見てとることができる。外国人は、人口局の管轄とされるが、人口局はそれ自体、家族、相互扶助、入植、帰化という四つの下位部門を含んでいた（帰化が司法省の管轄ではなくなっている点が重要である）。これらの部門に与えられた名称そのものが、警察や雇用といった伝統的な分野の外に国の活動が拡大していく姿、そして移民を統合しようとする政治的意志を現している。このことは、フランスの〔戦後〕復興をめぐる政治思想のなかで、「人口増加主義《ポピュラシオニスト》」の潮流（A・ソーヴィやM・ドゥブレを筆頭とする）が、支配的な影響力を及ぼしていたことのひとつの証拠でもある。一九三九年から四五年の戦争のはるか以前から責任ある仕事を担当していた実務家の考え方を方向づけていたのは、第一次世界大戦ののちにフランス社会が直面した諸問題の経験であった。労働力の徴募に関して二〇年代に大規模工業が経験した困難が記憶に残っていたがゆえに、これらの実務家は、主要な工業地帯に外国出身の労働者階級が定着することが必要であり、また家族をつうじた統合政策によってのみ外国出身の労働者階級の定着は可能であると確信していた。

しかしこの「同化」政策は、二〇年代の移民の波から生まれた第二世代に対して行なわれた譲歩をも反映している。対独抵抗運動や、移民支援委員会（ＣＡＤＩ）のなかで、外国人が一定の役割を果たしたことによって、公権力は、外国人たちの主要な要求事項であった〔フランス社会への〕統合を考慮に入れるよう余儀なくされていた。戦後になって、外国人のための地位を要求する複数の法案が上程されている。たとえば一九四五年には、ヴァンサン・オリオールとガストン・ドゥフェールに率いられた議員団が、移民に対して好意的な発議を行なう理由を次のように述べている。「この労働力を国土に定着させることは、正義の実現に向けた行動であるが、とりわけ高次の国益の実現に向けた行動である。この労働力の定着は、同化をつうじて、すなわち移民の大多数の吸収をつうじて行なわれるのでなければならない」（*JO*, ACP, Doc. parl. 21. 6. 1945）。冷戦が進展したために、この計画が実現することはなかった。しかしながら、この時期の歴史は立法のなかに痕跡を残している。一九四五年に可決された国籍法典は、この同化主義の精神を反映したものである。同様に、最も古くからフランスに滞在している移民のために、「特別永住者」というカテゴリーを作るという好意的な措置が、新たな滞在許可証によって導入された。

六〇年代以降——一九五九年および六〇年のアルマン＝リュエフ報告書がしばしば転換点として考えられている——国家の指導者たちは、「人口増加主義者」の見解よりも、自由主義的かつテクノクラート的な潮流の見解を重んじるようになる。前例のない経済成長にしるしづけられた景気状況のために、もっと学歴などが低く、とりわけ「フレキシブル」な労働力を、労働市場に供給する問題がふたたび脚光を浴びるようになった。このことから、全国移民局（ＯＮＩ）の規制を回避するという経営側の戦略を、公権力が多少ともあからさまに後押しするようになる。〔アルジェリア独立〕戦争が終結した直後に、アルジェリアに新しい地位を与える法案が議会で可決されたことは、どれほどまでに経営側が「原住民」の労働力に魅せられていたかをよく示している。かつては「あまり利益が上がらない」と判断されていた「原住民」の労働力であったが、いまやその徴募が国の統制のもとに置かれないという利点をもたらすものになったのである。しかしながら、〔外国人労働者を調達するための〕主要な武器は、非合法の移民の促進であり、これは事後における正規化〔合法化〕の手続きによって助長されていた。この手続きによって、第二次世界大戦以降に徴募された移民の大多数は、全国移民局からの規制を免れていたのである（こうしたことすべてについては、特に INED, 1975 および B. Granotier, 1979 を参照されたい）。

これに続く数十年のあいだに、外国人住民の「社会福祉」に関する運営の制度化が遅れたのも、まさに同じ理由による。公権力は、三〇年代末および戦争直後に取られた施策を根本的に問い直すことをしないままに、移民のための社会福祉活動の大半を民間のイニシアチブに任せてしまうという伝統的な手法を——たとえこうした活動のために設立された団体に対して、資金を全額または一部援助することはあっても——再び採用したのである。このようなアプローチによるものとして、一九五八年に設立された社会福祉活動基金（ＦＡＳ）、一九五六年に設立された勤労者住宅建設公社（ＳＯＮＡＣＯＴＲＡ）、一九七五年に設立された異文化間関係開発機関（ＡＤＲＩ。「モザイク」という〔テレビ〕番組を制作した）、が挙げられる。「社会福祉」分野の膨大な領域が未開拓のままに残されたのはこうした態度によるのであって、とりわけ一九六八年以降に、極左の活動家たちが、シュヴァレ夫人や彼女の仲間である「訪問看護婦」とは異なる規模で、しかし彼女たちに取って代わるかたちで、この領域にしだいに力を注ぐにいたった。そして、移民労働者の受け入れや住宅、識字教育、法律相談等々に関する、数多くの支援団体が結成された。

これらの活動家たちは、この新たな「根こぎにされた者たち」に支援を与えるべく大変な力を発揮する一方で――その重要性は過小評価されるべきではない――制度的な承認を得るためにも闘っていたのである（M. Marié, 1977）。時間が経つに従って、ボランティアたちは公務員となり、「社会的なもの」の再定義や、国家が介入する領域の拡大のために貢献するようになったのである（たとえば、「スラム街」をめぐる惨状の告発を念頭に置かれたい。こうした告発が、不衛生な住宅に関する一九七〇年の法律をもたらしたのであり、この法律が、今日の「一時滞在用住宅」〔スラム街の住民が、衛生面等の基準にかなった住宅に移される前に一時的に居住〕や、優先市街化地区（ＺＵＰ）の起源になっているのである）。

こうした経緯については、もちろん見方を深化させたり修正したりすべきところがあるにしても、移民の存在に職業的な利害を有する社会的カテゴリーの数が戦間期に比べて非常に増えたということは理解されるであろう。そしてこのことからはまた、「第二世代」がなぜ現在「目につくものになっている」のかの、ひとつの主要な理由を見てとることができる。景気の後退期には、社会や社会を率いる人びとの関心は、「事の成り行きからして」生産から「再生産」（マルクス主義の語彙に従うなら）へと移る。すなわち、外国人勤労者からその家族や子供たちに関心が移るのである。これに先立つ時期に、「移住者支援」の制度化プロセスに参加していた人びとは、活動の中心テーマを、新しい世代のためのものに「転換」するよう促されてゆく。こうした角度からするならば、移民現象の新たな定義の創出をひとつの決定的な問題としたのは、まさに行政の側の分業の深化なのである。

《カード》と《法律》の「系譜学」――近代の移民の定義とアイデンティティの核心にある――をざっと再構成してみせることをつうじて、本章では、たいていの場合理論的な状態に留まったままの社会学上の原則を実践状態に置くよう試みた。この社会学上の原則は、「物質化された」もしくは「形を与えられた」過去の一部として現在を定義づけるものである。実際、ノルベルト・エリアスが強調していたように(1985, p. LX)、「経験的社会学の仕事によって証明されない社会学理論など、何の役にも立たない」。フェルナン・ブローデルとは異なる道をたどりはしたが、私たちはブローデルの最後の著書の中心的な観念、すなわち、現在を重層的に決定している過去について何も知らないならば、人は現在を理解することも、現在に対して働きかけることもできない、という観念を再びここに見出す。今日、「移民問題」に取り組む立場にあるすべての人びと――政治家やその他のすべての人びと――はこの教訓について熟考を求められているのであり、さもなければ、新たなる幻滅に陥る危険を冒すことになるのである。

注

(1) 一八一四年六月四日の行政命令は「外国人とその帰化に関する民法の諸規定」に言及しているが、民法典は帰化については何も規定していない。ドマはその著書『公法概論』のなかで、フランス領土上での誕生だけで国籍が与えられうる、と解釈しうる書き方をしている。

(2) Moheau (1912)、とりわけ第一二章「移民送り出しと外国人の導入」を参照。この章でモオーは、「ヨーロッパの大都市にはどこでも皆フランス人地区があるのに、フランスには外国人地区がない」ことを、遺憾としながらも認めている。

(3) 歴史人口学がしばしば忘れているのは、歴史人口学の依拠している史料そのものが、紛争を孕んだ歴史の産物だということである。今日実現されているような身分登録の強制をめぐっての闘争は、一九世紀においてなお重要な地位を占めていた。第一帝政期に、ある政治家が次のように述べている。「〔住民〕台帳は、とりわけ徴兵逃れを目的になされた虚偽記載のためにひどい状態にある。こうした軽罪の犯人を処罰しようとすれば、ロゼール県だけで二万件の訴追が必要だと県知事は考えている。いくつかの県では、アリエージュ県におけるのと同様に、県庁に保管されていた書類の写しが放火によって燃えてしまった」(AN F2 1 380)。一八四九年版の『行政事典』には、今日一般に認められているような「中立性」を公的な書類が獲得していくために、身分登録を司る役人が内面化しなければならなかったあらゆる禁止事項が書かれている。すなわち、ばらばらの紙切れではなく一冊の台帳とすべきであること、書類に署名するにあたって市長が何日も、さらには何か月も待つようであってはならないこと、身分登録を司る役人は、公的な書類に勝手にコメントを付け加えてはならないこと、両親や友人は、〔結婚の〕証人でないのなら、公的な書類に勝手に副署をしてはならないこと、等々。

(4) 帰化が認められた三七年後に法令集に記載されたものの、その間に当の幸運なる受益者は亡くなっていたという例が引用されている (D. de Folleville, 1880)。

(5) より深められた分析は、警察の報告書というこの特殊な史料に関する歴史学を必要とするだろう。復古王政のもとでは、書式は手書きで、あまり形も整っておらず、気象や株式相場、「三面記事的ニュース」に関する「文学的」考察まで記載されていた。警察の世界観の全体は、「公の安寧」というライトモチーフに依然として重層決定されていた (一八三〇年七月二六日に、パリ警視総監は相変わらず「注意を要するいかなる出来事も」見られないとしている!)。観察の合理化に向かう第一歩は、七月王政のもとで踏み出された (貸部屋の統計、警察の報告書類の規格化の開始)。

(6) 国籍の問題を正面から論じた最初の統計学の国際会議は、一八七二年のそれである。国籍の「法的」定義か「エスニック」な定義か、また用語の意味をめぐり、さまざまな観点が対立した。ラテン系の諸語は、政治的帰属および「民族的」出自を示すのに同一の術語を有しているのに対し、英語は、nationality、race、people、ドイツ語は Staatsangehörigkeit、Volkstumszugehörigkeit、Stammeszugehörigkeit、のように分化している。しかし、この会議は、「母語ないし常用の言語が、国勢調査の研究することができる唯一の民族分類学的な性質である」との原則を採用した (BIT, 1936)。

(7) 国境地帯の県、とくにノール県では、外国人の兵役は古くからの問題である。復古王政の時代からすでに、若年外国人を徴兵しうるよう、軍法の改正が提案されてきた。生地主義を強化する方向での国籍法の変化を説明するのは、この〔兵役の〕問題に関するノール県の代議士たちの執拗さである (たとえば、一八七四年のロトゥール法を参照されたい)。したがって、二〇年ほど先取りするかたちで、外国人の「侵略」をめぐる言説がノール県の法的な文献に登場するのは、決して偶然ではない (ドゥエ裁判所の検察官であったA・プルーの一八六〇年の著書を参照されたい)。

(8) 居住許可は、公的には一九二七年まで廃止されないが、しかし一八八九年にはすでに、帰化に向かうための中間の段階となったことで、その本来の意味を失っている。

(9) この一回の働きかけも、複数の県知事にとって異様に映ったようである。オート=ピレネー県の知事は、「各市町村の低い文化程度を考慮に入れるとき、本県の全自治体でこの通達を一律に実施するならば、不利益が生じるのではないか。すなわち、監視の妨げになるような、また憂慮すべき感情をこの地方に広めてしまうような〔外国人に関する〕情報の漏洩が生じるのではないかと懸念される」と述べている。

(10) 労働市場の保護と国際条約との矛盾という古くからの問題に加えて、観光客は免除せよというホテル業界からの圧力も存在する。この時代以降、大工業の代弁者たちが政治活動に対して行使する影響力によって、戦争前には大工業に不利であった施策が、大工業の利益になる方向で修正された。実際、新しい身分証明カードは、労働力が最も大幅に欠乏している部門に労働力を誘導するための仕組みであった。また、この新しい仕組みは、経営者間で引き抜きのリスクを限定すべく、ひとつの規律を導入するものでもあった。

(11) すでに一九〇五年にはアルベール・ルブランが、一九〇二年の天然痘予防法は移民に関する規定が十分詳細でないとして、この問題に関する法案を提出していた。それゆえに、一〇歳以下の者について、所定の身分証明書類に「ワクチン接種証明書」を加えよとの提案がなされている(AN C 7725)。

(12) 一九三一年からフランスに在住し、一九三九年には志願兵となり、妻は『ガゼッタ・ポルスカ』誌の協力者で、アウシュヴィッツに移送され、みずからの活動家としての行為のためにフランス人としての権利を「国籍剝奪」の政令により奪われた、ポーランド出身の炭坑夫の例を参照せよ。あるいはまた、レジスタンスのなかで積極的な役割をしばしば演じ、「収容所」に追放ないしは移送された、外国出身の活動家たち(国際旅団の古参兵や中央ヨーロッパからの難民たち)を見よ(*Le Monde*, 3 janvier 1953)。

(13) 自然人類学とのつながりは、フランスのさまざまな郡で、身長と目の色に関する綿密な調査を行なうために、鑑識部が調製したカードをベルティヨンが用いるようになった事実によって例証される。

(14) あらゆる身分証明カードには、個人の身体的特徴に関する情報、たとえば、身長、体重、目の色、肌の色、その他の特徴についての簡単な一覧が付いている。日常のやり取りでも、これらの指標は内面化され、外国人の外国人性が強調されることになる。多くの社会学的研究が示すように（たとえば、M.C. Desdevises, 1977 を参照されたい）、警察が外国人に対して示す特有の厳格さは、おそらくこのことと無関係ではないだろう。

(15) ユダヤ人についても非定住民についても、特別の統計調査がまず行なわれ、しかるのちに警察による迫害が続いたことは、銘記しておかなくてはならない。

(16) 一九三四年のトゥールーズでは、県庁の外国人課の書類作成係自身が〔外国人カードの〕密売の元になっていたことがあった。こうなると、もう誰も信用できないということになる。

(17) 住民が非嫡出子に女性の名前を付け、その子供が「婚姻によらない」出自であるのを示すといったことを行なわないよう、第二帝政時代のオート＝ノルマンディー県では、知事が複数回にわたって通達を出さなければならなかった（F. Zonabend, dans *l'Homme*, 1980）。

(18) この点に関して、私は、ある先行研究（G. Noiriel, septembre 1984）のなかで、誤ってフィリップ・セールの発言ではない発言を彼に帰してしまった。

(19) 市町村と県議会、省庁のあいだでの、税収の分配比率に関する論争は恒常的なものであった。三〇年代には、外国人にかかる行政事務の費用は、市町村以外の組織が負担すべきだとする運動に、多くの市町村会議員が加わっていたことが特筆される（たとえば、オート＝サヴォワ県について AN F2 2701 を、ムーズ県について F2 2561 を、ムルト＝エ＝モーゼル県については F2 2548 を参照されたい）。

(20) フランス国籍法典に係わる一九七三年一月九日の法律。滞在許可証と労働許可証の統合に関する一九八四年七月一七日の法律。同法を改正した、外国人のフランスへの入国と滞在の条件に関する一九八六年九月九日の法律。

(21) 一九八六年三月七日の政令は、アルジェリア人〔の地位〕を他の国籍の移民に近づけ、新たに入国した者について居住証明の期間を五年から一年へと短縮した。

(22) 若年層のアルジェリア人の国籍との関係における特殊な状況については、J. Costa-Lascoux, dans *les Temps modernes* (1984) を参照されたい。

(23) しかしながら、F・バーユが強調するように、「任意年金に加入することの禁止は、法律そのものに由来するのではなく、財政上の理由から、任意加入者リストへの外国人の登録を許可しなかった行政の裁量に由来するのである」。一方、外国人は、次の表が示すとおり、年金支給額を減らされてしまうさまざまな不利な条件のもとに置かれている

(F. Baille, 1927, p. 33 による)。

	年金加入時の年齢	年金支給額（フラン）		
		五五歳	六〇歳	六五歳
イタリア人労働者	二〇歳	九四・五〇	一五九	二八八
	三〇歳	四七・五〇	八二・五〇	一五三
フランス人労働者	二〇歳	二五五	四一八	七六四
	三〇歳	一六一	二六三	四九四

(24) 社会党による立法が移民にとって有利な側面を有していることも、一九八一年以降、同種の当惑を生み出した。

(25) 表現の〔自由の〕権利をめぐっては、結社に関わる制限は一九七九年まで撤廃されることがなかった。フランス語能力のある外国人勤労者が、従業員代表選挙での投票権、被選挙権を得たのは、ようやく一九七二年になってからのことにすぎない。企業内の組合支部に関する一九六八年の法律は、組合代表者の役職を国民だけに限定していた。フランス人との同権は一九八二年にようやく与えられたものの、賃金労働者以外の職種では差別は依然として残っている。外国人は現在でも労働裁判所の裁判員になることはできないし、重罪院の陪審員にもなれず、また一部の公共企業体の取締役や大学の理事になることもできない。

(26) 「仕事を探す目的で自国を出る者は出移民とみなされる〔…〕仕事を探すためにある国に入り、その国で恒常的に生活するという意図を示す、あるいはそのような意図を持っているとみなされるあらゆる外国人は、入移民と見なされる。一時的に生活する意図しかもたずに入国するあらゆる外国人は単なる勤労者と見なされる」(C. Nguyen Van Yen. 1987. p. 25 における引用)。

(27) 難民はおもに「その人種、宗教、国籍、あるいは何らかの社会集団への帰属や政治的見解のために迫害を受ける蓋然性が高いと」危惧される個人として定義されている（C. Nguyen Van Yen. 1987. p. 69 における引用)。

(28) 反対に、労働組合は、フランス人の権利を侵害しないかたちでの排除ならば、さして敵対的とはいえなかった。一八九八年のクータンの法案では、賃金の平等の原則は謳われていたものの、国が発注する公共工事の現場での外国人労働者の人数を、全体の一〇%までに抑えることが要求されていた。一八九九年のミルラン政令によって、この労働組合の要求は満たされた。

(29) 二〇年代にはすでに、同化政策の必要性が説かれていた。この目標に向かう最初のイニシアチブは、急進社会党に近い筋から出てきており、大企業の経営側から支援を受けていた。フォワイエ・フランセのような複数の結社が、この方向で活動していた。これらの結社の綱領が示すのは、その目的が、外国人をフランス人の労働者階級に同化するという点にあったということである(たとえば、M.-N. Brand, 1932 を参照されたい)。ルネ・マルシャルの数多くの著書では、エスニックな基準にもとづく同化政策が賞賛されているが、これはヴィシー政権以前にはほとんど影響力をもたなかった(R. Martial, 1931)。

第三章　根こぎにされた人びと《アップルーティッド》

直進すれば、スクリーニングを通り抜けられず
左に行けば、海を渡ることはできず
右に行けば、生涯流民《DP》のままで
後ろへと戻れば、首を切られるだろう[1]

ウクライナの詩『世界の道』、一九四八年

家の扉をたたくのは誰？
開いた扉　誰かが入る
閉じた扉　ひとつの洞窟
世界が私の扉の向こう側をたたく

ピエール・アルベール＝ビロ『自然の楽しみ』、一九八三年

私は、ジュール・ミシュレ、ヴィダル・ド・ラ・ブラーシュ、フェルナン・ブローデル、ピエール・ショーニュ、そして、郷土への定着《アンラシヌマン》の美徳をきわめて強く称揚したすべての歴史家に、赦しを求める。ここ

に呼び出される先祖たちは、フランス史における故郷喪失者《デラシネ》である。この国の何百万人もの住人の心と記憶に近しく、〔けれども〕私たちの歴史書のうちには居場所を持たず、国民的な記念行事に決して招かれなかったこれらの人びと。

「必然的に根なし」(G. Simmel, 1982)であるのは外国人の運命である。というのも、「新たな集団の観点から見れば、外国人は歴史なき人」(A. Schütz, 1964)だからだ。したがって、本章の目的は「歴史なき人びと」の歴史を作ることではなく、その反復的性格そのものによって歴史のないひとつの過程を明らかにすることである。ただし、シェイクスピアが言う意味を除いて、すなわち、「騒々しさと狂乱でいっぱいでありながら、意味のない歴史」という意味を除いてであり、このことは大文字の歴史に影響を及ぼさずにはいいない……。

記憶のかけら

「蓄音機の音に合わせて別れのアマネ〔トラキアやエーゲ海のトルコ寄りの島々に伝わるトルコ風の詠嘆的な声楽。歌詞はギリシア語〕を歌いながら、香辛料を用いた塩漬けの干し肉やソーセージを食べ、ラク〔トルコのアニス酒〕とサラ〔ワイン〕を飲んだ。次に、小さな隊列はミロナスを先頭に、光に包まれた丘の上のイェディク・パシャの小道を通って、金角湾へと向かった。春のこの時期にイスタンブールを後にするためには、断固たる亡命の覚悟が必要だった(2)」。

「船や飛行機で到着したアフリカからの旅行者、国境を徒歩で越えるトルコ人やマグレブから来た人びと、偽の旅券を手にして列車で来たアジア系の「家族」、モロッコからの文盲の農業季節労働者、サンティエ〔昔から縫製工場が多く、そこで働く移民が多いパリ二区の地名〕の作業場でミシンに向かうユーゴスラヴィアから来た縫製工、偽のあるいは本物の失業者、とるにたらない学生など、「不法入国者」はその出自、経路、状況、仕事からしてさまざまである[3]」。

「全員が非合法の、即席の給炭係や羊番のボランティアや騎手たちは、袋や炭箱の山に身を潜めている。これらの見習い漁師たちを乗せた帆掛け舟は、潮の流れに乗ってバレアレス諸島の奇妙なほど近くを航行しているのだが、この潮の流れは、ラングドック地方、たとえばポール・ラ・ヌーヴェルにまで至る。多くは疲れ切っているものの、シルハ人〔モロッコのベルベル系言語シルハ語を話す人びと〕とその仲間たちは、ある月夜の晩、合図とともに待ち焦がれていた土地に上陸する[4]」。

「射撃愛好連盟。一九三五年三月一八日、ル・クルゾー。本状をもって、尊敬する領事殿から市民Kのパスポートを大至急、私にご送付くださいますようお願い致します。市民Kは身分証明書の変更のために、パスポートを絶対にかつ早急に必要としています[5]」。

「彼らが休暇で帰ってくる夏には、村は多くの人であふれ、誰もが喜び、大騒ぎである。フランスを知るまでは、フランスでもこの人たちが行くところはいつもこうなのだと思っていた[6]」。

「私の姓を知らない孤児院の校長は、私の祖父の姓と名とを私に与えた。祖父はMARGOSSと言ったので、私はMARGOSSIANになった[7]」。

「A

アブラモヴィッツ　ドミニク、リトアニア、パリ

アブラモヴィッツ　ジェローム、ヴォルィーニ、第一要塞、フランス

アダムキーヴィッツ　タデ、第四戦列歩兵連隊歩兵、ロンドン

アダムコヴィッツ　マチュー、第一九戦列歩兵連隊少尉、ブリーヴ（コレーズ県）

アダモヴィッツ　ジョゼフ、ホロヴィッツ（フロドナ）生まれ、第十三槍兵連隊少尉、ブールジュ（シェール県）

アダモフスキ　ジョゼフ、クラクフ生まれ、第二戦列歩兵連隊少尉、ブリーヴ（コレーズ県）（…）[8]」。

「人びとは知り合いで、ファーストネームやあだ名で呼び合う。税関の係員やバスの運転手、カフェの店主、そしてフライドポテトやアイスクリームの売り子たち。そのとき国境は野外祭りの様相を呈し、人びとは国境がどのような意味を持つのか自問する[9]」。

「私こと下記署名者のポルトガル移民が、居住するダンケルクで助成金を受給されるよう、最大限の敬意をこめてお願い致します[10]」。

「あそこの柄つき眼鏡をかけたいっぱしの男がびくびくしているのが見えるかい。彼はかつてはべ

ルリンで評判の婦人科医だった。今ではかばんをかかえてパリをかけずり回り、造花を売っているんだよ[11]」。

「**律法**。六部構成のユダヤ人の長編ドラマ。あらゆる観客が観賞可能で夢中にさせるドラマ。どんな宗教的あるいは政治的な感受性も傷つけることはありません[12]」。

「負傷者の大集団が押し返されるひどい光景を私は覚えている。警棒を手にしたセネガル狙撃兵が彼らを追い払っていた。叫び、哀願する人びとの集まりは、殴打を避けるために引き返した[13]」。

「一、ここでは諸民族の人種や自然な帰属は考察の対象となっておらず、ただ国家への帰属だけが関心の対象となっている。

二、国際的な観点では、確かにオーストリア－ハンガリー国籍は存在するが、しかしながら問題となっている報告書が示すような、単なる「オーストリア」国籍や単なる「ハンガリー」国籍は存在しない！　いずれにせよ、フランス在住のチェコ人は、簡略化された、実際には存在しない「オーストリア人」という名称を受け入れることができない[14]」。

「私たちはそこで待ちかねてじりじりとしている
国境の近くで帰国のときを待ちながら
国境の反対側の

ほんの少しの変化も見逃さないように
どんな新顔にも熱に浮かされたように問いただし
決して忘れない、決して譲らない
起こったことについて決して許さない[15]」。

「アラファヌ、君はタンバクンダ〔セネガルの州〕に向けて立つ。皆によろしく。私たちは全員元気だと伝えてくれ。裕福になったあかつきには、私たちはそのことを皆に伝えよう。私たちがここにいるのは、皆のためだから[16]」。

「彼はとうとう、どこに本当のポーランド人がいるのか、と自問するようになった。彼はポーレットと一緒にいるとき、自分たちがフランス人と感じられた。しかしポーランド語よりドイツ語を、フランス語よりポーランド語を話す家族のなかでは……彼の身にもなってみてほしい[17]」。

「一八九七―一八九九　スイスのトンネル
一八九九　ジョフ炭鉱、オメクール、オブエ（ロレーヌ地方）
一九〇〇　フォントワ炭鉱、アヤンジュ、ロールバッハ（併合ロレーヌ地方）
一九〇一　アルグランジュ炭鉱、ローシュリング、ロールバッハ（ドイツ）
一九〇二　オーダン＝ル＝ティッシュ炭鉱、ヴィルリュプト、ユシニー、クニュタンジュ（ロレーヌ地方とドイツ）

一九〇三　オブエ炭鉱、ジョフ（ロレーヌ地方）、イタリアへ帰国
一九〇四　ムティエ炭鉱、オブエ、エッシュ、ミシュヴィル（ロレーヌ地方とルクセンブルク）
一九〇五　ミシュヴィル（ロレーヌ地方）、イタリアへ帰国
一九〇五―一九〇八　ランドル炭鉱（ロレーヌ地方）
一九〇九―一九一〇　ピエンヌ炭鉱（ロレーヌ地方）
一九一〇―一九一一　パリ地下鉄
一九一一　ピエンヌへ戻る(18)」。

「もし中国人呼ばわりされてもどうってことはない、おれは中国人ではないのだから。混血児呼ばわりされたとき、そのときだけはぶん殴るのさ(19)」。

「それはアコーデオンのように皺の寄ったかたちの奇妙な書類で、横書きのパピルス古文書のように読める多くのスタンプと数字で埋められている。出生地が誤っていた。SIVAS の代わりに SAVAS である。名前は変形していた。TOKATLERIAN の代わりに TOKALARIAN である。しかし、前回彼が書いたときには、大文字で懸命に書いたのである。職員が筆写するとき間違えたのだろうか(20)」。

「毎年、記念式典のあいだ、目立たない墓碑の前で同胞への敬意を示して、旗手たちは旗を傾けるだろう。その墓碑には、祖国の独立を夢見ながら、夢の実現を待たずに亡くなった人びとの名が刻まれている(21)」。

「二〇〇人、三〇〇人、五〇〇人、時には六〇〇人という数で県を通過するこの国からの囚人の大多数は、靴も服もなく、毛布とタピスリーのいくばくかのぼろ切れと切れ端をまとうだけで、とりわけ季節のために道が閉ざされてしまってこのかた、ほとんど歩ける状態にない[22]」。

「私はシュヴィリー・ラリュー の宿泊施設に二年間いた。六つの建物の第三棟に滞在し、各アパルトマンに八人、各部屋に四人だった。二人用のベッドが二段に重ねられ、食堂、キッチン、洗面所は共同だった。シャワーもガスもなく、お湯も出なかった[23]」。

「ドイツの社会民主主義者がどのようにしてセネガル狙撃兵とフランス人レジスタンスになったのか[24]」。

「たとえばジュヌヴィリエでは、グレジヨンのアラブ村と呼ばれるいくつかのバラックで、共同寝室の底の抜けた小さなベッドはひと月三〇フランである。それ以外の場所で、地下室の四人の寝室の料金は、一人あたり月に四八フランである[25]」。

「このようにして、フランスは私たちの骨にまでしみ込んでくる[26]」。

「中国人とスカンジナヴィア人、スペイン人とギリシャ人、ブラジル人とカナダ人、それぞれがセーヌの河岸では自国にいるように気楽に過ごせた。各人は気兼ねなく話し、笑い、不満をつぶやくことができ、社交的にあるいは孤独に、気前よくあるいは節約して、ぼんやりとしてあるいは自由奔放に、つまり好きなように生活することができた[27]」。

「彼らは班を形成し、各班はかまど係を先頭に定期的にやってくる。槍の穂先のように尖った刃を持った柄の長い鋤や集団が食べるポレンタのためのなべを持っている。コルシカ島の田舎で大変な仕事のために最長六カ月過ごし、一・七五フラン、一・九〇フラン、そればかりか四フランも稼ぐ。ほとんどすべての賃金をイタリアに持ち帰る[28]」。

「両親は持っていたもの——たいしたものはなかったが——をかき集めた。そして一九一一年六月二三日の朝、両親、弟、私はヴァランスへ向かった。ヴァランスで蒸気船、セット〔南仏エロー県の港町〕へオレンジを運ぶ貨客両用の船に乗った[29]」。

「この灰色の滑動の合間に、私は死の生に対する、また生の死に対する消耗戦を垣間見た。死とは、すなわち生産ラインの連鎖、乱れることのない車体の滑動、同じ動作の繰り返し、決して終わることのない仕事である[30]」。

「ポワンカレよ、ポワンカレ、私はいつあなたの〔国の〕住人となれるのか[31]」。

「当時、彼らはさまざまな村から徒歩で十二人から十五人の集団を組んで出発し、アコーデオンの音に合わせて道中歌いながら歩いた。人は彼らをフランス気取りと呼び、彼らが近づいてくると、子供たちは遠くから「フランシマン」、「フランシマン」と呼んだ(32)」。

「彼らのあばら家は、あまりに長いあいだ騒乱をくぐり抜けてきたためにくたびれており、昔のタール紙、使い古された防水布、古いよしずで覆われている。あばら家は、タイヤの切れ端、缶詰、くず鉄、亜鉛の破片で継ぎを当てられ、修理され、槙肌《まいはだ》詰めをされている(33)」。

「一一月のある朝、マジッドが母親とオステリッツ駅のホームで再開したとき、彼は七歳だった(34)」。

「フランス共和国、サン゠トゥアン市。RECOGIDA DE LAS BASURAS — L'ALCADE〔「ゴミ収集所、市長」(スペイン語)〕(35)」。

「船が停止した。水先船の到着は歓喜の声で迎えられた。マストにたなびく三色旗はすべての人にとって到達すべきゴールを表していた。私たちは叫んだ。「フランス万歳」と(36)」。

「セットのこの界隈ではフランス語は外国語にすぎない(37)」。

「いくつもの村から二五人で私たちは出発したが、兄は今リヨンにいる。ポルトガルの国境を越えるのは難しくない。夜八時から朝八時まで歩けば十分だ[38]」。

「数時間の間じっとしていても、彼は少しも退屈そうな様子もなく、東洋風に座り込んで膝をあごの高さにまでし、手のひらで傾いた頭を支えて目を閉じたまま、夏は家の前の道、冬は自分の寝室で、人気のない行きどまりの通りにある自宅の壁に背をもたれさせて過ごすことができる[39]」。

「私にとって最も大切な存在だった弟や妹、婚約者を残してきたと思うと、目から涙がこぼれ落ちた[40]」。

「通りがかりの町に着くと、道の曲がり角で人びとが「ポーランドの英雄たち」に気づく。そのときには、歓喜の声がこだまし、自然とデモが組織された。革命的な激変のいまだ熱い雰囲気のなかで、到着した人びとが迎えられた。かの遠く最愛のフランスを向いて、英雄たちは言った。「政府は変わる、王朝は消え去る、しかし国民は残る[41]」」。

「滞在許可証が半月、一月延長されるためには、警察庁の職員にたえず催促し、窓口に近づくためにフランス語を少しばかりうまく話す仲介者を雇わなければならなかった[42]」。

「友よ、私たちは想像以上の犠牲を払ったのだ[43]」。

「彼は顔を傾げてまぶたの裏側を見る。口をとがらせて難色を示す。次に彼は私に耳打ちする。粘っても無駄だ。顆粒性結膜炎。今日の朝から二〇人目。次の人。コティア? 彼女はすでに出頭しており、彼女の後にはまた一人。同じ聴診が決め手に。まぶた。首筋。コティアは喉がはれている。つまり、甲状腺腫の体質を持つ。医師は彼女の証明書を破く。隣の部屋で声が上がる。ムィスウォヴィツェに妊娠した女性が出頭しても無駄だ。彼女たちは再診を拒まれ、そして旅費は払い戻されないだろう(44)」。

「そして、マティフ岬のかなたの、青みがかりしばしば白い雪で頂を覆われたジュルジュラ山脈、すなわちカビリアが少しずつ遠ざかっているのを見つめる、物憂げそうだったり楽しそうだったりする、栗色や黒い色の眼(45)」。

「もしルールが存在するのなら、もし行政と住民のあいだにコミュニケーションがあるのなら、おそらく私は何が問題なのかを理解できるだろう。しかし、それは多分不可能な要求である(46)」。

「私たちと同行していた男が突然言った。「私たちはフランスにいます Estamos en Francia」。まだ夜だった。かの存在していない線、つまり国境が、自分たちの背後にあるということを私は感じた。私はそれをほとんど肉体的に感じたのである(47)」。

「おれの仕事はひどいものだ、それは体をやせほそらせる毒なんだ(48)」。

「小舟に乗る前に、出発する人びとは見送りに来た親や友人に、最後の別れの言葉を伝えていた。誰もが涙を流し、互いの幸せを願い、あまり信じてはいなかったが後ほど再会することを約束し合う。抱き合い、最後にもう一度手を握り合う。それまで一緒だった家族はこうして永遠に離れ離れになった(49)」。

「ある日、理由は分からないが妙な具合で、放浪の衝動がバルカン半島、ドイツ、シチリアの僻地《へきち》の人びとを虜にする。パリに行かなければならない、人びとが有り余るほどの賃金を手にし、大いに楽しみ、仕事が不足することのないこのすばらしい都市を味わわなければならなかった。それは強迫観念、幻想であり、そして彼らはひとりあるいは集団で、ただちにあるいは段階を経て、独身者も既婚者も、老いも若きも出発する(50)」。

「父は出発間際の最後の船の席を手に入れた。アフォンという名のロシアの古い大型客船である。不幸なことに、ノボロシースクの港は氷によって閉ざされ、北西風が猛烈に吹いていた。どの船も出港できなかった。そしてボルシェヴィキが町に接近していた。今度ばかりは追いつかれることを覚悟しなければならないのだろうか(51)」。

「昨年一一月にソチから外国へと出発したA・V・ヴェデンスキを妹のI・V・ゲフディングが探しています。情報はデンマーク、コペンハーゲン、大通り六六番地、ムンク・ストランドまで(52)」。

「彼らには家族が石を投げつけられることなど決してなかった。家から追い出されることも決してなかったのではないか。彼らは亡命を強いられることの苦しみを知っているのか。たった一本の枯枝のように、自分の暮らしをあきらめるよう強制されることを知っているのか(53)」。

エクリチュール

「移民の経験」について語るためには、平静で安らかな、安堵を与えさえする歴史をめぐる美しいエクリチュール、フランス農村史の最良の専門家たちが私たちに慣れさせた、農民的な長期持続《ロング・デュレ》に固有の無難なエクリチュールと手を切らねばならない。そのためには、本章を始めるにあたって、矛盾や多様性をつうじて「もうひとつのフランス」の豊かさを証言する「記憶の断片」を、手を加えずに暴力的なままに提示する必要があった。支配的な言語を用いる国民集団の一員である研究者にとって、「外国人」について語ることは、不幸にも避けて通ることのできない恐るべき問題を引き起こす。〔大文字の〕他者について書くこと、それはある意味ですでに他者を併合することであり、その人のものではないばかりか、たいていの場合はその人の苦しみの原因となる統辞法や語彙のなかに、他者をある意味で閉じ込めてしまうことである。ここで歴史学者はマルク・ブロックが提起していた理論的な問題の核心にいる。ブロックは、歴史学が苦しむ学問的《シャンティフィック》なハンディキャップ（それは同時にチャンスでもある）に言及していたのだが、このハンディキャップは、多くの人びとにとって歴史が心地よい気晴らしであるというまさにその理由からもたらされる（M. Bloch, 1974）。「生活史」の成功は、文章を書くことをつうじて、そして文章を書くために再構成され発明された伝記が、読者による同一化、ポピュリズムや過去への郷愁にとりわけ適合する点に由来する。しかし、フィリップ・ルジュンヌ（1980）が再び取り上げた表現で言うなら、「私とはひとりの他者」であるということを、歴史なき人びとの歴史を書こうと望むときに歴史家はやや拙速に忘れてしまう。移民のケースでは問題は二重化する。なぜなら、研究者と伝記の「主体」とのあいだの溝は、社会的地位の違いに加えて、国民的帰属の違いによってもまた生じるからである。

この「代表《ルプレザンタシオン》」の論理といかにして手を切るのか。そこに問題があると知ることが第一歩である。名誉回復という善意をまずは揺るがすことから始める必要がある。しかしおそらくもっと先に進むことができる。みずからが扱う対象の性質に適応した形式を得るためには、歴史学者はその科学的思考において、そうした形式を発明するという仕事をせずにすますことはできない。偉大な作家たちの形式をめぐる想像力を役立てることができるかもしれない。ヌーヴォー・ロマンは、伝統的な物語と手を切るのを可能にする技術を増やしたのではなかっただろうか。もし移民現象が植民地化と同様に「記録《アンスクリプシオン》の戦争」であるとするなら（A. Khatibi, 1987, p. 123）、モロッコについて語るべく、独自の飾り文字を作り上げ、異なる叙述形態の組み合わせを増やしていったクロード・オリエ（1981）のような発明から着想を得る必要があるかもしれない。

たしかに、社会科学のエクリチュールは、より厳格な決まりに従うものである。しかし、ここでもまた歴史家は、社会学者が私たちにときおり提案する発明に依拠することができる。この観点からするならばひとつのモデルとなる論文において、アブデルマレク・サヤドは外国人について語るもうひとつの異なる手法《マニエール》を採用している。「社会学者の言説は言語学的あるいは民族誌的な注解や、「明快な」、したがって安堵を与える解説でもって〔移民自身による〕もともとの言説の不透明性を和らげるためにあるのではない。

こうした不透明性は、ある文化や言語が元来もっているあらゆる資源を結集し、それによってこうした言語や文化が経験したことがなく、認めようとしない経験を表現するものである」。そこから、みずからの経験を語るアルジェリア移民の言説と科学的《シャンティフィック》な認識を生み出すとされる社会学者の言説という、二つの言説を並置する選択が生じる（A. Sayad, 1975）。

〔本書のような〕概説書のなかで、形式面について掘り下げた研究を提示するのは、ほとんど不可能である。しかしながら読者は、こうした関心の痕跡を、本章全体を通じた例示的な引用の意図的な拒否、そして各部分があまりにもうまく「組合せられ」、「巧みに」話が展開される、あまりに「よくできた」「筋書き」の拒否のうちに見出すことだろう。実際、こうした「筋書き」は、裂け目や切断、身体をバラバラにされるような経験を隠蔽してしまうのである。

外国人労働者《ガストアルバイター》

産業化社会で「移民を〈生み〉、移民を存在させるのは労働である。それが止むとき、移民を〈死なせ〉、彼を否定や非‐存在へと追いやるよう言い渡すのもまた、労働である」（A. Sayad, 1979）。一九世紀半ばからのフランスにおける外国人人口の数のうえでの変遷を再現した左のグラフがこの定義を例証する。経済的拡大、すなわちシミアンの言うA局面の時期（第二帝政、二〇年代、六〇年代）には、移民数のかなりの増加が見られる。景気停滞のB局面（一九世紀末、三〇年代、七〇年代末）では、外国人人口は安定するか減少する。「移民問題」の反復という側面は、移民を徴募する国の経済活動のサイクルに外国人がつねに従わせられるという事実によってだけでも、相当部分の説明がつく。

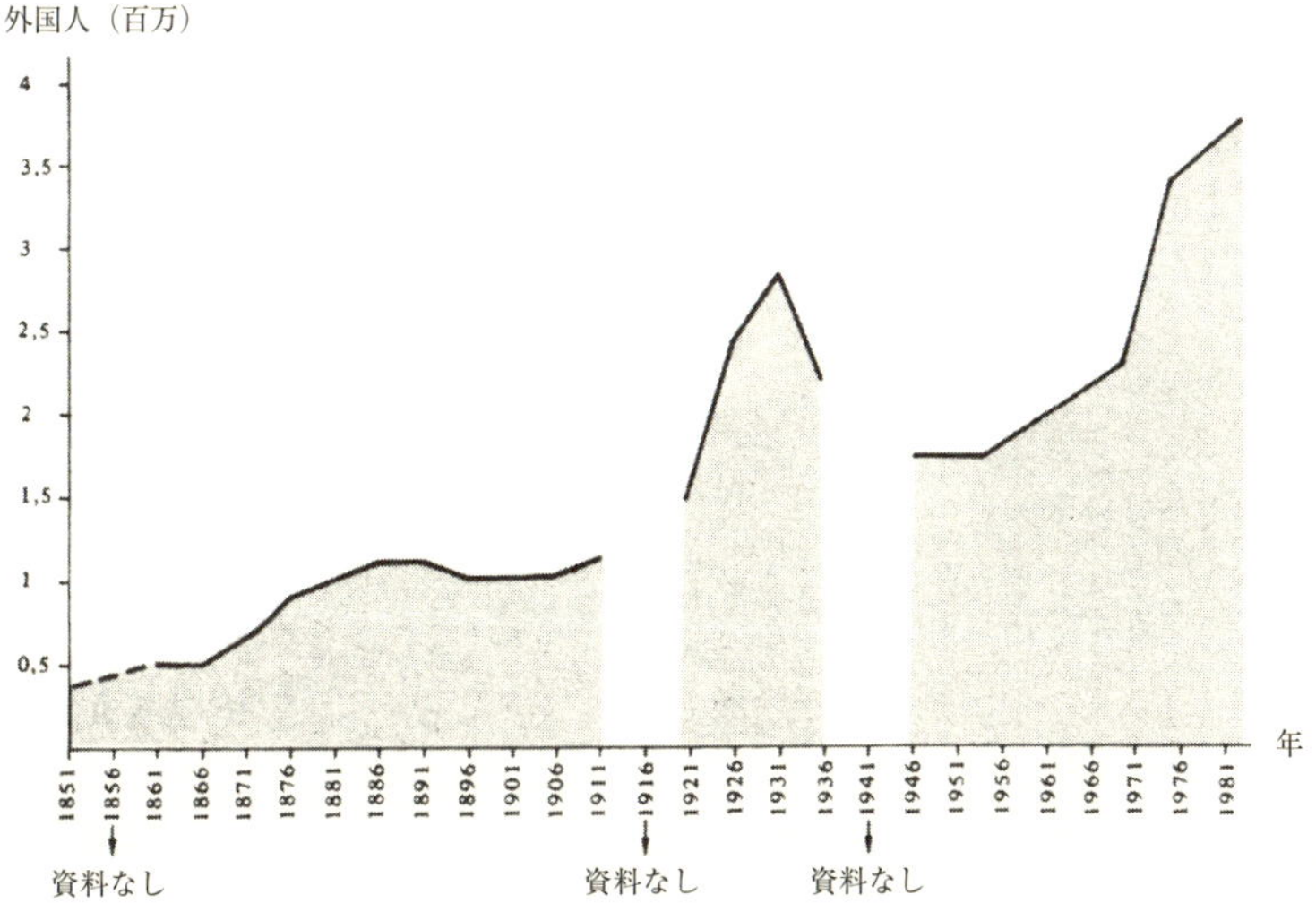

国勢調査によるフランスの外国人人口の変遷（1851-1982）

私たちが用いることのできた統計を検討してはっきりと浮かび上がるのは、移民に何よりも求められるのが「生産者」だということである。国勢調査の細かな分析（補遺の正確な数値を参照）には入らずに、フランスにおける外国人数が上昇曲線を描く三回の時期を比較してみよう。すなわち、（移民に関する初期の職業別統計である）一八九一年から一九〇一年、一九三一年、一九七五年である[54]。

フランスの外国人人口は、男性の恒常的な超過によって特徴づけられることにまず注目しよう。すでに一八六六年には女性一〇〇人に対して男性一三六人であり、一八九一年には（男性が）一一三人を少し超えるほどなのに対し、フランス生まれの人口では状況は逆転し、男性よりも女性がいつも少し多い。二〇年代末も状況は同じであるが、程度が甚だしくなっている。というのも、女性百人に対して一五六人以上の男性がいるからである（フランス生まれの人口では、女性一〇〇%に対し男性九〇%）。半世紀後には、女性一〇〇人に対して外国人男性は一五〇人近くであるのに対し、出生時からのフランス国籍者ではわずか九三・五人である。

年齢別ピラミッドの検討によって、同様の方向性を示す情報がつけ加わる。数が多いのはいつも最も生産性の高い年齢層である。一八九一年、一〇歳以下の男児は、もともとフランス国籍である男性の人口では一八・二％を占めるのに対し、外国人では一一・四％である。対照的に、二〇歳から二九歳の年齢集団は、フランス人では一六％を占めるのに対し、移民では二二％である。一九三一年と一九七五年の分布図からも同じ傾向が明らかになる。外国人人口は若年層、老年層ではつねに少なく、働き盛りの大人がつねに多い。それは、国籍集団ごとの就業比率によっても完全に示される一般的傾向であって、前述の三つの上昇期において、外国人のほうが六から八ポイント高い。

私たちは国勢調査の検討を続けながら、フランス流の外国人労働者《ガストアルバイター》を規定するもうひとつの一般的傾向を指摘しよう。外国人労働者は国民が好まない仕事の分野で働くために、招かれ、雇われ、引き止められる。忌避される労働は、次の三つの極にまとめられる。

――第一の極には労働者の肉体的な力に頼る仕事が集中する。農業に広く見られるこうした仕事には季節労働者がとくに多いが、その数は一九世紀末から六〇年代まで一万人を超えるにもかかわらず、国勢調査には記載されていない。北フランスからイル・ド・フランスに至る田園は、長いあいだ、フランシマンと呼ばれるフラマン地方出身の季節労働者が耕した。彼らは五月から砂糖大根の間引きと除草のために現れ、七月から八月にかけては刈入れを担う。彼らの活動期はじゃがいもと砂糖大根の収穫で終わり、時には砂糖の生産にさえ貢献する。南フランスではぶどうの収穫は、何万人ものスペイン人季節労働者の助けなくしては考えられない。同様に、プロヴァンス地方の畑では花、ラベンダー、オリーブの摘み取りが、「ベル・エポック」にはすでにピエモンテ人得意の分野となった（これらすべての点に関しては、A. Chatelain, 1971 の豊富な説明を参照)。

一九世紀前半に経済的なバランスが崩れたこと——この点は第六章で再び論じる——によって、一八九〇年代以降、農業労働者の極端な不足がフランスの田園全体に広まった。これが、農業会社が移民労働者を初めて集団的に雇用した理由である。第一次世界大戦に先立つ時期に、ベルギー人は少しずつポーランド人に取って代わられた。ワルシャワで集められた農業移民の証言は「フランスの歓待の伝統」に鑑みれば不名誉なものである。すなわち、夜明けとともに始まり日暮れまで終わらない労働日、なかでも時代遅れの農具のためにひどく消耗する仕事、一部のポーランド人農業労働者がドイツで経験していたのとは比較にならない衛生状態および住宅状態であり、それは時にポーランドより悲惨ですらあった (J. Ponty, 1985 に引用された抜粋を参照)。

肉体的な力が工場でも大いに求められる。たいていの場合、厳密な意味での筋力に加えて必要とされたのは、有害な素材に対する耐性である。健康に害をおよぼす業務に外国人労働者たちがいつも多いのはそのためである。彼らは一九〇一年にすでに化学産業労働者の一二%に達し、電気メッキ産業では最大二〇%、野菜油の生産では二三%となっている。二〇年代に流入した多くの人びとはとりわけこれらの部門に振り向けられた。炭鉱で一九〇一年に六・四%だった移民の割合は、一九三一年には四二%に上昇する。その当時、移民は化学産業労働者の二〇%以上、土木作業の三〇%になっていた。六〇年代には、技術の変化はあっても数多く残っているきつい職業に優先的に雇用される。食品産業、鋳物工場、なかでも建設業であり、一九七二年には移民の四人に一人が建設業で働いていた[55]。

つらい仕事の第三の部門は、「二次的な労働市場」での雇用である (M. Piore, 1979)。これは大工業の周辺に位置し、不安定な状況にあり、大きな資本のない業態である。この部門は不法移民の王国であり、雇用主が労働者の非合法的立場を利用して、一日当たり一二時間をしばしば超える労働日を課す。既製服製造や衣料の業界はこうした不当な搾取の形態が特によく見られる場である。一九世紀末にはすでに、人はパリのマレ地区のユダヤ人帽子職人のもとで、このような不当な搾取を目にしていた。六〇年代まではベルヴィルが、パリのもうひとつのユダヤ人街であったが、そこでもこの種の周辺的な労働のおかげで街は生き、存続していた。また、同じことが、パリ近郊の自治体（イシー＝レ＝ムリノーのような）でのアルメニア人や、今日サンティエ界隈の企業を成り立たせているユーゴスラビア人やトルコ人について言える（この問題については N. Green, 1985; C. Roland, 1962; INED, 1947; Y. Moulier *et alii*, 1986 を参照）。

――私たちが特定できる移民労働の第二の極は、技術的な進歩の頂点に位置する部門に見出される。そこでは機械が人間に取って代わり、もはや人間が機械のリズムとむら気に従属する付属物でしかないほどである。ジュディ・リアドン（1977）は、すでに第二帝政下のルーベの織物産業において、綿糸工場のような労働が機械化される場にとりわけベルギー人労働者が集中していたと記している。

同様にラ・セーヌ＝シュル＝メールの造船所でも、一八九九年以降イタリア人労働者の流入によってその数がフランス人より多くなるが、それはより大工業の要求に即した労働の再組織化が行なわれた後である（P. Martinencq, 1982）。

戦間期には、ロレーヌ地方の大工業の機械化が鋳造工の熟練を一般工の仕事に変えた。このことから、なぜイタリア人やポーランド人の移民労働者が大量に存在していたのかが説明される。半世紀後に模範的事例となったのは、自動車産業である。規格化された大量生産方式は一般工の職を増やし、外国人労働者に大きく依存することとなった。一九七四年にはこの分野の労働者の三分の一が移民となる。

――外国人に優先的に割り当てられた仕事の第三の極は、家内使用人の職である。「移民労働者」が話題にのぼるときこの点はしばしば忘れられるが、それはおそらく、この職がとりわけ女性の仕事だという理由によるのだろう。しかし、〔二〇〕世紀を通じて見出される一般的傾向はここにも見出される。もともとフランス国籍である人びとにとって、「家内サービス」部門の賃金労働者はどの時期でも、就労人口の約五％相当である。外国人では一九〇一年にその割合は一〇％を超え、続く時期には六％から八％となる。女性労働の数値を検討すれば、外国人の特性はいっそうはっきりとする。一九〇一年に外国籍で賃労働に従事する女性の三分の一近くが家内使用人であった。一九三一年でも割合はほとんど減らない（二八％）。比率は今日までこの水準（一九七五年に二七・八％）のままであるのに対し、同じ時期に「家内サービス」部門で働くフランス人女性は、一一％にすぎない。

補遺にある職業に関する統計を長々と解説する必要はあまりないだろう。そこでは右でなされた考察が確認されよう。評価の低い部門は、なり手の最も少ない職でもある。そうであるからこそ、外国人は工業分野に最も多くみられるだけでなく、労働者のポストに非常に高い確率でついているのである。この点に関して、世紀を通じた唯一の変化として指摘しうるのは、〔外国人の〕労働者としての地位が目立つようになってくる点である。一九〇一年には半分を少し超える移民が労働者階級に属している。一九三一年には三分の二、一九七五年には四分の三がそうである。もともとフランス国籍である人びとはその割合が明らかに低いだけでなく、就労人口における労働者の増加も鈍い。一九〇一年に三四％、一九三一年に四〇％、一九七五年に三六％である。逆に外国人の地位は、移民人口のうちわずかな数の人びとにすぎない「被雇用者」、「管理職」、「自由業」といったより評価の高い職業とは、たいてい相容れない。ここでもまた分析が精緻になればなるほど、この支配の論理が細部にわたって見出される。たとえば「農民」という語の背後には、かなりの地位の不平等が隠れている。一八九一年には現役の外国人の五人に一人が農業で雇われている（フランス人では四七％）。そのなかで土地を所有しているのは、フランス人では五〇％にのぼるのに対し、外国人の農業従事者ではわずか一八％である。一九三一年になっても割合はほとんど変わらない（外国人農業従事者の二九％、フランス人の六一％が土地を所有する）。

工業でも同様で、第二次世界大戦以前では労働者階級内部の諸等級を区別する統計がないのにもかかわらず、（当時の調査や歴史的な専門研究など）私たちのあらゆる情報源が証明しているのは、一九四五年まで「非熟練労働者」と一括して呼ばれた下層の働き口を外国人労働者が独占していたことである。この論理との関連で、もしフランス人が評価の低い生産部門に見出されるとしても、それは指揮（技師）および幹部（職工長、炭鉱の坑内監督）のポスト、あるいは少なくとも高度な資格を必要とするポスト（設備保守の労働者）においてである。国立統計経済研究所の国勢調査は一般工員という職業分類を切り離しているが、これによって、国籍による隔離を広範に裏づける労働者階級内部の階層化現象をよりはっきりと理解できるようになった。たとえば、一九七五年には外国人の就業者の五五％近くが一般工員であるのに対し、フランス出身者は二〇％である。

現代フランスの外国人の人物像がこのようにして明確になる。すなわち、何よりもまず働くために招かれたどちらかと言えば若い男性であり、ほとんどつねに労働者であり、工業や農業で、つまり肉体的にも精神的にも最もきつい産業分野や職種で見出される割合が非常に大きい。外国籍の女性はずっと少なく、賃金労働者であるケースはまれであるが、賃金労働者である場合には、フランス人の家内使用人として仕えるためである場合が多い。たとえば、一九世紀末のフランドルおよびピエモンテ地方出身の召使から、戦間期のポーランド人を経て、今日のポルトガル人のお手伝いさんにいたるまで〔このことがあてはまる〕。

国籍《ナショナリテ》の空間

上記の統計が想像させるような「平均的」外国人は、実際には存在しない。この抽象的な空想の産物が解体するやいなや、多様な「エスニック」および国籍の集団、植民地の労働者、難民、無国籍者、越境労働者《フロンタリエ》、季節労働者などの状況の途方もない多様性に研究者は直面する。数多くの研究がただ一つの国籍を取り出し、これを全体を「代表する」ものとして多少とも明示的に提示するという、第一章で言及したような傾向があるのは、いかなる集団も排除しない分類の構築が困難であることによって説明がつく。こうした手法は、当該の時期にフランスに存在するさまざまな国籍集団の全体が形成する「社会空間」のなかに、研究対象となる集団をまず初めに位置づけておくのでなければ、正当なものとはいえない。このために私たちは、情報科学とりわけコレスポンデンス分析が提供する情報を用いることができる。このような視座に立ち、高等師範学校の社会科学研究所でイヴ・ショヴィレと協力して行なわれた――現在も進行中の――研究では、私たちは移民人口が最も多い三度の時期(一九〇一年、一九三一年、一九七五年)に関して、国勢調査が提供する主要な統計データを用いた。付録の簡略化した表(66頁以下を参照されたい)はこの研究の第一段階を示すにすぎないが、各時期を特徴づける「国籍《ナショナリテ》の空間」を際立たせる。(56) この国籍の空間で任意の国籍集団が占める地位と、その国籍集団がどれほど古くからフランスに居るかという点のあいだには、相関がはっきりと現れている。一九〇一年に最も古い外国人集団は、世紀前半の「職人」の波を表すイギリス人、ドイツ人、オーストリア人である。ベルギー人は産業革命と結びついた最初の大きな波を形成する。一八八六年には彼らだけで移民人口の四〇%を構成するが、世紀末にはイタリア人がしだいに追い越してゆく。イタリア人は一九〇一年に最も多かったが、新顔である。第一の慣性軸の上で、私たちがフランス社会への統合の象徴として導入した「帰化者」の極の対極に、イタリア人集団が見出されるのはそのためである（次章を参照）。第二の軸の決定においてもイタリア人の影響を見出すことができ、イタリア人はイギリス人およびドイツ人の対極にある。こうして、図の中のふたつの領域が簡単に取り出せる。第一の領域は、（農業および工業）労働者階級への帰属によって特徴づけられるイタリア人、ベルギー人、スペイン人といった最近の移民からなる。第二の領域は図の上と右に対応し、フランスにより古くから住む国籍を特徴とする。これらの国籍集団は第三次産業部門（「サービス業」の「被雇用者」）と結びつき、かなりの数の成人の非就労者から構成される[57]。

一九三一年の表は、二〇年代の移民流入が国籍の空間の再構造化にどのような帰結をもたらしたのかを示す。イタリアの地方からの徴募がかなり維持されているにもかかわらず、慣性軸の方向づけに決定的な役割を果たすのは、ここでもまたより最近になって到着した国籍集団である。第一の軸では「その他の国籍」――小規模で、そのために職業構成が行政部門（領事館関係者や、さまざまな部門の）によって影響される外国人をまとめたカテゴリー――がポーランド人集団の反対側に位置しているが、ポーランド人は高い比率で炭鉱労働者である。垂直軸（第三の慣性軸）はとりわけポルトガル人――彼らは加工業における労働者的な職種と結びついているが、その反対側には、かなり多くの成人の非就労者、サービス業の自営業者、そして私企業の被雇用者を特色とするアメリカ人集団がある――の存在に左右される。しかしロシア人の例は、〔フランスに〕どれほど古くから住んでいるかということ以外の他の要素が、国籍を全体のうちに位置づけるに際して作用することを示している。ただ単に「経済的」なのではない「政治的」移民（難民）の影響力の例証がここにはある。大量のロシア人の到着はポーランド人の到着と同じくらい最近であるのにもかかわらず、ロシア人のより地位の高い社会的な出自によって、彼らは図の中心からそれほど遠くなく、商業分野で「被雇用者」と「経営者」（たいていの場合自営業者）の職業に近い場所を占めることができる。

一九七五年の表は以前のふたつの時期に関して叙述した傾向を再現している。因子分析の第一の軸は、六〇年代からの大規模な移民（ポルトガル人とアルジェリア人、副次的にトルコ人とモロッコ人）の到着によって、強く特徴づけられる。彼らは一般工員の極の周辺にきわめてはっきりと集まり、ここでもまた被雇用者と経営者を主とする「その他の国籍」とは対照的である。以前の移民の波においては支配的だった集団は、数が大きく減ったことによって消えたり（ベルギー人、ロシア人）、三〇年代とは大きく異なる立場を占めるようになる。その独自性が成人の非就労者人口の多さにあるポーランド人が、これに該当する。

これら三つの表は長期持続における移民の一般的傾向を表す。それぞれの移民の新しい波は、数のうえで支配的ないくつかの国籍によって特徴づけられる。これらの国籍集団は当初は社会空間の最も周縁的な立場を占めるが、新たな人口流入を利用して、より中心を外れる度合いが低い地位を「勝ち取る」。ただし、〔こうした手法で〕社会的流動性を把握することが可能なのは、外国人の法的な定義が課す限界のために、出身国の国籍を持ち続けた第一世代についてだけだということは断っておかなければならない。成員の大部分が法律上フランス人となる「第二世代」、「第三世代」の段階では、こうした現象はさらにいっそう目につくものとなるということを次章で見るだろう。

グラフに示された曲線の短所は、線状の動きや同質的な流れしかそれが表さないということである。移民現象を特徴づけ、本章冒頭の「記憶の断片」がかいま見せる個人の移動や多様な往来のひしめき合うさまを、こうした曲線は説明してくれない。

今日フランスに定住している外国人や外国出身の人びとは、かつてフランスの地を踏んだ何百万人もの移民のほんの一部にすぎないという点を、強調しておかなければならない。いかなる統計によっても、帰還という現象の規模を測定することはできない。アメリカでは海に隔てられているのにもかかわらず、一九〇八年から一九五七年にかけて三分の一の移民が出身国へ戻ったと見積もられている。フランスでは、現状いくつかの手がかりがあるにとどまり、より正確な研究が待たれる。ジョルジュ・モーコによれば、一九二〇年から一九三五年にかけてフランスへの受け入れが「確認」された移民二〇〇万人のうち、一〇〇万人が帰国したとされる（G. Mauco, 1937）。ムーズ県のある町の鉄鉱山の職員台帳に関する調査によれば、二万八千もの氏名が記載されていたにもかかわらず、炭坑夫の定員は一九〇六年から一九四五年のあいだ、常時一八〇〇人を超えたことがなかった！（M.C. Harbulot, 1977）

すでに見たように、流入と帰還の一般的なテンポを与えるのは、移民を徴募する国の経済活動の周期である。しかし、国民経済の変化する需要に応じて雇用される労働力の調整がきわめて難しくなるのは、資本主義のリズムにとって理想的なテンポを他の論理、他の戦略が乱すからである。これらの論理や戦略を理解するためには、労働者の「供給」国へと向かわねばならない。

サヤドはフランスでの「アルジェリア移民の三つの時代」を描写した際、農村から工業の中心地へ向かう移民現象の過程の大まかな輪郭を示した。移民の出身の共同体は当初、依然として十分な構造を備えており、移民現象の破壊的な作用を免れている。アルジェリアの農民はフランス滞在を、農村社会の危機——この事例に関する限りその責任は大部分植民地化にある——を和らげるのを可能にする手段として活用する。移民は共同体によって選ばれ、農民集団に欠けている資源、とりわけ金銭を得るために、共同体が限られた期間、彼を代表として送り出し、地中海の対岸での「一時的な任務」を授ける。移民現象のこの「第一期」では出発のリズムは農作業の要請に従う。移民は一般的に（秋の終わりの）耕作の後に出発し、収穫のために夏に戻る。このときから移民の伝統が確立する。産業社会によって「堕落させられる」時間を持つことのないよう、移民は定期的に交代した。移住のルートと組織網の構築によって、移民労働者はフランスに受け入れ環境を見つけることが可能になる。こうした共同体の存在、滞在の短さ、そして出身社会の規範の力が結びつき、移民労働者は外部の社会からの攻撃（と誘惑）から守られる。

しかし、「この果物は虫が食っている〔内部から崩れ始めている、の意〕」。もし実際に移民送り出しが農村の貧困を軽減する一時的な解決策であるとしても、それは集団的な価値の解体と集団の破壊の原因となる。移民現象の過程はアルジェリア農民のあいだに、計算の精神と貨幣の使用の普及を促す。そこから、集団生活の束縛をますます耐え難いものとする生活スタイルの変容、個人主義の深化が生じる。すべてが「脱農民化」の過程を強化するのに貢献する結果、この過程は一気に加速する。

アルジェリアからの移民現象の「第二期」は、集団の分解によって説明される。移民はもはや、共同体の存続を確保するために代表として送られるのではない。彼が出発するのは共同体から一人で抜け出すためであり、他人のまなざしから逃れるためであって、自分を辱めたりより有利な立場にあったりする同郷の人びとに、「社会的な復讐」をしたいという欲望に駆られてのことなのである。移民は以前に比べより若く、フランスにより長く滞在する。彼の出発の原因となる危機は、彼を新たな世界に対してはるかに脆い立場に置く。

「第三期」はしばしば移民送り出しの最後の時期である。出移民《エミグレ》は彼が生まれた世界の痕跡を残しながらも、同時に、彼を雇用した社会のいくつかの必要性や価値を共有する一人の入移民《イミグレ》となりつつある。そこから、〔離れ離れだった家族がフランスで〕再び集まったり共同体を作り直したり、外部と切り離されて生活したりする傾向が生まれる。こうした傾向は、女性の数が増え、アルジェリア人によるアルジェリア人のための商売や家内工業が生まれることによってさらに加速する（A. Sayad, 1977）。

多くの情報源や研究が示すのは、アルジェリア固有の現象がここで問題なのではないということである。実際、「三つの時代」の論理には時代がないかのようにすべては進み、〔時代を超えて変わることのない〕産業社会と農村社会のあいだのさまざまな不平等のひとつのかたちを反映しているだけであるかのようである。マルタン・ナドーの自伝を読みさえすれば、二〇世紀半ばのアルジェリア移民の状況と、百年前のクルーズ県の職人の状況の共通点は一目瞭然である。初期の村集団による同様の管理、農村社会内部の問題（土地の購入、結婚持参金、年少者の養育費等々）を解決するために、パリ地域圏へと集団の一員を同じように一時的に指名して送り出す。農村生活の必要に移民現象のリズムを合わせること、徴募のルートの確立、パリのいくつかの地域にオーヴェルニュ人の「同郷集団」が生まれること、これらすべてが観察され、そしてパリ人のよそ者嫌いと軽蔑までもが見出される。さらに第二帝政からは、滞在が長期化（第二期）する傾向が観察され、最終的には一八八〇年の大不況によって、クルーズ県の移民の大多数がついには首都に定着し、〔移民の〕過程が消滅した（イタリア人がオーヴェルニュ人に取って代わる）（M. Nadaud, 1976）。

農村労働と産業労働の相互補完性の論理は、歴史学者が「プロト工業化」と呼ぶものの特徴であるかイタリアでとりわけ広く見られ、根強い。エミール・テミムによれば、ピエモンテおよびトスカーナ地方の共同体は内部の資源によっては生計を立てることがもはやできず、生き延びるために一九世紀末からフランス南部への移民に頼らざるをえなかった（E. Temime, dans *Peuples-Méditerranée*, 1985）。そこから、持続的な組織網と「移民の伝統」が生まれる。それらはしばしば職人の特徴に由来するが、その一部が今日まで続いている（M. Catani, 1987）。ベルガモ地方の移民に関しては、ほとんど知られていない三〇年代のある論文が、同じ地域に共存していながらも移民現象の利害および種類が多様であったことを、かなりの正確さでもって描写している。大規模な移民送り出しが一八六〇年代に姿を現す。統一イタリアの形成はロンバルディア地方との競争をもたらし、この地方の手工業を壊滅させる。しかし、新たな移民の流れはずっと古い伝統に基づくもので、その伝統を再活性化し、豊かにするのである。高地に位置する村々にはきこりが住むが、彼らは「季節」になるとスイスやフランス（とりわけコート＝ドール地方、フランシュ＝コンテ地方、東ピレネー地方）へと出発する。峡谷には一九世紀末にアメリカで、その後しだいにフランス（ブリエ炭田）で働くようになった炭坑夫が見出される。同じ場所から、サン＝ゴタール・トンネルの掘削（一八八二年）や、アルプス山脈のフランス側の水力発電用ダム建設のために公共事業を行なう大会社に雇用された土木作業員もまたやって来る。中程度の標高の丘陵地帯では、短期の移民はむしろ建設業に従事する人びとである。彼らのうちの多くが、北フランスとパリ地域圏（とりわけオーベルヴィリエ）での〔戦後〕復興の作業に参加する。ベルガモの平野には農業季節労働者と入植者が集中している（そのうちの一部は二〇年代初頭にフランス南西部地方に定着する）。ベルガモ地方からは繊維産業の労働者も出ている。これらの労働者は戦間期にウール県（とりわけヴェルノンにあるメイエ団地）で見かける小規模のイタリア人地区の起源でもある（A. Bertoquy, 1934）。

この例によって、イタリアの移民現象の形態の多様さ、フランスがふりまく魅力、そして、特にイタリア農業の危機が悪化したことによって、短期の移動から最終的な移住へと変わってゆくさまを観察することができる。

イタリア人の事例は「三つの時代」の過程をとりわけ豊かに描きだしているが、他の農村地域でもこの過程は見出される。

特にベルギーとスペインでは、季節労働者の短期の移動はやはりしばしば最終的な移住へと変わっていった。トルコの例は「三つの時代」の論理がアナトリアの最も辺鄙な地域でいまだに存在していることを示す。人口の爆発と土地の細分化が、村の共同体によって代表として送り出されてヨーロッパへと向かう移民の出発の発端である。しかし、ここでもまたこの過程は集団を侵食することで終わる。故郷にとどまって、最も裕福で最も影響力を持つ家族と、大いに節約し、フォルクスワーゲンの一般工でありながら、村で成金のようにふるまうに至った「ドイツ帰りの富豪」とのあいだの対立が深まるのである（ベルギー人に関しては、F. Lentacker, 1973を、スペイン人に関してはC. Azas, 1981を、トルコ人に関してはINED, 1981をそれぞれ参照）。

確かに時代や出身地、受け入れ地域にもよるが、「三つの時代」の「理念型」に近いケースは多少なりとも見出される。数週間だけ村を離れる季節労働者から、出身地を永久に捨てて北部フランスの炭鉱住宅やロレーヌ地方の団地へと向かう炭坑夫まで、多くの移民のさまざまなプロフィールを決定する無限の組み合わせが可能である。この過程は生まれながらの農民から移民労働者への変容という、多少とも長い移行を意味するのだが、それは移民全体に関わるわけではないということを付け加えねばならない。現代のフランスには、かなりの数の外国人労働者がある世界から別の世界へと、はるかに乱暴な仕方で移住させられてきたのである。たとえば二〇年代のポーランドでは、重大な政治的・経済的危機があったこと、また現地での徴募をフランス企業が直接集団的に実施したことによって、一般庶民には、移民の過程を部分的に制御する可能性すらほとんど残されなかった。他のいくつかの事例では、農村世界から都市世界への移行は、移民が始まる前にすでに行なわれていたり、場合によってはすでに終わっていたりした。伝統社会の解体は大都市への農村住民の流出を引き起こす（アルジェリアではこの現象は移民現象の「第二期」に対応する）。そこでは働き口を見つけることが難しく賃金も低いために、第二の故郷喪失が始まる。今度は外国に向かうのである。移民現象は時には労働者の生活にすでに親しんでいた人びとにも及ぶ。一九世紀半ばにフラマン人が北部フランスへと大挙して到着したのは、フランドル地方の繊維産業がきわめて深刻な危機に陥ったからである。それに続く数十年間に、ボリナージュ〔ベルギー中西部〕の炭坑夫のフランスへの流出を引き起こすのは、石炭の危機である。

いくつかの事例では、労働者に祖国を離れるのを強いるのは、経済外の理由である。ポグロムを逃れ、一九世紀末にフランスに到着した何千人もの中央ヨーロッパのユダヤ系労働者は、その大多数が小規模な衣料品製造の熟練労働者であり、フランスで以前の仕事を再開する。

この最後の点によって私たちは、外国人人口の特徴である流入と帰還の重要性を説明するもうひとつの本質的な要因へと導かれる。難民という立場である。

ポーランド人、スペイン人、ポルトガル人、あるいはイタリア人の亡命者の殺到を経験した七月王政から、今日の東南アジア諸国の人びとの大規模な到着まで、革命が失敗（あるいは成功）するたびに、また独裁やジェノサイドが起こるたびに、大勢の人びとがフランスに庇護を求めることを余儀なくされる。スペイン人難民の少なくとも五度の波が一世紀半のあいだに受け入れられたが、〔この五度の移民の波はそれぞれ〕正反対の政治的な意見をしばしば持っていた。すなわち、カルロス党、共和国派、バスクの活動家などである。最高潮に達したのは一九三九年で、三〇万人がフランコから逃れるべく越境にみずからの命を賭けた（L. Stein, 1981）。二〇世紀のロシア人難民が同じ過程をくり返す。世紀初頭に革命家が皇帝から逃れ、次に十月革命以降は皇帝派ロシア人が逃げ出す。第二次大戦後はスターリンに国を追われた新たな難民。国籍が同じでありながら政治的には対立する活動家たちが「共存」を強いられたことが、第一世代より後の世代が出身国に忠実な「アイデンティティ」を守るのに苦労したことと無関係でないことを、私たちはのちに確認するだろう。さしあたっては、本章の冒頭で引用したブレヒトの詩が示すように〔注（15）を参照〕、「政治的」難民や移民にとって、帰国の願望は他の外国人と比べていっそう強いことを記憶にとどめておこう。そこから頻繁な行き来の例が生じるが、その好例はアルメニア人である。彼らは二〇年代に大挙してフランスに到着し、その一部は第二次世界大戦直後に「故郷」（ソヴィエト領アルメニア）へ帰り、時には数年経った後にフランスに戻ってきた（あるいはそうしようと試みた）……。

経済活動のリズム、農村集団の論理、国際的な政治状況が、移民の世界の特徴である非定住性を説明する本質的な要素である。最後の一点を付け加えなければならない。フランス滞在の不確実性である。たいていの場合、「経済的」あるいは「政治的」移民はフランスを理想化した。多くの証言が明らかにしているのは、歴史書を通じて亡命者や難民が抱いていたイメージと「人権の母国」とが一致しないことを発見したときの彼らの落胆である（G. Badia, 1982; colloque *Migrant*, 1985 での証言を参照）。同様に、すぐさまひと財産作れると信じて出発した人びとは皆、フランスの工場生活の現実を発見し、即座に幻滅する。しかしたいていの場合、彼らは国に帰る際には、そのことを認めるのを拒否し、移民の過程を維持している集団的な「盲目さ」を強固にするのである（A. Sayad, 1975）。

これらすべてのことによって――ある企業から別の企業に移る、あるいはある地域から別の地域に移るといった国内の移動と、他の移民受け入れ国への出国、およびしばしば新たな出発の前奏曲となる「最終的な」帰国を区別しないとしても――経済的拡大の時期の移民社会を特徴づける、並はずれた離職率が説明される。

失望した移民が離職するのに加えて、新しい資格や、より満足感を与える新しい働き口、新しい冒険をたえず求める旅の「プロ」、すなわち放浪したいという衝動の塊のような人びとの非定住性にも、触れておかなければならない。一九世紀に特に多かったこれらの「放浪民《ノマド》たち」は、二〇世紀になっても消え去りはしなかった。彼らに出会うのは、しばしば非合法状態に慣れた政治活動家の世界においてである。彼らは一般に独身であり、仕事、場所、家族生活に落ち着く前に、すでに中世に「青春時代」と呼ばれていた日々を過ごすのである。

これらの要素が結びつくことで、ラーヴェンシュタインが一八八五年にロンドン王立統計学会で定式化した有名な「法則」が明確になる（しかしながらフランスの場合には、この「法則」はのちに確認するように、相当な修正が必要である）。すなわち、移民はたいていの場合近距離を移動するが、何よりもまず都市、産業、そして商業の大きな中心地を探し求めるというのである。そのために、都市の移民数は提供される「好機」に比例し、したがって一般的には都市の大きさに比例する（R. Duchac, 1974 を参照）。パリやマルセイユといった都市がこの一世紀のあいだ、大規模な移民をつねに迎え入れてきたことが、こうした大都市の魅力によって説明される。そして国境地帯への外国人の関心も付け加えねばならない。たとえばロレーヌ地方では、イタリア人はルクセンブルクやドイツに至近の町に居住するのを好む。そうすることによって、彼らはまたたく間に国から国へと移り、警察からいとも簡単に逃れ、為替や失業といった情勢の変化に備えることが可能になる。

切断、収容所、仮住まい

移民の経験は、それ「以前」とそれ「以後」とを分ける物質的かつ象徴的切断をしるす旅からいつも始まる。国境の横断はこの冒険のなかで、最も決定的な瞬間である。口頭での調査と証言記録からは、移民が波乱に満ちた旅について並はずれて鮮やかな記憶を持ち続けたことが分かる。すなわち、日付、場所、時間、出来事、そしてさまざまな「登場人物」といった要素が、ロレーヌ地方のイタリア移民や中欧ユダヤ人の多くの人生の物語の中心に位置する（中欧ユダヤ人に関しては、L. Valensi et N. Wachtel, 1987 を参照）。そうした物語は（口述であれ文書であれ）ほとんどいつも叙事詩を思わせる次元をもっている。それは移民が出会い、最終的に克服する多くの障害を強調する。氷塊や嵐に襲われた船、野生動物がうろつき、武装した国境警備隊が随所で待ち構える山脈などである（証言の記録では、たとえば H. Troyat, 1987 を参照）。そこには疑いなく、すぐれて神話的な次元、一種の「起源の物語」が存在するのであって、それは新たな家系図を受け入れ国に刻み込むためにある（次章を参照）。しかしながら、これらの証言は移民の生きた現実をそのまま反映してもいる。国境をめぐる地理－歴史学が構想されるべきかもしれない。この学問は、「内側」と「外側」、フランスという「内部」と「外部」のあいだの移動の主要な場が、入口を守る人びとと、入り込もうとする人びとのあいだの悲劇的な闘争の舞台であったことを示すだろう。入り込もうとする人びととは、ピレネーの峠でセネガル狙撃兵によって押し戻されるスペイン人難民であり、マッターホルンのふもとのテオデュルの氷山を徒歩で越え、ヴィンティミリアからマントンまで泳ぎ、サルディーニャ島からコルシカ島まで小舟をこぐイタリア人密航者である。マルセイユに向けてぼろ船の船倉に乗るアルジェリア人や、南の海で海賊に襲われるボート・ピープルについては言うまでもない（R. Grando *et alii*, 1981; G. Mauco, 1932; A. Jacque, 1985）。

旅は、始まりをなす行為ではあるが、移民現象を特徴づける「障害物競走」の第一段階にすぎない。到着が第二の忘れ難い瞬間である。これもまた特別な空間を有している。収容所と仮住まいのフランスである。

「収容所」という言葉は今日ただちにダッハウやブッヒェンヴァルト、つまりドイツを思い出させるが、ジルベール・バディアが最近言及したように（colloque IHTP, 1986）、フランスの「集合的記憶」とは何の関係もないと考えられている。とはいえ、〔フランスの〕収容所が野蛮さにおいて、ナチズムと同じ程度の残酷さに達しなかったとしても、収容所はフランスで長い歴史をもち、そしてその歴史は外国人と密接に関わっている。ジャン＝ルネ・アイム（1983）は最近、第一帝政期に五万人のスペイン人捕虜と二五〇〇人の人質が、フランスのさまざまな地域に収容されたことについて叙述した。その大多数はヴァンセンヌの城やバイユー、ブレスト、ブリアンソンの要塞で亡くなったのである……。

フランスでは第一次世界大戦から近代的な意味における敵国人の収容が始まる。このとき、留置のための収容所が初めて国のさまざまな場所に出現した。

一九三八年からフランス南西部地方の収容所に閉じ込められたのは、スペイン人難民である。シャルル・ティヨンが「海と有刺鉄線で縁取られた砂浜」と述べたとき彼は、一四〇〇人に対して二つの洗面所しかない板のバラックからなるギュルスの収容所を非難していたのであった。ヴィシー政権下、ギュルスとアルジェレスの近くでフランスの歓待の魅力を苦痛とともに発見するのは、まさにヨーロッパが反ナチと見なす人びとのすべて、とりわけユダヤ人である。大勢の人びと——アーサー・ケストラーに「地上の屑」と描かれた——がそこで命を落とすことになった（V. Stein, 1981; F. Nourissier, 1950; H. Schramm et B. Vormeier, 1979; A. Koestler, 1971）。

極端な時期の極端な事例と言われるかもしれない。だがそういえるのは、そこまで悲劇的ではなかったにしても、右に挙げられているのが、はるかに広範な過程の極端な事例であることを認める限りにおいてである。移民史とは「攻撃」の歴史だ、とはいわないにしても、実のところ「隔離」の歴史ではある。決められた場所に隔離され、そこで通過のための審査を受けさせられる。組織的な移民政策の施行とともに、「ふるい」のメカニズム、すなわちそこで徴募係＝聖ペテロが良き者と悪しき者、「正規の者」と「非正規滞在者《サン・パピエ》」、「健康な者」と「不健康な者」を選別する、天国と地獄のあいだに位置する一種の「煉獄」が現れる。唯一「密航者たち」だけが合否判定の審査を避けることができる（そして多くの者が残酷な儀式を逃れるために「密航者」になる）が、彼らは滞在を合法化しようと望むときに、この審査に直面しなければならないだろう。

一九三〇年にジョルジュ・モーコは、導入された移民の七〇％が警察と公衆衛生の統制のもとに置かれていると概算した。四分の一は行政と経営者の二重の選別までをも受ける。この種の受け入れの場の最良の例は、ムルト＝エ＝モーゼル県のトゥールである。数十万の中欧の移民がそこを通ったが、その多くがポーランド人であった。

駅から三キロの地点——何千キロもの旅の後に移民は駅からしばしば徒歩で移動せねばならない——にある兵舎の別館に位置する施設は、欠陥だらけである。医療物資は不十分でシャワーは使えず、人員は不足していた。旅のあいだと（一週間は続く可能性のある）滞在中の衛生状況はあまりにひどく、（最初に行なわれる検診に続く）医療「再検診」の際に、移民が規定のシラミ退治の試練を受けなければならないほどである。雑居の程度も相当なもので、女性は寝室が相部屋のなか、「公衆の面前で」出産するほどだが、それは別個に建物を建てる場所と資金がなかったからである。ポーランド当局者のたびたびの抗議によって、政府は多少の改善を図らざるをえなくなる。〔「迫害される者を」受け入れる国フランス」の良心に反することが明らかになったセンターは（墓地以外もはや残っていない多くの「収容所」と同じように）三〇年代に閉鎖され、破壊される。しかし、外国人労働者の選別の過程はきわめて完成度の高い手段（心理学的技術の試験、身体的な力の測定のための装置）を用いながら、第二次世界大戦後も続く（この点については J. Ponty, 1985; G. Noiriel, 1982 を参照[58]）。

これらすべての試練のあとに、「仮住まい」の時がやってくる。〔「仮住まい」とは〕移住という行為につきものとされる、不安定でかりそめの暮らしがかたちになったものである。移民の大半は生き延びるために、（場合によっては生涯）これらの空間で過ごした。単身男性のさまざまな住居を簡単に類型化するならば、七月王政期のパリにも第二次世界大戦後の大きな工業都市にも時代を超えて存在する「家具付きの貸し部屋」があり、ほったて小屋、板小屋といった季節農業労働者の仮住まい、そして勤労者向け国営住宅建設会社（SONACOTRA）が不滅のものとした独身者向けの「寮」がある。家具付きの貸し部屋や宿屋、バラック、「おっかさん」役（一九一四年以前のロレーヌ地方のイタリア人炭坑夫にあってはバカナと呼ばれていた）が世話をする「独身者向け」の下宿屋に関するあらゆる描写が強調するのは、どの時代にあっても、快適な設備や基本的な衛生の欠如、住人の詰め込み、昼夜交替で使われるベッドである（L. Köll, 1981; F. Lentacker, 1973; A. Michel, 1955; J.-A. Carreno *et alii*, 1972）。

外国人は「家族で」滞在しているときも、状況がいいとは言えない。事実、移民を特徴づけるのは、あまりに多くの人びとが特定の時期（にわか景気の際には労働者を急いで見つけなければならない）に特定の場（産業が発展している分野や地域）へと、突然流れ込むことである。これらの人びとがあふれる時期と住宅状況のあいだのずれが生じるのはそのためである。この主題に関して文献にはつねに「スラム」についての叙述が登場するが、これが書きたてられるにあたっては、とりわけ衛生学者からのお墨付きが確実に得られるということもあった。スラムは複数の様相を呈しうる。

まず難民のためのスラムがある。あまり知られていないが、収容所と仮住まいとのあいだには今日私たちが言うところの「収容センター（少なくとも名称は変わったわけである）」があり、それはたいていの場合、大都市の外れにある。戦間期のマルセイユにはこれらの「センター」が複数あった。ロシア人にはサン・シャルル駅の裏に木のバラックが並ぶ地区があり、トルコ軍から逃れたアルメニア人は「オッド」収容所に集められたが、この収容所は絵になる光景を求めるジャーナリストたちを喜ばせた（歴史家を喜ばせるものとはいえない）。「難民収容センター」は今日でも依然として見られる。この種のセンターは、つねに移民の最後の波に割り当てられているが、今日、移民の最後の波は、脱植民地化に発するものである。フランス南部地方のアルキ〔アルジェリア戦争（一九五四〜六二）の際にアルジェリアで徴用され、フランス側について戦った補充兵〕の収容所、「インドシナ帰還民」の収容所、二〇〇〇人を数えるノワイヤン（アリエ県）の収容所を見ていただきたい。死を免れることができたボート・ピープルたちもまた、最近は「難民の選別」を避けることができない。すなわち、最初の申請手続きは「トランジット・センター」で行なわれ、次にボート・ピープルたちは地方に散らばる「仮収容センター」に連れて行かれる（これらすべてに関しては、L. Naudeau, 1931 ; P.-J. Simon, 1981 ; J.-P. Hassou et Y.-P. Tan, 1986 を参照）。

「難民」の地位を持たない人びと、「普通の」大勢の移民にとって、不安定性の空間は「不衛生地区」「ゲットー」、「スラム街」、「仮収容住宅」といった名前で呼ばれる。ここでもまた、移民に固有の集合住宅の叙述に何ページも割くことができようが、結局は大量流入の各時期に同じメカニズムが再生産されることが示されるだけだろう。一八六〇年代のルーベのフランドル地方出身者の地区、一九一〇年頃のオブエ〔ロレーヌ地方の町〕のイタリア人炭坑夫の団地、ベル・エポックと「狂乱の時代《レ・ザネ・フォル》」のベルヴィルやマレのユダヤ人街、七〇年代のアルジェリア人、ポルトガル人の団地やスラム街には、多くの共通点がある。住宅不足による過密、低収入に由来する老朽化。低収入のために移民はまた、最も古く、十分に（あるいはまったく）手入れされていない建物に甘んじるよう強いられる。そこから、値段のつかないほんのわずかな土地（特に荒れ地）でも、使い古され、壊れやすい材料（木、なまこ板）を使った「自前での建築」の多様な努力が生じる。だが、こうした住み心地の悪い仮小屋も、新しい都市政策の強い風に吹き飛ばされ、跡形も残さずに消えてしまう。一九三〇年代におけるパリ周辺のスラム街のベルト地帯や、イッシー・レ・ムリノーのアルメニア人のバラック、マルセイユの「スペイン人地区」のいったい何が残っているだろうか。

住居の老朽化にはインフラの欠乏が伴っている。通りらしい通りはなく泥だらけの道だけ、電気は通っていないか一部に通っているだけである。上下水道もない。そこから、ルイ・シュヴァリエが七月王政期のパリについて長々と描写した「都市病理学」の兆候が生まれる。疫病を原因とし、極端な幼児死亡率（戦間期と六〇年代の工業地帯の移民家族は平均的な国民の二倍以上）を特徴とする、高い死亡率がそれである（この点についてはJ. A. Readon, 1977; L. Köll, 1981; N. Green, 1985; A. Zehraoui, 1971; A. Michel, 1955; B. Granotier, 1979; D. Ducellier, 1982; L. Chevalier, 1978を参照）。

故郷喪失

故郷喪失《デラシヌマン》は、シカゴ学派の社会学者たちが分析した「都市病理学」の主要な原因および形態のひとつである。トマスとズナニエッツキは――移民の故郷の共同体を構造化する「一次集団」における、将来の移民について研究した後に――そのポーランド人農民に関する記念碑的な研究で、移住が集団を解体する結果を生むことを示している。彼らの研究の第三巻を占める長大な専門研究は、ある種類の社会からまったく別の社会、それも個人主義の規範が支配する社会への急激な移行は、個人に対して破滅的な結果をもたらすと主張している（W. I. Thomas et F. Znaniecki, 1958）。この過程のフランス版に関しては、これに相当する研究が不足しているどころか、まったくない。しかしながら、私たちの持ついくつかの判断材料は、故郷喪失がアメリカの巨大都市特有のものではないことを証明している。

一般的に故郷喪失は、個人のある「環境」への統合を確保する主要な指標や支えの喪失として特徴づけられる。M・アルバックス、A・ルロワ＝グーランやB・ベッテルハイムはそれぞれの領域で、個人の精神的・社会的な安定に対する空間－時間的枠組みの重要性を示した。（地理的かつ／あるいは社会学的な環境の変化による）あらゆる「移住《トランスプランタシオン》」は、多かれ少なかれ重大な故郷喪失を引き起こす。しかし、国民が主要な帰属集団となっている現代社会では、（この本で私たちが与える意味での）移民の結果として生じる故郷喪失は最も根本的で、この現象のさまざまな諸形態を累積するものとして考えられる。集団的に徴募された移民には、この別れから来る最初のトラウマに、特別な施設での選別手続きの破壊的な効果がつけ加わる。新参者の「生活史」を記録し（警察の尋問）、写真を撮り、体重を測り、指紋を取り、そして識別番号を与える。アーヴィング・ゴッフマン (1968) によれば、これらすべての作業——身体枠査、聴診、シラミ退治なども付け加えなければなるまい——は制度的な儀式であって、その目的は個人を過去のアイデンティティから切り離すことにある。移民にとって、これらの手続きが、故郷を去る経験を特徴づける切断に由来する他の諸要素につけ加わるわけである。これらの諸要素のなかでも、孤独はたしかに最も重要なものである。

アシェーヌ・ズラウィ（1971）が研究したアルジェリア人は、平均して八年間、妻と引き離されていた。「家事」労働のために、同じ時期にパリ地域圏に到着したスペイン人移民は、その大多数が夫婦でやって来る。しかし、それは家族の分裂という代償を払ってのことである。三〇〇人へのアンケートで、子供と離れていないのは、わずか九二人だけだった（Inspection de la Seine, 1967）。

すでに戦間期にジョルジュ・モーコ（1937）が、一九二八年に低俗なジャーナリズムが取り上げていたポーランド人農業労働者の精神錯乱の責任は孤立した境遇にあるとしつつ、孤独が彼らにもたらす心理的悪影響に注意を促していた。セーヌ＝エ＝マルヌ県の村で最近行なわれたある研究によって、この指摘が裏付けられた。ポーランドの農業労働者の非定住性はフランス農民の根づきぶりと対照をなすが、このことはなぜ〔彼らのあいだで〕強固に形成された社会的結合がなかったかの説明にもなる。一方、フランス北部地方の炭鉱住宅では、ポーランド人の集団生活は非常に盛んであった（J.-F. Gossiaux, 1984）。

史資料や自伝の証言によって、難民というもうひとつのカテゴリーの移民がしばしば経験する孤独の悲劇が描き出される。彼らは亡命先で政治闘争を続けるために、一九世紀初頭からすでにグループを作る傾向があった。たとえば七月王政下のイタリア人には、半世紀前からの移民の異なる波に対応して四種の難民が見出される。すなわち、（死刑、あるいは禁固重労働を宣告されながら逃れることができた）コントゥマッチ、（一八三一年のロマニア地方の革命家のように判決で追放された）国外追放者、（逮捕を逃れて国を後にした）フュオリチティ、そして出発の許可を得た自発的な移民である。その大部分は首都〔パリ〕の貧しい地区、とりわけ四区に住む。フランス政府が支払う助成金（一八三一年のイタリア人亡命者一五〇〇人以上に対し、一日あたり一人一フランから一・五フラン）と、富裕な移民が主導する慈善団体（貧窮イタリア人難民のための救援委員会のような）の援助にもかかわらず、一般的に彼らは貧しい生活を送っており、食費を安く浮かせるために「共同給食」を組織したり、都市から出て地方で食料を調達したりする。これら難民の大多数は「ブルジョワジーのフランスの道徳的な雰囲気に」苦しんでいる（…）。多くの移民の手紙に目を通すと、彼らが皆スタンダールを読んだのかと思うかもしれない。というのも、彼らは一致してフランス人のうぬぼれた生活を、イタリア人のまったく純粋な情熱および気取りのないふるまいと比較するからである」（B. Crémieux, 1936）。しかしながら、パリに一緒にとどまることのできる人びとは、むしろ恵まれた人びとである。実際には、この時代からすでにフランス政府は多くの亡命者を有無を言わさずに、地方の小さな村に分散させていたのである。国立古文書館は、同郷の人や家族と一緒にいられるようにと行政に嘆願するポルトガル、スペイン、ポーランドなどからの難民の手紙を含む多くの文書を保存している（たとえば AN F7 12112, 12708 などを参照）。

二〇世紀の難民の状況はなおいっそう過酷で、孤独もまたおそらくはよりいっそう深い。映画は、生まれ故郷の喪失に結びついた苦しみを完璧なまでに表現してきた。自分のルーツを求める亡命者にとって音楽が演じる役割を描くアンドレイ・タルコフスキーの『ノスタルジア』や、ウーゴ・サンチャゴの『土星の歩道』を見てほしい。こうした作品を見ると、たとえば、なぜタンゴがアルゼンチン人にとって単なる大衆的なダンス以上のものであるのかが理解されよう。事実、タンゴは他のいかなる表現形態よりも巧みに、「亡命がもたらした最初の傷、しまい込まれた幻想、現在に立ち向かううえでの無力さを強烈にきわ立たせる」のである（Jorge Lavelli, *Le Monde*, 13–14 novembre 1983）。

私たちの資料からはまた、たいていの場合は仕事の上でのつきあいしか持たず、夜間授業を受ける暇をほとんどもたない大人にとって、新しい言語を習得するのがいかに困難であるかが示される。いかなる時代であれ、第一世代の移民が話すフランス語は、数年経っても二つの言語の解きほぐしがたい混同によって特徴づけられるものだが、それは移民が二つの世界で引き裂かれていること、そして実はどちらの世界にも今は属していないことの証拠である（A. Sayad, 1975）。ジャン＝シャルル・ヴェグリアントゥ（P. Milza, 1987）が示すのは、フランス語との「言語的親近性」がきわめて頻繁に強調されるイタリア人においてすら、œやγなどの母音を発音するときにはいつまでも戸惑ってしまうということである。私たちはロレーヌ地方での口頭による調査で、時に半世紀もフランスに住みながら、イタリア語の単語（実は彼らの地元の方言）とフランス語の単語をいつも混同してしまう多くの年金生活者に出会った（G. Noiriel, 1984）。国立人口統計学研究所の調査（1947, 1953）によれば、ロシア人やポーランド人においても同様の現象が観察される（A・ジラールとJ・ステッツェルは、ポーランド人の場合、移民から二〇年後の時点で一〇人に二人が正確にフランス語を話すと概算している）。したがって、これはきわめて一般的な過程であって、アズズ・ベガグ（1986）が最近の小説のなかで引き合いに出している。その小説では移民の主人公たちが「自動車＝じどうじゃ taumobile」、「警察＝げいさつ boulicia」、「マッチ棒＝まっぢ zalimite」といった言葉で話すのである。

ここには、移民の立場の弱さを示すいくつかの指標があるが、彼の言語自体が生涯にわたって彼が外国出身であることを浮き彫りにしてしまう。問題が最も切実なかたちで現れる初めの時期は、言語が分からないうえに受け入れ社会について何も知らないという他の事情も重なって、移民は格好の食い物にされてしまう。この現象はアメリカの大都市という「ジャングル」に関してしばしば描かれたが、フランスについても多くの例を引用することができる。二〇年代のマルセイユでは、アルメニア人難民は到着するとただちに、これらの憐れむべき人びとから一人あたり五フランから三〇フランの「埠頭使用料」を巻き上げる「手配師」、および手配師とグルになって働く沖仲仕の勧誘を受けた。それに対して、難民はなんと、領収書として路面電車の切符をたった一枚受け取るだけなのである！（A. Turabian, 1928）

私たちはここで、移民の故郷喪失に特徴的なもうひとつの側面に触れている。移住の結果生じた衝撃や、〔工場の〕組み立てラインの速度、そして迷路のような地下鉄駅といった特徴をもつひとつの世界の発見（R. Boudjedra, 1969）に加えて、新しい支配的な規範を理解する際の困難があるのである。

父の名のもとに

時間による風化にもかかわらず、口頭での調査をつうじて現れる、フランスで過ごした初めの数時間あるいは数日の記憶がこれほど強烈なままであるとすれば、それは初期の予期せぬ出来事が、旅や徴募センターでの検査と同じくらい忘れ難いものだったからである。移民が身分証明のための書類《パピエ》の根本的な重要性に気づくのはまさにこの瞬間においてであり、書類はそれ以降、自身の外国人としての全存在をしるしづけることになる。個人の社会的な出自にかかわらず、この点は、口頭での調査であれ文書による証言であれいたるところに見出されるほどであり、優に一章を割くに値する。「書類」の衝撃はまず、出身国ではあまり知られていない象徴のシステムに、法的なアイデンティティが依拠しているという点に由来する。

二章で確認したように、《カード》と《法典》は「相互依存の鎖」が国境を大きく超えて広がっている。差異にみちた社会に固有の必要性に対応している。身分証明書《カード》は他者との距離を定める物質的証拠のようなものである。実際に、近代社会に特徴的な匿名性と個人主義ゆえに、個人のアイデンティティはもはや、互いに顔を見知っている空間という枠組みでは定義されない。アルジェリア人は村では——当然ながらこのことは農村社会出身のあらゆる移民にあてはまるが——互いに顔見知りであり、名前で呼ばれる誰かである。自分が生まれた集団の利害関係者であるがゆえに、彼のアイデンティティが保証されるには他の村人の目があれば十分である。言葉による約束が家名の名誉に関わるのだから、「書類」は何ら必要ない。西洋社会に固有の法的アイデンティティの規範を突如として移民に課すとき、人はひとつの過程を即座に完了するよう移民に求めているに等しい。その過程とは、フランス人が数世紀をかけて内面化した過程であり、多くの困難を経て民籍簿《エタ・シヴィル》がようやく勝利した過程である。移民にとって、問題となるのは、しばしば名字そのものである。たとえばカンボジアの伝統的社会では、姓と名とを区別しない。人を指すのにはただひとつの要素、すなわちチモホ Jhmoh〔カンボジア語で「名前」の意。ただしカンボジア人の名前は父系継承であり、後述の説明はやや不正確〕しか存在せず、それは生みの親とは関係がなく、生まれた状況を想起させるものである。アイデンティティの問題は、「文化的により近い」と見なされる国出身の外国人にも見受けられる。たとえばポルトガルでは、相続される姓は、母の姓の次に並ぶ父の姓である。しかし、しばしば行政は単純化を優先して第一の名しか保存せず、その結果、実際には本当の姓である父の名が削られることになる。私たちはここで、複雑さの高まりに応じて合理化を必要とする官僚機構、すなわち個人のアイデンティティの筆記の単純化を必要とする官僚機構の帰結に立ち会っているのである（その理想は全員に番号を付与することである）。まず、母語がギリシャ－ラテンのアルファベットに依拠していない移民は、その姓をフランス文化の綴りの規範に適応させるために、姓の「翻訳」の犠牲者となる。行政の代表者と外国人とのやり取りが、しばしば外国人の名前を切り詰めることに帰着することはすでに見た。時にはこれに亡命の原因となった悲劇のさまざまな帰結がつけ加わる。アルメニア人のジェノサイドの孤児にとっては、逃げおおせるためにアイデンティティを偽らねばならなかった難民と同じように、フランスへの入国は新しい名前と新しいアイデンティティの選択を意味した。この大きな変化は、つねに「書類」の提出を求められる立場にあるだけに、移民にとってはなおさらいっそう大きな重要性を持つ。法は移民が警察の検査のたびに書類を提示しなければならないと定めている。景気の悪い時期に再び問題となるのは、〔滞在〕許可証の更新である。私たちがこの点に関して参照したあらゆる情報源では、役人の恣意に従属することが生む強い不安が力説されている。「不法入国者」の世界に、そして近いうちに「強制退去者」の世界に突如として投げ出されるのではないかという恐怖である。景気の悪い時期ではなくとも、「書類」の問題はつねに移民の生活のなかにあり、官僚制が官僚化するにつれてますますその度合いは甚だしくなる。移民が接するあらゆる組織が、移民に対して身分証明書類を提出するよう求める。形式的な書類の世界を突如として発見した移民は、ただちにフランス市民以上に書類に従属することになる。移民はその過程でさらに多くの身分証明書類を提出しなければならない。一般に、移民は経済的に困窮している階層に属しているために、社会保障や病院、家族手当、生活保護などに関する公的窓口に接する機会が他の人びとよりも多い。移民の名前の綴りや身分証明について、行政側のミスがよくあるので、手続きと順番待ちの列はさらに伸びていく。

したがって、口述および文書による多くの証言のなかで、この問題がしばしば強迫観念的な性質を帯びていることは驚くにあたらない。アーヴィング・ゴッフマン（1975）がはっきりと述べていたように、制定され法的に保障された個人のアイデンティティと、心理的なアイデンティティのあいだに緊密な関係があることを知るならば、このような迫害がひとを狂気に導いたとしても驚くにはあたらないのである。すなわち、そこで「病気」とされるものが、膨大な量の「書類」を提出するというかたちをとった承認の要求以外の何ものでもないような症例を、精神分析家たちは目にしているのである（J. Bennani, 1982；本段落の他の情報は A. Salah, 1973; G. Vano et D. Lesbet dans G. Abou-Saada, 1986; C. Petonnet, 1985; G. Margossian, 1975; J. Ponty, 1985; G. Noiriel, 1984 からの抜粋である）。

スティグマ

大文字の他者の眼差し、移民に対する規範を保持する者の眼差しにさらされて、自分が「外国人」であるとは具体的にどのようなことなのかを移民が目の当たりにするのも、到着のときである。モンソー・レ・ミーヌ〔ブルゴーニュ地方の炭鉱町〕で人びとのお気に入りの気晴らしは、ポーランド人を乗せた列車の到着を見物することであった。新参者と膨らんだ大きなキュロット、ひとむかし前の緑色を帯びた上着、ブーツを着用し、そして顔に革のひさしが垂れ下がったカスケットをかぶった半ば軍人のような服装をじろじろ眺め、冷やかすのである。そして、頭に色とりどりの格子柄のハンカチをかけ、多色の肩掛けで覆われたカラコ姿の女性をめぐって批評が盛んに交わされる。フランス北部地方の集合住宅地では、女たちは新参者の家具や服装に関する印象を交わし合う。男たちはお国なまりの大声で、感嘆を交えて豊かな臀部と大きな胸を値踏みする。しかし、このようなあまり知られていない「労働者の社会的結合《ソシアビリテ》」のかたちが最高潮に達するのは、ポーランド人が粉屋のような真っ白な服装で坑内へと降りるときである。それは

「スラブ」とは何の関係もない習慣である。これらの移民たちにとって故郷喪失は少なくとも二度目であり、彼らはこの習慣をヴェストファーレンで身につけたのだった。周知のように、ヴェストファーレンでは、規律と清潔さは歩みを共にしているのである。(J. Miroz, 1979; R. Drelon, 1982)。

教会に行くとき、ポーランド人は地域の作法にまたも戸惑う。彼らの国ではミサは立ったまま出席し、腰かけは老人や身体障害者のためのものである。ポーランド人はフランスのカトリック教会のそうした設備に狼狽し、常識外れの場所を占めてしまうのではないかという恐れから座ろうとせず、入口の戸の前に集団で立ちつくして、通行の邪魔になる。こうした態度や、しばしば身廊の真ん中でひざまずく彼らの慣習が、聖なる場を見せ物の場に変え、慈悲深い教区の信者たちの爆笑を引き起こす(L. Poszwa, 1930)。シナゴーグでも状況はほとんど変わらない。ジャン・チェルノフ(1938, t. 3, p. 14)は第一次世界大戦前のパリのロシア人社会に言及しつつ、気高い作法を守って落ち着き、立派な振る舞いをしている同化ユダヤ人と、神秘主義にとりつかれ、「体を猛然と揺らしながら立ち居振る舞う」新しい移民である「迫害されたユダヤ人」を区別している。

移民文学を少しでも実際に読みさえすれば、外国人の「スティグマ」がさまざまなかたちを帯びているにしても、それが何らかの国籍やエスニック集団の特性では決してなく、また「宗教的」「文化的」ないしは「身体的」特徴と結びついた「ユダヤ人問題」や「アラブ人問題」ではないことを示す、こうした類の叙述であふれている。これらの例が示すのは、「外国人」からフランス人をたしかに区別する「作法」、姿勢、そして振る舞いといった、あらためて教えられるわけではないことが非常に重要だということである。ここでまさしく身体化され見せびらかされているのは、一言で言えば国民の歴史の全体であり、そのことをつうじて「彼ら」と「私たち」のあいだの境界線が引かれるのである。

「他者」のまなざしがもたらす自己の価値の失墜に対しては、何種類もの個人的な反応が観察されうる。反抗はそのひとつである。それは「外国人犯罪」のひとつの要因であり、こうした犯罪は故郷喪失という状況によってすでに助長されていた。しかし〔犯罪に走る場合よりも〕多いのは、新たな規範に順応しようと外国人が努める例である。ここでもまた、文学は鮮やかな例に富む。三〇年代のベルヴィルでは、フランス人の恋人への愛によって、若いアルメニア移民は本当の「パリの若者」に変身しようと努める。彼は自分がいつでも「六日間レース〔年に一度開催されて人気を博した自転車競技〕」、ミュゼットワルツ、そしてアコーデオンが好きだったと信じ込む（C. Lépidis, 1973）。知識人には他の戦略が働く。『カナール・アンシェネ』紙の熱心な購読によって、「フランスの機知《エスプリ》」である言葉遊びを理解すること――そして、そうした言葉遊びを解する人たちを味方につけること――が、統合という数十年にわたって追い求めるべき目標となりうる（L. Valensi et N. Wachtel, 1987, p. 200 *sq.* のインタビューを参照）。

しかし、このような試みの多くは失敗に終わる。アルフレッド・シュッツ（1964）は、外国人と国民を隔てる手の施しようのない距離が持つ社会学的なメカニズムを明らかにした。親しみがあり、出自集団がモデルを供給した用語によってしか、外国人は新しい環境を「翻訳」できない。しかし、たいていの場合この翻訳は不十分であって、新しい「クラブ」の完全な一員になるために費やした努力は無駄になるばかりか、疑わしいものにすらなるのである。

中流あるいは上流階級出身の移民――彼らはしばしば難民であるのだが――においては、故郷喪失がもともとの職業上の社会階層からの脱落《デクラスマン》によってさらに悪化することがよくある。たとえばいくつかの情報源の概算によれば、ロシア人移民は出身国では三分の一が高等教育を、四分の三が中等教育を修めていた（たとえばI. Repiton, 1986を参照）。かなりの数――伝説で言われているよりは少ないものの――の者が、十月革命で国を追われた貴族階級出身である。ロシア移民についての小説の多くが、フランスでエリートの次元にとどまるために彼らが出会う困難を証言している。コーカサス山脈の富裕な商人であったアンリ・トロワイヤの父は、フランスの実業界に本当に根を下ろすには至らない。というのも彼には、信用がないからである。さかのぼること数世代にわたって積み上げてきた社会的労働のおかげで彼の名に蓄積した資本は、突如として価値を失う。新たな国の商法や言語を不十分にしか知らないことがさらなる障害となり、家族の度重なる破産（と息子の社会的な復讐の欲望――この点については後に立ち戻ろう）の原因となる。

　自国で有名だった人物が無名の人になることが表す象徴資本の消失は、亡命作家の場合にはさらに悲劇的であり、名もまた貨幣のように国民的な基礎のうえに構造化された空間に刻まれていることを示している。ロシアで有名だった作家や音楽家はフランスではもはや読者や聴衆を持たず、極貧のうちに生きる。それはとりわけ、一九三三年のノーベル文学賞受賞者ブーニンの場合にあてはまる。故郷喪失、そして元の社会階層からの脱落は、たいていの場合自閉を引き起こし、祖国への帰還という空しい希望だけが生き続ける力を支える。上級士官や知識人などのこれら難民の一部は、労働者階級の隊列を大きくする。ル・クルゾーでは、彼らをシュネデール工場の「非熟練労働者」のように用い、その「神経衰弱」の傾向に不満をもらすのである！　また他の者たちは、フランスの土を耕すためにタルヌ＝エ＝ガロンヌ県に送られる。しかし彼らは、農地をほったらかし、「無為に生きる者」として描かれる（H. Troyat, 1987; Banine, 1968; INED, 1947; G. Mauco, 1932; G. Mauco et A. Demangeon, 1939）。

　こうした例が示すのは、しばしば見られるある態度であり、それはスティグマに対する回避の戦略でもある。すなわち、習慣の放棄であり、移民第一世代についてきわめて頻繁に指摘される脱備給《デザンヴェスティスマン》である。

本章で引用した例に関し、ルイ・ポズワは、教会でからかわれることによって在仏ポーランド人の一部が急速に「脱キリスト教化」したと考えている。最も、他の多くの共同体にも宗教的実践の衰退は見出されうる(L. Poszwa, 1930; G. Cholvy, 1982)。同じような方向性の発想に立って、外国人が苦境に立たされかねない状況を避けようとする際にとる、あらゆる態度を引用しなければならない。今日、東南アジアの難民が古くからある居宅に出入りするのを嫌うのは、居住の仕方と様式が昔からコード化された「歴史の重みのある」場に、そうしたしきたりを知ることなしに直面するのを恐れるからである。そこから、「現代性」への際立った好み――それはアジア文化の特性に由来するものではない――と、パリ一三区の巨大な個性のない高層ビルへの退却という傾向が生じる。つまり、新しく、それゆえに歴史に汚されていない場所であり、したがって自分の歴史をやり直すのがよりたやすいような場所である(J.-P. Hassoun et Y.-P. Tan, 1986)。

スティグマ化された外国人に特徴的なまた別の態度としては、外見をめぐる、つまりこれ見よがしに明示されたアイデンティティをめぐる演技がある。人は自分の単なる身体的な外見、つまり自分がそうであるところのものが、恐れ、笑い、攻撃性を引き起こすことに気づいたとき、そして日常生活の流れのなかでありとあらゆる他者に直面しなければならないことに気づいたとき、特殊な種類の「相互行為の儀式」によって、潜在的な衝突を未然に防ぐことができる。たとえばヴァランスのあるアルメニア人は、彼がカフェに入り、皆が野生動物であるかのようにその顔をしげしげと見たとき、自分がこれ見よがしに十字を切ったことを覚えている。それが意味していたのは、私を怖がらないでください、私はあなたたちと同じ宗教を信じ、あなたの兄弟であるのだから、ということだった(A. Keuroghlian, 1977)。

外見をめぐる演技としては、人の警戒心を解く振る舞いに加えて、自分の容姿を変えることが挙げられる。ここでも文学は教訓に満ちている。たとえばエヴ・ドゥサール（1976）は、ナチを逃れたユダヤ系ドイツ人の母親が、いつもフランスの行政の嫌がらせの的になっていたと語る。パリ警察庁の窓口の門番の機嫌をとり、滞在許可証の延長を獲得するためには、母親には顔におしろいをつけて「よりフランス風」にする以外の方法がなかった。

フランス人により似せるために、名前を変えようとする場合もある。今日と比べて、行政が管理の手段を持っていなかった一九世紀にしばしば見られた作戦であり、それはとりわけ外国人嫌悪の時期に見受けられる。たとえば一八九四年のリヨンでは、イタリア人無政府主義者によるカルノー大統領の殺害後に、この国籍を持つ多くの移民が名前の最後のｉやｏを取り除いた（L. Dupin, 1900）。

ヴィシー政権下ではユダヤ人が、しばしばドイツ語の響きを持つ名字を耳触りのよいまったくフランス風の名に取り換えて、脅威を逃れようとした。たとえばロッテ・アイスナーはメリメから新しいアイデンティティとしてエスコフィエを借りたと語る。いかにもご当地風の感じを抱かせる単語であるが、『カルメン』では「エスコフェ」は「殺す」を意味する。生き延びるために、みずからの一部を放棄することを強いられた個人が表明することのできた最後の抵抗の好例である（J.-M. Palmier, dans G. Badia, 1982）。

仲間うち《アントル・ソワ》

このような破滅的な対決を逃れるための最も一般的な態度とは、同じ国籍や同じ民族出身者同士で集まることである。すなわち、安全と相対的な安寧の小島を作りうる唯一の手段である「仲間うち《アントル・ソワ》」を求めることである。移民の「ゲットー」の形成が最近の過程であって、第二次世界大戦より後のことだとする考えが根強くあるものの、それは一九世紀初頭以来のすべての統計によれば誤りである。すでに第二帝政期において、移民はルーベ、リール〔いずれもフランス北部地方の都市〕の人口の多い周辺地帯（ワザンム、サン・ソヴールなど）、あるいはマルセイユのような産業が活発で重要な地域に集中している。続いて、新しい移民の波が新たな「ゲットー」の形成となって現れる。すなわち、フランス北部地方およびロレーヌの炭坑、パリ地域圏、アルプスおよびピレネーの谷間〔に新たな「ゲットー」が現れるの〕である。いくつかの数字が外国人労働者の集中を表している。すなわち、一九三〇年にはロワール県の移民の八五％がサン＝テチエンヌ郡に住み、ムルト＝エ＝モーゼル県で調査した移民の四分の三がブリエ郡で働き、モーゼルの移民の三分の二がティオンヴィルとメッスにある三つの郡で暮らし、ドローム県のアルメニア人の九〇％がヴァランスに住む、等々である。国全体では、フランス人の人口数に近づくかあるいはそれを超える外国人人口を、三〇年代に一七〇〇の町が抱えている（G. Mauco, 1937）。

最も、これらの「ゲットー」の形成の原因を作っているのは、外国人労働者の雇用を請け負う人びとだということを、明確にしなければならない。労働力の組織的な移入はつねに大企業の必要を満たすことを主要な目的としてきた。一九世紀末から〔一九〕七〇年代にかけて、重工業はこの論理の「典型」であった。重工業が「工場都市」モデルに則って構築した労働者の空間の見本は、驚くべき規模で、労働および移民に割り当てられた区域、農業区域、そして商業や知的活動が営まれる中心都市のあいだのすさまじい隔離を引き起こした。ムルト＝エ＝モーゼルはこの点では特に際立った一例であるが、この種の空間は他の地域でも見出される。

産業の盛んな地域では、同じような隔離がさまざまな理由からしばしば繰り返されてきた。大規模な移民の到着は、一般にかつての住民を避難させる。鉱山地域となったフランス北部および東部地方の農村の人びとがこれに該当する。しかし、それは旧港のようにいかにも「マルセイユ的」な場所にも当てはまる〔マルセイユの旧港は歴史や観光の中心地〕。一九世紀末からのナポリの漁師の流入は、元来旧港付近に住んでいた人びとの他の界隈への移動を引き起こした。「地元の」人びとが土地を掌握しつづけるのに成功した地域では、外部から来た人びととは周辺部にとどまる。ノワイエル＝ス＝ランスのようなムーズ県の炭鉱都市では、労働者を兼業する農民と有力者は古い村に根を張ったままで、移民は集合住宅地に住む（A. Sporticllo, 1981; M.-C. Harbulot, 1977; C. Dubar *et alii*, 1982）。ある界隈や特定の地域ごとに「エスニック」な基盤にもとづいて集住させることは、労働力の同質性や安定性を強化するために、時として雇用主が明示的に採用するひとつの戦略である。徴募の性質（家族かあるいは個人か）もこれに間接的に影響を及ぼす。というのも、住居の種類（寮か集合住宅地）によってあらゆる接触が事実上妨げられるからである。ロレーヌ地方の製鉄業では、雇用の階層化とそれに対応して作られた空間の配置（「熟練度が高い」ほど高台で生活する）のために、大部分が未熟練労働者でもある外国人の集住が促される（G. Noiriel, 1982 を参照）。経済的な基準と「民族的」な基準が重なり合って「ゲットー」が形成される現象が、しばしば見受けられる。ボルドーのような大都市で移民の四分の三が一九三〇年に二つの地域に集まったのは、特に自発的な選択というわけではなく、それらの地域の住宅がより廉価で、都市の外国人労働者の仕事場に対して立地がよかったからだと知事が記している（AN F7 13518）。またドゥカズヴィルでも、仕事場の近さは決定的な要因であって、これによって、なぜ都市の西部がフランス人の居住地、商業地であるのに対し、東部および南部には多くの移民が住んでいるのかが説明される（J. Tomasi, 1975）。

理解されるように、政治指導者は同化主義の言説を唱え、「異民族の集団」が危険だとたえず言い募り、新たな移民は全土に「分散」させるべきだと再三にわたって唱えてきたわけだが、実際には、ちょうど正反対の結果が、高度の経済的国益なるものによってもたらされている。

こうした集住への傾向は、移民の多数派が持つ願いゆえのものでもある。家父長主義的な地方においてよりも、諸個人がずっと大きな移動の自由を持った都市において、そのことが見てとられる。数年間の季節労働の後に、定住を決心した人びとの最初の核となる集団から、家族や村を基礎とし、この集団みずからの手による徴募の手順が作られる。同じ「供給源」から人材を得ることで、時には何十年も維持されるような真の共同体が数年で確立されることがある。ロンウィの〔製鉄〕地域では、ユシニーという鉱山町が七五年のあいだ、〔イタリアの〕マルケ地方とロマーニャ地方の境目に位置する村（サンタ・アガタやペナビリといった）と共に生きてきた。また製鉄の町であるヴィルリュプトは、現在の人口の大部分をグッビオのようなウンブリア〔イタリアの州〕の村に負っている。ノジャン＝シュル＝マルヌ〔パリ郊外の町〕のイタリア人共同体に関しても同じ過程が叙述されている。同様にヴェニシュー〔ローヌ県の都市〕では、イタリア人はラティウム（フロジノーネの村）の出身、スペイン人はムルシア＝カルタヘナの出身、そしてカビリアの人びとはドラ＝エル＝ミザンの出身である。戦間期のグルノーブルについては、イタリア人人口のうち三〇〇〇人がプーリア地方のコラタという町の出身だという調査結果が判明している。第二次世界大戦後にも、同じような過程が見出される。たとえば、五〇年代にパリ地域圏へと徴募されたモロッコ人はアガディール近辺の出身者である。六〇年代になると〔パリ〕郊外の工業都市が、移民たちの数多くの組織網によってポルトガル北部の小さな村々と結ばれていった（S. Bonnet, 1972; L. Taravella, 1983; P. Videlier et B. Bouet, 1983; INED, 1954; M.-A. Hily et M. Poinard dans G. Abou-Saada, 1986)。

したがって、移民たち自身による徴募は、外国人「集住地《コロニー》」の確立にとって決定的である。共同体のルート（集団徴募、難民）ではフランスにやって来ることのできない移民に関しては、最初の移住先選び《アンプランタシオン》の

「偶然性」は到着後の移動によって修正される。こうした移動はまた、先に述べた非定住性をさらに高める。口コミや手紙のやり取りによって情報が伝わり、つねに村単位ではないにしても、しばしば地域的、「エスニック」的な基礎にもとづいた集住にいたる。東南アジアからの難民が再び集まって暮らすために払った努力は、こうした過程の持続力を示す良い例である。彼らは行政の処置によってフランスのいたる所に分散させられたが、数年後にはその大多数が再びパリに集まってきていたのである(J.-P. Hassoun et Y.-P. Tam, 1986)。

一世紀以上のあいだにフランスに確立されたさまざまな移民の「共同体」(「共同体」の語は最も広い意味で理解されたい)をめぐり、簡単な類型論を考えてみることができよう。集団的な組織化がゼロであるような段階は、外国人の移住が最近の場合、またその移住が外部の権力(経営側あるいは行政)によって人工的に課された場合、そして移住した外国人がきわめて混成的な場合に見出される。こうした集団的な組織化がゼロという段階は、産業化の初期の局面にしばしば当てはまる。たとえば、一九一四年以前のロレーヌ地方の製鉄業や、アルプス地方の「開発」地域(水力発電用ダムの建設……)がそれである。仮収容住宅や帰国者センターは、貧困以外に共通点がない人びとの人工的な集住の例を与えてくれる。各種の資料にしばしば登場する「外国人集住地」には、一般的に言って、もっと緊密な一体性がある。この一体性は、定住の古さや同質性の高さと結びついているが、こうした同質性は、特定の「エスニック」的あるいは民族的な集団がその集団のなかでは多少ともはっきりと支配的であることから来ている。都市の外国人共同体は、複数のタイプに区別できる。都心にある「集住地」は、三〇年代まで多く見られた。移民の流入はしばしば、〔都市〕全体の「生態系」の再組織化をもたらす。老朽化した古い界隈は打ち捨てられ、かつての住人は、最近の都市化によってできた、より空間に余裕のある地域に移り住む。一八八〇年代のルーベでは、四分の一の街区で、ベルギー人が少なくとも七五％に達し、ロング・エという通りはまったく外国の「飛び地」のようになった。アリュワン〔フランス北部地方の町〕では、以前は（方言交じりの）フランス語を話す地域だったところに、フラマン語を話す移民が非常に多く住むようになり、言語の境界が実際に移動したかのようになる。こうして言語によって、ゲットー化した地区の境界線が定められるようになり、フラマン語を話す労働者はほとんどそこから一歩も外に出なくなる（J. A. Reardon, 1977; M. Hastings, 1986）。マルセイユでは一九世紀の後半に、「旧港」を文字通り「手中に収めた」ナポリの漁師の流入によって、「生粋の」マルセイユ人の集団移動が起きた。また、非常に親密な共同体を中心とした生活がしだいに広まり、漁師たちの出身のイタリアの村が通りごと、あるいは界隈ごとに再現される（A. Sportiello, 1981）。

第三次産業の職業（手工業、商業）を基礎に集まった集団は、中心街にまた別の移民共同体を形成する。マレやベルヴィルのような界隈——新しい中欧からのユダヤ人移民の大部分が世紀初頭から六〇年代にかけて移り住んだ——は、パリでのこうした種類の共同体生活の最良の例である。ヴァランスでも同様に、三〇年代に九〇％のアルメニア人が手工業および商業が盛んな旧市街の中心に住みついた（N. Green, 1985; C. Roland, 1962; P. Garagnon, 1955）[59]。

六〇年代の都市の再開発とともに、中心街のこれらの共同体は郊外に締め出されるか、分解させられる。郊外の共同体が外国人の共同体の主なかたちになる。しかしながら、すでに戦間期以降には、郊外の外国人共同体が多く見られる点に留意しよう。ここでもまた都市空間の特性を決めるのは、職業活動である。ここでは大工業で雇用され、大工場の近くに「密集した」人びとが本質的に問題となる。ジャック・ヴァルドゥールは、周知の人種差別的な偏見を交えながら、戦間期にビヤンクールのルノーの工場界隈に集う雑多な人びとを描きだした。ジョルジュ・モーコはやや叙情的な筆致で、ブレーヌ・サン＝ドニ地区に定着した三〇〇〇人のスペイン人「集住地」、オーベルヴィリエのモロッコ人の共同体、ジュヌヴィリエのグレジヨン地区のアラブ「村」といった、以前にはまず歴史家の関心を引くことのなかった世界に言及する。ヴェニシュー〔リヨン南郊の都市〕は特に興味深いもうひとつの例である。というのもヴェニシューは、このような都市部における集住の変化を完璧に描き出しているからである。古い移民の波の統合とともに、「周縁的」だったものがしだいに中心的になる。郊外の町は拡大して戦間期の「スラム」を吸収し、近代化するが、新たな「周縁」に、六〇年代の新しい「仮住まい」、すなわち市街化優先地域（ZUP）、移民の団地が現れる。マンゲット地区〔リヨン郊外のマグレブ出身者が多く住む地区。移民第二世代の権利要求運動の発祥の地〕には大急ぎで九〇〇〇軒の住居が建設されたが、これらの高層団地は今日ニュースをにぎわせている（J. Valdour, 1929; G. Mauco, 1932; P. Videlier et B. Bouet, 1983）。

都市部の共同体だけが外国人の「仲間うち」の具体化の唯一のかたちなのではない。フランスの大きな独自性は、都市計画の劣化した形である労働者向け団地が重工業のうちに占める役割の大きさにあり、この種の団地――フランス北部地方のポーランド人の炭鉱住宅であれ、フランス東部のイタリア人の集合住宅地であれ、アルプス地方の町ユジーヌにあるファランステール〔二〇世紀に実業家ポール・ジローが建設した近代的労働者住宅〕であれ、プロヴァンス地方のガルダンヌのプシネ社の集合住宅であれ――こそが、近年にいたるまで、幾度かの波に分かれてやってきた移民人口が集住するにあたっての主要拠点のひとつになったのである（この点については J. Ponty, 1985; G. Noiriel, 1984; A.-M. Faidutti-Rudolph, 1964; J. Sabran, 1973 を参照）。

もうひとつ別の代表的な例は農民の入植地であるが、この主題については最近の研究が不足している。

すでに見たように、農業労働者はごくまれにしか組織化された真の集団にはなりえなかったが、フランス人農民が放棄した土地を再び耕すために、フランスの南西部へと徴募された分益小作人や定額小作人については事情が異なる。ジェール県やロート＝エ＝ガロンヌ県の村ではときおりスイス出身の入植者を見かけるが、彼らの多くはかなり裕福であり、仲間うちだけで生活し、出産に際しては妻たちを故郷に送り出して、あくまで同化を拒否しながら、できるだけ早く帰郷するために資金を貯めるべく勤勉に働く。イタリア人の共同体は、フランス当局が二〇年代初頭に実施した体系的な徴募政策の結果、最も数が多い。この共同体には集団生活の独特な形態が時折見られる。たとえば、ベルガモ地方出身の人びとのブランクフォール〔アキテーヌ地方の町〕の集住地は、一四家族から拡大した一種の共同体（一六〇人以上）だが、彼らは到着したときには三〇人しか住人がいない村に入ったのである（AN F7 13518; G. Marcel-Rémond, 1928）。

この節を締めくくるにあたって、私たちは参考までに、フランスに根を下ろした貴族や知識人の集団が形成する外国人「集住地」という別の形態に言及する。きわめて多くの小説が二〇年代の小説家と芸術家の国際色に富むパリを描き、一般にはアメリカ人がその中心にあった（E. Hemingway, 1973; Z. Fitzgerald, 1973）。一九世紀初頭には、海水浴が余暇のひとつとなり、フランスの海岸に多くの富裕な外国人が押し寄せた。ノルマンディー、ブルターニュ、ボルドーではイギリス人が社交生活を謳歌し、テニス、ゴルフ、ブリッジがスノッブな娯楽として導入された。コートダジュールでは出身国はより多様であるが、生活様式は似通っていた（H. Corbes, 1962; G. Dupeux, 1974; E. Le Roy, 1955）。

時代が移りそのかたちが変わろうとも、もし外国人が寄り集まることが必要と感じられるとすれば、それはすでに述べたように、外国人にとってなじみの薄い世界で日々受ける攻撃を免れるためである。ルイス・ワースによれば「ゲットー」の役割は、移住の衝撃を和らげるために、出身国と受け入れ国が形成するふたつの世界のあいだの移行を確固たるものにすることである（L. Wirth, 1980）。「外部と連絡を絶った」生活は移民の「第三期」にあたることが多いが、その生活の具体的な姿は、共同体の内部から生じた、集団の生活を可能にするための活動によって明らかになる。すなわち、商業や手工業、そして非合法すれすれの多様な取引である。こうした取引は、越境の手引人や故郷における連絡員のネットワークを使って労働力の徴募を行なう非合法な仲介業者から、アメリカのマフィアのような型の「保護」や「相互扶助」を行なう組織にまでいたる。既存の事例研究に従うならば、どの共同体でも、〔その共同体に〕最初期からいる人びとが、自分たちの滞在の古さから利益を引き出すべく、こうしたさまざまな種類の仲介活動を引き受けるのである。〔こうした活動のなかで〕最初に思い浮かべるべきはカフェである。特に単身の男性が多い外国人たちにとってカフェは社会的結合《ソシアビリテ》の中心的な場であり、働き口をめぐる情報が交換され、故郷のニュースが（双方向に）拡散し、集まりが催される場である。商売もまたひとつの足がかりになりうるが、そのためにはどんな要望（掛け売りや日曜および深夜の営業等）にも応じられる柔軟さと、「故郷」の品物を豊富に取り揃えていることが条件となる。共同体にそれなりの規模がある場合には、仕立屋、床屋、靴直しも、外国人がすぐに独占する職業である（この問題については、先に引用した主要な事例研究の他にD. Ducellier, 1982; G. Walter, 1935; Le Huu Khoa, 1986を参照）。

エスニック・ビジネスはその経済的な機能に加えて、集団の成員のあいだにあらゆる種類の関係を編み上げるが、〔こうして編み上げられた関係は〕共同体の生活を強化するうえで無視できない役割を果たす。ここにあるのは集団的な「自己提示」のひとつの形態であり、それはショーウインドーのガラスや陳列されている商品、奥の部屋といった、前述の活動が展開されるさまざまな空間の配置のされ方のなかに、具体的なかたちをとって現れる。とくにビストロや商店について、看板や店構え、内部のしつらえを研究したうえで、ひとつの「心性《マンタリテ》」の歴史が書かれるべきだろう。そこに見出されるのは、同化をめぐるさまざまな戦略と、時の流れに応じたそうした戦略の変容である。たとえば、「シェ・ロジェ」や「オ・プティ・パリ」といった店名をもち、象徴的なしつらえ（店の正面の外観や、テーブルおよびカウンターの配置……）が、そうした場のフランス的規範に従っているイタリア人やアルジェリア人の経営するカフェを見てほしい。逆に、故郷の雰囲気を求める客層を集めようとするときには、こうした場所は「仲間うち」のたまり場という様相を呈する（イタリア料理店やアラブカフェ等）。しかしながら、店の外観に外国風の特徴を増やすのは、出自への忠誠の証拠というよりは、他者のまなざしへの譲歩であることが多い（今日の「エスニック」ビジネスの分析に関しては A. Raulin, 1987）。

故郷に残っている人びととのあいだにつながりが保たれていると、帰国の願望は強くなる。移民が行なわれた時代と状況に応じて、つながりはさまざまな仕方で現れる。交通手段の進歩、「有給休暇」の登場によって、個人的にであれ集団的にであれ、先祖代々から住んでいた故郷に帰る機会は増える。たとえば五〇年代のジェール県の「イタリア」村では、家族たちはバスで毎週ヴェネツィアへ帰った（INED, 1954）。出身地との関係を保つ手法――それはまた、移民をしているのは一時的で当分の間だけのことだと他人に言い、自分にも言い聞かせることでもあるのだが――はもう二つある。それは、貯蓄を送金し、手紙をやりとりすることである。

給与の一部を祖国に残る家族に送ることは、移民史の一般的傾向である。貯めた金額がごくわずかであるときですら、郵便為替はひとつの象徴的な行為として守られる（A. Sömme dans L. Gani, 1972; INED, 1954）。トマスとズナニエスキがシカゴのポーランド移民の交わした書簡の研究に多大な関心を払ったのは正しかった。収集した数千の資料から、彼らは景気の状況や移民の出身階層、またその移民経験の古さに応じた、手紙の類型学と呼ぶべきものを構築するにいたった。書簡のやりとりは、移民に課される社会的な義務のひとつである。それは連帯が家族の成員のあいだで国境を越えて持続することを示しており、そして亡命した共同体のただなかで集団の存在を強固にする。それゆえ、これらの手紙のエクリチュールは慣例的な性質を帯びるようになり、伝統で凝り固まった形式を示すことがある（W. I. Tomas et F. Znaneicki, 1958）。

管見のかぎり、フランスにはこれと同様の研究は存在しない。ナポレオン一世の時代のスペイン人流刑者に関するジャン＝ルネ・アイムの博士論文は、スペインに残した家族に送られた書簡を研究した。文章を書くことをつうじてどの程度同化に抵抗しうるかは、捕虜の社会的出自によってさまざまであることが分かる。伝統に裏打ちされ、古い言い回しを身につけた上級士官は、フランス語の汚染に耐える堅固な言語を持つ。フランス語に相当する表現のない単語が、彼らの同化不可能な性質を示すために強調される。それはまた、検閲にもかかわらず密かに合図を送る方法であり、教養のある人びとを結びつける暗黙の了解を思い起こさせる方法であって、母語の変質を拒否して祖国愛を表明する方法なのである。対照的に兵卒においては、用いるスペイン語が不十分でためらいがちであればあるほど、フランス語による浸食はますます明らかとなる（J.-R. Aymes, 1983）。

移民の共同体のなかでは、出身地の価値観を生き生きとした状態にとどめるために努力が費やされるが、これらの努力を反映するすべての文化的な諸形態をここで検討することはできない。上で引いた理由によれば、こうした現象が顕著なのはとりわけ「私的」領域、すなわち集団の外部の人びとのまなざしが届かない領域においてである。

料理をめぐる習慣が、最も持続的に保たれる出身地の文化的要素であることは知られている。同様に、住居のしつらえは出自の伝統を想起させる役目を果たす。たとえば、五〇年代の南部イタリア出身者の家に置かれた大きな宗教画や、ポーランド人の家の壁に掛けられた色彩の鮮やかな版画や刺繡のついた飾り帯、それに、持ち込むことができた場合には、生まれ育った家を思い出させる家具といったものである(S. Bonnet, 1962; G. Mauco, 1932)。これらの外国人共同体が定着する際には、きちんとした基盤や住宅などが欠けている状況があるが、このことには移民が、彼らの故郷を外国で再構築すべく努力するにあたって、率先して行動する余地が広く残されるという積極的な側面がなくはない。自前での建設作業の実践はいつの時代でも、共同体の定着に非常に重要な役割を果たした。ジャック・バルー(1987)が最近明らかにしたところによれば、アルジェリア移民がマルセイユの一六区で行なっていた住宅の建設作業は、五〇年代にはカビリアの山岳地帯の村で行なわれていた伝統的なやり方と似たものだったという。それは拡大家族として協力せざるをえないひとつの集団的な作業であり、トウィザ〔公益に資する工事について、共同体全体で費用や労力を分担する北アフリカを中心に見られる習慣〕つまり村の住人は互いに助け合う義務を負うというしきたりに従ったものである。

「贈与」と「対抗贈与」の論理、手助けを享受した者に手助けするよう強いることで、集団を一致団結させる論理――それが仮に時と場所の範囲に応じてさまざまなかたちをとりうるとしても――は、移民の共同体のなかできわめて頻繁に見受けられる。たとえば、東南アジアからの難民のあいだで現在かなり広まっている実践で、相互に義務を担う条件で集団から個人に貸し付けをする「トンチン〔日本における無尽講のような相互扶助金融〕」は、このような背景のもとで理解されなければならない。

共同体の生活には束縛もまた存在し、その一例は集団の成員に対する統制であるが、共同体は共同体がバラバラになるのを避けるために、こうした統制を行なう権利があるように感じているものである。この点についてはおそらく、異なる共同体に属する者同士の結婚が最良の例となる。七〇年代初頭にフランスで結婚したアルジェリア人女性の七〇%は、同じ共同体の男性と結婚した。三〇年代のアルメニア人社会では、女性の結婚を統制しようとする同じ意志がすでに観察されていた。配偶者の選択は親や友人が「とりまとめる」のであり、連日の深夜までの会合を通じて、年長者の同意を得なければならない(A. Sayad, 1975; A. Keuroghlian, 1977)。全国的な水準について言うならば、一九三〇年の国籍を異にする者同士の結婚(フランス人/外国人)は、フランスで式をあげた外国人の結婚全体のせいぜい半分にすぎない(P. Depoid, 1942)。

これらの共同体のインフォーマルな実践によって、一般にアソシアシオン〔非営利団体〕の活動が非常に多様化する。まとまった研究がないので(とはいえ、最近の研究M. Catani, 1987を参照)、私たちの情報源(公文書や当時の証言)が提供する記述以上のことを述べるのは、非常に難しい。フランスのアソシアシオン運動に関して一般にそうであるように、一九世紀の社会とより最近の社会を区別することがまず重要である。実際「福祉国家」をめぐる立法より前のアソシアシオンがもつ主な機能は、病気や事故などに陥った成員の必要に応えることである。前の章で見たように、こうした組織のなかでのフランス人と外国人の隔離はそれほど顕著なものではなかった。職業的な基礎のうえに結成された多くの相互扶助団体が、さまざまな国の人びとを区別なくひとつにまとめるのは、そのためである。それでも、どの国籍をもっているかということを基礎として結成された団体も存在し、これらの団体は出身国に存在する慈善組織(たいていの場合、宗教団体を設立母体とする)の援助を受けることができる。しかし大半の団体は、出身の村はどこかというような、地域的ともいうべき基礎に立っている。友愛同盟《ユニオン・アミカル》といった名前がついているこうした団体のことを、フィリップ・ヴィドゥリエ(1985)は「出身地に基づく中間団体」と呼んでいるが、こうした団体には同じ土地出身の人びとが集まり、特定の職業の人びとが団体の指導的な立場に就くのである（ヴェニシューの場合には、ブリキ工・金物製造販売業者の相互援助団体である）。一九世紀末のラ・セーヌ＝シュル＝メールでは、造船所のイタリア人リベット工たちもまた、自分たちの援助団体をもっている（P. Martinencq, 1982）。パリの伝統的な職業でも同様である（M. Schirmacher, 1908 が言及するイタリア同盟を参照）。

第一次世界大戦から移民のアソシアシオン運動はその方向を変え、今日知られている姿になる。自律的な小団体は全国的な規模の集団にますます統合される。在外国民の愛国心を維持するためにアソシアシオン運動を用い、あるいはそれを一から作りさえする出身国と、これらの組織をますます厳格に監視する受け入れ国とのあいだで、問題はともすると第一級の政治的な争点となる。

この時期以降、アソシアシオン運動の特徴はどこの国籍についても似通ってくる。すなわち、スポーツ団体、文化協会、職業組合、相互扶助組織である。これらの組織のおかげで、集団は催し物、デモ、スポーツ競技、故郷の言語での新聞や雑誌の配布をつうじ、みずからの存在を公に示すことができる。[60] アソシアシオン運動はまた相当程度に階層秩序化される。たいていの場合、地方の組織は重要な財政援助をもたらす全国レベルの指導部に依存することになる。戦間期のポーランド人は、フランスの移民組合で最も構造化された例を提供している。地域に数多く存在するアソシアシオン（ブリュエ＝アン＝アルトワ〔パ＝ド＝カレ県にかつて存在した自治体〕だけでそれぞれ独自に団旗を備えた四二のアソシアシオンがあった）は、地域ごとに地域委員会としてまとめられ、全国の地域委員会を中央委員会が束ねているが、一九三〇年の時点で中央委員会は一〇万人の加盟者と五〇〇のアソシアシオンを擁していた（G. Mauco, 1932; J. Ponty, 1985）。最近では、一九七五年に百ほどの組織を数えるポルトガル人の組合運動が、ポーランド人の運動とよく似ている（とりわけ M.-A. Hily et M. Poinard dans G. Abou-Saada, 1986 を参照）。

本質的な問題はもちろん、それぞれの時代にあって、なぜある国籍集団ではアソシアシオンが力強く発展する一方、それ以外の国籍集団ではあまり発展しないのかということにある（戦間期にはポーランド人に対してイタリア人〔のアソシアシオン〕、現代ならばポルトガル人に対してアルジェリア人）。第一に引き合いに出すことができるのは、出身国の提供する援助の規模と性質である。今日のポルトガルのアソシアシオン運動の活力は、ポルトガル政府が提供する制度的な支援に関係している。国外に出た移民は外貨をもたらすうえに選挙権もあるので称賛されるのである。たとえば、移民を記念する祝日が設けられ、国外向けの公式の「ポルトガル性」が作られる。戦間期のポーランド人のアソシアシオン運動は、ポーランド人の小学校教諭や司祭の参加を受け入れたが、これは共和主義的な原則に関してフランス政府が例外扱いを認めたからできたことで、これらの司祭たちは、しばしば領事館との連携のもと、共同体の真の代弁者となった。反対にイタリア人の場合には、出身国の支えは、多くの移民にとって彼らの出発の原因となった政治的な闘争を強めるだけであった。そのため、領事が熱心に活動を展開した――スポーツ団体であるドポラヴォーロや文化協会ダンテ・アリギエーリ、イタリア在郷軍人会の支部など――にもかかわらず、ポーランド人の運動に匹敵するようなアソシアシオンをめぐる熱心な取り組みをイタリア当局は生み出すことができない（フランスにおけるイタリアのファシスト・アソシアシオンに関しては P. Milza, 1983; L. Couder, 1987; G. Noiriel, 1982 を参照）。このことはまた、みずからの出身国からのまとまった援助を得ることができない人びと（フランスにそれほど人数がいない、あるいは〔援助を求めるべき〕国がない、ないしはなくなったという理由で）は、アソシアシオン運動の構築にあたって不利になるということでもある。しかしながらこれは、かつて〔同じ国から〕フランスに移ってきたグループがあれば、埋め合わせることができる。このことはとりわけユダヤ人の場合に当てはまる。一九世紀初頭にフランス社会に統合された世代（特にロートシルト〔ロスチャイルド〕家）は、中欧や南欧から、それ以降の数十年間、とりわけ危機の時代にやってきた移民に、渋々ながらではあったが支援を行なった（P. Hyman, 1985）。それより規模は小さいが、ポーランド人のもとでも同じ現象が見られる。一八三〇年にフランスに居を定めたチャルトルイスキ大公のような亡命者〔一八三〇年にはロシアによる支配からの独立を目指してポーランドで蜂起が起こるが敗北、数千人がフランスに亡命〕がいたが、その孫息子とフランス人女性が結婚するにいたっており、第一次世界大戦以前に始まった初期の移民の導入と定着を援助した（J. Ponty, 1985）。

どのような事情で移民がなされたかは、アソシアシオン運動を活発にしたり、逆に抑制したりする要因となる。徴募されるのがとりわけ独身男性であるとき（多くは中国、トルコ、パキスタンなど人数の少ない国籍にあてはまる）、彼らの特徴である非定住性があらゆる持続的な運動の妨げになる。反対に、家族をともなった労働者の大規模な雇用（二〇年代のポーランド人にあてはまる）は、有利な要因である。他の要素としては、移民がフランスに来る前に故郷で経験したことがある場合に、アソシアシオンの活動経験が挙げられる。ウクライナ人に関する数少ない研究のひとつ（英語の）によれば、多くの農民はフランスに移住する前は、共同体の運動、特に「ピア・グループ」と農業協同組合に深くのめり込んでいた（一九一四年にウクライナ全体で六五〇〇の農業協同組合があったという）。在フランスのウクライナ人は、数年間で全国規模の四つのアソシアシオンを作り上げ、そのなかでも最大の団体は、五〇年代には三二の地域に支部を置き二〇〇〇人の加盟者を数えたとされる（R. T. et G. Anderson, 1962）。

同様に今日、ポルトガル人のアソシアシオン運動が力強いのは、歴史や守護聖人、そして祭りを中心にして出身の村が一致団結しており、村の共同体が行なう実践活動が盛んだからである。そこにまとめ役の才能を持つ者が生まれ、折よく移民となるわけである。こうした方向性で発想するならば、移民の社会的な出自を考慮に入れる必要がある。ロシア人たちは、数年間で非常に多岐にわたるアソシアシオン運動を整えるに至った。たとえば、亡命以前に従事していた職業にもとづくアソシアシオン（とりわけ自由業や知識人）および亡命以後に従事するようになった職業にもとづくアソシアシオン（タクシー運転手一般組合は一九三〇年の時点で加入者九〇〇名を数えた）。また軍人のアソシアシオンも多数にのぼるが、その大半はひとつの全国組織にまとめられ、この全国組織は一九三四年に加入者を一万名と称していた。ボーイスカウトや民衆大学、さまざまな慈善団体や難民の受け入れ組織もあった。もともと恵まれた階層に属していたことが、こうした活動を推進しえた根本的な要因であったことは、まったく疑いを容れない。これらすべての組織の資金調達は、裕福な貴族層の存在によって可能となっていたのである（サント＝ジュヌヴィエーヴ＝デ＝ボワにメスチェルスキー公爵夫人が設立した養老院を参照〔公爵夫人は元駐日ロシア大使シュトルーベの娘で、一九一七年の革命後フランスに亡命、花嫁学校を設立し、その生徒であったイギリス人女性に贈られたパリ郊外の土地建物を帝政派のロシア人のための養老院とした〕）（I. Repiton, 1986）。

アソシアシオンの動員の多様性を理解するために忘れてはならない他の要素は、〔人びとが〕共に記念するものの強度である。もはや国を持たないということがどういうことであるかを知った人びと（ポーランド人）や、真のジェノサイドの犠牲者だった人びと（アルメニア人）にとっての宗教的感情の力強さ、そしてナショナリズムの力は、アソシアシオンへの熱心な取り組みを生む強力な要素である。対照的に、第二次世界大戦前のイタリア人移民は、国家統一の遅れから、むしろ地域的な帰属感情を抱いている。政治的なトラウマを経験していたためにコンセンサスを作り出すことができず、移民社会は（ファシスト対反ファシストという形で）分断された。

この最後の点から、私たちはフランスの移民のアソシアシオン運動の場合において、最も重要な問題へと導かれる。一見したところとは反対に、共同体の組織化がいつも集団の生活を強化するとは限らない。アルメニア人の場合のように合意の基礎が非常に幅広いときですら、アソシアシオンの組織化は内部の深刻な対立によってしるしづけられている。アルメニア人、ロシア人、あるいはイタリア人においては、アソシアシオンはほとんどいつも、政治的な方向性に応じて分裂する。この現象は、五〇年代のアルジェリア人のもとでは依然として目立っていたが、それ以降緩和された。とはいえ、この現象の重要性を過小評価するべきではない。それは国名ごとに統一された「共同体」が、時に紙の上の現実でしかないということの証明である。逆説的にもそれはまた、出身国への強い忠誠心のしるしでもある。というのもそれは、亡命から生じるさまざまな不幸な出来事にもかかわらず、かつての論争をやり直す以上に差し迫ったことを他に見出していない、ということだからである。アソシアシオン内部での対立はしばしば、個人のあいだのきわめて深い反目を映し出しているにすぎないのだが、遠くから見れば、これらの人びとは皆同国人なのである。ヴァランスではコンスタンティノープル出身のアルメニア人は、アナトリアの農民をまったく軽蔑している。フランス北部地方のポーランド人集合住宅地では、シュタイアーマルク州やケルンテン州〔ともに現オーストリア領〕出身のポーランド人である「ヴェストファーレン人」〔ドイツ領出身のポーランド人炭坑夫はルール炭田で働いたのち多く北フランスの炭鉱で働いたためこの名がある〕と「ロシア領」ポーランド人とのあいだで、しばしば関係が緊迫する。似たような敵対関係によって、ロレーヌ地方では北部のイタリア人と南部のイタリア人が対立する（AN F7 13426 の挿絵：A. Keuroghlian, 1977; R. Drelon, 1982; G. Noiriel, 1984を参照）。「移民共同体」内部の分裂は、時おり社会的な出自によって説明される。七月王政下のパリで、マルクスの周囲にいたドイツ人政治亡命者は、同じ地域出身の数千人の手工業労働者たちとつねにいい関係にあったわけではない。半世紀後、皇帝に敵対したレーニンのような革命家たちは、首都のロシア人プロレタリアートとはほとんど関係をもたなかった（J. Grandjonc, 1974; N. Green, 1985）。

これまでのページで描かれた「仲間うち」の強化のあらゆる形態は、集団生活における至上の名誉ともいうべき〔先祖を〕記念する実践活動に帰着する。そうした実践活動はフランスのあらゆる地域に、考えられているよりはるかに多くの痕跡を残している。たとえば、公的な古文書や家族が保管する手紙、著作、写真から始まり、標示板、石碑、記念碑にまでいたり、さらには墓地、美術館、祭礼の場、そしてフランス版「エリス島」の残骸のなかに依然として読み取ることのできる落書きすらもある。(61) 目録を作成して記載すること、またこれら「記憶の場」を忘却から救うことは、たしかに移民史の緊急の課題である。第一次世界大戦後の移民の大きな波を経験した最後の生き残りを、死が少しずつ連れ去ってゆくだけに、なおさらである。

結論として、移民による記念のための実践は、ふたつの世界に引き裂かれているという、外国人に特有の状況を描き出すものであるとだけ、ここでは指摘しておこう。「自分たちの場所」にいる人びとの「集合的記憶」とは異なり、移民にとって記念行事は「ここ」への定着を促したり、「集団」が「つねにすでにあること」を強固にしたりする手段ではない。記念行事はとりわけ「昔」の「他の場所」への帰還に向けた集団的な希望を維持するものなのである。それゆえ、〔故郷を〕再現しようという努力にもかかわらず、この流浪の地での〔記念の〕祭りにはどこか不自然なところがあるが、その不自然さは、本来の環境ではないところでこうした祭りごとが行なわれるだけに余計に際立つ。

こうして〔滞在は〕束の間のことという感覚は、外国人の日常生活の最も親密な側面にまでつきまとう。私たちが現在ロレーヌ地方で行なっている、フランス人であることに伴うさまざまな「作法」に関する調査によれば、祭礼にともなう実践活動が崩れているのがはっきりと分かる。モロッコにいるカビリア人のもとでは、祭りの大切な晴れの日に先立つ一週間、女たちは家の壁を真っ白になるまで磨き上げ、衣服を洗ってつやを出し、これを刺繍で飾る。彼女たちは前日に入浴し、若い娘ならば手に、それ以外の女性ならば足と手に、徹夜でヘンナ染料を塗って過ごす。そして晴れの日が来ると、彼女たちは新調した服で家族のもとをまわるのである。ロレーヌ地方でも同じように祭りは行なわれるが、「故郷にとどまっている家族のことを考えてしまうために、祭りはいつも寂しい」。さらに、故郷では誰もが伝統的な菓子作りに参加するのに、産業社会に特徴的な労働時間の個人化によって、この儀式のやり方が変質してしまう。母親がたったひとりで菓子を作るのである。[62]

同様に、移民が自分の生まれた場所に適合した生活の場を復元しようと試みるとき、乗り越え不可能な障害にぶつかる。マルセイユのカビリア人の住宅は本当のカビリア人のそれではない。全体の配置、とりわけ中庭、女性の私的な空間はたしかに再現される。しかし、生活環境が変化し、さらにはこれに貧しさを原因とする経済的な逼迫が結びつくことによって、建築資材はそこかしこで集められ、てんでんばらばらに作り出されるようになる。移民の大変な熱意にもかかわらず、カビリア文化において女性と男性との補完的な対を表すところの、建築上の主柱と主桁の対は復元できない（J. Barou, 1987; P. Bourdieu, 1980）。復元された家は、魂の抜けた家なのである。

注

（1） スクリーニングは警察による選別であり、「本物の」難民と「偽の」難民を区別する。DPはdisplaced personを意味する。

(2) C. Lépidis（1973).

(3) *Le Monde*, 6 août 1987.

(4) J. Ray（1937).

(5) J. Miroz（1975）に発表されたポーランド人労働者の手紙。

(6) アルジェリア移民の証言。A. Sayad（1975).

(7) K. Margossian（1975).

(8) A. de Krosnowski（1837–1838）からの抜粋。

(9) F. Lentacker（1973).

(10) ポルトガル難民の手紙（AN F7 12112); 1833。

(11) G. Badia（1982）からの引用。

(12) J. Valdour（1929）に引用されたパリのサン＝サバン通りの映画館の広告。

(13) スペイン共和国政府の大臣で、フランスに亡命していたF・モンセニーの証言。R. Grando *et alii*（1981）所収。

(14) 一八九六年のフランスの国勢調査で責任者だったチェコ人集団の手紙（AN F2 I 1694）。

(15) B. Brecht（1966).

(16) A. Jacque（1985）に引用されたマリの詩。

(17) R. Drelon（1982).

(18) イタリア人労働者の手帳の抜粋（G. Noiriel, 1982)。

(19) P.-J. Simon（1981）が引用するノワイヤンのキャンプのインドシア難民による証言。

(20) C. Lépidis（1973).

(21) P. Defer（1932).

(22) 一九一二年にフランスを横断したスペイン人捕虜の隊列に関する描写。J. R. Aymes（1983）からの引用。

(23) ブジアンヌ・ザイードの証言。*Les Temps modernes*（1984）に掲載。

(24) G. Badia（1982）を参照。

(25) *Le Temps*, 8 décembre 1926.
(26) アルジェリア移民。A. Sayad (1975) による引用。
(27) S. *Zweig* (1982).
(28) R. Le Conte (1908).
(29) レローのスペイン人移民。C. Azas (1981).
(30) R. Linhart (1977).
(31) 息子エドガール・モランが語った〔父〕ヴィダル・ナウム。コロック *le Migrant* (1986) にて。
(32) 父について語るフランドル出身の農業労働者。J. Anglade (1976).
(33) マルセイユのオッドのキャンプにあったアルメニア人の住居。L. Naudeau (1931).
(34) M. Charef (1983).
(35) サン＝トゥアンのごみ収集所の市による通知。G. Mauco (1932).
(36) G. Medzadourian (1975).
(37) J. Bertillon (1911).
(38) C. Petonnet (1985) の質問に答えるポルトガル移民。
(39) モロッコ移民の「余暇の気晴らし」の描写。J. Ray (1937).
(40) ワルシャワで出版されたポーランド移民の話。J. Ponty (1985).
(41) G. Sokolnicki (1910).
(42) C. Olievenstein (1977).
(43) 海賊に襲われたボート・ピープルの話。A. Jacque (1985).
(44) 大戦間期のポーランド人労働者の徴募。G. Le Febvre (1929).
(45) L. Muracciole (1950).
(46) パリ在住の翻訳家R・中村〔夏目漱石や大江健三郎などの仏訳者である中村亮二〕が描く、滞在許可証の更新に際して遭遇する困難。*le Monde*, 5 février 1987.
(47) パコ・イバニェス〔フランコに抵抗したカタルーニャの反骨のシンガーソングライター、一九三四年〜〕。R. Grando

et alii (1981) による。

(48) A. Sayad (1975) からの引用。

(49) G. Medzadourian (1975).

(50) M. Schirmacher (1908).

(51) H. Troyat (1987).

(52) *Les Dernières Nouvelles*, n°41, 1920. C. Gousseff et N. Saddier (1983) による引用。

(53) C. Lépidis (1973).

(54) 少なくとも第二次世界大戦までは、移民に関する統計には相当の漏れがあり、精密な量的分析はおよそ非現実的である。したがってこれらの数値データは、ただおおよその規模を示すものとして受け取られるべきである。

(55) またこれらの部門では、業務上の事故の割合が最も大きい。鉄鉱山では大戦間期に外国人が坑内労働者のほぼ全体を占めていたが、幾年かは命に関わる事故の割合が五%に達している。これはほぼ「世界記録」である。この特徴は六〇年代まで続く。B. Granotier (1979, p. 106) は「移民は平均してフランス人の二倍の頻度でこれら事故の犠牲者となる」と言及している。

(56) これらのデータの分析を手伝ってくれたマリー＝アンジュ・シルツに感謝したい。

(57) イギリス人の特殊な位置は、たとえば、保養地で生活する多数の「有閑階級の人びと」によって説明される。

(58) 第二次世界大戦直後の徴募の「合理化」は、熱心な技術者たちをベンサム〔の名〕にふさわしい新たな募集センターの建設計画の提案へと駆り立てた。INED (1947) を参照。

(59) 大戦間期には、グルノーブルとユジーヌの古い中心街もまた、イタリア人によって包囲される (R. Blanchard, 1936; J. Miège, 1934)。これに比較しうる現象が今日ではパリの一三区で「中国系」移民によって起きている (M. Guillon, et I. Taboada-Leonetti, 1986)。

(60) この問題をまさしく史資料のおかげで研究することが可能である。アルメニア人についてはたとえば AN F7 13436、中国人については AN 47 AS、ロシア人については AN 49 AS を参照。

(61) とりわけトゥールのかつての徴募センターにおいて。

(62) 他の要素もこれを確証する。出産を祝うためにはピラミッド形の伝統的な砂糖を贈るが、ロレーヌ地方では角砂糖を用いざるをえない。しかしながら、出自文化の諸要素は受け入れ社会のなかで集団を強固にする役割を果たすことを強調しておこう。ペイ＝オーのモロッコ人女性にとってこれらの儀式は、第二次世界大戦前にサン＝テロワのイタリア人が鉱山の奥底でカッペレッティ〔詰め物状のパスタ〕を味わうのと同じ役割を果たす。〔これらの要素は現在進行中の研究の抜粋である。この研究は、ロンウィ盆地遺産研究のためのアソシアシオン（APEP）の手によって行なわれており、労働省からの財政援助を受けている。〕

第四章　「フランスよ、おまえは私の根を傷つけた」

誓いましょう。彼女はそう言った。
そして彼らは誓った。
いずれにせよ子供たちの前では、彼らは若くて物忘れの激しい親になることだろう。

シモーヌ・シニョレ『さらばヴォロディア』、一九八五年

八歳のときの親愛なる仲間たち、中年にさしかかった今、君たちはどうしているのだろう。君たちはまだ覚えているかい、あのボール遊びを。君たちをあれほど笑わせていたあの名前を。ぎこちなさに苦しんでいたあの少年を。それをよそから来たことのせいにしようと、君たちがやっきになっていたことを。彼がアリ・ババの洞窟で生まれたと信じるほど、君たちが地理を知らなかったことを。

アンリ・ヴェルヌイユ『母マイリック』、一九八五年

外国人の「統合《アンテグラシオン》」や「同化《アシミラシオン》」は、移民現象の科学的アプローチに関わるもうひとつの大きな問題で

ある。すでに見たように、このテーマに関する研究は、研究が始まって間もなく信用を失ってしまった。そのために、今日、このテーマに取り組むにあたっては非常に材料が乏しい。本章で〔これから〕述べるのは、この問題を今日の世界に特有の、状況に左右される現象としてではなく、フランスのアイデンティティに関するあらゆる考察が考慮に入れる必要のある長期持続的《ロング・デュレ》な過程として見るべきである、ということである。本章の標題はポーランド移民の第二世代では代表的な存在であるヤヌーシュ・オルデール（1977）から借りた。この標題は、移民とその子供たちを分け隔てるものは何かということをきわめてよく説明している。もし第一世代が流浪という切断によって特徴づけられるとするなら、第二世代の代表者たち（第二世代にもいろいろあるが）は、社会に再び根づく――この社会で生まれ、育ったにもかかわらず――というつらい必要に立ち向かわなければならないのである(1)。

1　定着

1・1　「行ったり来たり」の終わり

前章に記載したグラフは、大規模な到着の三つの主要な時期には三つの定着の時期が続き、それが多くの移民にとって帰還という幻想の終わりであったことを示していた。経済危機のたびに移民は、情勢の激変によって出身国もまた正面から打撃を受け、そこにはもはや戻れないと気づく。生き延びるためにはいまや、かつてはそこから逃げ出すことしか考えていなかった職を守るために、闘わなければならない。次章でより詳しくその帰結を検討する危機を除けば、定着は偶発的な状況によって説明される。「大文字の歴史」の不条理な浮き沈みに振り回され、長年の間あちこちで翻弄されたのちに、外国人はしばしばより平穏な環境を熱望する。その遍歴が「ほうぼうを見て回る」という抑えがたい欲望を示すときですらも、年を重ねると人生を変えようと考える瞬間が来る。ひとつの機会、ひとつの偶然、予期しなかったひとつの出会い、あまりに多くの不運の後にようやくやって来た千載一遇の好機、そうしたものによって「私たちの先祖」は根づいたのだ！

第一帝政期のスペイン人捕虜たちを見てみよう。これらの兵士は、自国では失業者であったが、フランスで仕事を見つける。ある知事は「彼らはスペインでよりもフランスでのほうがより幸福であることを隠さず、もしスペインとの和平が結ばれるなら、地位と職を持つ全員が同化すると考えられる」と断言している（cité par J.-R. Aymes, 1983, p. 316）。一世紀後、同じ過程がエロー県の出稼ぎ季節労働者にも見出される。〔到着から〕数年後には幾人かが「猫の額ほどの土地を購入し、熱心に耕す。彼らは一生懸命働いて倹約に努め、土地を大きくし、ついに身を落ち着ける」（C. Azas, 1981, p. 403）。定着するのはしばしば妻の到着や受け入れ先の土地での結婚のためである。私たちは二〇年代に到着した多くのイタリア人労働者に質問したが、彼らは「食堂」での孤独な生活に耐えられなくなると、妻に合流してくれるように頼んだ――そうすることで、できる限り貯金するために「独身で」短期間の滞在をするという出発前に立てた戦略は駄目になった――ことを認めた。さらに半世紀後、アシェヌ・ゼラウィは彼が研究するパリ地域圏のアルジェリア人労働者のもとで、同じような事態を確認した（G. Noiriel, 1984; A. Zehraoui, 1971）。

フレデリック・ル・プレのような「家父長主義」の理論家におけるライトモチーフのひとつであり、三〇年代まで大企業の雇用主がたえず繰り返したライトモチーフとは、放浪する労働者にとって主要な「定着要因」は妻だというものである。実際にあらゆる時代において、既婚の移民労働者、すなわちまもなく父親となる移民労働者はその習慣を変えるのが分かる。彼はカフェにはめったに行かなくなるが、それはもはや一人ではないからであり、また彼の財力がもはやそれを許さないからである。今や食堂暮らしをやめ、本当の「家」、「わが家《シェ・ソワ》」を求めるのである。「ひどい孤独」が和らぐ。日常（食事、衣類など）が改善される。新たな論理が現れる。人びとの定着とともに、労働者用の共同住宅地でも低家賃住宅でも住居は改善される（M. Pinçon, 1981）。フランスでの「共同体」の再結集過程が完了するのは、しばしばこのときである。

外国人に特徴的なのは、流浪の生涯を一時的なこととみなして生きることであるが、根づきはそれが強制されたときですらも、しばしば価値の再転換をもたらす。移民の逆説とは、移民が移民であればあるほど、ますます移民ではないということではないだろうか。実際に毎日、「フランス文化の風」が新参者に吹きつける。一般的に（第一世代においては決して完全なものにはならない）この転換は労働者階級への根づきとなって現れる。ロレーヌ地方の鉄鉱山の坑夫ジョセフ・ボナトは、日々の労働が皮膚の毛穴にまでこびりつくとはどういうことかの好例である（1960, p. 57）。「両手は完全に硬くなっており、顔をすりむいてしまうのではないかと恐れて、もう手で顔を洗おうとはしないほどだった。私が手を差し出した人びとは握ったばかりの私の手に驚きのまなざしを向けていた（…）。私の指はいつのまにかクラリネットのための機敏さを失っていた」。

亡命知識人の世界でも同じようなことが小説にしばしば描かれる。主人公はある日「ゴロワーズ」を吸っている自分に気づいて驚く。フランス語で夢を見始め、ついにはフランスを「わが国《シェ・ヌー》」というようになる（H. Troyat, 1950）。

第一世代のあいだでは出身国に対する関心がしだいに失われてゆくが、これを知るための適当な尺度となるのは、出身国にとどまる家族への送金額である。今日と同様に三〇年代でも、危機が起きると送金額は明らかに減る。間違いのない他の指標は、生活環境の整備にあらためて関心が向けられたことである。マント〔パリ北西イブリン県の郡庁所在地。工業都市〕近辺の労働者用共同住宅において、こうした関心は〔次のように〕現れていた。「これらの住宅には、モロッコの住宅に似せて小さな中庭が作られていたが、この中庭をなくし、もう一部屋が建て増しされる（…）。周囲に置かれた小菜園や鶏舎、わずかばかりの羊や山羊の飼育はそのまま維持され、故郷での生活と変わらない村落の生活が展開された」（M. H. Bekouchi, 1984, p. 95）。出自への「忠実さ」が、必要に応じて、また受け入れ国で変わった将来の計画に応じて再構成されていく過程については、すでに述べた。右の引用はこうした過程をよく示している。長期的に見ると、家の役割がここでは決定的に重要である。右の例では、外観が古くなりアスファルト道路や街灯もないのにもかかわらず、モロッコ人労働者は自分たちの流儀で整備したゲルヴィル〔マントの近くの村〕の集合住宅地を離れるのを拒否する。すぐ近くのヴァル・フレの市街化優先地域〔マント近くの大規模団地〕の多くの住民とは反対に、マントのモロッコ人住民の誰一人として隣接の分譲地に家を建てようとはしなかった。半世紀前に同じことがヴァランスで起きていた。「アラゴ通りに隣接する通りでは年々（小さな庭付きの）小住宅が建つが、それはまさにリヨンの人工絹織物会社の労働者用共同住宅地の恩恵を受けないアルメニア人労働者によって建設された」（R. Bastein, cité par A. Keuroghlian, 1977, p. 51）。同じ過程がパリ地域圏にもある。一九五〇年のイッシー・レ・ムリノー〔パリ南西オードセーヌ県の都市。アルメニアおよびコルシカ出身者のコミュニティがあるとされる〕ではアルメニア人の半数が自宅の所有者である（INED, 1947）。ノジャン・シュル・マルヌ〔パリの東側郊外の都市。イタリア出身者のコミュニティがあるとされる〕では町の旧市街は廃墟となっていたが、イタリア人によって完全に改修される（L. Couder, 1987）。

移民の根づきに際して家が果たす役割は、世紀初頭から五〇年代までの重工業でもはっきりと見てとれる。経営側が、みずからの必要とする労働者たちを定住させることができたのは、まさにこの〔家という〕手段のおかげだったのであり、そのために、経営側はフランス北部と東部にきわめて特徴的な労働者用共同住宅地の建設費用の大半を負担しさえしたのである。（企業の規則に「服従」するという条件のもとで）家の所有者や「終身の」借家人となれば、将来のイメージを作り直すことができ、修繕や拡張などの具体的な目標を定めることができる。さらに、仮に新しい住居が生まれ故郷の家に似ていなくとも、二つの生活様式のあいだの一種の移行が可能になる。この観点からすると、庭の役割（ロレーヌ地方の庭でもイタリア人はバジリコを育てる）は根本的である。

そのうえ、いつも必要ぎりぎりで暮らしている人びとにとって、庭の作物や住居の貸し出しは無視しがたい収入源となる。このように、家は第一世代の「社会的地位の向上」戦略の一要素であり、それは団地に住む住人には欠けているものである。

移民第一世代の受け入れ国への定着は、しばしば——もしその個人が十分に若いのであれば——関心の中心の再転換を引き起こし、以前ならば一時的と見なされていた職業世界により深く関わるようになる。シャルル・サベル（1982）がアメリカ合衆国に関して示したように、その際に頻繁に見かける戦略とは、熟練工という「地位」に就くことを望みうるような、より安定した職を探すことである。国勢調査を検討しても、すべてが「非常に小さなこと」のなかで決まる世界を把握するには分類が粗いために、こうした現象の規模を測るのはほとんど不可能である。農業では農業労働者にとって達成すべき目標が、分益小作人か定額小作人の地位に到達することでありうる。時には少額の貯金で小さな土地を買うことができ、さしあたってそれだけでは生活できないとしても、後で土地を買い増すことができるかもしれない。この種の「社会的流動性」の図式は、「職人」の仕事（製造業や金属業）において、さらに頻繁に見受けられる。

そこでは「自営業を営む」ことがあらゆる犠牲を正当化する究極の目標となる。大工業では世代内の流動性を突き止めるのはより困難である。私たちは、ロレーヌの製鉄業では「作業員」というラベルで示される職の背後に、かなりの違いが隠れていることを示した。イタリア人あるいはポーランド人のプロレタリアートは、炭鉱の底での作業員の仕事を逃れ、より危険が少なく肉体的にもより過酷でない工場での同じ職〔作業員〕に就くために、長年にわたって闘った（G. Noiriel, 1984）。このような「水平的な流動性」は、たいていの場合、地理的に近距離の、勤め先の炭坑内でのものであるが、これに加えて、きちんとした住居を手に入れて庭の手入れもし、年金の恩恵に浴すためには多大な努力を必要とするのであって、それは生活の全エネルギーをつぎ込むのに十分であり、「根〔racines「ルーツ」の意〕」や「アイデンティティ」について思索を巡らす暇などはほとんど残っていないのである！

　アラン・ジラールとジャン・ステッツェルの貴重な調査（INED, 1953）は、その欠陥にもかかわらず[2]、国勢調査が二度行なわれる間隔よりも長期間にわたり、フランスの第一世代の移民がどのような職業上の経歴をたどったのかを具体的に評価するのに利用可能な数少ない文書である。さらにこの研究には、〔移民の〕受け入れ環境に応じたさまざまな展開を区別しているという大きな利点もある。〔この研究では〕四つの地理的な集合――五〇年代フランスの外国人労働者（六章を参照）に特有の労働市場の分化のあり方に十分対応しているように思われる――が取り出されている。すなわち、二つの集合はイタリア人（パリ地域圏の建築業労働者と南西部の農業への「入植者」）であり、〔残りの〕二つの集合がポーランド人（北部の坑夫とエーヌ県の農業労働者）である。サンプルの相対的な少なさ（職業集団ごとに百人程度に質問）にもかかわらず、この質問表によって、移民が安定した職業を得るためには、受け入れ環境が根本的に重要であることが分かる。この観察結果についていくら強調してもしすぎることはないだろう。というのも、

「文化主義的」アプローチは、外国人労働者が直面する日常の必要性から独立した「アイデンティティ」を前提とすることで、この研究領域に誤った問題を導入しているからである。〔移民がみずからの〕出身文化とのあいだに結んでいる関係についてこの調査が含んでいる情報については、後で立ち戻ろう。職業上の側面に関しては、移民は大都市でより有利な状況を見出すことがただちに明らかになる。調査時に、平均して二〇年以上をフランスで過ごしていたパリ地域圏のイタリア人は、たいていの場合、地位の改善に成功していた。彼らの大半が「土地なし農民」だった出身国〔における状況〕との比較だけでなく、フランスで最初に営んだ職業に比してすらも〔改善しているのである〕。第二次世界大戦前に到着した労働者の大半は、建設産業が提供する多様な職のなかで上昇を遂げた。一方、調査対象となった職人と商人の大部分は、その職業生活を労働者として始めていた。しかしながら、これらの人びとに関しては、「自営業を営む」ためのさらなる好機を得るために（統計学的に）満たさねばならないいくつかの条件がある。建築業の労働者に比べると、まずかなりの割合の人びとがもともと職人や商人だった家族の出身である。そのうえ職人・商人の滞在期間は平均的に言って、労働者よりも長い。彼らの平均年齢はより高く、そして彼らの伝記は、地理的な観点からしても、以前の職業の比較という観点からしても、大きな変化があったことを示している。ここにはどれほどの労力が費やされたかということの明らかなしるしがある。そしてここからはまた、勤勉な移民にとって、受け入れ側の環境が提示する目標のなかでどのような目標が現実的だったのかということも分かる。ロート＝エ＝ガロンヌ県のイタリア人はまったく異なる性質の障害に直面した。パリ地域圏のイタリア人よりも平均して高齢になってから到着し、その大部分は南西部の「過疎化」に取り組むためにフランス政府が組織した徴募活動をつうじてやって来た。孤立と内向が彼らの特徴である。たしかにここでも、最初のかなりの非定住性と〔その後の〕無視できない「社会的上昇」（所有地あるいは定額小作人の地位への到達）が見出されるが、ただしそれは同じ農村世界のなかでの話である。「イタリア人」というラベルのもとにまとめられてしまっているが、第一世代からすでに、生活様式の非常に大きな違いが観察される。セーヌ県〔かつて存在したパリを含む自治体〕では建築業労働者の七六％で妻が家計を切り盛りしていたのに対し、ロート＝エ＝ガロンヌ県の入植者でこれに該当するのは二三％である。一家族当たりの子供の数もきわめて対照的である。パリの建築業のイタリア人労働者は一・八人であるのに、ロート＝エ＝ガロンヌ県のイタリア人労働者では四人である。ポーランド人移民はその多くが同じ時代に到着したものの、環境への対処の仕方は大きく異なり、かつ報われることの少ないものであった。炭鉱でも農業労働者の世界でも、第一世代の社会的上昇はきわめて限られている。坑夫に関しては、調査によって取り上げられた職業上の分類があまり細かくないため、右に言及したロレーヌ地方の製鉄業に関する「水平的」流動性の諸形態をはかり知ることはできない。しかし、同じ職業世界のなかにポーランド人労働者が全体として留まっていることは確かめることができる。すなわち、実際に掘削作業にあたる坑夫である。見張り役や坑内夫長の職に就くのは、この時代の彼らにとっては稀である。同じ職業にとどまることは、移民から二〇年経ったエーヌ県の農業労働者にも当てはまり、尋ねた一二九人中一二五人がいまだに農業賃金労働者である。

しかしながら、イタリア人の場合と同様に、これら二つのポーランド人社会〔農村および鉱山における〕はイタリア人と同様の重要な対比を示す。農業労働者においては、一家族当たりの子供の数がより多く（一家族につき三・四人の子供が生き延びるのに対し、北部の坑夫では三・二人）、女性の役割は家庭生活だけに限られてはおらず（質問した七八％が家計を切り盛りするのは妻であると明言したのに対し、坑夫では五〇％）、住処に関する非定住性が際立っている（二二％だけが〔居住する〕自治体を一度も変えたことがないとするのに対して、坑夫では五〇%)。文化的実践を検討する際には、子供のその後においてこうした違いがさらに際立つのが分かるだろう。このことは、移民が定着する社会的環境が決定的な役割を演じることを示している。

1・2　国籍が異なる者との結婚と帰化

国籍が異なる者との結婚《マリアージュ・ミクスト》と帰化《ナチュラリザシオン》は、受け入れ国に定着しようとする意志の否定しがたいしるしとなる。次のグラフは、一九世紀初頭以来の外国人を含む結婚件数の恒常的な増大を描き出している。実際、外国人を含む結婚は、第一帝政下では毎年数千組程度だったが、今日では（一九八一年に結婚した三一万五〇〇〇組のうち）二万五〇〇〇組を超える数に達している。

　これらの曲線はいくつかの恒常的な特徴を示す。外国人男性とフランス人女性の結婚は、外国人女性とフランス人男性の結婚をつねに上回っている。移民人口における男性比率を考慮すれば、これはまったく驚くにはあたらない。第一次世界大戦直後の曲線の急上昇は、一八九〇年から一九一〇年のあいだに生まれたフランス人女性で、第一次世界大戦で配偶者を奪われた世代が作り出した「〔再婚による〕補正」現象を示す。外国人同士の結婚は一九世紀を通じて、フランス人男性と外国人女性の結婚の数よりもわずかに少ないが、第一次世界大戦後に両者の関係は逆転するということも指摘しておこう。大規模な移民流入のたびに、フランスにおける外国人同士の結婚は増えるのである。概説書である本書のなかで、今後なされるべき研究の細部に立ち入って論じるのはほとんど不可能である（しかし、F. Munoz-Perez et M. Tribalat, 1984 の論文に、この主題に関するいくつかの歴史的な判断材料が見出されるだろう）。本書の補遺に掲げた数値は——国籍が異なる者との結婚の増減と移民の増減には密接な依存関係があることに加えて

フランスにおける外国人の婚姻（1800–1980）

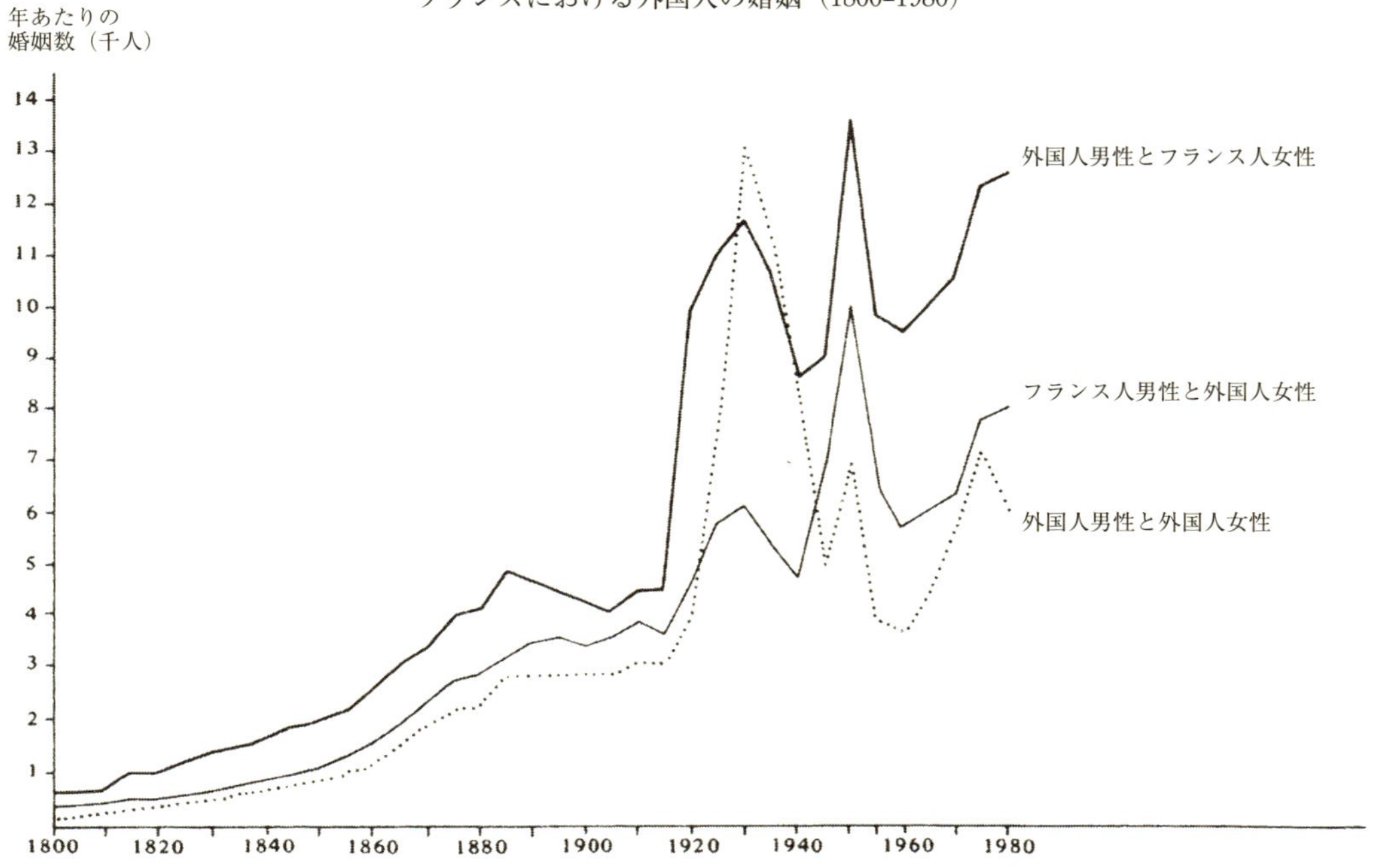

――国籍が異なる者と結婚する比率が、国籍集団ごとに大いに異なることを示している。実際にここでもまた移民流入の歴史的な動向の影響が見出される。国籍が異なる者と結婚する率が最も高いのは（アルジェリア人を例外として）つねに最も古くからフランスに定着した国籍集団である。一九二〇年にベルギー人はフランス人女性と結婚した移民の三七％に相当する。一九三〇年にはイタリア人が最多となり、一九八一年にポルトガル人（一四・一％に対し、〔イタリア人が〕全体の一三・八％）に抜かれてアルジェリア人（一三％）に肩を並べられるまで、首位の座を守るだろう（イタリアからの移民流入が長期にわたり続いたためである）。二〇年代のポーランド人のように、到着してからまもなく共同体のなかでほとんどつねに結婚していたケースは、今日ではもはや三分の一にすぎない。一九七五年の数字を取り上げると、フランスでフランス人女性と結婚する人びとの割合を検討することは、移民流入の時系列をたどり直すことにほぼ等しい。国籍が異なる者との結婚はイタリア人では八〇％、スペイン人では六六％、ポルトガル人とアルジェリア人では二七％から二八％、そしてモロッコ人では一四％である。結婚が社会学的な所与としてもたらすあらゆることを念頭におくとき、これらの数値のなかに、時の流れの作用としか言いようのないほとんど物理的な「法則」を見ることができるのであって、いかなる外国人嫌いの思い込みによってもそれを変えることは不可能である。

時期の古さ以外に、もうひとつ別の要因が重要な役割を果たす。職業上の地位である。私はこれを具体的に描き出すために、一九三一年と一九七五年における、国籍が異なる者と結婚する各国籍集団ごとの割合と労働力人口中の「ホワイトカラー」の割合を関係づける二つのグラフを作成した(3)。

一九三一年では、ポーランド人（「ホワイトカラー」はほとんどおらず、国籍が異なる者との結婚もほとんどない）とスイス人（国籍が異なる者との結婚が八〇％以上で「ホワイトカラー」は一八％）が表す

国籍が異なる者との結婚と「ホワイト・カラー」

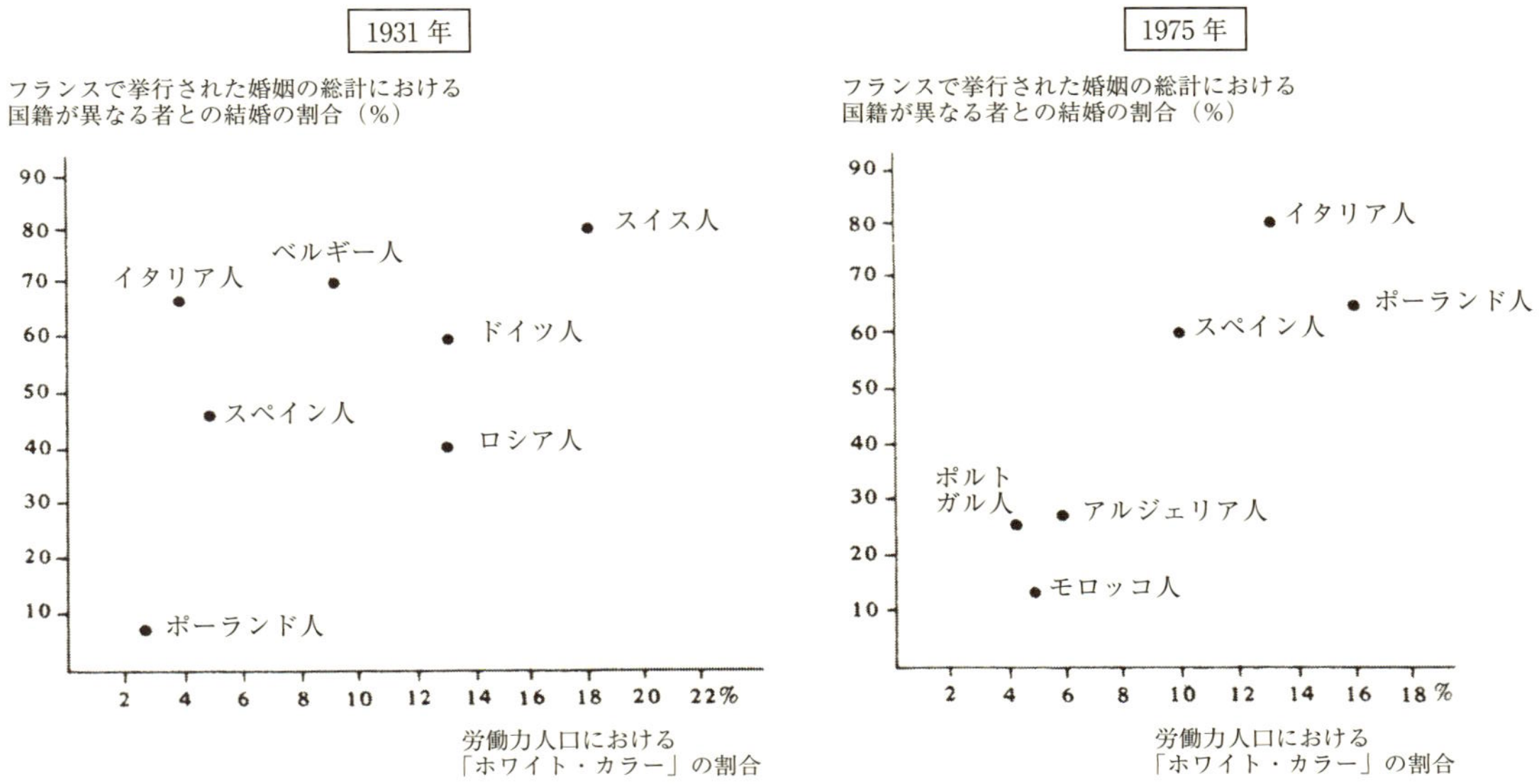
1931年
フランスで挙行された婚姻の総計における
国籍が異なる者との結婚の割合（%）
90
80
70
60
50
40
30
20
10
スイス人
ベルギー人
イタリア人
ドイツ人
スペイン人
ロシア人
ポーランド人
2
4
6
8
10
12
14
16
18
20
22%
労働力人口における
「ホワイト・カラー」の割合
1975年
フランスで挙行された婚姻の総計における
国籍が異なる者との結婚の割合（%）
90
80
70
60
50
40
30
20
10
イタリア人
ポーランド人
スペイン人
ポルト
ガル人
アルジェリア人
モロッコ人
2
4
6
8
10
12
14
16
18 %
労働力人口における
「ホワイト・カラー」の割合

対極の二点を一本の対角線が結んでいるのが分かる。それ以外の国籍はロシア人を除けば、古さに応じてこの軸に沿って並ぶ。フランスへの到着時期しか影響を及ぼさないとしたら、ロシア人はポーランド人と非常に近かったはずだが、実際には国籍が異なる者との結婚では中間あたり（約四〇％）で、「ホワイトカラー」の比率（一二％以上）に関してはいい位置につけている。このようにして、移民の社会的出自が「配偶者の選択」において直接の重要性をもつのが分かる。

一九七五年のグラフにも対角線が見出される。しかしながら（ベルギー人と同様に）スイス人はもはや現れない。というのも、スイス人が属していた移民の波が終わったからであり、国籍が異なる者との結婚は数のうえで重要ではなくなったからである。ポーランド人はと言えば、先頭集団に入っている。国籍が異なる者との結婚についてはイタリア人に一歩譲るが、管理職への登用についてはイタリア人よりもいい位置にある。それに対して、新しい移民はグラフの左下の角に近いところにいる。ポルトガル人とアルジェリア人がきわめて近い。対角線の最も端の地点はモロッコ人、すなわち最も新しい時期にやってきた移民である（国籍が異なる者との結婚の比率が一四％しかない）。

みずからの共同体の内部で結婚するか、あるいは共同体の外の人と結婚〔外婚〕するかという点に関する各国籍集団ごとの傾向に、従事する職種や移住した地域が及ぼす影響は、すでに引用したアラン・ジラールとジャン・ステッツェルの調査にはっきりと見てとることができる。ポーランド人であってもイタリア人であっても、農業従事者は九三％以上が同国人と結婚する。労働者における比率はこれを下回る。たとえば、フランス北部のポーランド人坑夫では九一％、パリ地域圏の建築業イタリア人労働者では七三％である。ここでもまた、大都市に移り住んだ場合と産業がひとつしかない地域に移り住んだ場合とではずれがあることが推定できる。一方で、国籍が異なる者との結婚の比率が最も高いのは、四分の一がフランス人女性と結婚したセーヌ県のイタリア人商人である。

国籍が異なる者との結婚についての全体的なデータに関するジラールとステッツェルの調査では、ひとつの事実がとりわけ目を引く。国籍ごとの平均値が明らかに低くなるという点である。全国的な統計によると、二〇年代の終わりではイタリア人男性の三分の二近くが他国籍の女性（たいていの場合がフランス人女性）と結婚していたのにもかかわらず、二〇年後に実施した調査ではどの集団もこの数値に達せず、パリ地域圏の商人でさえも達していない。この現象は移民の局地的な集中によって説明されるかもしれない。たとえば、イタリア人の大半がときには数世代も続けて生活する南東部の国境地帯では、共同体がより大規模なために、国籍が異なる者と結婚する比率が高い。南西部のスペイン人に関しても同様である。

しかし別の理由もある。「外国人」の法的概念では社会学者が定義するような「世代」の範囲を定めることができないのである。たとえば、出自が同じでありながら、一方が帰化または国籍取得の届け出によって「フランス人」になり、他方が外国人にとどまる二人の結婚は、「国籍が異なる者との結婚」として分類されるだろう。製鉄業の盛んなロレーヌで行なった民籍簿の記録の研究が示すところによれば、「国籍が異なる者との結婚」と言われる結婚の多くは、実際には同じ共同体内部での結婚である。しばしば姓が間違いのない証拠となる（G. Noiriel, 1982）。この主題に関して、行政の統計に甘んじずに「フィールド」で調査を行なった研究の大部分は、同様の事実を確認するに至っている。ピエール＝ジャン・シモン（1981）によれば、ノワイヤン・ダリエ〔オーヴェルニュ地方アリエ県の村。インドシナ戦争後、多くのヴェトナム出身者を受け入れた収容所があった〕の引揚げ者収容所での「フランス人」と「アジア人」の婚姻を詳しく見ると、たいていの場合、同じ民族の出身でありながら異なる法的地位にある二人のあいだの結婚である。フレマン・メルルバック（モーゼル県）という鉱山町で行なわれた結婚に関するある事例研究は、姓と出生地に応じて〔二種の〕結婚を区別することで、一九五四年から六四年にかけては外国人男性とフランス生まれの女性の結婚が一〇・六％であるのに対し、外国人男性とフランス人女性の結婚の実に三分の一近くは、実際には外国人男性と外国出自のフランス人女性のあいだの結婚であることを示している（Th. Nicolay, 1967）。

つまり、国籍が異なる者と結婚する比率に、移民の波がかつては急速に同化されていたことの証拠を見い出そうとする人びとの熱弁は、精密な調査によって多少の冷水を浴びせられることになるのである。

帰化や他のかたちでの「フランス人」化を検討するならば、同様の結論に至る。この主題に関する信頼に足る歴史研究がほとんどないことを、もう一度詳しく述べるべきだろうか。主要な研究書は、フランス統計総局のためにピエール・ドゥポワ（1942）が行なった人口統計学の仕事にとどまっている。しかし、外国出身のフランス人数を数え上げることにとりつかれた、もっぱら統計学的な視点は問題である。こうした問題設定を、ヴィシー政権がどのように用いることになったかを念頭に置くならば、少なくともいかがわしさの残る問題設定だと言えるだろう！

一八八九年の法典以来の（政令《デクレ》によるそして届出《デクララシオン》による）フランス国籍取得の全体を検討するならば、第二次世界大戦の直前と直後の二度の最盛期とともに、一九世紀末から今日まで大幅な増加が観察される（五年ごとの国籍取得数は、一九世紀末の約六万人から一九七〇年代初頭には二二万人に達するが、三〇年代末には四〇万人に迫っていた）。次のグラフでは、政令による取得（帰化およびフランス国籍の回復）と、届け出（これはとりわけフランス生まれの未成年者に関わる）を区別している。政令によるフランス国籍の取得は（ヴィシー政権下を除けば）届け出による取得よりつねに多く、かつ二つの曲線の動きはおおむね同じであることが確認される。したがって、一見した印象で目につくのは、先に触れた構造的な影響であり、これは大規模な〔移民の〕波の流入／定住のサイクルの連続によって説明されるのであった。一八九〇年代でも、三〇年代末から五〇年代初頭の時期（〔ドイツによる〕占領期という例外は考慮から除く）でも、あるいは（図表の一九七〇年代末から始まるのが見える）現在の時期でも、曲線は同じ「ピーク」を示す。こうして、フランスに最近到着した移民の波が定住するという事態が、帰化に関してもフランス国籍の取得に関しても、決定的な役割を果たすことがあらためて見てとれる。

しかし、これらの統計は慎重に解釈すべきである。国籍に関する法律が改正されるたびに、それに続く時期には政令と届け出による国籍取得の数が激増する。このことは本質的な論点を分かりやすく示している。すなわち、これら二本の曲線は、移民のフランス人になりたいという意志と同じ程度に、移民に関する法的・政治的な世界の対応の進展をも反映しているのである。詳しい分析——ここで着手することはできないが——を行なうならば、国籍の問題が何よりもまず決まり事に関わる事柄である以上、法律の二次的あるいは間接的な修正さえも、国籍取得の統計に機械的に影響を及ぼすことが示されるだろう。第一の例として、一八八九年の最初の国籍法典の公布を典型とするような国籍法の激変が、統計にもたらした帰結を強調することができよう。第二帝政末期までは、「帰化を求める陳情書」はつねに一年あたり百通を下回っていた。一九世紀末に政令による帰化者の数（子供を含まない）は毎年二千人から六千人のあいだを揺れ動く。戦間期には一万五千人から三万人である。換言すれば、一八八九年の法典とともに、私たちは、エリートに属する少数の個人にしか関係しない問題から、「大衆の」問題へと移行したのである。法律の統計に対する影響の第二の例は、政令による国籍取得の総計における、帰化者の数とフランス国籍回復の数の関係の変化である。一九二七年の法律以前は、フランス国籍の回復は全体の二〇％程度までを占めていた。大半の事例で、外国人男性との結婚で元来の国籍を失い、〔その後〕これを取り戻すべく申請す

外国人の「フランス人」化

国籍取得の方法	時期 1889～1927年	1927～1940年
帰化*	164000	452000
国籍の回復	72000	78000
婚姻による取得	160000	57000
フランス生まれの外国人		
外国生まれの父親，フランス生まれの母親**	495000	187000
両親とも外国生まれ	96000	158000
届け出による取得 21歳での取得	146000	35000
フランス人の身分を失った父親のもとで外国で出生	30000	—
総計***	**1163000**	**967000**

* 帰化者の未成年の子を含む

** 1927年以降は，フランスで生まれた外国籍の母親

*** 1899年から1918年の時期については，12万人のアルザス人，ロレーヌ人を含む

るフランス人女性が問題となっていた。一九二七年の法典により、国籍が異なる者との結婚の場合には、フランス人女性はフランス国籍を持ち続けることが可能となった。その結果、フランス国籍の回復の数が急激に減少した。

これらの曲線が「フランス人」化のすべてを記録しているわけではないことにもまた留意しなければならない。上の表は〔前掲のグラフとともに〕ピエール・ドゥポワ（1942）の研究からの抜粋であるが、いかに多様な道を経てフランス国籍取得に至るのかを示している。

さまざまな国籍集団《ナショナリテ》の帰化の歴史を明らかにするために、数値を添えてやや詳細な説明を補遺で示した。ここでもまた、各共同体内における帰化の割合を決定するのは、移住した時期の古さという要因であることが再び見出される。出自の同じ集団のなかで帰化した者の割合（私が帰化した者の数に外国籍である者の数を加えることできわめておおまかに算出した）を検討

1890 年から 1978 年のフランス国籍取得

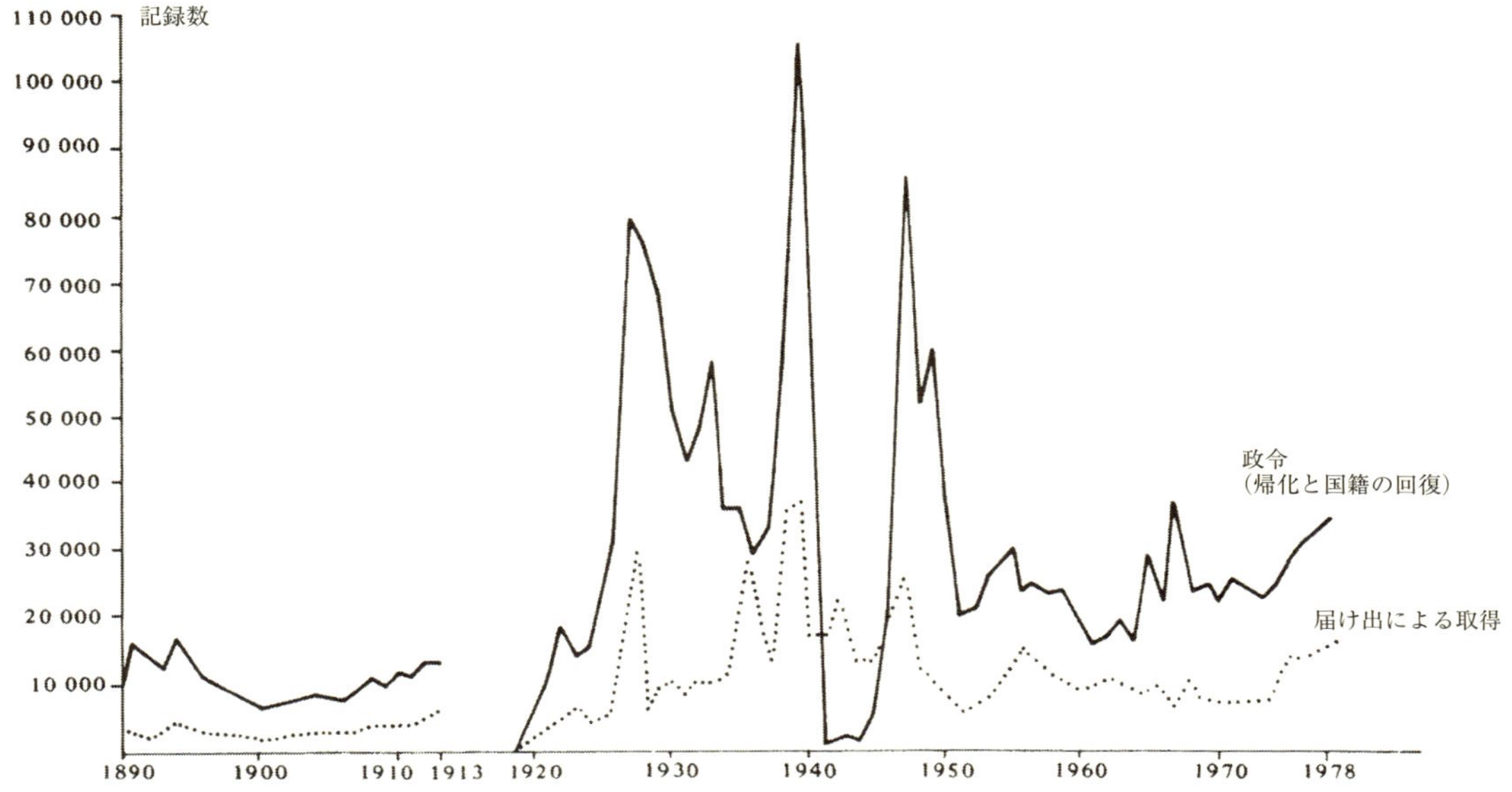

出典：P. Depoid, «Les naturalisations en France (1870–1940)», *Etudes démographiques*, n° 3, 1942. — A. Lebon et J. Marangé., *Démographie, Immigration, Naturalisation*, La Documentation française, 1980.

すれば、最も早くからフランスに住み始めた国籍（スイス人、ベルギー人、オーストリア人、ドイツ人）で帰化した者の割合が最も高いことが分かる。[4] イタリア人とスペイン人はその対極に位置する。一九三一年にはベルギー人とドイツ人について同じ事実が確認される。比較的に最近到着したのにもかかわらず、ロシア人は帰化した者の割合が高い（出身の共同体全体の一三％以上）ことで、ふたたび特異な位置を占める。対照的にポーランド人はフランス国籍取得にほとんどまったく関係しない（二・六％）。〔しかしながら〕一九七五年に状況は大きく変わった。（ポーランド国籍者、およびポーランド出身でフランス国籍をのちに獲得した者しか数えないならば）フランスの「ポーランド人共同体」は二万人を少し下回ると見積もられるが、その全体の六六％はフランス国籍である。逆にアルジェリア人の「共同体」では、帰化した者は全体の一％以下である。一九八二年の国勢調査と一九七五年のそれを比較したときに、主として明らかになるのは、古い国籍集団における帰化数の明らかな減少と、アルジェリア人とポルトガル人における〔帰化数の〕かなりの増加である。図表から見ることができるように、新たな移民の波についても、以前の移民の波が経験した歴史的な過程がすでに始まっている。「市民権の危機」や新たな移民が統合を拒否していると語る人びとは、これらの数字について深く考えるべきだろう。

この現象を理解するためのひとつの鍵は、帰化者が最も多い職業分野や雇用先の分析にある。時代が変わっても（世紀初頭、戦間期、現代）、帰化が認められることは、移民の生活条件に比べるならば、まだしも困難さの少ない生活条件に近づくチャンスを（統計学的な意味で）得ることを意味する。一九〇一年の国勢調査では、帰化者の割合は金属産業や炭鉱、また銀行や保険の分野で最も多い。一九〇六年にもし外国籍であったなら、五〇％以上の確率でひとは労働者となる。一方で帰化していれば五〇％以下の確率である。逆に帰化した人びとのなかで一九・五％が経営者、一〇・八％が被雇用者であるが、外国籍者の場合は経営者が一一・七%、被雇用者が七・七%である。一九三一年の国勢調査から抜粋された数字も同様の事態を示し、一九七五年の数字でもこのことが確かめられる。分野あるいは職業上の分類が変わっても、帰化者は外国人とフランス人の中間の地位に位置づけられる。当然ながらこのことは、これら統計上の事実の確認が、個人の具体的な現実にいつも一致するということを意味しない。しかし、信頼に値する仮説、そして多くの事例研究で確かめられるその仮説とは、帰化の選択あるいはその拒否は、帰化の決定が提供することのできる「利得」の種類に結びついているということである。

先に引用した国立人口統計学研究所の調査は、ポーランド「ナショナリズム」の激しさについて多くが語られてきたのにもかかわらず、帰化の問題について共同体の立場というものが存在しないことを示している。エーヌ県の農業労働者ではわずか五%が帰化したのに対し、北部の坑夫では二三%が帰化している。同様にイタリア人においても、割合は一三%(パリ地域圏の建築業労働者)から四一%(セーヌ県の「独立した」職人と商人)のあいだで変化する。ここには感傷に対する利益の優位の新たな例証がある。実際イタリア人商人は、生活の元手となるちょっとした財産を得るために猛烈に競い合う、こうした型のあらゆる中流階級と同じように反応するのである。フランス人が倉庫での窃盗を防ぐために鋼鉄の戸を設置するのと同じように、外国籍の商人はフランスから国外追放され、すべてをやり直す破目に陥らぬよう帰化を求めるのである。反対に、賃労働のイタリア人職人に失うものはほとんどなく、誰かにその労働力を奪われる危険もない。同じ発想の延長線上でいうならば、法律で「守られた」職に就きたいと望むすべての者が持つ、フランス人になりたいという願望も、理解可能といえる。マルセイユでは海事関係においてはその職の三分の二をフランス人が占めなければならないと法で定められており、その結果、漁師の多くは帰化者である(A. Sportiello, 1981)。同じくマルセイユにおいて、イタリア出身の多くの市職員は、市職員の仕事に就くために帰化を経験している。この過程を後押ししたもうひとつの要素は、国民のために割り当てられる利点を持ち続ける、あるいは獲得するという関心である。たとえば戦間期にフランス国籍を取得したポーランド人坑夫においては、その一部が国籍を取得したのは、所有地の獲得を容易にしたルシュール法の恩恵を得るためであった（J. Holdert, 1977）。社交性《ソシアビリテ》の形態に結びついた他の要因もあるが、これを正当に評価するためには、労働者文化の十分な知識を必要とする。〔フランス〕北部のベルギー人では、法律によって伝書鳩の所有者はフランス人でなければならないと定められたために、「伝書鳩レースの参加者」には帰化者の割合が非常に高いことが確認される（F. Lentacker, 1973）。リヨン地方では、自分たちの相互扶助団体を運営していた多くのイタリア人労働者がフランス人となることを余儀なくされたが、これはアソシアシオンに関する一九〇一年法のためである（J.-C. Bonnet dans J.-B. Duroselle et E. Serra, 1978）。今日の解説者はフランス国籍の獲得を望んだかつての移民と、私たちを悩ませているとされる「市民権の危機」を示す現代の移民を時おり対置する。しかし、シモーヌ・シニョレの小説から一節を引用するだけでは、十分な証拠を示したとはいえない。[5] もし、移民の青年が今日、フランスで兵役を務めるという考えにそれほど熱心ではないのが事実だとしても、それは移民社会の非常に古い伝統を継承しているにすぎない。第二章で確認したように、この問題はとりわけ国境近くの県でいつも提起されていた問題であり、その結果、一八八九年の初めての国籍「法典」へと至る法の改正が行なわれた。たとえば一八五〇年には、十万人がみずからの国籍の曖昧さに乗じて兵役義務を逃れていたと見積もられる。一八七〇年には一五万人、一八八八年には二三万人である（P. Depoid, 1942）。法の新たな厳格化にもかかわらず、その後の時代についても同様に、この主題に関する公的な嘆願書で公文書館は溢れている。そのことは、文脈によっては、愛国的な動機が働くことを妨げるものではない。北部の帰化したポーランド人坑夫がかなりの割合でレジスタンス活動に関係する傾向にあったことは、異論の余地がない。ロレーヌ地方のイタリア人に関しても同様である。しかし、帰化がつねに統合の証明であるわけではない。

A・M・フェイドゥッティ・ルドルフ（1964, p. 371）が言及するように、「帰化を望むのは、しばしば新しく着いたばかりで同化されていない移民である。彼らは平穏を望み、仕事や職場の自由な選択を欲するのである。自分がフランス人ではなかったことを忘れたような完全に同化した古くからの移民は、帰化には興味を持たない」。このちょっとした指摘は、分析というほどの価値をもたない。この指摘は、問題が複雑だという点、そして結論を下す前に真剣に研究することが必要だという点に、ただ注意を促しているばかりである。この指摘は、帰化の問題が、今日もかつてと同じ仕方で提起されていることを決して意味しない。ただ平穏に生活するために、あるいははっきりとした地位を得るために帰化を経由する必要性は、戦間期における狂乱のナショナリズム時代に比べて、今日ではそれほど差し迫っていないと考えることができるだろう。それはあらゆる国籍集団がいつの時代でも同じ仕方で問題に取り組んでいるということを意味するものでもない。第二次世界大戦後に大挙して到着した新たな移民が、フランスの植民地世界の出身であるという点は、実際に前代未聞の要素である。家族の生活にフランス人が遂行した戦争の傷跡が残っている人びと、とりわけアルジェリア人が初めて帰化の問題に直面するのである。アブデルマレク・サヤドが発表したインタビューが示すように、それは彼らの意識に関して、とりわけ鋭い問題を引き起こしているのかもしれない（S. Laacher, 1987 所収[6]）。

2 「第二世代」——その定義を求めて

「第二世代」を定義することは、学術的研究にとって微妙な問題である。まずここでは公的な語彙に依拠することはできない。フランスの国勢調査は、アメリカにあるような生粋のアメリカ人と外国生まれの親を持つアメリカ人という区別をしない。社会学的な研究でしばしば用いられるこうした分類は、「イタリア系アメリカ人」や「ヒスパニック系アメリカ人」といった、フランスでは知られていない「混合された〔ハイフン付きの〕」範疇を産んだ。フランスで「第二世代」という表現が一般に用いられるようになったのは、ここ一〇年である。それは主として、マグレブ出身者の子供たち、「ブール Beurs」(「アラブ Arabe」という単語の「逆さ読み」を縮めたもの)——今や辞典に記載されるという光栄に浴する——と呼ばれる子供たちに適用されることにもまた留意しなければならない。実はこの〔「第二世代」という〕表現が幅を利かせるようになったのは、研究の世界の外においてであり、いかなる定義もいまだ提示されておらず、そのことをもって一部の人びとはこの概念が無益であることの証左と見なしている。しかしながら、「第二世代」の客観的な定義を提出することはきわめて重要と思われる。どの個人が「第二世代」かを指し示すためではなく、伝統的な思考の範疇では摑めない歴史的・社会的な過程を考えることが可能になるからである。以下で試みるのは、流行ってはいるが科学的ではない使い方、論争を産む使い方からこの概念を引き離すことであり、問題を一般的な仕方で説明しうる定義に向けた材料を提供することである。したがって、歴史的な見通しに立つことは、ここでもまた避けられない。それに、歴史的な見通しを仕上げるための材料には事欠かない。きわめてよく耳にするのとは反対に、「第二世代」への関心が「ブール」とともに生まれると言うのは、実は誤りである。国籍法に関する一九世紀の法的な文書を参照するならば、民法典の作成をめぐる論争のなかで外国人の子供の問題がすでに扱われており、時には明示的に「第二世代」という語で外国人の子供が呼ばれていたことを十分に見てとることができる。移民の波から定住にいたったどの時代でも、第一章で私たちが「出自」の極を形成するものとして位置づけた知識人の流派は、この問題について論じている。そしてまた、フランスの「文化遺産」には、この問題をさまざまなかたちで提起し、「外国生まれの若者のアイデンティティ」という今日あまりにも月並みなものになってしまった主題に取り組むとりわけ多くの文学作品がある。あれほど多くの「社会学者」が、〔「第二世代」の〕若者たちがうんざりしてしまうほどに、「アイデンティティ」に関する質問票や「私は何者か」に関するテストを書かせようと骨折っている。しかしそのような無理強いの必要なしに、固有の経験を時として並外れた感受性をもって描いてくれた人びとの証言については見事なほどの無知を示す。こうしたことを目にするのは、控え目にいっても逆説的なことである。

2・1 「第一次社会化」という決定的経験

最も一般的な水準において、「第二世代」という用語は、諸個人が基本的な事柄を身につける幼年期という決定的な時期に、互いに矛盾する社会化の諸形態の下におかれるという、社会学上の過程を指している。これは移民現象を大きくはみ出すことのある問題である。しかしながら、私たちの社会が国民的な基盤のうえに構成されているというまさにそのことのために、ここでもまた移民問題がこの社会化という問題を議論する格好の場となる。一方で、子供は生まれた環境、家族、そして共同体の「仲間うち」に閉じこもる第一世代の移民が形成する集団のなかで、しばしば初めての学習を行なう。他方で、子供は受け入れ国の支配的な規範に直面する。〔受け入れ国の規範は〕同い年（すなわち感情を隠すことを知らない残酷な年齢）のフランス人の子供や、〔第二世代の移民の〕子供が従属するさまざまな代表的な制度によって、教え込まれる。学校が第一に、そしてとりわけ重要であるが、同時にしばしば社会福祉や小児科医療なども重要となる。つまり第一世代との根本的な違いは、出身の社会と受け入れ社会のあいだの対決が、学習の決定的に重要な時期にぶつかるということにあるのだ。フランス人／外国人という法的定義は〔こうした問題の分析には〕適していない。これらの若者の多くはフランスで生まれたために、フランス国籍である（あるいは成年に達したときにフランス国籍となろう）。またそれ以外の非常に幼い頃に〔フランスに〕来た者は外国籍ではあるが、フランスの小学校に通っていた。ここでの根本的な問題は、いかにして子供が大人の態度を内面化し、大人の規範に同化するのかを理解すること（この点については特にA.-V. Cicourel, 1979を参照）であり、この若年期の困難がいかなる点でその後の人格を形成するのかを理解することである。これは最小限の「証拠」（実証主義的な歴史家がこの語に与える意味における）すらも挙げるのがきわめて困難な領域である。というのもこの問題それ自体が受け入れ社会の観点からは理解不能であり、この問いは「内側」からしか表現しえないからである。これが六〇年代まで、子供の「同化」は「問題なく」つねにすでに成功している――今日でもいまだに歴史家が吹聴することがある神話――とする善意から書かれた文献（行政の報告書、さまざまな調査）と、この「同化」を内側から経験し、「同化」をいまだに自分たちの「傷ついた根」のうちにとどめる人びとの口頭による証言、そしてとりわけ書かれた証言とのあいだに、著しい乖離が存在した理由のひとつである。

これらの資料をもとに、第二世代の典型となる人びとが生きた（さまざまな強度を持った）原体験をいくつかの主要なテーマにまとめることができる。世界との親密さ、移民の子供はこれをまず自分が生まれた集団で獲得する。第一に母語とその習得に関連するあらゆる経験が問題となる――リュシアン・フェーヴルは母語のことを祖母の膝の上で学ぶ言葉と述べたが、そのときフェーヴルは、カヴァナがノジャンでの幼年時代を思い出して語る「黒い装身具をまとい、数珠をつまぐる祖母」(1978, p. 20) のことなど、当然ながら念頭には置いてはいなかった。特に料理に結びついたあらゆることが伝える匂い (再度カヴァナを参照。ノジャンのイタリア商店の匂い) と味の世界。女性の役割——父親はしばしば仕事で外出している——がここでは決定的である。家では「母親が伝統の番人である」とモハメド・ベクシ (1984, p. 127) は言う。「母親こそがその社会的な空間のなかで、最低限の生活習慣と生き方を伝える」[7]。住居の内装のしつらえが出身国を思い出させる。「ひとつの料理をフォークやナイフを用いずに、パンを使って皆で食べるために用意された客間のソファーと複数の丸い小テーブル」。食事の規範、空間の利用の規範、衛生の規範、そして、身体の技法の規範。これらの規範は、同一化と模倣の非常に強力なメカニズムを働かせるだけに、たいていの場合、無意識に子供に伝えられる。父親はと言うと、彼自身の一部を子供へと伝えるための一連の要素もまた見出される。私たちは家の作りやしつらえが、質は多少とも落ちるとはいえ、出身国の空間の組み合わせ方や利用のモデルを反映していたのを確認した。移民の子供にとって、移し替えられたこの「わが家《シェ・ソワ》」は、それがもたらすあらゆる象徴的な帰結が重なって、「生家」となる。ガストン・バシュラール (1983) が言うように、「しかし、生家は思い出以上のものであって、身体的に私たちのうちに刻み込まれる。生家は有機的な習慣のひとまとまりである。あらゆる名も知れぬ階段を利用してきた二〇年の間隔をおいても、「最初の階段」を反射的に思い出し、少しばかり高い段につまずくことはないだろう」。生涯にわたって抱き続けるこの空間に、父親が付け加えることができるのは、意識的に守られる祖国への崇拝である。移民の団体《アソシアシオン》はたびたび子供向けの活動を行なう。五〇年代のロレーヌ地方では、ウクライナ人の学校は若者が忘れてしまうのを防ぐ手段であるとはっきり言明されていた。同様に戦間期のイタリアのファシズム団体は、ヴァカンスにはフランス在住の子供たちを出身国の林間学校へと送り出す。ポーランド人は子供たちが出身国の習慣にもとづく祭りに参加することに気を配る。ロシア帝政派の軍隊のかつての将校や兵士は子孫を記念行事へと連れてゆく(G. Noiriel, 1984; J. Ponty, 1985; H. Troyat, 1950)。血族のうちに閉じこもることは、定着した移民には一般的であるが、それがこの現象〔団体の世界への熱心な参加〕をさらに強化する。親は子供に以前の生活や出発、旅からなる「起源《オリジン》の物語」を何度も繰り返し語って聞かせるのである。

しかしながら、以上と並行してあるいはむしろ入り組み錯綜した仕方で、「第二世代」は受け入れ国の規範の影響も受ける。親自身がそれに大いに貢献する。現代はノスタルジーの時代にあるために、多くの移民が過去との完全な決別を望んでいたことはややもすれば忘れられがちである。ロレーヌ地方の多くのイタリア人が今日でもなお「対価がコップの水一杯〔無料〕でもイタリアとは交換しないだろう」と述べるが、これが示すのは、貧困しか経験しなかった国に対して彼らが持つ根深い拒否である。戦争や追放のトラウマに直面した人びとはしばしばただひとつのことだけを望む。忘却である。親が子供の前では以前の生活について話さない家族があるが、まさにそのことが子供の知りたいという欲望をかき立てる。いずれにせよ「起源の物語」はいつも矛盾に満ちている。その役割とは、かつての生活を賛美すると同時に、移民したという行為を正当化することであるが、その行為が正しかったのかどうかはもはやそれほど定かではないのである。定着の意志は新たな仕事に打ち込むことに反映されるが、この定着の意志によって、移住の物語が「英雄視」される傾向も説明がつく。再定着、〔フランスへ〕出発した者とともに始まる新しい家系の構築が、家族の「起源の物語」を必然的なものにする。

それは、受け入れ社会の規範がみずからの家族の価値をおとしめるのをたびたび目にする子供の前で、自己の名誉回復がとるかたちでもある。

両親が子供に学校でよく勉強するようにときつく言って聞かせるとき、子供に「自分たちとは異なる生活」を送れるように犠牲を払いなさいと繰り返すとき、家で（たいていの場合はうまく話せない）フランス語を使うとき、「自国《シエ・ヌ》にいるのではない」と言って子供に受け入れ国に「従う」よう「説教する」とき、両親の規範の伝達が持つ両義性が再び明らかになる。[8] 第一世代にとって、みずからの手で自己の価値をおとしめることは、多かれ少なかれ漠然と、彼らの子供が新しい社会に統合されるための条件として経験される。それは両親が公的な機関に立ち向かわなければならなくなるたびに（行政上の手紙、社会保障の手続きなど）、子供がフランス語をより上手に話すこと、より「人前に出しやすい」ことを口実として、子供に「代表者」の役割を演じさせることによって、さらに際立つ。しかし、移民の子供がみずからの恵まれない境遇に気づくのは、とりわけ外の世界（何よりもまず学校）と対峙せざるをえなくなるときである。そもそも子供自身が、外国の出自であることのせいにしている事柄は、大抵の場合、実際にはその家計の状況に原因がある。この点に関する大半の証言が示すのは、彼らの劣等感は、「国籍集団」の排除に由来する要素と、社会的な地位（貧困）に関連する要素とが結びついたものだということである。

第一の要素は、「わが家《シエ・ソワ》」の一種の象徴的な「収奪」にたとえられるかもしれない。たいていの場合、個人は生活する国《ペイ》と「わが家」を同一視し、「国家《ナシオン》」という抽象的な概念を慣れ親しんだ環境に結びつけるが、まさにそのために、〔フランス人の〕子供が親同士の会話から口にするようになる外国人嫌悪（「おまえたち〔移民〕が私たちのパンを奪う」、「おまえたちの国《シエ・ヴー》に帰れ」など）は悲劇的な結果を生む。苦しみを和らげようと、第一世代が実際に「自国《シエ・ソワ》」に戻るのは可能だと自分に言い聞かせることができるのに対して、第二世代にとってこうした表現は矛盾したものに感じられる。なぜなら、「自分の場所《シエ・ソワ》」はフランスにあるからだ。さらに、「経済的な」スティグマは貧しい社会階層の移民だけにとどまるものではないと指摘しておこう。実際、移民の特徴とは、みずからが属する階層の底辺に位置し、同じ階級に属するとみなされる人びととのあいだに存在する格差に苦しむ点にある。貧乏人のなかの貧乏人である、民衆階層の移民の息子は裸足で生活し、つぎを当てた衣服を着る、といったことで苦しむだろう。富裕な階層のなかの「貧乏人」は、社会的な成功の特徴を見せびらかすことができないことに苦しむことになる。アンリ・トロワイヤは、自伝（1987）で、ヌイィのパストゥール中等学校で感じたさまざまな屈辱について語っている。すなわち、「〔革が傷んでひび割れたところを〕中国の墨で黒く塗った」靴の恥ずかしさや、慣習の違い、「彼らの国《シェ・ズー》〔フランス〕」の規範の優越性をみずから進んで受け入れること。クラスの仲間に昼食に招かれた彼は気づく。「食卓についてまず驚いたのは、最初にメロンが出ることだ。家ではメロンは果物なので、デザートとして出される。逆に家では前菜だったチーズがここでは食後と決まっているようだった」。こうした食習慣の違いだけでなく、トロワイヤが家の女主人の手に「口づけ」して狼狽させたことを付け加えるならば、外国出自の中流階級の意識にどのような「第二世代」の問題が長年つきまとって離れなかったか、そのおおよその姿が得られるだろう。

しかしながら、本質的なことは学校の壁のまさしく内側で起こる。学校世界に入っていくときに、しばしば子供はみずからの出自が劣ったものとされていることに気づくのである。ベニーニョ・カセレスはある小説のなかで、一九三九年以前のトゥールーズ地方のスペイン人のある子供を描いている。級友に外国人として扱われた彼はみずから市役所に出向き、自分がフランス人であることを証明する出生証書の抄本を求める。「それならばどうして彼は外国人でありえようか。エマニュエルは鏡の中を覗き込み、私たちと彼とを区別するような何らかのしるしを見つけようとやっきになっていた。彼は何も見つけられなかった。ベッドに横になるといつも彼は自分の肌の色を注意深く観察していた。肌にはいかなる特別なしるしもなかった」。そしてついに彼は教師に疑問をぶつけることになる。「どうして僕は外国人なのですか」(B. Cacérès, 1970. p. 74)。半世紀後、アズズ・ベガグ(1986)はリヨン地方のスラム街で成長し、同じような来歴を語る。「私が「ルール」を学んだのは小学校である。私は二股をかけていた。教室ではフランス人の子供を装うことができていた。そして〔アルジェリア出自の〕他の子供と同様の少年に再び戻るのだ」。学校の役割は二つの次元で現れる。一方でそれはフランス人の子供との対決の場であり、フランス人の子供は人数が少ない場合でも効果的に影響を及ぼす。マドレーヌ・ロバンソン(1978)は他の子供が彼女の継ぎを当てた衣服や、彼女のもともとの苗字をからかっていたのを覚えている。彼女のもともとの苗字であるスヴォボダからは、チェコ人の父を持つ来歴が透けて見えるのである。また別の文脈では、『南西《シュドウエスト》』紙上で、地元出身の小説家イネス・カニャティが閉鎖的なフランスの田舎の社会に移住したイタリア人少女の苦しみを語っている。「彼らの世界は敵意に満ち、攻撃的だった。彼らは私たちを求めてはいなかった。私は言葉も規則も分からず、受け入れられるためではないにしても、少なくとも私が私であること、つまり違っているということを許してもらうために、何をすべきなのかも分からなかった」(M. Rouch dans P. Milza, 1987 による引用)。

学校の外では、フランス人の子供の敵意に、国や民族の出自が同じ若者たちの集団的な反撃が対抗することもある。カヴァナが示すように、そこでは「イタ公たち」が互いにフランス人とつきあうのを禁じることがあり、あるいは最近ではアズズ・ベガグが、彼自身、学業での成功を理由に「アラブ人の裏切り者」と見なされていたと語る。

しかしながら、学校の聖なる囲いのなかでは、制度やこれを代表する者〔教員〕の象徴的な重要性を考慮するならば、事情は異なる。時代や移民の性質、地方の状況に応じて、無数の事例が見られる。たとえば、戦間期に就学した外国を出自とする女性たちが〔学校という〕制度への入学を思い出すときには、しばしばきわめて荒々しい言葉を用いることが確認される。この点に関する書簡資料を検討した私は、ロレーヌの鉄鉱地域のイタリア人女性に関して、こうした態度のいくつかの例を提示した。(9) 上記の『南西』紙に出てくる記事群にそうした態度を見つけることができるが、その紙上では四〇年経ってもいまだにイネス・カニャティが教師――彼女が言うには、その教師の憎しみは「執拗で暴力的、そして害虫を退治するという確信をもってイタリア人に浴びせられた」――に対する敵愾心を激しく燃やしている。アンリ・ヴェルヌイユ（1985）の自伝的な証言もまた、戦前の移民の若者が「静かに」同化されたという神話は間違いだとはっきり述べる。それはフランス人の子供たちの学校世界のまったくの残酷さを明らかにしており、彼はいつも遠ざけられ、統合を拒否されて、つねに「違い」を味わわされていた。

三〇年代には、前章で考察した激しい外国人嫌い、近づきつつある第二次世界大戦（イタリア人は敵陣営に属していた）が、フランス国家の代表者〔教員〕のなかに、今日ではもはや見られないほど頑なな移民に対する態度をもたらしたのは間違いない。しかしながら、思い出の主観的な性質を表す、他の要因も作用しえた（そのことはこうした思い出に移民が抱く感情を何ら減じるものではない）。仲間うちのあいだで閉じている移民社会では、子供は生まれてから最初の数年のあいだは共同体によって比較的に守られていたという仮説が成り立つかもしれない。そのために、学校を最初に経験する瞬間に、強烈な衝撃――それはパリ地域圏の建築業のイタリア人のように、フランス社会といつも接触するような活気ある社会ではさほど顕著ではない――が生じる。さらに、言葉の暴力は、たいてい女性の仕業であるのには驚かされる。それは女性が家庭の再生産の中心におり、男性よりも孤立していたからかもしれない（とりわけ大多数が賃労働者として生活をしていなかった一九三九年以前）。同時に、排除されたという感情が教師の側の意識的な態度によるのではない事実についても強調しておかなければならない。初等教育の教室で毎朝出席をとり、出席者の名を呼んで欠席者を確かめること以上に月並みなことがあるだろうか。ところが、移民の子供は、この儀式を不安のなかで経験しうる。というのも、教師が名前を発音できず、まさにそのことによって生徒の爆笑を引き起こすからだ。アーヴィング・ゴッフマンがスティグマの社会学的分析で示しているように、このような状況では笑い者にされた外国人生徒を「守る」ために教師が行なうであろうあらゆることが、〔外国人生徒と他の生徒との〕隔たりを拡げる（この機会を利用して「皆がデュポンという名前であるわけではない〔デュポンは、日本人における佐藤、鈴木のような、フランス人の典型とされる姓〕」というテーマで市民教育を試みようとするフレネ教育信奉者の教師を想像してみてほしい）。現在は医者となったジョルジュ・メッザドゥリアンはアルメニアの中流階級家族の出身であるが、戦間期のパリの学校を今でも忘れてはいない（1975, p. 109）。「名前が発音しにくいうえに、自分の言いたいことも上手く言えないアルメニア人の子供たちは、級友にからかわれ、わかってもらえないので、しばしば泣きながら家に帰り、翌日は頑として教室に戻ろうとしなかった」。外国出自の生徒は国語の授業では確実に孤立し、歴史や地理の授業が彼の国に関わる日には、教師が何をしようとクラスの全員が彼を振り返り、そうして指を指された彼は、親が彼に語ったことしか知識のない国についての「代表役」、さらには「弁護者」という荷が重い役割を与えられるようになる（たとえば H. Troyat, 1950 を参照）。

少なくとも六〇年代までの小学校では、教師がしばしば「道徳的」、「衛生学的」役割を担っていたが、その象徴的な危害はそれを経験しないかぎり推し量りがたい。衛生の規則（汚れた爪、耳、髪、衣服など）や「フランス流の」礼儀作法が教えられる際に、両親（とりわけ母親）との骨肉の情をつうじて幼少期に獲得したアイデンティティの全体が、フランス人の子供／教師の破壊的なアイロニーにさらされるのである。

こうした状況の主な帰結は、フランスにおいてであれアメリカにおいてであれ、移民の証言や小説にたびたび描かれた「自分であることの恥」である。支配的な規範に自分をはめこもうとする絶望的な意志はさまざまなかたちで表れる。最近の調査でインタビューを受けたポルトガル人の若者たちは、国籍を尋ねる教師に自分の国籍を口に出すのを恥じていると認めている。マグレブ出自の若者たちは、このスティグマ化を逃れるためにフランス人になることを望んでいると断言する（H. Malewska-Peyre, dans *les Temps Modernes*, 1985）。子供や若者は両親の言語は信用を失わせるという理由から、その言語を話そうとしない。

文学はここでもまた多くの例を提供する。エヴ・デサール（1976, p. 156）は「同い年のフランス人女性から目立たないためなら何であろうと犠牲にしただろう」と告白する。ロジェ・イコール（1963, p. 478）は『混じり合う大洋』で、ロシア系ユダヤ人でヤンケルの息子、第一次世界大戦前に移民したシモンを登場させる。「イディッシュ語もフランス語と同様に母語であるのに、彼はイディッシュ語を恥ずべきお国なまりと見下していた」。同じ時代に出版された小説（それは偶然ではない）のなかでエルザ・トリオレ（1955, p. 64）もまた、サーシャ——父親のアクセントとrの下品な巻き舌の発音を理由に、父親を毛嫌いするようになるロシア人移民の息子——を登場させることで、この問題に触れている。この最後の例は、両親の拒絶という第二世代の移民の状況に固有の「恥」の現れの他の一例である。シモーヌ・シニョレ（1985, p. 83）の近作もこの点に言及する。「文盲でびくびくした惨めなポーランド人という貧しい母の醜さを思い出させる者は、もはや周囲にいなかったが、彼女がごく幼かった頃には、そんな母が、サン・フェルディナン通りの小学校の門のところまで顔を出しに来はしないかと心配したものだった」。

最強者の法を拒絶する、あるいは受け入れることができない者は、しばしば挑発的な姿勢に逃げ込み、人が非難することを公然と肯定する。「学校での規律無視」の多くの事例はこのようにして説明される。これらの事例は、マドレーヌ・ロバンソン（1978）の名前ではまだ呼ばれていなかった幼い小学生の態度と関連づけることができるかもしれない。彼女は、教師が自分の名前――彼女が挑戦状として叩きつけていた名前（たしかにスヴォボダは自由を意味している）――を発音できなかった時には大いに満足していた。

子供の人格形成における問題の重要性を理解するためには、これらいくつかの引用で十分である。スティグマとそれに対する防衛の仕組み全体が個人のアイデンティティのなかに定着し、その後も日常生活の相互関係のなかで「影響を及ぼし」続ける。この主題に取り組むフランス文学、アングロ・サクソン文学において、第二世代の移民はつねに鋭敏な感受性を備え、最初の攻撃を思い出させる状況を避けようとしたり、あるいはそれに備えようとしたりする性向を持つ存在としてしばしば描かれる。実際に幼年時代は、最初から脅かされているアイデンティティを危うくしかねないあらゆる事柄に直面して、これを回避したり反撃したりする技術を習得するための特別な時期となる。無国籍の子供に固有の人格の二重性について、そして敵意に満ちた世界から象徴的に逃れるために用いられる「自分の堅固な状態を溶解させ（…）のちになって再度それを組み立てる」という手段については、アンリ・ヴェルヌイユ（1985, p. 137）の証言を読むことができる。

2・2 「真正さ」という問題

こうしたつねに善意からなされているとは言い難い証言、また科学的研究が示すのは、スティグマを押された第二世代の個人が大人になっても、「出自《オリジン》」をめぐる問いが問題でありつづける場合がよくあるということである。最も一般的な姿勢は否認である。三〇年代末にアルベール・ドマンジョンとジョルジュ・モーコ（1939）は、田舎に住む外国人の子供の大半が自分の出自を忘れさせたいと思っていると見ていた。同様にリュドヴィック・ノドー（1931）は、ノドーがヴァール県の「イタロ＝フランス人」と呼ぶ人びとが、かつての国籍を隠していると主張する。もっとも南フランスにはイタリア人移民が古くからいるため、こうした態度は第一次大戦前からすでに頻繁に確認される。マルセイユで一八八一年の出来事〔「マルセイユの晩禱 Vêpres marseillaises」と呼ばれるイタリア人迫害事件〕の際に外国人嫌いの最初の犠牲者になったのは、名前をフランス風に変えたイタリア出自の労働者である。チェルヴィーノとボッティグリーアはセルヴァンとブテイユとなっていた（G. B. Arnaudo, 1881）。そのうえ、この調査の実施者は、イタリア出身のフランス人が「イタ公《マカロニ》」狩りで最も激烈であると記す。A・M・フェイドゥッティ・ルドルフ（1964, p. 372）の次のような考察も意見を同じくしている。「第二世代になっても時おり残っているコンプレックスというものがある。〔フランス人になってから〕日の浅いこのフランス人たちは、自分たちの祖国を選んだという意識を持っているため、ことさらに激烈なナショナリストとなり、時にはイタリア人嫌いにさえもなるのである」。セルジュ・ボネ（1972）もまた、同化したかつてのイタリア人のなかにあるメッツォジョルノ〔南イタリア〕出身の同国人に対するこうした型のふるまいを指摘した。コレット・ペトネ（1985, p. 27）はそれをまったく別の状況で再発見する。「異国風の響きの名字に関するあらゆる問題ははぐらかされる（…）。「分からない、それははるか昔にさかのぼるから」」。

ジャン＝ポール・サルトル（1954）は『ユダヤ人』のなかでスティグマ化の過程を説明し、ユダヤ人が反ユダヤ主義に対して用いる二つの主要な防御の形態を描写した。第一の形態は「真正な」ユダヤ人、すなわち自分の「出自」に忠実なユダヤ人の特徴である。第二の形態は、サルトルによればフランスでより広く見られるもので、それは支配的な社会によりうまく溶け込むために、仲間を否認する「非正統的な」ユダヤ人を指す。アーヴィング・ゴッフマン（1975）の功績は、こうした分析を社会で見られるあらゆる形のスティグマ化にまで拡大し、個人が正統な規範と結ぶ関係を特徴づける誰も逃れられない一般的な過程が実は問題であることを明らかにした点である。ゴッフマンが（自分の「ハンディキャップ」を隠すことができない）「信用を失った」個人と（スティグマが即座に目につくわけではないが）「信用を失う可能性のある」個人のあいだで行なっている区別を再び取り上げるならば、第二世代の成員は後者の範疇に属すと考えることができる。なぜなら、第一世代の移民は最初の学習の痕跡を決して消し去ることができないのに対して、第二世代の移民は一般的に自分の出自を出自として主張しない可能性、さらには出自を隠す可能性すら持っているからである。

話し言葉はその点でいい判断材料である。ゴッフマンが言及しているように、知的な雰囲気を醸し出したいがために厚い眼鏡をかける文盲にも少し似て、移民の子供はしばしば完璧なフランス語（あるいはむしろ彼らが完璧であると考えるフランス語）を話すことに気を配る。ウイリアム・ラボフ（1976）はニューヨークの第二世代のイタリア人における社会言語学的なふるまいを研究し、彼らの言葉の用い方がはからずも示す「過剰訂正」を浮き彫りにした。私たちはロレーヌ地方でも似たような態度を観察することができた（そうした態度を分析するには至らなかったが）。そこでは非常に強いロレーヌ地方のなまりがあるというただそれだけの事実で、しばしばイタリア人が見分けられる。[10] この出自の「否認」というふるまいは、成年に達するやいなや幼年時代を過ごした「ゲットー」を離れたいという欲望としてしばしば現れる。ルイス・ワース（1980）は有名な著作のなかで、シカゴでのこうした過程を描写した。子供は外部とより頻繁に接触するので、親のゲットーを突然目の当たりにするのはたいていの場合、子供である。彼らには両親の世界が突如として窮屈で時代遅れのように映る。そうして生まれた社会が「分離された」状態にあることに気づき、その結果、集団で住んでいる界隈を変更するということが起こる。

都市の規模という要因だけとっても、フランスの状況は〔アメリカの状況と〕同質のものとは言い難い。しかしながら、「ゲットーからの脱出」の過程はたしかに現実のものである。精密な研究はないが、入念な生活環境の分析をすれば、新しい移民の到着地がほとんど変わらない一方で、第二世代は社会職業的な観点からも（後ほどこの点に立ち戻る）、空間的な観点からも、流動性をもっていることが示されるだろう。マルセイユでは第一世代はしばしばポルト・デクス界隈に住むが、イタリア人の例が示すのは、第二世代からすでに都市全体に散らばってゆく過程である。同様にパリでは、中欧のユダヤ系移民はたいていの場合、ベルヴィルに到着するが、彼らの子供は郊外の町か首都の他の界隈へと移り住む。農村世界については、プロヴァンス地方の田舎で大規模に雇用されたイタリア人農業労働者の子供はコート・ダジュールへと逃れ、職業も変えてしまうとベルナール・カイザーは考えている（J.-A. Carreno *et alii*, 1972; C. Roland, 1962; B. Kayser, 1960）。

この〔ゲットーからの脱出という〕物理的な断絶は、しばしば生活様式の根本的な変化を伴う。マントでは、マグレブ生まれの一部の上級管理職は一般にフランス人女性と結婚し、完全にフランス式の生活様式を取り入れ、同じマグレブ出自のきわめて多くの労働者が集住している区域から離れて生活する（M. Bekouchi, 1984）。また別のコンテクストでは、父親と同様にサッカー・フランス代表の選手で、ポーランド移民の孫にあたるヤニック・ストピラは、第二世代に属する父親が息子にはポーランド文化のかけらさえも伝えようとしなかったと語っている〔ヤニックという〕ブルターニュの名前が示唆的である）。彼によれば、フランス北部の炭鉱住宅の「ゲットー」で生活した圧倒的多数のポーランド人が、その後に適応の問題を抱えたという（D. Braun, *l'Équipe*, 28. 1. 1986）。

しかし、「ゲットー」を逃れるための方策はたくさんある。帰化、および国籍の異なる者との結婚がその一例である。改名もまたありうる。アーヴィング・ゴッフマン（1975）にとっては、動機が何であれあらゆる改名は、個人とそのかつての世界とのあいだに裂け目を入れる。実際、この点に関して私たちの手元にある口述された証言は、あるジレンマをしばしば反映している。こうした証言をする人びとは改名はやむを得なかったのだと面目にかけて強調している。たとえば、アンリ・トロワイヤの父は、ロシアから〔フランスに〕逃れるために、まずは姓を変えることを余儀なくされたのだが、トロワイヤ本人は、「外国風の名前を小説の著者が名乗るのはやめるべきだ」という出版社の忠告に従ったのである。こうした選択は、苦痛や良心の煩悶を引き起こさずにはいない。「偽名で小説を出版するなら、私が著者であることをみずから否認することになるように思われた。本は私の手を離れ、誰かの作品になってしまうだろう」。しかし、最終的に著者は、改名を法的に認めるほどに新しいアイデンティティ（それはまた別の生のアイデンティティでもある）をしっかりと「身につける」。マドレーヌ・ロバンソンの場合には、彼女に姓を断念するように求めるのは、彼女に初めて配役したプロデューサーである。彼女は実際そうした――人生のチャンスをみすみす逃すことができるだろうか――が、悲しくないわけがなかった。というのも、その姓は「私が心から愛していたスラブのドン・キホーテの姓、父親の姓だったからである」（H. Troyat, 1987, p. 168; M. Robinson, 1978, p. 63）。自分の名前を変えること、それは集団の承認を象徴的にあきらめることでもある。姓は実際、アイデンティティの基本的な記号であり、外国人嫌悪に苦しむ人びとと同士を本能的に近づける。アンリ・ヴェルヌイユ〔〔本名〕アショド・マラキアン〕がアルメニア人のある級友について述べているように、「〔級友の姓の〕最後の音節は私にとって非常になじみ深いもので、彼が私と同じ氏族の紋章を身につけていることを明瞭に示していた。私たちは出自が同じであった」（1985, p. 239）。仮に問題がとりわけ芸術家の世界で起こるとしても、他の環境でもまたこの問題に出会う。たとえば今日では、町に立派な店を構える美容院では、マグレブ出身の従業員に対し、客が驚かないよう、もっと「なじみやすい」名前を選んでほしいと雇用主が要求することがありうるのである。

他にも同じくらい差し迫った理由が、個人をこの選択へと駆り立てる。最も説得力のある例のひとつは、間違いなく第二次世界大戦直後のドイツ国籍の多くのユダヤ人難民に見られる姿勢である。戦後に帰化しながら、生涯にわたって姓の問題に悩まされた次の法学博士のような例がある。「目をつけられる最も単純な方法のひとつは名字であるが、私は子供たちが私と同じ問題にぶつかってほしくなかった。私は一九四九年に姓の変更を申し出て許可を得た」。しかし、滞在許可証に関する新たな法律によって、彼は数年後に出生証書に記載された名、ルドルフを用いるよう強いられた。それゆえ、名も変更する許可を得るための新たな役所の手続きが必要だった（G. Badia, 1982, p. 131 による引用）。この証言は、一般に巧みなフランス風の偽名を選択していた反ファシストがその偽名を使い続けるべきかどうかという、戦争直後の移民社会を巻き込んだ広範な議論を反映している。当時の多数派は、ことさら自分を目立たせるようなことはしないほうがよいというものであった。「（反ユダヤ主義に対して）犠牲者をより傷つきやすくすることが何になるだろうか」。この議論に言及するグラスベール神父（1946, p. 239）にとっては、「ドイツやポーランドの難民の幼い少年は、ブスケやデュプレシの名でフランス中をさまよっていたが、フランス人に見せかけようとするだけではなく、個人的な大義と彼の国〔フランス〕の大義をあまりに混同した結果、実際にフランス人であるように感じていた」。

もし、第二世代に固有のジレンマが両親との葛藤に満ちた関係として現れ、それが移民社会における多くの「思春期の危機」を説明するとしても、このジレンマは時としてより集団的な様相を呈する。直近の段落で私たちが何度も援用した文学の世界に限定するなら、エミール・ゾラの事例に言及しうるかもしれない。イタリア移民の息子のゾラが家族を「再発見する」のは、すでに名声を得ていたときであるが、それは『居酒屋』を読んだ従姉妹が彼に書き送った手紙によってであった。従姉妹はゾラに彼の出自を思い出させ、彼に関係を復活させるように求める。しかし、ゾラは答えなかった。書簡のなかでゾラはイタリアの「遠縁」に言及する。この冷淡さはアルプスの向こう側にとどまる彼の血族を深く傷つけた。ドレフェス事件の文脈では、このフランスの作家がイタリアの出自であることが、ドリュモンからもバレスからも問題視される。父の記憶を汚す誹謗キャンペーンによって、ゾラは真実を取り戻すために〔血縁関係の〕捜索に着手し、イタリアに赴くことを強いられる。彼のイタリア人の友人からするならフランスとイタリアの友情の象徴となったゾラは、投獄の際にはイタリアから多数の励ましの手紙を受け取る。ゾラの死後、あるイタリア人作家はゾラの文学的才能はその「イタリアの根」のおかげであるとさえ主張した。イタリア関係の全書簡が収録された著作の序文で、序文の著者は、家族やゾラに対して温かい気持ちをもっていた国に、なぜゾラが慎重な態度を取ったのかと問いかけている（Y. Ternois, 1967）。先に述べた論理に従うなら、「イタリアの友人たち」がゾラを困惑させるのは、ゾラの信用を失わせようと彼がフランス人ではないと強く主張する人びとの論拠を、これらの友人たちが補強してしまうからだと考えることができる。このような状況では、ゾラが自分のイタリアの出自をおおっぴらにするのは（「継承」の問題がとりわけ大きな場所を占める文学界では）ほとんど不可能である。ロジェ・イコールは先に引用した小説のなかで、息子が自分の言葉を「否認」して家族のイディッシュ語を恥じていたにもかかわらず、自分の出自への忠誠という問題にこの息子が頻繁に直面していたことを指摘する。「時々辛辣な言葉が彼の皮膚をチクリと刺した。それは反ユダヤ主義的な言葉である。そしてたいていの場合、彼にその出自を思い出させた最も婉曲な言い回しのときでさえも、こうした言葉は彼が「皆」のようにあることを許さなかった」。そこから巧みな反撃の技術が生まれるのであり、この技術によって――アンリ・ヴェルヌイユが告白するように(1985, p. 108) たとえそれが時おりいくばくかの「裏切り」なくしてはありえないとしても――両親に対する距離を取りながら同時に侮辱を前にして臆病さを見せないことが可能になる (R. Ikor, 1963, p. 478)。

移民の子供の社会化に特有の問題は、二つの対照的な種類の社会的な軌跡、すなわち、犯罪と華々しい社会的な地位の向上とを説明するために、引き合いに出される。いずれの場合も論証はきわめて困難である。フランスでは犯罪行為の統計は、先に定義した意味での第一世代と第二世代を決して区別しなかった。最近のデータ (M.-C. Desdevises, 1977) に照らすなら、外国出自の若者が今日では犯罪者数の大部分を占めるのが分かるとしても、決定的な基準は社会的および職業的な環境でありつづけている (J.-C. Chamboredon, 1971)。この問題に関するシカゴ学派の諸命題が、どの程度まで現代フランスにあてはまるのかを評価するためには、さらなる研究が必要だろう。戦間期に関しては、ルネ・ガリッソ (1985) を参照すると、当時は共同体による制御が移民の若者の非行を妨げるのに十分効果を発揮していたと考えることができる。アルメニア人に関してアンリ・ヴェルヌイユ (1985, p. 102) がこの点を指摘しているが、それは他の国籍にも当てはまる。「自分たちの欠点、弱さ、不和、争い、彼ら〔移民〕はこれらを共同体の内部で示すにとどめていた (…)。予審判事の記憶にある限りでは、半世紀以上のあいだ、移民のいかなる名も刑法典による裁きの対象になったことはなかった」(しかしながら国が保存する史資料はこの断言が部分的にしか正しくないことを示している)。

フランス人の研究者が、移民の子供の社会的流動性をめぐる現実を評価するにあたっては、なおいっそう乏しい資料しかない。フランス国立統計経済研究所の統計の現状もあって、この主題に関しては時代区分にかかわらず全般的な研究は一切存在しない。心理学者は、二つの世界のはざまで「分裂して」いることが個性を豊かにする要因であり、これが芸術家の世界で第二世代がたびたび成功――成功はまた「社会的な復讐の渇望」とも関連づけられる――する理由であると言う。もし、誰もが外国出身の役者、歌手、作家を知っているとしても、それだけでは統計として十分ではない。同様に他の職業の世界でも、「模範的な」いくつかの事例から何事かを結論づけることはできない。最近、スティーヴン・スタインバーグ（1981）はアメリカに関して、第二世代、第三世代のユダヤ人が「民族的あるいは文化的特性」によって社会的な地位を向上させているのだとする「説明」は、科学的な説明というよりも神話に属していることを示した。フランスでのこの主題について私たちの手元にある数少ない研究（C. Roland, 1962; D. Bensimon, 1984）は、フランスでも事情は同じだという印象を与える。しかし、研究不足を前にしては、ここでも再び、事例研究から得た情報にもとづく断片的な論証しか述べることができない。ストラスブールのイタリア人、ヴァランスのアルメニア人、ベルヴィルの中欧ユダヤ人、あるいはモーゼル県の炭坑でも、第二世代は労働者階級のなかに定着しているように見える（A. Rickling, 1965; C. Roland, 1962; P. Garagnon, 1955; Th. Nicolay, 1967）。

アラン・ジラールとジャン・ステッツェルの調査が、評価のための補足的な要素を提供してくれる。第一世代以来、〔移民の〕定着はそれぞれ特定の環境でなされ、諸個人はこの環境によって「成型」されるため、国籍の基準は時間の経過とともに説明要因ではなくなっていく。この現象は第二世代においても拡大するばかりである。職業の選択に関して大都市がもたらす利点は、移民の子供ではさらに大きい。（イタリア出自で）建築業に従事する労働者の息子の三五％が父親と同様に労働者であるが、二三％が被雇用者で、一五％が勉学を続ける。イタリア人商人にとっては子供の運命はさらに有利である（労働者一六％、被雇用者一四％、「自営の」職人あるいは商人が三一％、そして一四％が勉学を継続）。ロート＝エ＝ガロンヌ県のイタリア人との対比には思わず目を見張る。七五％の子供が親と同様に農民である。被雇用者は一人もいない！ ポーランド人の子供では、定着した環境に応じて大きな違いがあるのも分かる。坑夫の息子では二五％が息子自身も労働者で、四％が被雇用者である。逆にエーヌ県の農業労働者の子供はその四〇％が農業労働者で、二四％が労働者である（被雇用者はわずか二％）（INED, 1953）。〔ただし〕これらの数値は、これらの数値を初めて見たひとが考えるかもしれないのとは異なり、職業間の流動性がないことを示すのではなく、労働者の世界の内部で変化が起こっていることを示している。

民籍簿と国勢調査に基づく統計と、数多くの口頭での調査を組み合わせたある研究によれば、移民の第一世代が生涯にわたって労働者の職にとどまっていたのに対し、第二世代は「現場で」資格（溶鉱工、精錬工など）を得たり、職業適性証書の取得や保守部門（修理工、仕上げ工など）に就くのを可能とする職業訓練所に進んだりすることで、熟練工の地位に出世する。A・M・フェイドゥッティ・ルドルフが博士論文で行なった数多くの調査は、フランス南東部のイタリア人に関して同様の過程を示している。たとえばシェッドゥ（アルヴ河渓谷）では、第一世代の四二％が化学工業で働き、二六％が建設業、六・五％が機械工業と金属工業で働く。（私たちが第二世代と同等に扱う）フランス生まれのイタリア人に関しては、わずか二五％が化学工業、二二％が建設業、そして二〇％が評価の高い部門である金属工業と機械工業で働く。サヴォワ県のヴィラール＝ボノの町で化学工業が吸収するのは、イタリア生まれの人の二〇％、帰化者の一六％だが、フランス生まれのイタリア人については三・五％にすぎない。反対に被雇用者は四・五％がイタリアで生まれたにすぎず、三・五％が帰化者で、一四％がフランス生まれのイタリア国籍者である。それゆえ次のように結論づけられる。「地理上の出自よりも、フランスへの定着の古さが、職業上の階層に影響を与える」(A.-M. Faidutti-Rudolph, 1964, p. 241 ; G. Noiriel, 1982)。

ここでは「第二世代」という概念が二重の意味を持つのが分かる。つまり、生まれた国に関して、そしてそれと同時に就いた仕事に関してである。しかもこの結論はフランス社会に固有のものではない。というのも、ハーバート・ガンズ(1982)がボストンのウエスト・エンド界隈でイタリア人が労働者の世界に定着した際に、同じ過程をすでに描いていたからである。(11) 三〇年代末期あるいは戦争直後に就労が可能な年齢に到達した第二世代と、今日、働き口を見つけようとする第二世代を比較するなら、熟考すべきは何よりも職業における統合のさまざまな様態と社会的流動性のさまざまなかたちについてである。職業上の問題のみならず、労働者の価値観や生活様式全体への統合もまた重要であるだけに、なおさらである。

労働者階級への定着に由来する理由と国籍ごとの出自に関係する理由の双方によって、第二世代が労働者の世界に固有の多様な政治的動員の場面で、いかなる場所を占めるに至ったのかということが、今日ではしだいに理解され始めている。たいていの場合——移民の子供が社会化された仕方について私たちが先に述べたことがこれを理解する助けとなる——第二世代はその時代に最も「急進的」で、しばしば暴力の信奉者であるようにさえ見えていた政治組織を支持した。フランス北部に関しては、ジュール・ゲード〔一八四五～一九二二年。フランスにマルクス主義を導入した社会主義者。第二インターナショナルの指導者だったが、第一次世界大戦では愛国派に転向〕の選出とフランス労働党の躍進がどれほどベルギー人の第二世代に負うものであるかが、今では知られている。この社会主義の指導者を中傷する者は、ゲードを「ベルギー人の代議士」という言葉で名指し、彼の信頼を失わせようとやっきになった(J. A. Reardon, 1977 ; F. Lentacker, 1973)。二〇年代に「赤いアルワン」のような織物製造の都市を活気づかせた大規模な集団的動員は、フランス共産党がフランス労働党の継承者であることを示す。その社会的な基盤と動員の原動力は、労働条件とともに労働者がフランドル地方の出自であることからも来ている（M. Hastings, 1986）。ロレーヌ地方ではセルジュ・ボネが、製鉄業や鉱山の町での共産党票の増加と、イタリア人の姓を持つ有権者の増加とのあいだにある緊密な相関関係を明らかにした（S. Bonnet *et alii*, 1962）。ここでもまた個別の事例をただ並べるだけにはとどまらない調査を実施するべきだろうが、これらすべてが、レジスタンスのような重要な現象を移民史に照らして「再読」する必要があると考えるよう促している。ロレーヌ地方では、「フランスのために命をささげる」ことは、出自のスティグマを消し去り、疑わしいと見られていたフランス共同体への統合を、公共の場で集団的に確認する最良の象徴的手段であった。

3　「根《ルーツ》を再発見する」？

その断片的な性格にもかかわらず、これらの資料が示すのは、フランス社会への統合が特定の地理的・職業的な環境への定着を通じてなされることである。たいていの場合、労働者の世界への定着であり、それは「第二世代」の定義が妥当か否かは、この語の二重の意味にかかっているのではないかと思われるほどである。つまり、民族的な出自のうえでの第二世代と、労働者の地位における第二世代という意味とである。すぐに頭に浮かぶ疑問とは、当然ながら、移民の子供がフランス社会にどの程度まで「同化された」のかを知ることである。およそこのような類の問いかけは、多くの解釈を呼び起こし、政治的な論争の材料となったために、研究者にとってタブーとなった。

これに冷静に取り組むためには、思考を閉じ込めるような誤った問題（「みずからの差異とともに生きる」あるいはジャコバン的な「鋳型」を強化する）を乗り越えることが必要である。したがって、ここでもまた距離をおいて考えるべきであり、問題を「マグレブ出自の若者の問題」と見なすのではなく、フランス社会で一世紀も前から提起された問題と見なすべきである。そういうわけで、私たちはここでも、二〇年代にフランスに到着した外国人とその子孫の研究を重視した。なぜなら、それが三世代にわたる過程を検討することを可能にするからである。それに対して六〇年代に到着した新しい移民の波に関しては、包括的な科学的分析に着手するには時期尚早である。もっともそのために、妄想じみた予測を未来について行なう人が出てきてしまうことにもなるのであるが。

ここで解答を与えておきたい第一の問題は、〔移民が〕出身国の文化を構成するさまざまな要素をどの程度までとどめているのかという問題である。ムルト＝エ＝モーゼル県での帰化（一八八九年から一九三九年）に関する千通の文書について、私たちがローランス・ベルトイアと共同で行なった統計学的研究は、第一世代と第二世代をフランスに到着した年齢をもとに区別する（成人年齢以前に到着した人びとは第二世代に属するものと見なされる）。こうして、帰化申請の四〇％が二一歳以下でフランスに入国した個人によるものであることが確認される（親と同時に帰化した者は含まれない）。これは第二世代がきわめて強い同化欲求を持っていることを示す第一の例証である。上記で私たちは、国籍が異なる者との結婚が、すでに第一世代からかなりの数実現していたことを確認した。私たちの手元にある統計学的研究によれば、この過程が後続の世代では加速する。アルメニア人のような自分たちの伝統に最も深く「根を下ろして」いると一般に見なされてきた共同体だけを取り上げても——三〇年代のコメンテーターたちは、アルメニア人が「同化する」には数十年間かかるだろうとたえず述べていた——ジュヌヴィエーヴ・バルダックジャン（1973）の研究が示すのは、一九二五年から二九年にデシーヌ（アルメニア移民の中心地）では国籍が異なる者同士の結婚の率が六・四％であるのに対し、一九六〇年から六九年のあいだに五一・九％に達し、一九七〇年から七一年には七三・二％に到達するということである。〔事態の〕進展の速さを見てとることができる。パリ地域圏のユダヤ人住民について、ドリス・ベンシモン（1984）の統括のもとに行なわれた研究も同じ方向の結論に至っている。一九三五年には結婚の八分の一が国籍が異なる者同士の結婚であったが、五〇年代末に三分の一、そして今日では二分の一である。〔ベンシモンらの研究では〕私たちがここで与える意味での世代間の明確な区別はなされていない。もしこの区別がなされていたなら、国籍が異なる者との結婚率はもっと高かっただろう。ジャン・グルザンスキ（1977）はみずからの調査に基づいて、第二世代を表す人びとの三分の一が同じ「民族」集団内で結婚すると見積もっている。レイモン・ブードン（1963）とその研究チームも、オストリクール〔フランス北部リール市郊外の町〕での国籍が異なる者同士の結婚について、同じ割合（三二％）に達するとしている。ジラールとステッツェルもまた、国立人口統計学研究所（1953）のための調査のなかで、移住した地域に応じて違いが生じることを示している。エーヌ県（ここに本当の意味での「ポーランド人共同体」は存在しない）の農業労働者については、第二世代から国籍が異なる者同士の結婚する率が五五％に達するのに対して、フランス北部地方の坑夫では二四％にすぎない。イタリア人の第二世代でも同じ開きが見つかる。パリの建設業労働者では国籍が異なる者同士の結婚は五六％、同じパリの商人、職人では八四％、そしてロート＝エ＝ガロンヌ県の農民では五一％である。社会的地位の影響についてはすでに言及したが、同じ国籍出身の集団の大きさも、国籍が異なる者同士が結婚する率にかなりの影響を及ぼす。しかし、たとえ時おり耳にするほどには「混交」が完全ではないとしても、いたるところでフランスの地域社会とのより深められた関係を取り結ぶ傾向にある。他の指標——体系的に調べる必要がある——は出自文化の放棄を明らかにする。ポーランド人の親が子供につけるフランス風の名の統計は、オストリクールの町では一九三五年の四四％から一九四五年の七三％へ、一九五五年の八二％から一九六〇年の九八％へと目覚ましい伸びを示す。これには注釈はいらないだろう！　同様に宗教的な実践が衰退する。ジラールとステッツェルの研究によれば、フランスに到着してから二〇年経つと、初めは宗教的な掟を厳格に守っていた共同体もしだいに情熱を失っていく。またこの研究は、大都市が移民の宗教的実践に対して「腐食的な」役割を果たすこと、そして脱キリスト教化したフランス労働者階級の規範も影響を与えることを示している。実際に一九五三年のパリ地域圏では、イタリア人労働者の三四％が宗教的な実践を欠かさないカトリックであると公言するのに対し、ロート＝エ＝ガロンヌ県の職人・商人では五二％、農民では六一％である。ポーランド人は信仰の実践をより守っているように見える（エーヌ県の農業労働者では六六％、フランス北部の坑夫では六三％）。しかし、第二世代（あらゆる職業を含む）から三〇％にまで落ちる。宗教的実践の同様の衰退は、アルメニア人やパリ地域圏のユダヤ系住民でも確認される。シャルロット・ロラン（1962, p. 265）はベルヴィルに関する研究のなかで、この問題を強調する。「第二世代の大部分は宗教的伝統からほぼ完全に切り離されている。その宗教的伝統は親の出身社会では重大な関心事だったのであり、親たちは今でもそうした伝統に完全に精通しているにもかかわらず、もはやきわめて不完全な仕方でしかそれに従わないのである」。（戦間期の移民に由来する）第二世代のユダヤ人の一〇人に一人がいまだに信仰を実践しているが、大半は経営者の階層に属しているとシャルロット・ロランは見積もっている。ロランによれば、この「執拗な拒否」はこれらの宗教的な実践が彼らの出自を思い出させ、他のフランス人との違いを生むことによって説明されるという。著者にとっては、支配的な社会が押しつけるスティグマによってこそ、こうした態度は説明されるのである。というのも、彼らはスティグマを「移住先の共同体の側からの拒否として」解釈し、「自分たちの価値は貶められている」と感じているからである(12)。

以上を踏まえるならば、次のような結論を導くことができる。移民「第二世代」の定義における主要な基準のひとつは、みずからのものである〔受け入れ国の〕社会に溶け込もう《アンテグレ》とする意志にある。その一方で〔溶け込むに際しての〕困難も経験しているがゆえに、出自を思い起こさせるようなことについてはすべて、多少とも際立った拒絶の態度をとる。「成功した同化」というまったくフランス的な予断に加えて、この集団的なふるまいは、フランスで移民史が抑圧されてきたことを説明するもうひとつの大きな理由となる。今や十分な研究の蓄積があるので、研究対象の住民と実際に接触している多くの研究者が観察した一般的な過程が問題だと示すことができる。セリーヌ・アザス（1981, p. 13）は博士論文のなかで、ビテロワ地方〔南仏エロー県の一部〕のスペイン出身の人びとが出自を集団として表に出すのを拒んだのは、忘却の結果ではまったくないことを明らかにしている。「その時代に何十万人ものスペイン人がやってきて、旅立ち、あるいはここにとどまったりしたことは、皆が承知している。スペイン人は村やこの県の大都市で生活し、働き、子供をもうけた。しかしそうしたことは例外的にしか語られない」。ロレーヌ地方で最も強いロレーヌなまりがあり、ロレーヌ十字や地域の民俗衣装を着た子供に続いて行進するのは、イタリア人の子供たちである。同様に一九世紀末の反ベルギー（とりわけ反フラマン）的な外国人嫌悪も「同化」の過程を加速させる。「フランスにおける外国人の状況を制約するこれらすべての束縛は、問題の根本的な検討もないままに当然視されていた同化の過程に影響をもたらした。ベルギーからの移民の歴史の古さを、フランスへの帰化の大規模な進行に関連づける必要がある。実際、一八八〇年代には五九万人近くを数えた外国人集団〔ベルギーからの移民〕も、帰化によってその八割が外国人ではなくなったのである」。この過程が加速するのは、ここでもまた後続の世代においてである。「リール市のワゼム地区は、その住民を特徴づけていた、フランドル的とはいわないまでもベルギー的な特色を、戦間期に失った」（F. Lentacker, 1973, p. 444 et 466）。

このフランス巡りをマルセル・パニョル〔南仏生まれの作家・映画監督、一八九五〜一九七四〕でおなじみのプロヴァンス地方で終えることにしよう。マルセイユのイタリア人漁師はプロヴァンス地方の非常に古くからの伝統を自分たちのものとした結果、「イタリアの思い出に言及することがまったくなくなる」までに至るとフィリップ・ジュタールは述べている。彼はこの「体系的な忘却」の原因を、町のイタリア人漁師が自分たちの「創設神話」を作ることを必要としていた点に求める。この神話は「サン・ジャン界隈に結びついた、移民の界隈と戦争前の「赤線」地帯という二重の汚点」を消し去る役割を担うだけに、なおさら必要であった。著者が付け加えるところでは、そのため「年老いた漁師は〔プロヴァンス地方の〕歴史に拠って立つことで、（…）現実には次のように言っていることになる。「皆がおれたちを新顔だ、あまり感心できない奴らだと責めるのさ。だけど本当はおれたちこそ最初のマルセイユ人で、最初のキリスト教徒なんだよ」」。自分たちのものではない歴史をみずからのものとすることで、マルセイユの年老いたイタリア人漁師たちは、どのような必要に駆られていたのかを物語っているのだ。「同化して同胞のように見られる必要があったのであり、その結果、イタリアの思い出を忘れ、プロヴァンス地方の過去を取り入れ、最古参者のように見せる」必要があったのである。私が思うにこの論証は範例としての価値を有する。旅の物語に関係して前述した、〔移民先で〕系譜が再び根づいていくことをめぐる家族の神話が、どのようにして集団全体に関わる営みとなりうるのかということ、そして、社交性の諸形態の「恒常性」や新しい歴史学でおなじみの「長期持続」という予断の影に隠れるかたちで、諸個人や諸個人の集団からなる現実の社会史が経てきた深い断絶が、この神話によってどのようにして隠蔽されるのかを、この論証は示している

(P. Joutard, 1983, p. 191 *sq.* を参照)。

しかしながらこの論証は、これとは反対の、第二世代や第三世代における移民「アイデンティティ」の肯定、さらにはその強化を主張する数多くの観察とは衝突することになる。これは、マグレブあるいはポルトガル出自の若者に関して今日、頻繁に遭遇する観点である(たとえば M. Oriol, 1979 を参照)。ありうる第一の説明――それは二つのテーゼを両立させる利点があるが――は、歴史的な条件が変化したというものである。二〇年代に大量に到着した移民の子供を深く傷つけた激しい外国人嫌悪は、今日ではもはや成り立たない。教員もかつてとは違い、学校も外国人の生徒によって代表される出身国の社会と受け入れ社会の唯一の接触地点ではもはやない。「新たなイメージ」(テレビ、映画)の氾濫、第二次世界大戦後の新しい社会的な範疇である「若者《ジュネス》」――それはその規範やモデルとともにアングロ・サクソン的なコスモポリタニズムに大きな影響を受けている――の構築、これらすべてのことが、半世紀前の外国出自の若者にはなかった自己同一化の「選択」を可能とするのだろう。リンダ・ド・スーザ〔歌手〕はフランス社会のただなかで、「ルシタニア性」あるいは「ポルトガル性」を強固にするのを助けるだろう。同様に「アルジェリア性」に関しては、「カルト・ド・セジュール」〔「滞在許可証」を意味するバンド〕のおかげということになるのだろう[13]。こうした事象の見方を、スティグマを押された人がやっとの思いで自分の恥を隠すことを覚え、残りの生涯を「忘れる」ことに費やすというゴッフマンの観点と一致させることすらできるかもしれない。研究の現況を見るかぎりでは、問題は開かれたままである。自分が発見する現象が本質的に前代未聞だと思い込んでしまう傾向のあるすべての人びとに対しては、歴史家が果たすべき役割とは、まず逆の方向に「棒を曲げて」見せること、すなわち、さまざまな過程がいかなる点で「構造的」であり、一時の情勢によるものではないのかを示すことにある。

この主題に関して、現在進行中のフィールド調査は、こうしたアイデンティティ上の「権利要求」はいささか非現実的だと考えるよう促しているようにみえる。こうした「権利要求」に対しては、今日の若者にあってさえ、フランス人からいまさら区別されたくないという気持ちがあることを強調する、多くの研究が反論している。ベルクの報告は、出自文化とフランス文化とのあいだで引き裂かれた第二世代の「二重の欲求不満」について、戦間期と大して変わらない学校の現実を浮き彫りにしている（J. Berque, 1985）。より重要と思われるのは、第二世代に適した代弁者、代表、権利要求の綱領などを備える組織化された「集団的アイデンティティ」を生み出すことができないという点である。たとえば政治のレベルで、一九八六年の国民議会選挙が明らかにしたのは、「ブールのアイデンティティ」を引き合いに出す（マルセイユのカメル・アッジラのような）数少ない候補者が、選挙キャンペーンの途中で自分の計画をあきらめたということだった。その理由のひとつは、候補者に自分の姿を「重ねる」と見られていた人びとをうまく動員できない点にある。また第二世代に向けた出版物が今日、困難に直面していることも知られている（『バラカ』誌の変遷を参照）。一部のアーティストが「ブール役を演じる」ことで、ある程度の知名度を獲得することができたとしても（番組『モザイク』は他の手段ではきわめて難しいテレビへのアクセスを確保する）、大半は「代弁者」の役割を担うのを拒否する。小説『アルシ・アフメドのハーレムの茶』（1983）の成功以来、第二世代の「代表」の典型と見られているメフディ・シャレフは、実のところ、「私のような若者は過去の出自をまず振り払わなければならない」と考えている。同様に俳優のファリッド・ショペル、スマイン、ダンサーのカメル・バラルビ、漫画のシナリオライターのファリッド・ブジェラドは、自分たちは多数派の文化に溶け込みたいのだと口を揃える（以下の近著を参照。A. Boubeker et N. Beau, 1986）。また、ＳＯＳラシスム〔一九八四年に設立された人種差別や反ユダヤ主義と闘うフランスの人権団体〕で活動するマグレブ出自の若者はそれほど多くないことが知られている（とりわけ以下の記事を参照。Philippe Bernard, *le Monde*, 18 juin 1987）。本当のところは逆説とはいえない逆説によって、「アイデンティティをめぐる」問題に関する第二世代の今日における集団的な動員は、第二次世界大戦に続く時期よりも少ないと見積もることすら可能である。移民がレジスタンスとフランスの経済的復興において果たした役割を強調しながら、移民の援助と庇護委員会（CADI）はフランス社会への「第二世代」の真の統合を獲得するために、何年にもわたって闘いを繰り広げてきた。

第二世代の移民は望むものを手に入れたからこそ、みずからの出自に関して沈黙することが少しずつ一般化し、不信感に満ちたまなざしを新参者の移民のほうに向けるのに成功したのである。かなりの数のフランス人にとっては――三〇年代と戦争中の彼らの態度から考えるなら――このような沈黙は好都合だったので、〔移民第二世代とフランス人の〕それぞれが利益を得るような、暗黙の「協定」があたかも結ばれていたかのようである。

先に敷衍した諸命題に対する第二の反論は、かつての移民の共同体において、「アイデンティティの肯定」が復活しつつあると考える人びとから提出される。こうした著者によれば、この復活は同化への「抵抗」を表すとされる。まず、こうした命題は新しくはないと述べておこう。これらの命題は移民のサイクルの「B局面」を特徴づける。すでに見たように、この局面は、出自の問題に対する関心が再び高まることによって特徴づけられる。一例として、国立人口統計学研究所の初期の研究誌（1947）に、移民史への取り組みが第二次世界大戦の直後にはすでに始まっていたことを示す家系図が発表されているので、掲載しておこう。ここでは一九世紀初頭のポーランド移民が取り上げられている。「経済的」というよりも「政治的」（そして貴族層の）移民である。当初のアイデンティティを維持する多様なあり方の例として、

いくつかのポーランド移民家族の家系図（19 世紀）

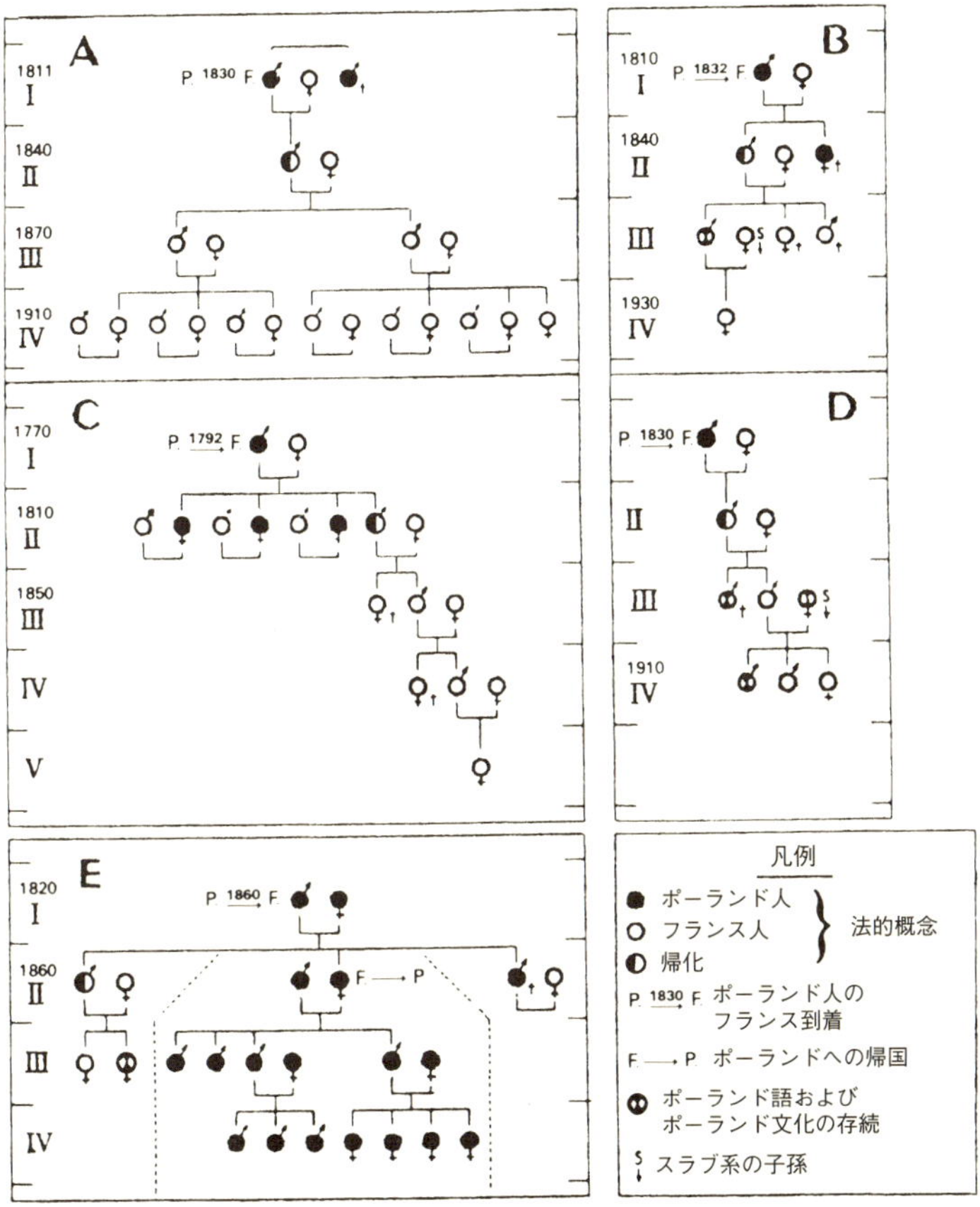

「選んだ家系図はそれぞれ変遷が単純な事例である。

第一世代（Ⅰ）はフランスに到着した世代である。

たいていの場合，第二世代（Ⅱ）において，帰化およびフランス人とポーランド人のあいだの国籍を異にする者同士の結婚が頻繁に生じる。

第三世代（Ⅲ）では，事例に応じて著しい違いが現れる。A と C では，新たな国籍を異にする者同士の結婚が確認され，この結婚に由来する子孫においてポーランド文化とポーランド語の消滅が確認される。逆に B と D では，移民の孫たちはスラブ系の子孫と結婚し，彼らとその子供たちにおいては，ポーランド語とポーランド文化は存続した。E では，このポーランド語とポーランド文化の存続という現象によって，家族の全員がポーランドに帰ったことが分かる」（T. Piotrowski, dans INED, 1947）

第五世代にまでいたる系図の変遷が数種類提示されている。

しかしながら、「原点への回帰」は五〇年代では、移民の世界のほんの一部にしか関係しない。逆に今日では、きわめて広くみられる現象である。それは数多くの文書による証言と口頭による証言、そして新しいアソシアシオンの活動をつうじて表現されるのであり、特定の社会的な範疇に固有の現象なのではない。サッカーの世界では、ポーランドとイタリアの第三世代の代表者のもとで、こうした関心に出会う。ヤニック・ストピラは父が彼にポーランド語を学ばせようとしなかったことを惜しんでいる。「私は自分をポーランドに結びつける何かを感じる（…）。私は自分の出自についてさらにいろいろと知りたいと思う。祖父母はモンソーに着くとポーランド人たちとともに、木でできたバラック小屋で生活していたことを私は知っている。しかし、それについて彼らと実際に話をすることはできなかった。たとえば祖母はフランス語を話さない」（*L'Équipe*, 29 janvier 1986）。イタリア移民の歴史に関するアクセル・クレヴノの新作映画は、父〔アルド・〕プラティニと息子〔ミシェル・〕プラティニのあいだ、すなわち第二世代の代表者と第三世代の代弁者のあいだの認識の違いを示している。息子のプラティニはトリノで数年を過ごした今でも、「自分の根」がどこなのか、もはやあまり分からないと告白する。[14]

現在フランスで登場しつつある移民史研究は、自分自身も第三世代に属し、研究の選択の理由をやはり出自の探求に求める若い研究者の手になるものであることが多い。しかもこうした研究はすべて、「アルメニア性」の存続（M. Hovanessian, 1986）、「スペイン意識」の存続（C. Azas, 1981）、「ロシア文化」の存続（C. Gousseff et N. Saddier, 1983）という結論に至る。要するに、ダニエル・デュセリエ（1982）がポーランドの祖先について言うように、「『第三世代』、私たちの世代はその根を求めている。それは両親の同化に疑義を呈することではなく、祖父母の「時代」との違いとはどのようなものかを知りたいという欲求である」。

こうした感情に加えて、文化的な催しの数が増え、再発見された文化を集団として表現するためのさまざまな団体が誕生している。ドミニク・シュナペール（1980）は、「ユダヤ人（juif）」という単語――エミール・デュルケームのようなラビの息子がかつては小文字を用いていた――を書く際に、大文字のJが頻繁に用いられることに、ユダヤ文化の復活が象徴的に示されていると述べていた。「イタリア性」も同様に力強く復活してきている。『イタ公たち』でカヴァナは、かつてのスティグマを転じて自尊心の対象とし、イタリア出自の読者に彼のように「郷愁」を育む（それを濫用することなく）ように求める。カヴァナ自身も少し前から、アルプスをまたぐ出自をめぐって組織された新たな交流《ソシアビリテ》の動きに関与している。フランスにおけるイタリア移民に関しては、シンポジウムや出版などを盛り込んだ研究プログラムを展開している一九八三年創設のイタリア移民研究・文献調査センター（CEDEI）をまず挙げなければならない。八〇年代初頭に外務省はフランスで三二五を超えるイタリア人の団体を調査したが、その三分の二は七〇年代以降に設立された。これらの団体の加入者の半数はフランス国籍である（多くの帰化者がいる）。加入者数の把握できる二五八団体で五万二千人を数える（G. Campani dans M. Oriol et M.-C. Hily, 1985）。ほぼ一世紀のあいだに、カザルヴィエーリの町（ラティウム地方）の住民とこの町の出身でかつての移民あるいは最近の移民のあいだに結ばれたつながりから、今日ではいくつかのアソシアシオンの創設に至っているのであるが、その所属の基準は国籍ではなく〔同町〕「出身」であることなのである。このカザルヴィエーリの町と、同町出身の人びとが住むヴァル＝ド＝マルヌの小さな町とのあいだで生まれたさまざまなつながりは、マウリツィオ・カターニにとっては、イタリア出自のフランス人を特徴づける「準拠の二国間性」を示すものである（M. Catani dans M. Oriol et M.-C. Hily, 1985）。アルメニア出自のフランス人に関しては、とりわけ多くが移住した町で新たな新聞の発行（*Le Monde*, 13-14 avril 1986を参照）が見られるほか、新たなアソシアシオンを創設したこと（アルメニア研究・文献調査センターや、イッシー・レ・ムリノーにあるアルメニア視聴覚協会）が確認されており、これに村単位の基礎をもつ古くからの諸アソシアシオンがつけ加わる（M. Hovanessian, 1986）。エロー県でも同じ傾向が観察される。ベダリュー〔南仏エロー県の自治体〕では教師と生徒が集団で作った出版物が地域のスペイン人移民の歴史をたどっている。越境の物語、年老いた移民へのインタビュー、第一世代の日常生活の描写、そして出身国の音楽や料理法と、何も欠けるところがない。そのなかには町長で共産党所属の県会議員でもあるアントワーヌ・マルチネスの手による第一序文すらも見出される。「わが心のスペイン」と題されたこの序文では、ベダリューの町について「その文化的なアイデンティティと歴史」はスペイン人移民の「消え去ることのない痕跡をとどめている」と主張されている。第二序文には中等学校の校長ジャン＝ピエール・リナレスの署名があり、彼は町の住民が「特別な習慣と生活様式を持ち続け、この多様性こそが今日のベダリュー住民の独自性と豊かさをもたらしている」と考えている（ODACH, s.d.）。

この過程については、他の例を示すことも可能だろう。研究者にとっての問題は、この文化的な連続性の性質とは何かを知ることである。これらの宣言とは対照的に、私たちの手元にある数少ない統計によれば、実際には第二世代から第三世代にかけて、アイデンティティのあらゆる諸要素が衰退している。フランス国立科学研究センター（CNRS）でドリス・ベンシモン（1984）が率いるより詳細な調査によれば、その研究の主要な教訓は、フランスのユダヤ人における宗教的実践とこれに関連する文化的な諸要素の衰退である。フランスのポーランド人の三世代に関する博士論文のなかで、ジャン・グルザンスキ（1977）は、「ポーランド性」が維持されていることを示したいという彼の意図に反して、第三世代においては質問した人のうち一〇％以下しかポーランド語を話さず、七％を下回る人びとしか書くことができないという言語の衰退を示している。ジャニュス・オルデール（1977）は、第三世代は完全に統合《アンテグレ》されていると考える。オルデールによれば、「ポーランド人の」文化団体、芸術活動は、ポーランド人のアイデンティティの真の主張というよりも、その独創性を表現することに向けられているとされる。オルデールの父の二二人いる孫と曾孫のうち、誰一人としてポーランド語を話す者はいない。

この矛盾を説明するためには、一般に言われるよりも――少なくともこの点に関しては――フランスに類似しているアメリカの例に言及するのは無駄ではない。ハーバート・ガンス（1982）はその先駆的な研究――人はこれを仕方なく「新しいエスニック・アイデンティティ」の陣営に分類するのであるが――のなかで、ボストンのイタリア系アメリカ人では、自分たちの出自文化が第二世代から非常に弱まるということを示している。言語が十分に維持されたとはいっても、イタリアの名前は徐々に英語風になる。住居、家具、空間の用い方に、これら労働者世界の急速なアメリカ化が現れる。第三世代では文化変容《アキュルチュラシオン》（文化変容は必ずしも「同化《アシミラシオン》」を意味しない）は全面的である。祖父母の言葉はもはや習得されてはいない。

アメリカ全土を対象とするジョシュア・フィッシュマンの調査（1966）は、第二世代と第三世代のあいだで、言葉の伝達に関して本物の切断が存在することを示している。[15] イタリア出自の第三世代の七五％は、みずからの出自共同体の外で結婚するのである。スティーブン・スタインバーグにとって、六〇年代の社会運動が盛んな状況下で知識人が抱いていた「エスニック神話」を、こうしたことのすべてが反映していた。スタインバーグによれば、「国家が、学校を多元主義的な基盤をもとに組織するのを拒否したことで、教育制度を通じてエスニックな多元主義に破壊的な一撃をもたらしたことは明らかである」（1981, p. 55）。

この最後の引用は移民に関する「アメリカの多元主義」が神話であることを示すと同時に、フランスとの比較調査に期待される利点を強調するものである。

事実、アメリカでエスニシティの主題が周知の成功を収めたことは、（六〇年代に）第三世代の知識人の「労働市場」が登場したことと軌を一にする。マーカス・ハンセン（1952）は、こうした現象について、移民過程における二〇年間のずれ（絶頂期はアメリカでは一九一〇年頃、フランスでは一九三〇年頃）を考慮に入れたうえでならば、フランスにも応用可能な説明を与えている。第三世代は国民のアイデンティティ（あちらではアメリカの、こちらではフランスの）にしっかりと根を下ろしている一方で、親が忘れるためならどんな努力も惜しまなかった出自についても権利を主張するのである。第一章で言及した「集合的記憶」に関するアルバックスの研究を念頭に置くなら、なぜ「歴史への欲求」や出自集団の記憶を忘却から救い出したいという意志が、（少なくとも戦間期の波について）移民の思い出の生きた経験が消えるまさにそのときに生じるかが理解される。この熱意を説明するためには、第二世代と第三世代のあいだの社会的流動性もまた、おそらく考慮に入れる必要があるだろう。大半の親と祖父母は労働者の地位ゆえに言葉を奪われていたのに対し、孫たちの多くは知的職業に就くことによって、フランス史のこの「隠された側面」を知らしめる最初の機会を得る。(16) 出自の崇拝はしばしば利害に関係することもまた忘れるべきではない。ネイサン・グレイザー（1983）はアメリカでは公民権法（一九六四年）と移民法（一九六五年）以来、この問題が驚くべき争点となったことを示している。各「共同体」は「アイデンティティ」を要求し、その成員の多さを主張することで利益を得る。この過程は一九八〇年の国勢調査の改革につながり、「祖先」の出自によって定義された集団ごとにアメリカ人を記載することになった。フランスはそこまでには至っていないが、第二世代で最も熱心にフランス社会に溶け込もうとしていた人びと（帰化、国籍を異にする者との結婚など）が、今日では最も声高にみずからの差異を述べ立てる人びとであるように思われる。カターニが研究するパリ地域圏でイタリア人のアソシアシオンを運営する人びとは、五〇年代に国籍を異にする者との結婚のあらゆる記録を破った人びとの子供たちである（INED, 1953を参照）。マント市では、親睦組織のなかで最も活動的なのはアルジェリア人の商人であるが、それは彼らがこの国出身の客や労働者の存在のおかげで生活しているというまさしくその事実のためである（M. Bekouchi, 1984）。同様に、製造業や建築業を営む零細企業の経営者が豊かになるのは、当の経営者と同じ「共同体」出身の不法労働者のおかげであるがゆえに、出自をめぐる神話を維持し、エスニックな原理によって現実が構成され、階級闘争がむなしいものであると信じ込ませたほうがいいということになる。さらに他の社会階層では、外国の出自であることが社会的な卓越化《ディスタンクシオン》〔ピエール・ブルデューに由来する概念で、一般に趣味の洗練を誇示することによって他者との差別化を図ろうとするふるまいを指す〕の原則として巧妙に維持される。帰化の統計は、世紀初頭に帰化したイギリス人がきわめて少数であることを明らかにした。同様に、ジャン・グルザンスキ（1977, p. 350）が指摘するように、「ポニャトフスキ家の子孫は伝統に従い、パリのサン＝トノレ通りのポーランド教会で結婚式を挙げる。一九七五年にナタリー・ポニャトフスキ（ポーランドの外で生まれたポーランド出自の第七世代）は、パリのポーランド人教会でフランス人と式を挙げた。式典にはヴァレリー・ジスカール・デスタン大統領とミシェル・ポニャトフスキが参加した」。

　支配的な社会の規範の受容に対する移民社会の「抵抗」を――これに直接関わる人びとに代わって――過大評価する傾向は、出自を同じくする人びとの名誉回復を多かれ少なかれ公然の目標とするあらゆる研究にとって、避けがたい危険の一例でもある。研究者は出身共同体の象徴的な利益の一種の「代弁者」としてふるまうことで、移民の社会学に関して前章で注意を促したような社会的集団の「本質主義的な」見方を強固にしてしまう。自分が属すると考える〔移民集団の〕範疇が他の範疇から切り離され、それが時期に応じて文化変容に対して最も「抵抗力がある」として、あるいは反対に最も「従属的である」として紹介される。その結果、アイデンティティの「序列化」が生じ、そこから研究対象となっている諸集団相互の「外在化」が生じる。しかしながら、ハンナ・アーレント(1984)が示したのは、こうした態度がはらむ危険は学問上の危険にはとどまらないということであった(17)。

こうした指摘は、出自の差異に結びついた文化的な特性に関する考察を無効にしようとする目的に発するものでは決してないし、ましてやその結果、今日でも支配的なフランス革命以来のフランス社会の国民的な画一性の神話に再び陥るものでもない。そもそも、「フランス国民《ププル》のルーツ」や「一七八九年の英雄」を称揚するためなら記念式典《コメモラシオン》に頻繁に出席するような歴史家が、〔移民による〕記憶の共同化《コメモラシオン》の実践については貶めるといったことが、いかなる権利によって可能なのか、私たちにはいささか理解しかねるのである。

注

(1) 私たちは移民の「第一世代」という言葉で、青年期あるいは成年になってからフランスに到着した個人を指す。「第二世代」は国籍や出生地によってではなく、最初の社会化(と初等教育)の場所によって定義される。
(2) ユネスコが教師の協力を得て実施した調査。これは学校生活に関する回答をいささかゆがめている。
(3) 「ホワイトカラー」の語は一九三一年には「被雇用者」を指し、一九七五年では「管理職」と「自由業」を指す。
(4) 平均程度の帰化者しかいないイギリス人を除く。というのも、貴族性の卓越性は生まれた際の国籍の維持を望むものだからである。

（5）『エスプリ』所収のジャン・ルカ（1985）の主張のことである。

（6）けれども、この問題はフランスと戦った国家、とりわけドイツとイタリアに属する移民においても生じることがあった。

（7）ペイ・オー郡〔北仏ムルト＝エ＝モーゼル県〕で現在進行中の調査に関して、私たちは「最適の情報提供者」のひとりに、彼女の日常生活について可能な限り詳細な日記をつけるよう依頼した。そこでは母と娘のあいだの知識の伝達では、料理法が重要な位置を占めることがあらためて分かる。とりわけ――「絡み合った細長いひも状のかたちで、オレンジの花とゴマが香るはちみつに浸された」――伝統的なモロッコ菓子の作り方に関してこれが当てはまる。

（8）アルメニア出身のシャルル・アズナブールは覚えている。「皆が私たちにたえず忠告していた。気をつけなさい、子供たち、私たちはここに外国人として来たのです。私たちは歓迎を受けた。だから騒ぎを起こさないようにしよう。行儀よく振る舞おう」（*le Monde*, 10-11 juin 1984）。

（9）ロレーヌ地方のイタリア移民について書いた小説の著者、A・M・ブラン宛ての書簡。

（10）これは、産業がひとつしかない地域では、移民労働者が（五〇年代まで）同一化していた「模範」が、ロレーヌの熟練工か現場監督であったことによる。

（11）この研究は一九五八年から五九年にかけて実施した調査に基づいている。第二世代のイタリア人は三〇歳から四〇歳である。この時代以降、シチリア人と他のイタリア人との差異は消えた。二〇歳から六五歳の個人一二八人のうち、一八％が労働者、三九％が一般工員、二〇％が熟練工、一四％が被雇用者、一％が上級管理職である。

（12）ゴッフマンが強調するスティグマに関して、社会学的に大変重要な別の要素がここで再発見される。スティグマは、社会が支えることのない人びとからさえも社会に対する支持を引き出すのであり、それによってスティグマは変化に持ちこたえることが明らかになるのである。

（13）彼らの主なヒット作『優しきフランス』はトレネのシャンソンをやや皮肉にリメイクしており、実際にこのことは、新しい「第二世代」が国民の規範に対して批判的な距離をとっていることを示す。

（14）一九八六年三月一六日の選挙後、フランス３で二度放映を取りやめた映画〔『こんにちは、フランス（Buongiorno dalla Francia）』〕。ノワリエルはこの映画の歴史考証を担当した〕であるが、最終的には同局で一九八七年の一一月一一日に放映された。

(15) 一九六〇年には二三〇万人のイタリア系アメリカ人がまだイタリア語を話していたのに対し、第三世代ではわずか一四万七〇〇〇人である。ポーランド人の第二世代から第三世代にかけては一五〇万人から三万七〇〇〇人に落ち込む。イディッシュ語話者の第二世代から第三世代では四二万二〇〇〇人から三万九〇〇〇人である(S. Steinberg. 1981による)。

(16) 当然のことながら、この主題に関する信頼できる統計は一切ない。ジャン・グルザンスキ(1977)は、第三世代では「ポーランド人」の社会的上昇がフランス人よりも速いと推測する。

(17) 移民文学の社会学に着手することも必要だろう。これには二つの主要なジャンルがある。小説と証言である。多くの場合について、小説という解決法は、本当には自分の出自を否定しないままに「非正統的」であろうとする際の手法であるように思われる。登場人物と情景は移民の現実を描くが、小説は虚構に逃げ込むことで――小説がフランス史の「真の物語」であるにもかかわらず――それを「ロシア小説」、「マグレブ小説」、「ユダヤ小説」などと熱心に「分類する」支配的な社会に真っ向からぶつからないことが可能となる。

証言のエクリチュールはこれよりずっと悲痛である。たいていの場合、「力の対決」が問題なのであり、著者は近親の思い出に忠実であることによって、忘れるためならどんな努力も惜しまなかった非常につらい出来事を思い起こす。これらの記録は、筆をとるのが著者ですらなく、庶民階級向けの新たなマーケティング戦略の一環を成すような「ルポ風」の類いとは何の関係もない。この点では、リンダ・ド・スーザ的な「スタイル」、すなわちスターになった小柄な愛らしいポルトガル女性の神話が記憶に新しい(1984)。

第五章　三つの危機

われわれは侵略者に対し、われわれの慣習や文明、一言で言えばわれわれの特徴を強制することはできるのだろうか。同化は容易に行なわれるのだろうか。われわれが飽和点に近づいていることを、はっきりした徴候が示しているように思われる〔…〕。われわれの慣習には異国趣味が染み込み、われわれの言語は外国語の語彙であふれ、われわれの富ゆえに流れ込んで来た危険分子がわれわれの安全さえ脅かしているが、法がゆるやかなので〔危険分子は〕まず不安に感じていない。

G・ダリエ『パリおよびセーヌ県における外国人の取り締まり』、一九一四年

今日、外国人の一団がわが国の領内に定着し、いくつかの地区でこのよそから来た若者が地元の若者を数で上回っていることにより、問題はまったく別の様相を呈し、わが国でエスニック・マイノリティが構築されかねないという事態に立ち至っている。

L・ノドー『自己を見つめるフランス』、一九三一年

三〇年後もなおわれわれはフランス人であるのか?
『フィガロ・マガジン』一九八五年一〇月二六日号

外国人嫌悪の言説および実践、さらには人種主義的なそれの再登場は、「人権」思想に共鳴しているすべての人びとに、少なくとも二つの重要な問題を投げかける。一つ目は、「昔の悪魔たち」の復活をどのように説明できるのか、という問題、二つ目は、懸念される不寛容の進行は、ヨーロッパが五〇年前に体験したことと比較しうる社会的政治的展開の前ぶれなのか、という問題である。今日、これらの問題に対する政治的解答は不十分であるように思われる。「人権」の陣営では、つねに「狼が来た」と叫び、どんなわずかな外国人嫌悪の言説にもファシズムの亡霊を持ち出す傾向があるが、これには追求する理想とは反対の結果に帰着しかねないような、ファシズムという言葉の陳腐化の(過小評価すべきではない)リスクがある。逆に、短期的な政治的利害関心によって、こうした〔外国人嫌悪による〕侵害行為を小さく見積もり、結果としてこうした侵害行為を正当化してしまうことに一役買う者もいる。

社会科学が学問領域外の議論に介入しないことを望む伝統に反して、私は逆に、ここには歴史学者が無視できない問題があると考える。しかしながら、学問的《シャンティフィック》な「勇気」とは、その時々に存在しているあれこれのテーゼに傍証を与えたり、「犯人」を名指しすることで政治的言説に追従することにはなく、既存の意見と衝突する危険を冒しても、真実に接近する唯一の方法である自律的で冷静な省察を行なうために、既存の意見との断絶を作り出すことにある。

科学認識論的見方からすれば、そこには、時間性をめぐる、かのもう一つの接近方法を実践に移す絶好の機会があるということでもあり、このもう一つの接近方法とは、歴史学者にとっては比較研究である。

実際、今日フランス社会で起きていることを本当に理解するためには、「外国人憎悪」が絶頂を迎えていた、最近の歴史における三つの重要な時期の比較をせずに済ませることはできない。すなわち、ドレフュス事件が引き起こされていく一八八〇年代、ヴィシー政権成立に先立つ一九三〇年代、そして一九八〇年代である。もちろんこれらが経済危機と激しい社会変動の時期であることを直ちに強調しなければならないにしても、半世紀ごとの周期で類似の現象が起きているのを突き止めることは、研究の第一段階にしかなりえない。実際、移民に向けられる外国人嫌悪はフランス社会〔のありよう〕を写しだす鏡のようなものであるとしても、比較研究にもとづく接近方法では、社会構造の三つの異なった状況を再構築する必要がある。これは成し遂げるには非常に困難な試みであり、本章の狙いはもっとささやかなものであると、あらかじめ断っておいたほうがよいだろう。もし以下の数ページをつうじて、出来合いの多くの解答を問いへと転換させ、新しい研究への呼び水となることができれば、私たちの目的はすでに大部分達成されたことになる。

一　三つの定着期

移民現象の観点から見れば、危機における大きな逆説の一つは、受け入れ側の社会が根本的な構造変化によって動揺しているときに、受け入れ社会への外国人人口の定着が危機をつうじて引き起こされるということである。こうした観察結果が外国人嫌悪の欲動に関わるものであることを私たちは後に見る。しかしまずは、人口調査によって提供されている数値データの助けをかりて、この過程を描写することから始める必要がある。

1・1　移民現象「創出」の起源——一八八〇年代の危機

近代フランスが経験した最初の大きな危機が移民に与えた影響を、細部にわたって検討することは不可能である。というのも、そのために必要な統計ツールは、まさにこの危機の帰結の一つとして開発されたからである。しかしながら、一八九一年に実施された外国人に特化した最初の人口調査は、この時期以降、不況が〔移民を〕定着させる効果を示す複数の指標を提供している。まず、それ以前の調査で、国籍ごとの総人口と性別ごとの分布についての数値を提供するものがあり、いくつかの比較が可能である。たとえば、外国人人口は第二帝政と一八七〇年代に急増したあと停滞し、一九世紀末には約一〇〇万人であったことが確認できる。さらに重要な点は、〔外国人人口における〕男性比率の変化である。一八六一年の時点で一〇〇人の女性に対し一三六人の男性だったのが、一八九一年では一一三人に推移している。ごく最近に至るまで、男性と女性とが数的に平等になる傾向は、外国人共同体の定着を表す疑いを容れない兆候である。一八九一年の人口調査の説明文では、このことについて以下のように記されている。「女性比率の継続的な上昇という事実そのものは、外国人の絶対数を除くならば、これらの外国人がわが国に居を定める傾向があるという新しい指標のように思われる」。比較可能なそれ以前のデータを私たちは有していないが、外国人就業人口についての一八九一年のデータは（一九三一年あるいは一九七五年の数字と比較した場合）、外国人が定着していく過程を示している。すなわち、就業人口の比率が五〇％以下であること、経営者や被雇用者の比率が無視できないこと、である（補遺の統計資料を参照）。さらに、独身男性と既婚男性の分布も、フランス人のそれとあまり変わらない。独身者に関しては、外国人が五九・一％に対しフランス人五四・一％、既婚者に関しては、外国人三五・一％に対しフランス人四〇・四％である。

しかしながら、この人口調査の主要な情報は、フランス生まれの外国人人口の数の多さに関するものである。およそ一一〇万人のうち、四二万人以上がフランス国内で生まれ、そのうち三五万人が人口調査実施時とまさに同じ県で生まれている。この基本的な数値がこれまで注目されてこなかったことには驚かされる。事実、この数値は、一九世紀の特徴は「短期移民」であるとする広く普及したテーゼを覆すものであり、一八八〇年代の危機の結果として生じた人口定着の重要性を確認し、一八八九年の最初の国籍法が重要な問題であったことを強調するものである（第二章参照）。

実際、一八九一年において、外国人人口の四〇％近くがフランス生まれであるのは（一九三六年では一〇％、一九八二年においては二二・六％であるのに対し）、当時の政治的・法的議論の主要な対象である「〔フランス〕国民」と「外国人」との明確な分割がまだその効果をもたらしていなかったからである。それ以後の時期とは異なり、この比率が反映していることは、単に移民人口が二世代にわたり定住しているということばかりではなく、さまざまな「外国人」共同体の「グループ」——兵役を逃れるために国籍上の地位の曖昧さをこれらの共同体が利用してきたことを私たちは検討した——が、数十年前から根を張って暮らしているということである。

それゆえ、一八八〇年代の危機は、ここでは国内の異質性の要素を減じることによって国民空間を構築するというもう一つの側面を反映している。このことは第一の歴史的大波、すなわち一八八一年にフランスの外国人の四〇％以上を占めたベルギー人〔移民〕の波の「吸収」として現れる。一九世紀末の景気回復に伴い、イタリア人が初めてベルギー人を数の上で上回った。男性比率、就業人口比率、成人人口のすべてが増加している。これが、一九三〇年にピークに達する移民現象の新しい歴史的局面の始まりである。

1・2　危機の影響——国民的規範に近づきたいという欲求

一九三一年と一九三六年の人口調査、および一九七五年と一九八二年の人口調査に関する研究により、一九三〇年代と今日という二つの大きな危機の時代における移民現象についてより深められた比較を行なうことができる。ここでは、概略を述べるにとどめ、共通点を強調しておく（相違点については次章で分析する）。

移民現象の現在の状況を「一時的な状況」によって説明する数多くの解説とは異なり、経済危機が産業社会に及ぼす構造的な効果が、この二つの時期の比較を行なうことで浮き彫りになる。

第一の、そして最も顕著に確認される事実は、景気後退が始まって以降の外国人人口の停滞である。一九三一年から一九三六年にかけて、公式の数値は二〇％近くの外国人人口の減少を示している（二七〇万人から二二〇万人への減少）[1]。一方では、帰化の進展、他方では、非合法の移民を考慮に入れる必要がある。もっとも、非合法の移民については、一九三〇年にはきわめて多かったが、一九三六年にははっきりとした数字は分からないものの、かなり減少した。にもかかわらず、〔外国人人口全体の〕減少は今日より顕著である。というのも、一九七五年と一九八二年の人口調査〔の比較〕は、三〇万人という微増を示すからである。こうした違いについて、私たちは説明を試みたいと思うが、しかしこの違いは、景気拡大期と比べた場合の経済危機の時期における人口定着の効果を疑問視させるようなものではない。その他の多くの指標によって、この見方は確かめられる。一九三〇年代においては今日のように、女性人口のかなりの増加が見られる。移民人口における男性を一〇〇とすると、女性は、一九三一年では六二・九％であり、一九三六年では七二・七％である。この増加は一九七五年（七〇％）から一九八二年（七六％）の増加と比較可能である。しかし、外国人人口の女性化は、非就業人口の比率の増加の要素の一つにしか過ぎない。

このことは同様に、移民共同体の全体的な高齢化としても現れる。この現象は戦間期に最も明瞭にみられるが、それはおそらく「家族再結合〔家族呼び寄せ〕」（これは三〇年代にも存在していたが、このような名で呼ばれていなかった）の実践が、現代の〔移民〕人口については若返り効果をもたらしたからである。一九三一年から一九三六年にかけて、一五歳未満の男子人口の割合はわずかに減少し（一〇・二%から九・八%）、女子においてもまったく同様である（九・八%から九・六%）。そして、一九七五年から一九八二年にかけては停滞している（詳細な数値データは補遺を参照）。反対に、一九三〇年代においては、六〇歳以上の人口の割合が一九三一年の三・八%から七・九%へと急増しており、一方、一九七五年以降ではわずかに後退している（一一・六%から一九八二年では一〇・一%）。しかし、危機ゆえに生じた高齢化は、特に成人人口のなかで明らかである。二つの事例において、年齢ごとの階層分布における顕著な変化を見てとることができる。一九三一年において、相対的に最も多いのは二〇～二九歳の人びとである（三〇～三九歳の一一・七%に対し一八・二%）。危機の五年後になると、最も多いのは三〇～三九歳のカテゴリーである（二〇～二九歳の一七・九%に対し二四・四%）。この変化は最近の時期と比較ができる。二〇～二九歳の層は一九七五年の一八・一%から一九八二年の一五・六%へと後退している。反対に、一九八二年では、三〇～三九歳の人びとが相対的に最も多い（一八・三%）。総人口の変動についてのこのデータだけで、既存のさまざまな個別研究から借用した事例を傍証として用いる、掘り下げた解説の対象となりうるであろう。危機における人口定着の効果は、離仏《ターン・オーバー》の大幅な減少として現れるが、このことは、一九世紀末と戦間期について、また最近の時期に関する国立統計経済研究所の研究によっても認められる（たとえば、J. A. Reardon, 1977; G. Walter, 1935; J. Ponty, 1985 参照）。

この受け入れ国への外国人人口の定着の始まりは「非生産者」の比率の増加としてあらわれるが、この増加はたとえ労働力の再生産費用の上昇だけによっても、無視できないほどの危機の要因となる（C. Meillassoux, 1975 参照）。この外国人人口の構造変化は外国人たちをさらに目につきやすくする（学校、病院、町なか等において）。私たちは各時代における外国人嫌悪の議論を検討する際に、そのことを覚えておくべきであろう。これらの数値の解釈に際して、若年層についていえば、二点指摘しておく必要がある。まず、外国人人口の定着によって、私たちが前の章でみたように、共同体の「重心」はゆっくりと第一世代から第二世代に移動している。一九三六年では、移民の四人に一人が二〇歳未満であった。一九八二年には、その比率は三人に一人にまで高まる。しかし同時に、一五歳未満の子供の比率に確認される停滞は、三〇年代にも、そして現在も感じ取られるある与件を反映している。すなわち、外国人女性の出生率が低下し、フランスの基準に近づく傾向を示すということである。ジョルジュ・モーコはすでに、外国人家族が受け入れ国の人口動態にきわめて速く近づくことに気づいていた。半世紀後の国立人口問題研究所による調査結果からは、こうした現象の一般性が、移民の新しい波についても確認される。滞在期間が長くなったことにより、今日アルジェリア人女性は二〇年前より四、五年遅く結婚するが、これが一家族ごとの子供の平均的な数の減少を説明するひとつの重要な要因となる（G. Mauco, 1932; M. Tribalat, 1985）。

就業人口の変動についての検討は、同じ傾向を示す指標を提供する。まず、就業者の減少が注目される。一九三一年から三六年までに二二％減少、一九七五年から八二年までに一・八％減少し[2]、このことは先述した就業人口の定着の傾向を示す。しかし、とりわけ一九八二年の人口調査についてジャンヌ・サンジェ＝ケレルが行なった事実確認は、これらの危機の時期の双方〔一九三〇年代と八〇年代〕に一般化されうる。すなわち、双方の時期において、外国人就業率の変化は、就業人口に影響を与える全体の変容を拡大して示す傾向にある。このことは、失業の増加についてあてはまる。一九三一年から三六年まで、フランス人就業人口の失業率は二％から四％へ上昇したが、外国人就業人口は三・六％から七・八％へと上昇している。半世紀後、外国人はつねに災禍の最大の被害者であり、これは悪化する傾向にある。[3] この〔外国人就業率には全体の傾向が拡大して示されるという〕事実確認は同様に、就業部門ごとの分布に関してもあてはまる。一九三一年から三六年まで、就業人口全体のうち、主として三一・五％から三四・二％へ増加した「サービス」部門のため、〔工場〕労働者の数のはっきりとした減少が認められる一方（三二・九％から三〇・七％）、農業に就業する人びとの比率は安定している（三五・六％）。

外国人就業人口ではこの傾向がさらに強まる。確かに、工業勤労者が外国人就業人口のなかでは相変わらず群を抜いて多い。しかしながら、減少が最も深刻なのもこの部門である。一九三一年では外国人就業者の一〇・四％が坑夫であったのに対し、一九三六年には八・三％に落ち込んだ。一九三一年には四八・八％が加工業に就いていたが、五年後には三九・七％しかいない。この変動によって外国人の就業構造の再均衡がもたらされるが、すべての他の部門が増加しているので、この再均衡によって外国人の就業構造はフランス人のそれとあまり変わらなくなる。農業は一九三六年に外国人就業者の二二％以上を占めていたが、商業、自由業、サービス業でも同様〔の増加傾向〕である。

一九八二年、移民労働者は一九七五年と同じ部門で（その筆頭は建設業、ついで加工業）多数を占めた。しかしそうした部門ではまた、危機の影響を最も強く受けた部門を離れる者の割合も高い。すなわち、農業、重工業などである。さらに、商業部門と運輸部門では、フランス人より増加傾向が強い。したがって、つねにフランス人が第三次産業、移民が第二次産業で多数派だとはいえ、両者の差はわずかながらも縮まる傾向にあった（J. Singer-Kerel, 1986 参照）。

国籍ごとの統計の検討は、国籍ごとのコントラストが大きいことを示している。〔一九三〇年代および一九

〔八〇年代という〕二つの時期においては、直近に大量に到来した国籍の移民が増加する傾向にある。一九三一年から三六年まで、主要な四つの国籍保有者（イタリア人、ポーランド人、ベルギー人、スペイン人）はフランスの外国人全体の七〇・九％から七二・四％に上昇した。しかしながら、イタリア人とポーランド人が平均を下回る人口減少を示す一方で、スペイン人とベルギー人については事情が異なっている。ここには危機の影響をめぐる二つの異なった形態があるのではないかと問うことができる。スペイン人については、人口減少（五年で二七・八％の減少）は解雇と自発的帰国によって説明がつく。これは、危機に直面した際に「足場」がなかったので統合に失敗し、好むと好まざるとにかかわらず帰国した人口集団に特徴的な現象ということになろう。反対に、ベルギー人については、彼らの統計上の（それゆえ法律上の）減少は、〔ベルギー人〕共同体の体験した二度目の危機によって〔フランス社会への〕統合《アンテグラシオン》過程が終了した事実によるものだ、ということになろう。〔ベルギー出自の移民〕第二世代さらに第三世代は、出生あるいは国籍取得によるフランス国籍保持者なのである。

一九七五年と一九八二年の人口調査の比較も、同じような変動を示す。〔かつての〕ベルギー人の役割は、今やイタリア人とスペイン人によって担われ、その実数は七五年の人口調査から八二年の人口調査の間にはっきりと減っている。〔これらの国籍集団は〕移民の過程が最終段階にある共同体であり、そのために定義をめぐる法的基準が（少なくとも集団レベルでは）もはや大きな意味を持たなくなっている。その逆に、近年の〔移民の〕波はみずからの土台を補強するため危機を「利用」している。この集団に属する三つの主要な国籍集団（アルジェリア、モロッコ、ポルトガル）は、全体の五三・三％から五六・三％に増加している。これに並行して、就業人口における変動が同様の傾向を示していることを指摘できる。たとえば、就業人口における女性の増加（三〇年代にも同様の特徴が見られるが）は、特に最も「動きの大きい」国籍に属する女性に顕著であり、このことはアルジェリアにあてはまる。アルジェリア出身の女性の就業人口の割合は（きわめて数が少ないところから始まっているのは事実だが）二三三％も増加した。年齢層の検討もまた、これら女性ニュー・カマーの若さを示しており、このことは、これらの共同体のフランス社会への「客観的な」統合《アンテグラシオン》について私たちが述べてきたことすべてを補強し、この面でも国籍や移住の時期による根本的な違いはないことを示す要因になっている。(4)

2　はけ口

移民現象の観点からみると、危機の際に見られる共通点は、危機が外国人共同体の定着の局面を表しているということである。こうした定着の局面は、発生のたびに、新参者《ニュー・カマー》の定着がもはや不可逆的なものになったという意識を芽生えさせる。〔外国人共同体が〕根づくことは、女性や子供の数が増えるということでもあり、企業や町なか、学校、病院などで〔移民が〕新たに目につくようになる原因である。そのうえ、前掲の統計で示したように、職業上の観点からみると、〔移民の〕定着は移民労働者をフランス国民の「基準」に近づける傾向さえある。ここには、危機の時期におけるもう一つの重要な恒常的要素を理解するための主な鍵の一つが見出される。すなわち、外国人嫌悪《グゼノフォビー》であり、その犠牲者は外国人である。(5)

2・1　実践面において

言説の分析をする前に、まず実践について語るならば、危機の時期それぞれにおいて、暴力は特にニュー・カマーに対して襲いかかることが確かめられる。したがって、ベルナール・スタジ（1984）が、ベルギー人が一九世紀に享受していたとする「自発的同情の蓄積」に言及するとき、彼は誤っていると私たちは安んじて断言できる。ジュディ・レアルドンやフィルミン・レンタケルの博士論文を読めば、フランス北部における反ベルギー感情はつねにあったことが分かるだろう。「一八四八年の四月から六月にかけて、ベルギー人労働者に敵対するデモはノール県では日常的なものになった。ある時は、ベルギーに帰った集団に対する暴力であり、ある時はトゥールコワン〔フランス北部ノール県の都市〕とアルワン〔同上〕に住む「フラマン人」を捕まえ、国境まで連れて行くための集団での襲撃であり、五月一八日のアルマンティエール〔フランス北部ノール県の都市〕の鉄道の工事現場、あるいは五月二〇日のリールのように、つねにベルギー人労働者を排斥しようとする結託が見られた」(F. Lentacker, 1973, p. 372)。その他の多くの史料からも、一九世紀半ばの危機におけるフランスのさまざまな地方での同様の暴力行為を指摘することができる。すなわち、西部で鉄道建設に携わっていたイギリス人熟練労働者に対して、パリではドイツ人手工業者に対して、国内に散在する土木工事現場でフラマン人やピエモンテ人に対して、等々 (J. Vidalenc, 1979; L. Chevalier, 1978; 特に A. Châtelain, 1977)。

一九世紀末になると、外国人嫌悪の性格を持つ暴力行為は信じられないほど激しさを増した。ここでもまだ、ベルギー人は標的にされた。一八九二年、労働者の七五%が地域の鉱山で働いていたドロクール(パ゠ドゥ゠カレ県)において、ベルギー人は、彼らを追い出すために行なわれたフランス人住民による集団動員の犠牲になった。最近の研究によって、この動員の規模や、犠牲者が大急ぎで逃亡せざるをえなくなったときのことについて、解明がなされている。「彼らの帰国は、八月三一日にほぼ終了したが、それは困難な状況のなかで行なわれた。わずかな荷物しか持たない子だくさんの貧しい家族を満載したフランスからの列車が到着した。到着すると今度は、住居の問題が持ち上がった。さらに、持ってくることができないのでフランスで捨ててしまった、あるいはフランス人坑夫によって破壊されてしまったであろう家具の代わりになる家具を調達しなければならなかった」。ベルギーの公式調査では、この暴力行為による被害額は、一家族当たり四〇フランから五〇フランと見積もられている（A. Dantoing, 1974）。第一次世界大戦まで、フランス北部は多くの同様の事件の舞台となった。一九〇一年、リエヴァン〔パ＝ドゥ＝カレ県の都市〕とランス〔同上〕で、死者を出した乱闘騒ぎとさらなる人間狩りが発生した。一九一〇年、再び集団ヒステリーによって脅され、「モンティニ＝アン＝ゴーエル〔パ＝ドゥ＝カレ県の都市〕のベルギー人居住地のいたるところで、不安のうちに聖月曜日を過ごした」（F. Lentacker, 1973, p. 441）。フィルマン・レンタケルにとっては、これらあらゆる身体的攻撃や脅迫は、ベルギー人居住地の統合の進展に非常に重要な役割を果たしている。すなわち、「同化」の過程を説明するに際して、暴力や烙印を押す《スティグマティザシオン》といった現象がどのような地位を占めるのかについて、新たな具体例を提供するものと考えているのである。

にもかかわらず、ベルギー人の存在の歴史の長さと定着の規模の大きさにより、一八八〇年代以降、外国人嫌悪の悪しき風はしだいに南へと向かい、そこで新しく大きな移民の波、つまりイタリア人を襲う。この点に関してミシェル・ペローの調査した史料を引用すると、この時期だけで二〇人以上の死者が出て、その大半はイタリア人であった。ペローはさらに付け加えている。「これらのデモの動員力には驚かされる。これらのデモはたやすく何千人もの人びとが関わる大衆的な運動に変化した」（M. Perrot, 1960）。

南フランスでも同様に、第一次世界大戦の直前まで毎年のように外国人嫌悪に関わる惨劇が繰り広げられた。この時期をまとめた研究はまだないものの、一九世紀末のイタリア人共同体にトラウマを与えた三つの「人狩り」事件を引き合いに出すことで、これらの不寛容による危機を明らかにすることができる。第一の事件は、（すでに！）一八八一年マルセイユで起こっている。まぎれもない暴動の光景が数日にわたって街頭で繰り広げられた。『プチ・マルセイエ』の記者は次のように記している。「午前四時になるとすでに、騒ぎが市内のあちこちでフランス人とイタリア人との間で起き始めていた（…）。さらに五時半になり、働き口を求めるためにベルザンス大通りに労働者が集まったとき、若者の集団がそこにいるイタリア人にいっそう激しく襲いかかり、罵声を浴びせ、多少とも強く殴った。このような扱いを受けたピエモンテ人たち〔ピエモンテはイタリアの地方名〕は震え上がって逃げ出したが、人びとはイタリア人に「共和国万歳」と叫ぶように言いながら、なおイタリア人を追い回したのであり、それはクーロンヌ通りやエシェル通りでも同様であった」。数日間のうちに、数百人のイタリア人が大急ぎでマルセイユ市を去った（*le Petit Marseillais*, 19 juin 1881：このテーマについてはP. Milza, 1981を参照）。

一八九四年六月には、イタリア人アナーキストによるカルノー大統領の暗殺によって新たに暴動が引き起こされたが、このときの震源地はリヨンであった。ジャン＝シャルル・ボネは、両親がこの事件を経験した老人の証言を収集している。トラウマの規模の大きさは、「われわれの取材相手によって提供され、警察の報告書によって確認されたいくつかの詳細の極端なまでの正確さが証明するように、痛々しくまた根強く残っている」記憶の力によって説明される。このときもまた、多くのイタリア人が街を離れることを選んだ。残った者は、暴力から逃れるために氏名や外見をフランス人化した（J.-C. Bonnet dans J.-B. Duroselle et E. Serra, 1978）(6)。

一八九三年八月のエグ＝モルト〔フランス南部ガール県の都市〕において、イタリア人に対する憎悪は絶頂に達した。塩田で働く労働者に対する乱闘のあと、棒、スコップ、木の枝などを携えた約三〇〇人の集団がイタリア人労働者に襲いかかった。夜の間、たけり狂った集団は太鼓であらゆるフランス人住民を呼び集めた。複数の憲兵部隊が介入を余儀なくされた。しかし、治安部隊によって市外へ連れ出された八〇人のイタリア人の列は、火器を持った暴徒によって攻撃され、多くの死者を出し、負傷者は棒の一撃によってとどめを刺された。この事件の決着がつけられることになった裁判の際、検事が作成した起訴状は雄弁である。「巨大な石があらゆる方向から投げつけられた。一歩進むごとに犠牲者を無防備のまま置き去りにせざるをえず、狂人と化した人びとが名状しがたい野蛮さでやってきて棒を振り上げとどめを刺した」。続く数日の間、まだ飽き足らなかった地元住民は、虐殺を逃れたイタリア人を見つけ出そうと周囲の農村やぶどう畑、沼地をしらみつぶしに捜索した。公的な調査結果によれば、八人の死者と五〇人の負傷者が出たことになっている。しかし、『タイムズ』によれば、実際には五〇人の死者と一五〇人の負傷者が出たのだという。当時の外国人労働者の登録に関する行政的欠陥のため、正確な統計を作成することは不可能である。国際的な抗議の規模は大きく、市長は辞職に追い込まれた。にもかかわらず、フランスの公権力は、容疑者を無罪放免にした重罪院の判決が証明するように、ありとあらゆる方法を用いて、この事件を取るに足らないものにしようとした（この事件については、特に T. Vertone dans J.-B. Duroselle et E. Serra, 1978 参照）。一九世紀末には、このようにイタリア人がフランス人の暴力の主要なスケープゴートであったが、この種の暴力を免れた外国人はほとんどいない。ロマの人びと（そもそも、その多くはフランス国籍である）が、特にその標的となった。

「労働者の社会的結合《ソシアビリテ》」に特有の「集団での娯楽」の機会（村祭り、聖月曜日等々）は、大文字の他者への憎悪を露わにするのにおあつらえ向きの機会であった。アルコールも、これを助長した。一八九五年、トゥルーズにおいて、大衆的なパーティーでの口論騒ぎに続き、四〇〇〇人の集団が、トゥルーズ住民の大部分の万歳の声のもと、ボヘミア人が居住しているサン＝シプリアン地区へ赴いた。多くの家屋が略奪され、放火された。虐殺を防ぐため、丸二日のあいだ現場に二分隊もの憲兵隊が必要とされた（F. de

Vaux de Foletier, 1981)。

戦間期には、外国人に対する大衆の行動は少なくなった。にもかかわらず、ラルフ・ショールの博士論文は、三〇年代の危機とともに暴力行為が再度発生したことを示している。一九三二年にはノール県で、ストに参加していたフランス人側とストに参加していなかったベルギー人側との間で乱闘が繰り返された。ベルギー人たちは袋叩きにされ、石やレンガを投げつけられ、運河の中に投げ込まれた者さえいた。彼らの一人はその際に受けた傷がもとで死んだ。一九三四年にリヨンでは、フランス人とモロッコ人との口論騒ぎによって一人が死亡、二人が重傷を負った。一九三八年、ポーランド人職工長は、ストを打っている五人のフランス人労働者によって暗殺された（R. Schor, 1985, 特に pp. 561-562）。国立公文書館の史料番号F7の史料群と県公文書館の史料番号Mの史料群は、この種の事件でいっぱいである。一九二三年にはノール県で、ストに参加したスペイン人坑夫と参加しなかったフランス人側との間で暴力行為があった。同時期、ヴァランス県では、逆の動機で攻撃が行なわれた。統一労働総同盟の闘士が、ストを打つことを拒否したアルメニア人労働者を襲ったのである（AN F7 13012, 13436）。

人種差別的行為が再び蔓延していることによって特徴づけられる最近の時期について長々と述べても有益ではないだろう。一九七七年、アルジェリア人共同体で一五人の犠牲者を出し、政府が一時的にフランスへの出国を禁止するまでに至った、マルセイユの「赤い夏」が思い出される（*le Monde*, 22 novembre 1977 参照）。こうした暴行についての正確な統計は現存しないが、メディアが伝える情報をもとにした集計からは、最近の移民の波に属する不運な人びとが、外国人嫌悪の犠牲とならなかった月はほとんどないことが示される。ある研究者は、一九八二年だけで、二三件の襲撃事件が外国人に対して発生したとする一覧を作ることができた（V. Borgogno, dans *Peuples-Méditerranée*, 1985）。

2・2 言説面において

行為から言説に目を転じるならば、〔行為と言説の〕一方は必ず他方を伴うものであって、一定の主題や幻想、憎しみの叫びが、真のライトモチーフとして危機のたび現れ、登場人物（加害者と犠牲者）の名前だけが変わっていく、という一覧表をまとめることができる。あらゆる社会集団について歴史家は、このような作業を行なうための史料に事欠いてはいない。民衆階級については、公文書館は「告発」の形態の変遷を跡づけることを可能にするような県知事や内務大臣あてに出された多くの書簡を保管してきた。この点に関しては、新聞にこの一世紀来掲載されてきた読者の投稿がきわめて有益である。ドレフュス事件後、フランスの主要な反ユダヤ新聞『リーブル・パロール』に掲載されたアンリ少佐記念碑建造の際の寄付者一覧に添えられたコメントについてのスティーヴン・ウィルソンの研究（1977）は、このテーマについて「大衆の心性《マンタリテ》」に接近するために歴史家に提供された可能性の一例である。しかし参考資料の中心部分は、もちろん言説の「専門家」によって提供されている。すなわち、ジャーナリストの記事や政治的な声明、小説や戯曲から、対象とする読者層や書き手の文化的水準によって手の込み具合は異なるものの、外国人嫌悪を延々と述べ立てる数多くの文章や資料を経て、「社会科学」的研究にいたるさまざまな著作物である。

本書の紙幅に限りがあるために、〔こうした史資料について〕簡単に概観する以上のことを行なうのは不可能である。ラルフ・ショールによる最近の博士論文（1985）は、戦間期について、ここで提示される類型の素描に役立ちうる多くの事例を提供している。第一に強調すべきことは、潜在的な外国人嫌悪の一貫性であるが、これは、第二次世界大戦以前の新聞のうちにたやすく目にすることができ、大戦以後の数十年間についても世論調査によって確認できる(7)。そしてこの数十年のあいだ、危機が起こるたびに外国人に敵対的な文書が突然氾濫する。ラルフ・ショールが戦間期の日刊紙について数えたところによると、どの新聞についても、移民「問題」に関係する記事の掲載本数は二〇年代より三〇年代のほうがはるかに多い。同時に、この「問題」の取り上げ方も変化している。支配者の利害関心が移民労働力を大急ぎで徴募することにあるときは、そのスタイルは「理解のある」調子になっている。一九七三年九月一八日付の『ナシオン』紙を読んでみよう。そこでは、フランスには移民が多すぎるということはなく、現象が新しいものだということもなく、「いかなる産業国家においても移民労働者が自国労働者と張り合っていると真剣に主張する者はだれもいない」と述べられている。同年、『フィガロ』紙〔フランスの保守系の新聞〕は、移民外国人が閉じ込められている「無権利状態」に抗議するジャック・ロベールのような法学者に大きく紙面を割いた。「今日、その人数や適応の難しさ、おそらくまた運の悪さによって、わが国で働くあらゆる種類の外国人には、ますます多くの屈辱が突きつけられ、攻撃もますます的が絞られ、嫌がらせも激しさを増してきているが、どうして〔こうした状況で〕フランスが依然としてあらゆる人にとって正義と権利の国であるのかと、〔外国人が〕疑いはじめずにいられようか」(*le Figaro*, 27 septembre 1973)。今日、同じ新聞で、法学者は人口統計学者に取って代わられ、「理解」は妄想じみた予言に席を明け渡した。こうした予言は、すでに一九一四年以前に新聞に見受けられたのと同じテーマを用いている。すなわち、国民共同体が今にも分裂し、「生粋の」フランス人人口は近い将来消滅するというのである。

危機の時期における外国人嫌悪の言説の急増は、「彼ら／われわれ」の論理を極限にまで押し進める。この境界線は、あらゆる領域で移民排斥を正当化し、その時々の災厄について魔法のような説明を与えることを可能にした。主要なテーマは、当然、危機の経済的影響に関連している。「彼らはわれわれのところにわれわれの仕事を奪いにやってくる」という言説は、この次元における議論の原型である。

仕事のない労働者によって行政側に出された書簡のなかで強調されているのは、とりわけこの問題であり、ムルト＝エ＝モーゼル県公文書館にあった次の手紙はその好例である。「あなた方は、フランス人が暴動を起こさないよう望まれていますが、彼らはここで見えるものを見ざるをえないのです。われわれフランス人が飢えで死にそうになり、われわれの妻や子供たちは仕事を求めている。そのそばで、外国人は日に一三時間ないし一四時間働き、その妻たちも働いていますが、われわれには何もありません。私は労働大臣に手紙を書くつもりです、というのも、実際あなた方がお望みなのはここでの革命だからです。［…］石切り場では、われわれ間抜けなフランス人には仕事がないのですが、他のやつらには、朝五時から夜八時まで仕事があると、こんな調子なのです」等々（G. Noiriel, 1982, 補遺 p. 160 より引用）。ここには、社会的地位や地位下落に対する取り組みを正当化する中心的要素としての国民という規範の役割の好例がある。これは一九世紀末に定着した主題であり、その後も一貫して見られる主題である。しばしば、外国人に対するフランス人民衆の暴動は、三色旗、マルセイエーズ等々、国民的象徴の誇示を伴う。戦間期には、第一次世界大戦のフランス人犠牲者を想起させない外国人嫌悪の文章は一つとして存在しなかった。今日、この伝統を最も強く保持しているのは、極右政党である。すなわち、三色旗と「われわれの兵士」を強調する言説の氾濫、軍服による行列（特に好んでパラシュート部隊の軍服を着用）、ジャンヌ・ダルク祭の記念行事などである。モーリス・バレス〔フランスの作家、一八六二～一九二三。作品に『根こぎにされた人びと（デラシネ）』等〕からジャン＝マリ・ルペン〔フランスの政治家、一九二八～。極右政党国民戦線党首（一九七二～二〇一一）〕にいたるまで、危機はいつも外国人の「侵略」を告発する機会である。そこには、外国人全体に当てはめられる恒常的な特徴がある（Z. Sternhell, 1985 et 1983 参照）。しかしこうした告発はつねに時機を逸している、というのは私たちが見てきたように、危機の時期は労働力募集の停止と移民の帰国送還によって特徴づけられるからである。そのために、統計数値があれこれ操作されることになり、「陰謀」や「目に見えない」「潜入」といった主題が大きくとりあげられることになる。証拠がないという事実自体が最良の証拠なのだ。外国人の数は減る、ないし停滞しているのだが、定住をつうじて〔外国人の存在そのものは〕より目立つものとなるので、こうした議論でも一般の感覚に訴えることができる。経済危機の時期には、社会福祉、社会扶助の問題は抜き差しならない調子を帯びる。移民もまた、職業安定所や福祉事務所で列に並んでいるという事実は、「侵略」の明白な「証拠」ではないだろうか?

社会福祉費予算のうち外国人に充てられる「費用」を告発する論理のなかで、病院の問題はしばしば取り上げられる主題である。事実、これは二つの外国人嫌悪の議論を連動させることを可能にする問題である。すなわち、外国人たちはフランス人に取って代わるうえに、公衆衛生にとっての危険でもあるのだ。中欧のユダヤ人がフランスに住む人びとに「トラコーマ」を伝染させたという主題とともに、この種の議論は一九一四年以前に現れ、戦間期にピークに達するが、これから見るように、ジャンセルム博士やブルニエのような医師までが次のような主張に相当に加担していた。「それゆえ、原住民と外国人が、フランスにおける梅毒の定着と伝染に、無視しがたい重要性をもって関与したことはまったく明らかである」(R. Schor による引用, 1985, p. 419)。移民に屈辱を与えることを正当化したもうひとつの議論は、外国人犯罪という主題である。論証の中心軸は、ここでは統計による「証拠」にあり、私たちも知っているように、数値にはほとんどどんなことでも言わせることができるだけに、統計を証拠として持ち出すのはいっそう容易である。この種の議論は、一九世紀末にはすでにガブリエル・タルドのようなコレージュ・ド・フランスの著名な教授の著作に見受けられる。この種の議論は戦間期になるといっそう勢いを増し、移民についてのあらゆる著作が必ず論じるようになり、今日でもなお外国人を恐れるすべての人が取り上げる議論である。メディアはここで重要な役割を果たしている。一九一四年以前、『エスト・レピュブリカン』紙は、イタリア人と彼らのナイフが主役を務める「ブリエ盆地の犯罪」について定期的な記事コーナーを持っていた。二〇年代の終わり、日刊紙の「三面記事」欄は、「ポーランド人強盗」事件の急展開で大儲けをしたものである。現在の新聞では、外国人の「犯罪性」を引き合いに出すことは一般には微妙なテーマになったが、コレット・ギヨマン（1972）が言及したように、容疑者の国籍について述べるという単純な事実（フランス人の場合は書かない）が、一種のあてこすりになっている。さらに、フィクションにより近い小説や映画のような、他の表現手段によって「ごろつき」の外国人というステレオタイプが広められていることが観察される。シムノンが『怪盗レトン』を書くにあたって、ポーランド人強盗事件に触発されたことは知られている（J. Ponty. 1985 参照）。フランス映画におけるマグレブ出身者のイメージに関する最近の研究は、脚本家が彼らにちょっとしたごろつきの役を演じさせる傾向があることを示している（M. Iberraken, 1981）。

移民が国民の精神的・身体的健康にとって「脅威」になっているという告発は、外見やその行状のすべてにおいて外国人に烙印を押そう《スティグマティゼ》とする全体のなかの要素の一つでしかない。この過程をきわめてうまく説明している史料は、フランス人によって書かれた移民についての小説（ルイ・ベルトラン〔フランスの作家、一八六六〜一九四一。アカデミー・フランセーズ会員〕からポール・モラン〔フランスの作家・外交官、一八八八〜一九七六。アカデミー・フランセーズ会員〕まで、アカデミー・フランセーズはこのジャンルの書き手に事欠かない）や、新聞記者の「調査報道」として提示される新聞記事である。

小説家が、外国人という人物像《フィギュール》に心を奪われ、異国趣味の対象としてそうした人物像を作り上げるのは、驚くべきことではない。こうした小説家は、植民地文学の枠組みのなかで練り上げられた手法を採用しているにすぎない。たとえば、文体として用いられる比喩《フィギュール》について、フランツ・ファノン（1982）は、「植民地住民について植民者《コロン》が話すときの言語は動物についての言語である。黄色人種の這うような動きや、先住民の都市の悪臭、〔先住民の〕群れ、腐ったような空気、そのひしきめあうさまや身振りについて、さりげなく触れるのだ」と述べていた。動物がらみの言い回しは、すでにピエール・ロティ〔フランスの作家・海軍士官、一八五〇～一九二三〕のような成功を収めた作家によっても広く用いられていた。たとえば、『アフリカ騎兵』には、黒人を動物（主としてサル）になぞらえる類推やたとえや比較がちりばめられている。(8)

こうした二流の文学作品から大いに影響を受けて、外国人嫌悪の報道機関に属する三文文士は、移民に関してこの手法を再び使った。パリでのジョセフィン・ベーカー〔アメリカ出身のジャズ歌手・女優、一九〇六～七五〕の舞台は、リギディ伯爵夫人〔ジャーナリストのロベール・デュードネ（一八七八～一九四〇）のコラムに登場する架空の登場人物〕によって動物の交尾のようにはっきりと描写されている。「黒く、汗まみれで、足をふみならし、この世の終わりのようなものが、たがいに体をゆすり、さかりのついたようなおぞましい姿で腰をこすりあわせたり、くねらせたりしている」(l'Œuvre, 5 novembre 1925)。子供向けの新聞『スメーヌ・ド・シュゼット』が掲載している「罪のない」新聞小説においてさえも、裏切り者はヒンズー教徒である。その姿は彼らの暮らしぶりに似せた、蛇の姿である。彼は「〔ヒロインに対して〕奇妙なためらいの感情を与える、長く冷たく、しなやかで強靭な手を持っていなかったであろうか」(25 juin 1925. この二つの引用は R. Schor, 1985, p. 360 et 431)。動物がらみの語彙の一貫性は、それだけでひとつの研究に値する。すでに一八八〇年代に、ユージルヴィック〔『帰化反対論』（一八八七）の著者〕は、外国人は私たちの地に「害虫として寄生する」ためにやってきているという口実で、帰化に反対した。一世紀後、ジャン＝マリ・ルペンは、移民という「マラブンタ」について言及した。[9] 先行する世代の語彙を明示的に、ないしは意識的に反復しているわけではないのに、時代から時代へ、同じ言葉が再び見受けられるのである。「遊牧民」「賤民の群れ」「肥えだめ」「ひしめき」……。

動物がらみの語彙の使用は、外国人の身体をスティグマ化する過程のなかで役割を果たしうるが、こうした過程はより広範囲な全体から力を得るのであり、移民＝異国情緒的＝危険という等式を読者が内面化するよう、あらゆる手段を用いる。たとえば、雑誌『イリュストラシオン』で発表され、その後、本にまとめられ売れ行きのよかったルポルタージュのなかで、どのようにリュドヴィック・ノドーが一九三〇年のマルセイユの住民について叙述したかをみよう。「黒人《ニグロ》、あらゆる種類の黒人、太った黒人、やせた黒人。中国人が流し目を送って熱心に踊る。アンナン人は傲慢な姿勢をとり、出身もよくわからないあらゆる有色人種がヴィクトール・ジュリリュ〔マルセイユ出身の作詞家、一八〇六～八五〕像の前で自分たちの家にいるようにふるまっている」(L. Naudeau, 1931, p. 146)。それは、今日のフランスの「アフロ・アジア化」を引き合いに出した雑誌『ミリタン』の記者が強調するのとまったく同じ生物学的テーマである。「現在フランスにいるおよそ三〇〇万人のアフリカ、アジア出身者の存在は、われわれの生物学的特殊性を根本的にそして不可逆的なやり方で変えてしまうのに十分である」(novembre 1983, cité par P.-A. Taguieff, dans *l'Identité française*, 1985, p. 101)。

しかし、マックス・ヴェーバー(1971)が人種主義についての分析のなかで明らかにしたように、他者の人格を貶めようとする試みのなかで、身体的基準はつねに決定的というわけではない。というのは、ヴェーバーによれば、恐怖はつねに社会的に条件づけられているからである。戦間期には、反ドイツ的人種主義が最も猛威をふるっており、特に中欧ユダヤ人に対して〔こうした人種主義が〕向けられた。この場合において、「外人」の映画製作者を批判したポール・モランの作品からの次の抜粋が証明しているように、スティグマ化されるのは特に訛りである。「格調の高いおまえの作品だけでもブランスと道徳に役立《やくだ》ってるんだ、わが息子よ」(R. Schor による引用、1985, p. 361)。さらに一般的なところでは、皮肉な言及の対象となるのは姓である。「まず語尾を清掃せよ」との表題を掲げた『ジュ・スイ・パルトゥ』の記事では、「〔姓の最後に〕スキ、ヴィッチ、オ、オフ、エズのつく紳士方について」(J.-C. Bonnet による引用、1974, p. 224) 歴史家のピエール・ガクソットがやり玉に挙げている(10)。

もうひとつのしばしば用いられる異国趣味化の手口は、移民の「居留」地区での日常生活を描写するやり方である。そこでもまた、つねに煽情的なものを求める大衆新聞が爆発的に普及した時期に、こうした「文学ジャンル」が登場したことを理解するために、一九世紀末に立ち戻らなくてはならない。ロレーヌの地元の新聞は、「縁の欠けたフライパンのなかで奇妙な揚げ物をとろとろ煮込む〔…〕しわだらけで薄毛の汚らしい老女」について言及している。「こうした悪魔のような料理はイタリアの青空のもとではまだ通用するし、ローマやナポリの貧困地区の「地元の特色」の一部をなしてもいる。ロレーヌではまったく事情が異なるのであって、イタリア人の慢性的な不潔さと嘆かわしい暮らしぶりは、地元住民に伝染病の深刻な危険をもたらしている」(*L'Étoile de l'Est*, 24 juillet 1905, S. Bonnet による引用、1982, p. 190)。外国人嫌悪の極みはここでは、責任がフランス社会にあるフランスでの生活状況について移民を非難することにある。戦間期には、特にマルセイユで、同様の叙述がいくつも見受けられる。「そこには白人、なかでも貧しく、野蛮といえるまでに退行したスペイン人〔がいる〕、バラックが掘立小屋になる、掘立小屋はごみの中に倒れ、ごみは命を得、シラミの異常繁殖となって姿を現す」(L. Naudeau, 1941, p. 164)。第二次世界大戦後、「異国趣味化」は新聞ではあまり見られなくなったものの、パリのグート゠ドール地区やマルセイユのポルト＝デクス地区についての数多くの描写が示すように、消滅してしまったわけではない。一三区の「中国人」について『フランス＝ソワール』紙のような新聞で述べられている最近の分析は重要である。一九七八年一一月から一九八五年七月までの間に見られたこの共同体についての四五本の記事は、二つの重要な時期を反映している。一九七八年から八〇年まで支配的だったのは、「殉教者」の主題、すなわちボート・ピープルであった。ついで、「チャイナタウン＝シュル＝セーヌ〔「セーヌ河畔の中国人街」の意〕」が強調されるようになった（17 mai 1980）。難民は「インゲン豆でさえ中国産」なほど自分たちの枠のなかで生活している「中国人」に取って代わられたのである。他の記事では、「非合法労働の中国ルート」、ついで麻薬の中継地となっている「パリの黄色い三角地帯」等々について言及されている（J.-P. Hassoun et Y.-P. Tan, 1986）。

外国人嫌悪は、同様に、より「高尚」とされるジャンルの著作を通じても知られるようになるが、このジャンルもまた新しく危機が訪れるたびに開花する。すなわち、政治－文学的なパンフレットがそれであり、こうしたパンフレットはしばしば大げさな言い回しを用い、ニュー・カマーが国の未来に対してもたらす「リスクをフランス人に意識させる」ことを目的としている。バレスは、おそらくこのタイプの言説の父であり、とりわけ一八九三年の選挙至上主義的な声明「外国人反対！」は典型的である。本章の冒頭に掲げた引用を単に並べるだけで、〔移民のせいでフランスは滅ぶという〕黙示録的予言を繰り返す主張が滑稽な面を持つことを示すのには十分である。というのもそうした主張は、先行する各世代がすでにイタリア人、ポーランド人、ユダヤ人、アルメニア人等々について大々的に述べた予言を、ほとんど一言一句たがわず、三〇年ないし四〇年の間隔で、繰り返すものであるからだ。こうした〔黙示録的予言を繰り返す〕主張には、その著者が擁護している主張する国の歴史についてどれだけ無知かということ、また実際の社会の変化について、これらの著者がどれだけ誤解をしているかということが反映されている。たいていの場合、これらのパンフレットを書かせているのは、真理の追究ではなく、科学的考察とはほとんど無縁の、狭い意味での政治屋的関心だというのが実際のところである。しかしそうではあっても、第二章で見てきたように、外国人嫌悪は危機の時代には激化し、反移民の報復措置というかたちで政治の水準に姿を現す。そして、こうした報復措置は、単に利害を満足させるためだけではなく、とりわけ議会のなかで代弁されている社会集団が抱く幻想《ファンタスム》を満足させることを、依然としてその目的としているのである。(11)

2・3 説明上の要素

こうした外国人嫌悪の振る舞いが恒常的に見られることを解明するために、ひとはどのような説明上の要素を持ち出すことができるだろうか。人種主義や反ユダヤ主義を説明するために提唱されてきたすべての理論を並べることはせず、また社会的な分析に集中すべく、心理学的ないしは精神分析的アプローチに属する事柄を考察から除外するならば、三つの大きな要因の連鎖を取り出すことができるだろう。

第一に、危機が招いた社会における階級的転落《デクラスマン》の影響を取り上げなくてはならない。「貧困《ミゼール》」をめぐる伝統的なポピュリスト的図式（この図式では）絶対的な用語で定義される抽象的な範疇だが、貧困とは実際には所与の社会との関係に応じて相対的である）よりも、階級的転落という言葉を使ったアプローチのほうが、次の点で優れている。すなわち、このアプローチは、個々の危機をそれぞれに異なるものとする景気循環的側面と、そうした危機が明るみに出す構造的側面とを、同時に示しうる。この構造的側面は、未来に関する願望や表象――一般には好景気の時期に構築される――と、生活のなかで諸個人が直面する現実との間のずれに結びついている。この研究上の仮説はまた、労働者から上層階級まであらゆる社会集団に当てはまるという利点も提供している。この仮説は、いかにして外国人嫌悪が一般化しうるかを理解する可能性を提供するのである。

民衆階層においては、階級的転落の主な形態は、賃労働者としての生活を失うことによって目に見える形をとる。このとき、しばしば仕事の世界と結びついた存在理由の全体が揺らぐのであり、ごく低い〔地位にある〕としても、経済的地位の喪失もまた問題となる。そして、こうした地位の喪失には、考察対象となる時代によって慈善、社会扶助、社会福祉といった違いがあるとはいえ、そうしたものを「乞う」ための屈辱的な手続きがたいていの場合つきものなのである。移民流入の多い国で失業から逃れるために採られる方法は、景気のいい時期ならば移民しか従事しないであろう条件の悪い雇用を引き受けることである。一九世紀末になると、この論理ははっきりと姿を見せるようになった。第二帝政の好景気の時期、そして第三共和政初期の何年間か、二つの「労働市場」(雇用および部門の水準における)は、並行して構築される傾向にあった。危機が起きると、フランス人勤労者は非熟練労働者の仕事、土木、公共工事の現場や炭坑に殺到する。しかし、移民は多くの場合、これらの部門にすでに幾分定着していた。彼らはそこで熟練技術を獲得していたのである(ノール県の鉱山のベルギー人、建築や公共土木でのイタリア人がこのケースに当てはまる)。それゆえ、企業経営者自身は、企業の利益に反して「自国民優先」を実行に移すよりは、移民を雇い続けることを望んだ。したがって、フランス人民衆による闘争は激しいものとなり、「外国人の侵略」における経営者の役割が頻繁に告発されるようになった。農業の領域において、危機は、国籍の異なる労働者のあいだで利害衝突の「激発」を引き起こしうる。アベル・シャトラン(1977)は、ネアブラムシの被害による危機の後、ラングドックのぶどう畑の立て直しは労働者層の再構成と並行して行なわれたことを示している。山岳地帯出身のフランス人移民は賃金や労働条件についてより声高に主張していたが、スペイン人のために見限られた。そのため、衝突が頻繁に起こり、ぶどう畑所有者はこれを防ぐことができなかった。というのも、資本主義的基礎に基づいてぶどう畑を再建するために、〔ぶどう畑〕所有者は投資を行なうことを余儀なくされ、労働者層への出費を抑えることを避けられず、それゆえ所有者は競争原理を働かせざるをえなかったからである（この問題については、G. Gavinaud, 1983も参照）。一八九三年のエグ＝モルトの死者を伴った恐ろしい騒擾は、この型の論理で説明できる。多くのフランス人労働者にとって我慢できない状況がしばしば生まれるのは、移民の存在によって、数年前まで軽蔑しかしていなかった仕事を獲得するために闘わなければならなくなるからである。戦間期のロレーヌの鉄鉱山にはこのことがよくあらわれている。危機によって、多数の独身外国人労働者を送還した後で、そこで働く人員のフランス人化が行なわれた。階級的に転落し、移民と同列にされ、あてがわれた仕事の熟練度が多くの場合移民より低かったフランス人勤労者は、マックス・ヴェーバー（1971）のいうところの合衆国南部のプア・ホワイト・トラッシュにいくつかの点で似ている。すなわち、彼らは何も所有せず、この事実により人種的反発の主要な担い手になるのであるが、それというのも黒人（ここ〔フランス〕では外国人）の階級を象徴的に転落させることに、みずからの「社会的名誉」が直接かかっているからなのである。

　外国人嫌悪の最も激しいのが、しばしば中産階級（商人、手工業者）のなかでであることは知られている。二つの階級的転落の形態がこの恒常的な特徴を説明しうる。まず、つねに大企業との競争圧力にさらされているがゆえの、一九世紀末以降におけるこの社会集団の構造的衰退である。危機の時期には、こうした傾向の進展は景気循環による階級的転落と結びつく。景気拡大期に賃労働を辞め、小規模の手工業者や商人になった多くの人びとは破産に追い込まれた。さらに、企業から解雇され、生きのびるために小商いや職人仕事に逃げ場を求めた外国人労働者と直接対峙する者も少なくなかった。この展開は、統計数値が外国人就業者の「会社経営」の比率が上昇したことを示す三〇年代において明瞭になる。外国人経営者は競争を行なうが、フランス人がこれに対抗するのは困難である。実際、移民は幼年期から非常に困難な生活様式、というよりむしろ生き延びるための様式に慣れている。それゆえ、彼らはフランス人が我慢できないような窮乏や労働条件にも耐えることができたのである。さらに、移民をめぐる状況は非合法かつヤミの労働力の動員を助長しており、とりわけ〔事業主が〕社会保障負担分を支払わないことでより安い労働力になっている。一九三〇年代、フランス全土の商工会議所で、この問題についての仲裁が増えている。外国人の手工業者や外国人商人に関する身分証明書は、商工会議所の要求を満たすために創設されたものであった。

時代によってその強さは変わりうるものの、外国人嫌悪の傾向は、支配階級のさまざまな層でも見受けられる。このことは研究者にとって重要であるのだが、それは、こうした水準〔支配階級のさまざまな層〕において、言説やイメージが作りだされ、次いで民衆階級に普及していくためである。本章の続く箇所で見るように、フランス人と外国人との直接の競争は、おそらく上層階級の外国人嫌悪の理由の一つであろう。しかし、たいていの場合、彼らと移民現象との関係の独自性をなしているのは、彼らが純粋に内部の闘争における戦略的な要素としてこの主題を利用することにある。一九世紀末以降政界では、外国人を非難の的にすることはつねに、理解の範疇を超えた危機に対する「魔法の」解決策のようなものであった。同様に、自身を「左派で寛大な心を持つ人物」「人権の熱心な擁護者」とする演出を念入りに準備し、こうした価値観に重きを置く人びとを動員しようとする者にとっては、好都合なテーマであった。また逆に、議員や候補者は、「治安重視」のイデオロギーをふりかざす極端に威嚇的な言説を唱えるならば、社会の状況を不安に思うあらゆる人びとの支持をとりつけることもできた。

もうひとつの異なる水準もある。ドレフュス事件がその好例であるが、外国人嫌悪は知識人層のさまざまな分子の間での争いの対象になりえたし、また、労働市場に自分の野心の水準に合致した職を見つけることができない学位取得者の「過剰生産」による犠牲者すべての〔不満の〕はけ口にもなりえた。

〔階級的転落に続く〕外国人嫌悪が恒常的にあることを説明するために私たちが提案できる二つ目の説明要素は、「帰属」という困難な問題と関連している。とりわけ不確実さが増す時期には、根づいている集団からすれば外国人は脅威と感じられた。外国人嫌悪はたいていの場合、国境地帯でよりいっそう激しいことが知られている。フランス南東部、特にニースとマルセイユは、一世紀も前から不寛容と関わりの深い都市だが、「文化的近似性」が「平和的共存」を強化する要因と考える者（そしてその数は多い）が犯した誤解を説明してくれる。プロヴァンス語とイタリア語の場合を参照するファン・ヘネップによれば、共存し類縁性の高い言語は、互いに相手の言語集団を脅威と感じうるという。彼はさらに、「ラテン人が皆ロマンス語を話すというだけの理由で、ラテン人の一体性を述べることは馬鹿げている」と付け加えている（A. Van Gennep, 1921, p. 81）。危機の際には、外国人共同体は定住に向かうので、アウトサイダーが地位を確立した側《エスタブリッシュド》に与える脅威がいっそう強く感じられることは理解できる。このことに、移民の世界の内部の理由が付け加わる。フランス人とのあらゆる違いの痕跡を消すことに大いに苦労している者は、「同一視」される危険のある移民の新しい波の到来に、しばしば拒否反応を示すのだ。一八八一年のマルセイユの事件についてのイタリアの研究では、フランス化されたばかりのイタリア人が市内の通りでイタリア人を追い回す集団の先頭に立つことが頻繁にあったという（G. B. Arnaudo, 1881）。

また、似た理由から、戦間期のユダヤ人共同体を動揺させた問題も知られている（P. Hyman, 1985）。イタリア人に関しては一九五〇年代のロレーヌで同様の事実が知られている。一世代前にやってきたイタリア北部と中央部出身者は、半島南部出身のニューカマーに対して一定の距離を保ちたがっていたのである（S. Bonnet, 1965）。

もうひとつの要因も主張されなければならない。危機は、実のところ受け入れ社会全体の社会的規範が破綻する、あるいは再定義される時でもある。外国人嫌悪は、こうした状況のなかで、しばしば社会集団が経験するアイデンティティの危機を指し示す便法となっている。事実、移民はこうした変動を体現している。移民は、拡大期、すなわち技術革新、都市拡大、分業の深化の時期にやってくる。この変化が社会に効果を及ぼすのは、その後の数十年間においてであり、その時には風景は一変し、移民は定住している。ここには、それが現れる強さに多少の違いはあっても、三つの危機〔の時代〕に共通する点がある。一九世紀末にバレスが外国人に対して抱いていた憎悪は、ロレーヌ――バレスの生地――で当時起きていた、旧来の経済的均衡だけでなく人口構成までを激変させた産業構造のすさまじい変化と、確かに関連している。ヴィダル・ド・ラ・ブラーシュが書く文章のなかで強く感じ取られる「消え去っていく国」に対する不安は、真剣に受け止められるべきである。この不安はいたって重要なものであり、一九世紀末、ロレーヌ、プロヴァンス、ノール〔フランス北部〕といったさまざまな地域で「地域主義者」の流れが発展する際に重要な要素を構成した。社会的変動――この変動のただ中に移民はいて、物事を見かけで判断する一般の感覚では移民こそこうした変動の原因なのだが、実のところ移民にその責任はない――は、地理的な意味での共同体のみならず、職業的レベルにも影響を与える。合衆国同様フランスでも、労働の合理化は、移民と結びついた労働者階級の構成のうえに、激しい変動を引き起こした。ガラス工場では、「外国人」は職能集団の外にとりわけ位置する個人であったが、そうした旧来の共同体は解体された。職能集団の自立性は壊され、ガラス工は国の規則による規制がますます強まる労働市場に組み込まれていった。彼らの経験に基づく熟練は、新しい機械とともに無駄になった（J. Scott. 1982参照）。戦間期、そして最近において、事実上すべての工業部門はこの種の変動を経ている。フランス人の旧来の労働者層がもっていた熟練は時代遅れとなり、しばしば移民からなる新しい労働力に取って代わられた。

三つ目の説明は、当然これまでの説明と関連づけられなければならないが、現代社会のなかで外国人嫌悪が「生産」される条件に関わっている。思想史家は、外国人嫌悪がある時期にどのようにして広まりえたかを説明するために、しばしば「プロパガンダ」や「教化」といった考えを前面に押し出す。思想史家たちは自分たちの考察の中心を主に言説の内容とその伝播の手段（政党、報道機関、等々）におく。これは確かに重要な問題だが、社会史は象徴的側面、すなわち集団動員を生じさせる技術にいっそうの関心を持つ。非常に図式的になるが、ここでいくつかの例を示しておこう。しばしば、説得にあたって数字による証明や議論の組み立てを一般的にほとんど気にかけることがない、極右政党のプロパガンダの「非合理的な」側面が強調される。このことは誠実な民主主義者にとってはひとつの謎であり、〔このような非合理を信じる〕人間性への懐疑を感じて暗澹とした気持ちになりかねない。実際のところ、この政治的戦略の力は、理性ではなく、私たち一人ひとりのうちに眠っている「無意識」にそれが訴えるという点に由来する。先に見たとおり、外国人嫌悪の言説は、恐怖やエキゾティスム等々といった幻覚《ファンタスム》にたいていの場合訴えるのである。ここで重要なのは、言説の内容よりも形式である。つねに同じ主題を鳴り物入りで訴えることで、外国人嫌悪者は、一連の観念やとりわけイメージを喚起し、人種差別的な発言をしばしば彩っている思考の自動的な反射《オートマティスム》へと導こうとする。外国人の姿《フィギュール》（〔容貌とイメージの〕二重の意味での）を、好感とともに嫌悪感の世界に組み込むことによって、外国人嫌悪者は民主主義者を出し抜いた。というのは、周知のとおり、好みや見た目は議論で良し悪しが決まるものではないからである。しかし、ドリュ・ラ・ロシエルの、『外国人についてのフランス人への緒言』以下の抜粋から示されるのは、移民に対して個人を動員するためには嫌悪感を日常生活の体験に結びつける必要があるということである。「フランス人は地理や旅行が苦手だと言われてきたが、今や聴覚や嗅覚や触覚をつうじて、争いや愛情をつうじて、憎しみや好奇心をつうじて、外国人とは何者であるかを知らないフランス人は一人もいない」。そして著者は、「街角に、中世の蛮族侵入以来見たことがない者どもがいる」と指弾する（J.-C. Bonnet による引用、1974, p. 19）。外国人嫌悪の言説について正確な比較研究があったなら、時期がいつであれ、一九世紀末から同じ戦略が実行されていることが示されるだろう。一八九〇年代にすでに、バレスは自身の外国人に対する憎悪を「われわれの精神に生じる数限りないちょっとした事実」として正当化している（1893）。この政治的技術の有効性を過小評価するのは間違いである。移民とは、国に残っている家族に送金しようとするが為替〔の用紙〕の記入の仕方が分からないために郵便局の窓口の混雑をひどくしてしまう人びと、あるいは地下鉄の折りたたみ式の補助いすにラッシュアワーなのに座ったままでいる人びとではないのか。これら日常に見られる兆候《シーニュ》すべてが、「彼ら」と「われわれ」の違いを具体化させる。「彼ら」を政治的に「問題化させる」ことができる政治的言説を有効にするのは、こうした日常の兆候である。

　ここには、言説にしか関心を寄せない分析では把握することのできない中心的な問題があると考えられる。伝えられたメッセージが有効であるためには、言説は日常生活に深く根を下ろさなければならない、あるいは私なら、ほとんど「体験され」なければならないと言うだろう。〔日常生活こそ〕最も抽象的な現実に最も具体的な意味を与えるからだ。かくして、なぜ極右の政治家が人びとの関心事に近いといった仕方で、「親しみやすい」と思われたがるのかが理解される。ここでもまたいかに語るか《ランガージュ》が重要なのである。政治家たちは、少なくとも一世紀前から、「国民」という抽象的な概念を、「わが家で《シェ・ソワ》」「われわれのところで《シェ・ヌー》」

のである。

「彼らのところで《シェズー》」等々、家族をめぐる語彙を用いて言い表してきたが、それは意味のないことではない

3　フランス社会における三つの徴候

歴史学者の第一の役割は、あらゆる性急な評論家が現在の出来事のなかに読み取る「新しさ」が、しばしば古い歴史的問題の繰り返しにすぎないのを思い起こさせることにある。しかしそうであるとしても、長期持続のなかに現在を刻み込みたいという望みを持ちすぎると、今度は恣意的に選択した引用との関連づけによって作為的な連続性を生み出す危険を冒すことにもなる。それゆえ、ナショナリスト的な外国人嫌悪の歴史についての大規模な研究はすべからく、研究対象となる危機のそれぞれが異なっている点を強調しなければならない。集団的な表現の形をとった「外国人に対する憎悪」が、考察の対象となっている社会構成体の経験する危機の徴候《サンプトーム》にほかならないことを認めるのならば、学問的な《シャンティフィック》観点からすると、危機の展開のなかで戦略上決定的と思われる場についての分析に集中することは、それが、外国人嫌悪に関する語彙や主題が作られる場であるからにせよ（一九世紀には議会関係者の世界《ミリュー》、一九三〇年代には自由業）、その場が社会的病理をその全体像において体現するからにせよ（〔一九〕八〇年代においては学校の世界）、理に適っている。

3・1　「国民的事跡」の構築

一八八〇年代初頭に生まれた外国人嫌悪の動きは、ドレフュス事件で最高潮を迎えた。数多くの研究が、

大幅な景気後退、およびそれによって引き起こされた社会の再編に影響を受けた集団にはすべて、反ユダヤ主義の作用が及んだことを明らかにしている（M. Réberioux, 1975; C. Charle, 1977; M.-R. Marrus, 1972; P. Nord, 1981; M. Winock, 1986）。こういったよく知られた分析を再び取り上げるよりも、本書では、ドレフュス事件がいかなる点で、議会制民主主義および政治的外国人嫌悪の歴史の「草創」期をなしているのかを示すほうが適切であろう。

一八八〇年代まで、たいていの場合他者の認識は国民をめぐる定義に基づいたものではなかった。一九世紀半ばには、「外国人」はいまだ、何よりもまず地域の共同体に属していない者のことだったのを多くの研究が描き出している。もちろん、北フランスのベルギー人（たいていの場合フラマン人）、同様にフランス南東部のピエモンテ人、パリのオーヴェルニュ人、そしてサン＝テティエンヌ〔ロワール県の都市〕の「白人」〔〔ローヌ河〕渓谷の工場に一時的に働きにやってくる中央山塊の住民を指した〕ですら、「外国人」でありえた（L. Chevalier, 1978; A. Châtelain, 1977; J.-P. Burdy, 1986）。

一九世紀末の数十年間にいかにして地域単位の集団から国家単位の集団への移行がなされたのかを理解するにあたっては、複数の要素が挙げられる。ここでもまた、生きられた経験が重要である。危機の時期に労働者のあいだで発生した多くの争いをつうじて、フランス人は、同じ時期に議会でつねに論じられていた「外国人の脅威」が何を表しているのかについて「具体的な」考えを得た。ミシェル・ペローが述べるように（1960）、「ナショナリズムが出来上がるのに適し、かつきわめて具体的な土壌が、外国人労働者との衝突によって作り出された。移民との日々の競争は、労働者に外国人の存在そのものを意識させた」。さらにこの時期には、「国際関係」の波乱が、憎悪の爆発する直接の原因である場合がしばしば見受けられる。一八八一年の「マルセイユ事件」は、市内の「イタリア国民クラブ Club Nazional Italiano」の会員によってチュニジア（フランス、イタリア両国による植民地としての争奪の対象国）から戻ってきたヴァンサンドン旅団のフランス人兵士に向けられたやじに端を発している。一八九四年、リヨンやフランスの多くの都市で起きた暴動は、イタリア人アナーキストによるカルノー大統領暗殺によって説明することができる。外国人に対する攻撃が、たくさんの三色旗とともに『ラ・マルセイエーズ』の歌に合わせて行なわれることは、非常に頻繁にあった。この見地に立つと、説明が必要なのは、伝統的な民衆暴力と新しい普及機関（特に新聞と議会）が与える斬新な定義との関係である。

『プチ・マルセイエ』の例から、第二帝政の終わりまで地方新聞はあまり「外国人」に関心を抱いていないことがわかる。いずれにせよ、わずかなページ数、発行部数の少なさから、世論に与えた影響力は限られている。出版自由化の諸立法、生活水準の向上、編集技術の進歩は、一八八〇年代に状況を一変させた。日刊紙が行なう容赦のない競争のなかで、読者の「関心」を引きつけることができるようになったものだけが窮地を切り抜けた。ところで、「自分たちにもいつか起こりうるドラマ」として着想された三面記事は、この目的を果たすために好都合な道具であることがすぐに明らかになった。毎朝、紙面を埋める題材を見出す必要が生ずる。労働者と外国人との喧嘩は格好の「材料」であった。ジャン・ヴィダランは(1979)、七月王政の時期、イギリス人労働者への外国人嫌悪の動きは警察の報告ではかなりの分量を占めるのに、ノルマンディーの新聞には事実上掲載されなかった、と述べている。一八八一年のマルセイユの事件は全国規模の事件になった。『プチ・マルセイエ』で何日にもわたって報じられただけでなく、他の新聞、全国紙も地方紙もその分け前にあずかった。外国人の問題については、外国人を徴募する経営側との関係があるために慎重であった『ル・タン』のような穏健派の新聞ですら、一八八五年以降は徐々に移民についての記事を増やしている。[12]

近代民主主義の仕組みのもうひとつの柱である議会制度は、一九世紀末に、外国人嫌悪が国民〔という概念〕をつうじて定義されるようになるに際しての、二番目の主要な要素である。重要な問題なので、この点について少し踏み込んで説明しておきたい。ミシェル・オフェルレが述べたように(1985)、この時代は普通選挙が実際に定着していった時期である。投票は、現在では「ルーティン」となっているが、それが政治生活の「自然な」与件として定着したのはあくまで段階的であったことは、たいてい忘れ去られている。自分が持っている発言権や力の持ち分を、自分の代わりに語る代議士に委任することは自明なことではなかったし、「専門家」は自分の公約への大衆の同意を引き出すために、多くの想像力を駆使しなければならなかった。そのうえ、くびきから解放されてまだ間もない間に、普通選挙はその限界を示した。社会問題の奇跡的な解決策ではないのみならず、市民の「教育」だけでは民主的投票の「理性的な」利用に必ずしもつながらないことがたちまち明るみに出たのである。このことは、「アメリカ風の」選挙活動をつうじて首都〔パリ〕の投票率を一〇%も押し上げたブーランジェ〔フランスの軍人、一八三七〜九一。一九世紀末、ドイツへの復讐を叫び第三共和制に不満をもつ国内各層を糾合したがクーデターに失敗し国外逃亡、後に自殺〕の大衆的成功によって証明されている。おそらく、共和派が好んで唱える「教育的議論」(「理性」や「階級の利害」に訴える)は議会制民主主義の論理のなかで大衆を動員するには不十分であることを、初めて実践によって示してくれた〔ブーランジェ〕将軍には感謝しなければならないのであろう。この政治システムが最大多数の無所有状態に立脚しているという事実そのものが、先に言及した〔世論〕操作技術を助長する。すなわち、幻想《ファンタスム》や、「生きられたもの」、「親しみやすいもの」への働きかけである。このことを別の言い方で言えば、一九世紀末の大発見とは、「帰属感情」が政治的選択の表現のなかで本質的な役割を占めるということである。国民〔という概念〕が、もっぱら専門家たちの小さなサークルにしか関わりのない、抽象的な実体であることをやめるにあたっては、これを大多数の個人にとってより親しみやすい発想に結びつける必要があった。確かに、同時期に出現した、そして第二章で言及した法制上の変化が、この過程で一つの役割を果たしている。「国民」であるということは、〔国民に〕特有の権利と利害をもつことであり、これらの権利や利害は日常生活の争点となっていく。しかし、国民という抽象概念を「具体化」する政治的操作には、別の手段が必要である。実のところ、それまで民衆階級に属する個人の大半は、互いに顔見知りの人間がいる空間として定義される自分たちの地域社会に自己を同一化していた。国民という尺度に移ることは、足で訪ねて回れるわけではなく実際によく知っているわけでもない空間を親密なものとするための、帰属感情の一種の「位置変更」を必要とする。その結果、いくつかの「媒介」を作り出す目的で、すなわち、家族の空間（家）から地方の空間を経て国民的空間にいたる、いくつかの「自分たちの場所」からなる入れ子構造を作り出す目的で、政治的技術が言説のなかで、また実践でも活用されることになった。実際、この時期についてのあらゆる研究が、「郷土主義」と「地域主義」は矛盾せず、〔両者はそれぞれ〕ナショナル・アイデンティティを「具現化」するものであることを示している。

国民をめぐるプロパガンダは、効果的たらんとすれば「具体化」される必要があるのであれば、外国人は当然「目につく」ものでありつづけなければならない。ジャック・ネレがその博士論文で述べたように、この観点に立った最初の行為はおそらく一八八八年二月に下院に提出された有名な「プラドン報告」である（第二章参照）。プラドンは、その報告書をつうじて、外国人と、国防にとって危険なドイツ人とを同一視する理由づけにおいて、新機軸を打ち出した。この報告はまた、外国人人口の正確な統計的記録を盛んに唱えるものでもあり、その主張はまもなく、一八八八年八月の政令《デクレ》に結実した。ジャック・ネレは、いわ「大いに喧伝された外国人の人口調査自体は、この問題についての公衆の関心をより一層かきたて、いわば公式にこの問いを投げかけるものであったが、この問いに解決策を示さず、また解決しようともしなかった」と述べている（1959, p. 90）。さらに、外国人問題の公式化の過程におけるこの重要な機会は、当然のことながら共和派の人びとに歓迎された。たとえばトゥーロン地方では、「ムリヨンの共和派サークルは、外国人に関する政令《デクレ》に接し、すべての国籍の誠実な労働者を広く迎えいれながらも国益を守るように定められた措置であるとして、首相に対して心からの賛辞を送った」（AN F7 12585）。

一八八八年政令《デクレ》の公布に続く外国人に対する法案の増加は、〔いわば〕「機械」にはふんだんに油が差されており、ひとりでに動き続けられるほどだったことを示している。外国人問題は「政治問題」になった、つまり今や選挙当選者は権力戦略にこの問題を組み込むようになった。第一に、外国人を排斥する法案は、有権者の面倒を自分が見ていることを示す便利な手段であった。選挙公約を調べると、労働者階級の党であるとみずから主張する政党のうちにとりわけ、外国人を排斥し労働市場を保護する提案がきわめて速く広がったことが分かる（Barodet, 1880-1914）。移民が登場する三面記事の政治的利用は、議場において「〔ロラン・バルトのいう〕現実効果」を生じさせる手段であった。エグ＝モルトの事件は、移民に敵対的なあれこれの法案に賛成しない議員に最悪の大惨事を告げるために利用された。演壇の上から、可能であれば震えた声《トレモロ》で、外国人との競争等によって仕事を奪われたフランス人労働者の悲痛な手紙が読み上げられる。こうした新しいやり方がすべて、議員の生活のなかで月並みなものとなるのに時間はかからなかった。にもかかわらず、この問題についての政治的騒ぎが単に有権者の関心や願望を「表現」したり「反映」したりしたものではないことを強調しておく必要がある。外国人嫌悪がらみの暴力事件の散発やこの問題についての恒常的な論争にもかかわらず、外国人問題がこの時期の労働者にとって中心的な懸念事項であったかは定かではない。第一次世界大戦にわずかに先立って公刊された研究では、実は外国人との競争は国境地域や労働市場の周縁的な部門（特に建設業、公共工事）の問題でしかなく、労働者よりも議員により深く関わる問題であったと述べられている（P. Gemähling, 1910）。経済危機について一八八四年に行なわれた調査の回答の一部は労働者によって直接回答されたものであるが、こうした回答を検討しても同様の結果が出る。ノール県のような国境地域ですら、外国人に対して敵対的な回答は見受けられるものの、節度ある回答、さらにはこのテーマに関する回答者の無関心ぶりにむしろ驚かされる。その反対に、明らかなのは問題設定の押しつけの効果である。一八四八年に実施された同様の調査は、外国人労働者について何も言及していないが、一八八四年の調査の質問票は、危機における移民の「責任」の問題について明白に言及している（C. 3336; C. 3367; 特にC. 3371）。

それゆえ、一八八〇〜一八九〇年代の危機の本質的な性格として、議会政治のテクニックの習得と反外国人の公約が果たした役割を心に留めておくことにしよう。しかし、過小評価してはならないのは、ナショナリスト的な外国人嫌悪は、この危機に対する「処方箋」とされるものが具体化する際にも影響を及ぼしていることである。「右派」と「左派」が、とりわけ国民という問題に関して政治的な立場を選ぶときに〔かつて存在した〕無秩序が、ドレフュス事件の決着により終わりを告げたことは知られている。この事件ののち、「外国人問題」をめぐる「右派」の取り上げ方や語彙、命題が固まるのであり、左派についても同様である。ひとつの伝統が生まれたのであり、後の時期に起きる危機の立役者たちは、もっぱらこの伝統に依拠していくことになるだろう。さらに、外国人を排斥する動員は、国民的空間の構築に本質的な役割を果たしたが、国民的空間のおおよその姿は、議員たちの活動によってこの時期に固まっていった。第二章でみたように、福祉国家的な政策はすべて、フランス人／非フランス人という国内の境界線を軸として組織される。同様に、以後国民的帰属という基準は、労働市場をいくつかの領域に「分断」する際に用いられる基本的な要素にもなった。すなわち、「クラブ」の一員でない者に許可される領域、禁止される領域、強く推奨される領域に、労働市場は「分断」されるのである。「国家主権」や「公職」といった好き放題に拡大解釈したり操作したりしうる概念が、この点について最も普及した正統化の方法であった。外国人はすでに、それ以前に公職に就くことはできなくなっていた（公務員試験を受けるにはフランス人でなければならない）。しかし、同様の進展は「自由」業でも起きていたのである。弁護士たちは、一八一〇年政令《デクレ》を楯にとり、外国人の志望者を斥けていた。医師は、一八九二年、同業組合による大々的な動員を行ない、フランスの医師資格を持たない医師が職に就くことを禁止させた。〔外国の医師〕資格の同等性を認定する制度は廃止された。歯科医と助産師も同様の恩恵を手に入れた。労働者の世界では、国家のために働くあらゆる部門が少しずつ「国家の安全保障」という名目でフランス人労働者だけのものになった。問題が最もはっきりと現れたのは、鉄道部門においてである。一八八八年以降、オルレアン鉄道会社社長は、労働者に対して彼らがフランス人である証拠を要求した。そうでない者は速やかに帰化するか辞めなければならなかった。〔鉄道という〕この重要だが紛争の多い部門に一連の権利（雇用の安全、年金制度等々）がしだいに与えられたことに伴い、すべての会社がこの種のパージを行なっていった（特にR. Bernard de Jardin, 1899 参照）。

3・2 「自由」業とはいうものの

三〇年代の危機は、外国人に対する政治的議論に関して「新味」がない。その反対に、論争〔の仕方〕や利用する語彙、動員のための技術は、それに先立つ時期に開発された攻撃手段をそのまま使ったものにすぎない。違いがあるとすれば、今や政党のシステムが構築され、議会という「機械」が成熟してきていることぐらいである。

この危機の特性を説明するために、私たちは、自由業の人びと、〔とりわけ〕法律家と医師が、外国人排斥に関わる動員のなかで演じた役割を取り上げることにした。実はこの時期、これら二つの社会集団は、外国人に対する攻撃の激しさにおいて際立っており、最後にはヴィシー政権を成立させることになる世論の転換の中心に位置している。ここでもまた、そのような過ちをもたらした社会的メカニズムはどのようなものであったかを、裁くのではなく理解しようとすることが課題となる。今日、世界中いたるところで、みずからを人権擁護の戦いの担い手として進んで紹介するこれらの職業に属する人びとが、少し前のことについてみずから分析する勇気を十分に持ち合わせていることが望まれるところである。

ここでもまた、不寛容のおもな理由は、教育を受けた時期（経済的拡大期）と就業の時期（危機で特徴づけられる）とのずれから来る、学位取得者の過剰生産である。自由業では、このずれは、新規に業界に参入した人びとが顧客を見つけることの著しい困難さとして現れる。このことに、その多くが知識人層の出身であり、亡命以前と同一の社会的地位を求めている難民の流入が付け加わるのである。通常は、民衆階級だけのものであった外国人との競争が、エリートにも打撃を与えることになる。弁護士たちの反応は、この社会集団に関する動員の形態についての典型的な例である。彼らは、ストを打つ必要も、労働組合を立ち上げる必要も、邪魔者に対抗するために暴力を行使する必要もない。交際ネットワークを利用するだけで十分であり、その効果は保証されていた。この年法学部を修了する三〇〇人の若いドイツ人難民の参入を阻止するため、一九三四年六月二二日、青年弁護士連合は一九二七年の国籍法を改正する法案を提出させることに成功した。迅速に審議され、数週間後に下院（社会党を含む）を通過し、法律は、一九三四年七月一九日、つまりひと月も経たずに公布されたのである！

弁護士たちにとっての問題は、外国人を斥けることではない、というのも、このことについて弁護士業界は一八一〇年政令《デクレ》を久しく用いていたからである。今回の争点は、帰化者を攻撃することにあった。実際、そのためにこそ、「公職」に就くことを望むすべての帰化者に対し、帰化の政令《デクレ》から一〇年間の滞在を義務づけることが、一九三四年法の主要な条項になっていたのである。議会に議員を多く輩出していたうえに、法的ノウハウを独占している弁護士（ならびに公証人）は、議会を自分たちの庭のようなものとして扱い、自分たちの都合に合わせて法を制定したり廃止したりしていたのであった。それゆえ、彼らはこの排斥法でも満足できなかった。一九三四年七月法に続く判例はすべからくさらに状況を悪化させるものであった。国務院は、フランスで兵役に就いた経験のある帰化者さえ排除することを決めた。しかも、パリの弁護士会に支配されていた弁護士会評議会は、フランス法の伝統に反して、法の遡及的解釈を行なうことで、一九三四年以前に帰化した候補者を拒絶し、パリ控訴院がこれを追認した。現在、弁護士会によって報道発表される声明は、次の型通りの文章から始まることが多い。「パリ控訴院の弁護士会評議会は、人権擁護というその使命に忠実であり……」（*le Monde*, 21 juin 1979）。[13] この忠実さがどんな場合も変わらなかったわけではないことは認めざるを得まい。難民や植民地化された国々の裕福な若者までをも法的職業から引き離すために、帰化フランス人に認められた職業的権利をフランスではじめて侵害したのは、法律家たちであった。

この姿勢は、法曹に特有のものではない。「ほとんどすべての職業において、顧客も仕事もない学位取得者は、きわめてまことしやかな口実を使って、帰化した外国人が自分たちの労苦や学業で結んだ実を摘み取ってしまうのを阻害するために団結した」と、ある新聞記者は一九三五年に述べている（*le Temps*, 8 février 1935）。医師の世界でも、同様の集団行動が見受けられる。ただし、そこでは動員の技術が異なっていた。医師は弁護士と同じくらい議会で多数を占めていたとはいえ、法を目立つことなく直接操作する行動はできなかった。それゆえ、職業の威光に乗じて世論に訴えるという、弁護士の戦略とは反対の戦略が生まれた。「公共の利益」が前面に出されたのである。能力を欠いた「外人《メテック》」がこの職業を侵略しているが、これはフランス人の健康を危うくするものではないだろうか。以後複数年にわたって、圧力団体による動員が行なわれた。医学アカデミーが先頭に立ち、嘆願書、新聞でのキャンペーン、盛大なアピールなどを行なった。しかしながら、数字は外国人医師の比率の低さを示している。当時の博士論文で引用された統計値を信じるなら、医師の数は一九〇一年の一万五九〇〇人から一九三〇年の二万六二〇〇人と、三分の二以上の増加を示しており、危機の時期における〔医師の〕「過剰」ははっきりしている。しかし、一九三〇年の段階で、外国人医師の数は七五〇人を超えなかった（確かに、そのなかの五三〇人がセーヌ県〔首都パリを含む行政区、一九六八年廃止〕居住者であることは事実である）。「侵略」の議論が口実にすぎなかったことは明らかである。反対に、医学部における外国人学生の数ははるかに増加した。一九〇九年の九六〇人から一九三〇年の三八七〇人にまで増加し、主としてルーマニア、ロシア、ポーランドの出身者であった(14)。ナンシーでは、外国人の数が学生全体の半分を超え、ストラスブールでは三九％、パリでは三二％が外国人学生であった。にもかかわらず、その大半は学業を修了したのち自国へ帰っている。「フランス科学」の威光を全世界に示すため、政府はつねに外国人学生を引きつけようと努めるのが習いであった。

医学界による動員は、まず、能力の高い外国人医師が、フランスで医業に従事できると公権力が認める権限についてのものであった。危機のたびに、この問題は議題として取り上げられた。すでに七月王政下で、フランス人医師はこの状況に終止符を打とうとしていた（AN F17 4513）。一九世紀末、医師たちのロビー活動により、こうした特例〔外国人医師に医業への従事を認める〕について意見具申する権利、およびフランスで医業に従事するのにフランスの学位を要求する法の公布が実現された。次の段階は、一九三三年四月に通過したアームブリュステール法によって達せられた。以後、フランス国籍を所有していなければ、フランス国内で医師として働くことはできなくなった。しかし、これでもなお学生たちにとっては十分ではなかった。一九三五年に組織された大規模なストのなかで、一人のユダヤ人女子学生がリンチされた。アクシオン・フランセーズ〔ドレフュス事件を背景に成立した王党派の政治団体〕の積極的な支持を受け、若いフランス人医師たちは弁護士と同じ「特権」を要求した。つまり、公職の概念は思い通りに拡大可能なので、彼らは自分たちの職業についてもこの同じ〔公職という〕枠組みに入れることを要求したのである。そこから、就業を望む帰化者にフランスでの兵役を義務づけ、公立の医療機関の雇用を希望する者には五年の待機期間を義務づける新法が通過した（これらすべてについては、R. Schor, 1985; C. Ayoub, 1937; P. Gervais de Lafond, 1934 参照）。

こうした職業からの〔外国人の〕ナショナリズム的締め出しには、純粋に同業組合的な側面があるが、それ以上に、これらの自由業によって外国人嫌悪にもとづく動員がなされたことは、自由業の人びとがとりわけこの時代に影響力のある社会的役割を果たしていたために、きわだって重要である。自由業の人びとは、外国人を嫌悪する見方を社会全体に広げるにあたって大いに貢献したという仮説を立てることができよう。医師たち――そのなかには最悪の部類の人種主義理論を支持する者もいた（ベリヨンの「民族‐化学」理論、1920やルネ・マルシアルの「人類‐生物学」理論、1942を参照）――は、自分たちの学問的威光を笠に着て、移民たちのことをペストに感染した人間、つまり疫病の原因であり、フランス人が利用すべき病院のベッドを満杯にしていると述べたのである。しかも医学アカデミーが、こうしたことすべてを積極的に支援した。法曹も同様であり、自分たちの同業組合的利益を守るために、フランス法の伝統的な諸原則に背くことさえし、その結果、ヴィシー政権による反外国人的な措置の扉が開かれた。これらの同じ人間たち、同じ社会集団が、後にはヴィシー政権の支柱となるであろう。「邪魔者を片付け」ポストを独占しようとする、一〇年にわたる戦いの「有終の美」が、ユダヤ人の帰化取り消しや迫害に関する法律によって飾られることになる。

3・3　学校における移民

こうした名誉なものとは言いがたい過去を引き合いに出したのは、現代の外国人嫌悪を相対化するためである（しかし、この分野で相対化とは何を意味するのか）。他者に対する憎しみの論理がいかなる結果をもたらすかは（「死刑執行人」だったにせよ「犠牲者」だったにせよ）今日では知られていることであり、また、以前の時期に得られた「既得権」（外国人を最も儲かる雇用から排斥する各種の同業組合主義）が揺らいでいるわけでもないこと、さらに、最後の波に属する移民や今日の難民（ボート・ピープルないしはタミール人）が弁護士や医師に懸念を与える危険もないこと——おそらくこうした理由で、あからさまな外国人嫌悪の言説は、世論の周縁部分に隔離されている。確かに、危機のために社会的地位を喪った者や極貧層にとっては、外国人嫌悪というはけ口はつねに広くみられる反射的な反応であり、手段を選ぶことをまずしない野心家は、〔みずからの〕政治的キャリアをこうした不健全な基盤のうえに築くことができる。そして、今日の極右の言説は一九三〇年代の世論の大勢にとっては月並みな内容だったということも、認めておかなくてはならない。

移民に対する態度の根本的な変化を説明する目的で、一九五〇年代以降にフランスの法曹界が経験した根本的な変容の意義を述べるには、非常に綿密な分析が必要である。国務院〔行政裁判の最上級裁判所。内閣が提出する法案の合法性を審査する〕の役割は、今日ではしばしば政府の激しさにブレーキをかけることであって、その逆ではない。一九七七年一一月、七件にも及ぶ移民にとって不利な省庁からの通達を一気に国務院が破棄したことが思い出される。翌年、家族の再結合を抑制しようとする政府の主要な措置が、やはり斥けられた。一九八〇年、憲法評議会は、行政的収容の手続きを第五共和政の原則に反するとして却下した（特に *le Monde*, 12 janvier 1980, *le Nouvel Observateur*, 12 mai 1980 を参照）。一九二七年に公布された国籍法の改正は、帰化者にとってきわめて深刻な条項を含んだ改正であったが、一九三四年に、一〇分足らずで趣旨説明と審議、投票が行なわれ、出席議員がほとんど全員賛成したことで通過した。しかし、現在の改革案は、最終的にはその実行からいくらかの利益を引き出せると考えていた人びとの政治的利害にとってかえって不利に働きかねないほどの抵抗に直面している(15)。

同様に、外国人に対する医学界の態度も大きく変化した。たとえば、そのトーンの変化を測るには、ある著名な教授が作成した移民の健康についての公式報告を読むとよい。あらゆる権威主義的な政策、あらゆる強制的な統制思想は人間の尊厳にとって危険で無益であると却下された（M. Gentilini, 1986）。同様に、テレビが移民の新しいイメージの普及に貢献したと考えることもできよう。私が移民を取り上げた番組（純粋に政治的なテーマは除く）についてフランス国立視聴覚コミュニケーション研究所のアーカイブを調べたささやかな研究は、制作者の善意を示している。これらの番組の多くが午後に放送され、したがって多くの民衆階層の女性に訴えかけた（A2チャンネル〔アンテンヌ・ドゥー。かつて存在したフランスの公共テレビ局。現在のフランス・ドゥー France 2 の前身にあたる〕の「今日の生活」「今日の女性」、TF1チャンネル〔テーエフ・アン。フランスのテレビ局。一九八七年に民営化された〕の「現在の女性」等々）。二つの中心的なテーマがある。それは、移民住民に特有のさまざまな「文化」〔アフリカ大陸に偏っているが〕を紹介する配慮、もうひとつは「社会問題」、特にマグレブ出自の第二世代のそれについての明確な関心である[16]。

外国出身の若者の問題がこうした形で強調されるのは、現在の危機に特有の、移民をめぐる言説がもつ支配的な傾向を反映している。この言説の出所、そして定着した場は学校である。それゆえこの〔学校における移民という〕問題について少々詳しく触れたほうがよいであろう。

学校における大量の外国人児童の存在は、新しい問題ではない。一九世紀終わり、すでに一五歳未満では二〇万人、二〇歳未満についてみると三〇万人近くの移民児童がいた。その大半は〔フランス〕北部と南東部の国境地域の県に集まっていた。すでに第二帝政時代、ベルギー人移民の殺到に直面して、ルーベ〔フランス北部リール県の都市〕市長は、新しい児童を迎えるために学校の建設や教員の雇用に同市がどれほどの努力を払ったかを強調している（J. A. Reardon, 1977）。戦間期、フランスで初等教育を受けている六歳から一三歳までの外国人児童が三〇万人おり、そのうち二六万人が公立学校に通っていたと見積もられている（すなわち、初等教育の全児童数の七％、一九八〇年は九％である）。八つの主要な大学区で今日観察される集中は、すでに五〇年前には見られた現実なのである。外国人児童はアルプ＝マリティーム県の初等教育の児童全体の三分の一、ブッシュ＝デュ＝ローヌ県やエロー県では四分の一、北部や東部諸県では一〇％から二〇％を占めていた（農業省による統計を参照、1977; G. Mauco, 1937）。しかしながら、当時、「フランスの未来」についての不安を表していた者でさえ、学校の問題にはほとんど関心を払わなかった。むしろその反対に、初等教育については楽観主義が一般的であった。〔外国人児童を〕同化させる学校の役割の有効性を〔何の証拠もなしに〕主張する引用だけで優に一冊の本ができるほどである。同様に、移民の子供の知性に対する称賛もまた延々と語られた。第一次世界大戦以前に、すでにこのようなテーマの研究がある。「われわれが行なった調査から、外国人の子供は、経済的・社会的に同等の条件下ではフランス人の子供より優れている［…］。われわれが問い合わせた教師たちは、興味深いことに、調査がたがいに離れた三つの都市で行なわれ、それぞれ同等の状況にある都市ではなかったにもかかわらず、異口同音に若いイタリア人はたとえば若いフランス人よりも高い知性を持っている、彼らはより注意深く、より礼儀正しいと言うのである」（E. Blanchard, 1913, p. 290）。

戦間期の研究は、同じ方法で結論づける総視学官の報告を引用している（G. Marcel-Remond, 1928; G. Mauco, 1932 等々）。国立人口問題研究所による最初の調査には、まだパリのアルジェリア人児童に関して以下のように記されているのを読むことができる。「全体的には、彼らはよく勉学に励んでいる。多くの者がクラスの首席である。一般に、教員は彼らについて、勉学に熱心で、注意深く、真剣であると見なしている」（INED, 1954, p. 133–134）。鉱山地帯の町であるロンシャン（オート＝ソーヌ県）の学校でも、児童の六〇％が外国人で（その多くはマグレブ出身者）、修了証書を受け取れた割合は八五％であるという、同じ見解が見受けられる（J. Riché, 1964）。

これらの称賛は別として理解しなければならないことは、実は、移民労働者の子供に対する教育問題がまだ存在していなかったことである。一九三〇年の統計によれば、外国人児童の欠席率は平均で八％、コルシカでは二〇％、オート＝ガロンヌ県では一四％に達していた。いずれにせよ、学校に行っても行かなくても、モーコとドマンジョンによる一九三九年の調査で強調されていたように、これらの児童の将来はすべてレールが引かれていた。彼らは父親と同様、労働者か農民になるのである。それゆえ、彼らは若いフランス人にとって何の脅威でもなく、デマゴギーが幅を利かせ、アマチュアでも専門家でも教師であればだれでも、彼らの知性はすばらしいと思い込むことができたのである。

しかし、次の段階、中等教育の段階になると、事情はまったく異なる。中等学校《リセ》への外国人生徒の殺到は、すでに一九二〇年代、教師と親の不満をかきたてていた。ある教員は次のように述べている。「この新しい同級生の増加に刺激されて、親たちは個人あるいは団体で、折に触れ激しい抗議の声をあげた。親たちは、親たちの観点からは年齢や知識〔の違い〕のためにクラスへの振り分けがしばしば微妙な問題を招くような子供たちの流入は、不都合を引き起こすと主張した。親たちの不満はより控え目なかたちではあるが、教員団のかなりの者たちが提出した嘆願書に繰り返されていることをも付け加えておきたい」(L. Rocher, 1928)。国立公文書館の史料 F17 は、一九二七年以降、総視学官がパリの中等学校の校長に対してこのテーマで調査を行なっていたことを示している。ヴァンヴ〔パリ南西、オー＝ド＝セーヌ県の都市〕の中等学校ミシュレ校の外国人生徒の比率は三〇％であった。サン＝ジェルマン＝アン＝レ〔パリの西側、イヴリーヌ県の都市〕の女子中等学校では全体の三分の一に達しており、その大半はチェコスロヴァキア難民であった。女性校長は以下のように述べている。「クラスにおけるこのような生徒の存在がフランス人同級生にとって遅れを引き起こす原因になっているのは確かである。サン＝ジェルマン＝アン＝レの中等学校の水準はわれわれ、つまり教員と私が知っている地方の中等学校の水準より明らかに劣っている。そこから、サン＝ジェルマンとその周辺のフランス人家族による不満が実際に生じている」。ヴァンヴでは、校長によると、「このかなりの数の外国人の流入はさまざまな結果を引き起こし、規律や学習、フランスの影響を普及させるにあたって解決すべき多くの課題を作り出している。この問題は深刻、非常に深刻であって緊急〔の対応〕を要する」。

　しかしながら、この外国人生徒の高い比率は、例外的であった。国民教育省の統計では、一九三〇年代の中等教育機関における外国人生徒の比率について一番高かったのはパリ大学区であるが、その数値は三・三％にしかすぎなかった。一九二七年、ルイ大王校では、外国人は全体の七％、ジャンソン＝ドゥ＝サイイ校では一一％、オッシュ校（ヴェルサイユ）では一五％であった。これらの学校（いずれも名門の中等学校）では、校長は外国人にはるかに好意的な別の観点を押し出している。ヴェルサイユでは、中等学校は予算を賄うために外国人生徒の金を必要としていた。他の場所では、彼らの学習成績についてたびたび強調されている。外国人生徒たちが一等賞を独占することは珍しくなかった。生徒の親（そのうちどのくらいの弁護士や医師がいたのであろうか？）が抗議するさいの本音について、ジャンソン校の校長が私たちに説明をしてくれている。「私は、すべての人びとと同様、多くの外国人について不平を述べるフランス人家族の反応を聞きました。しかし、たいていの場合、フランス人家族は、外国人生徒のクラスでの割合が多すぎるということよりも、フランス人生徒が、特に外国語の試験に際して課せられることになる競争について不満に思っているのです」（AN F17 13954）。

戦間期に、外国人生徒の問題がその数と反比例しているというパラドックスは、当時の支配階級にとって、特権を子供が引き継げるか否かが問題となるのは中等教育以降であり、それが大学でも続けられるのだということを想起すれば理解できる。これが、学校の問題が移民についての論争で二次的な問題にしかならなかった理由である。今日、状況は大きく異なっている。教育社会学が示しているように、社会的流動性の競争のなかで第一等の戦略的な場となったのは、教育システム全体である。一九三〇年、学校には五〇〇万人が通っていたが、今は一四〇〇万人が通っている。かつて、大半の民衆階級の生徒（フランス人も）は、熟練工の仕事の習得や事務職のサラリーマンとしての雇用につながる修了証書を除くなら、教育システムに大した期待を抱かなかった。ところが今日、教育システムはあらゆる期待とあらゆる失望の場となっている。進級に失敗する率イコール外国人生徒の比率であると考えられているために、失業やプロレタリア的状態から「自分たちの子供たちを救い」たいと望むものはだれでも、外国人の集まっている地区を避けようとする。マリーズ・トリピエとアラン・レジェによるジェヌヴィリエ市〔パリ北西、オー＝ド＝セーヌ県の都市〕グレジョン地区の学校についての研究は、子供たちを「より上流の人が通う」場所に通学させようとする親の戦略と、より「仕事のしやすい」土地のポストに異動したいと求める教員の内々の希望を示している（A. Léger et M. Tripier, 1986. 同様の態度はリヨン地域についても R. D. Grillo, 1985 が明らかにしている）。そのような〔より上流の子供が通う学区への〕引っ越しという贅沢をすることができず、そのうえこうした引っ越しによる大量の移住が加速させる「ゲットー化」の影響を受ける人びとが、みずからに何の好機も残さないシステムへの恨みによって方向を誤り、移民人口にはけ口を求めることになりうる、ということは理解されえよう。しかし、学校の問題を目下の危機の中心的な問題として取り出さなければならないのは、以前と違って、今日ではこの問題がさらに広範な職業集団を巻き込みつつあるからでもある。心理学者、社会学者、あらゆるジャンルのカウンセラーが（個人としてではなく、組織の代表として）、今日、労働市場で最も圧迫の強い部門へと移民の子供を追いやるプロセス——以前は社会の主要な集団を分け隔てていた歴然とした壁があったために「自然」に追いやられていたのであるが——に加担している。これらの職業に属している人びとの大半は、彼らの社会的機能の矛盾を含んだ側面について非常に意識的である。進級の失敗、二つの文化のあいだでの分裂など、「第二世代の問題」に関してことさらに悲惨さを強調する言説が唱えられるのだが、それはこれらの人びとの「罪悪感」から来ていると言うべきだろうか。しかしながら、このテーマについて私たちが知っている最もしっかりした統計は、こうした主張に反している。社会職業上、同等のカテゴリーにおいては、フランス語の話し方を完璧に習得するには遅すぎる年齢の時にフランスにやってきた場合を除けば（今日ではこの場合はだんだん少なくなってきている)、移民の子供は学校でフランス人と同じくらいの成績を収めているのである(INED, 1982; R. Fradet et S. Boulot, dans *les Temps modernes*, 1984)。その反対に、移民の子供をこうして取り出してみせることは、非常に有害な影響を持ちうる類型化(移民現象に関する「実体論的」な、「関係論的」ならざるすべてのアプローチに典型的である)につながってしまう。このテーマについての国立人口問題研究所の最近の調査の主要な価値は、学校で生徒がよい成績を収める力に関して、フランス人の子供と外国人の子供との間では、国籍の違いだけに由来する根本的な違いはないことを示した点にある。しかし同時に、とりわけアンケート調査に協力した教員に配布された質問用紙のなかで「移民の子供」というカテゴリーを真剣に取り上げた事実は、以前との違いをもたらす結果になっている。参加者に以前は客観的なカテゴリーとして存在していなかった「現実」を発見するよう要求することで、ひとは問題を「発見」するのであり、〔そのことは〕調査結果の付録として掲載された〔各地の教員たちからの〕書簡の抜粋に、完全に反映されている。「第二世代」はどこにいるのかと混乱している多くの教員がいることは明らかである。いったい、「アルキ〔フランス統治下のアルジェリアにおいて、フランス側の補充兵として活動した現地人〕」、フランス国籍の移民の子供、海外領土・海外県の子供、「ハーフ」、国籍が分からない子供をここに含めるべきだろうか(INED, 1982, p. 205 以下を参照)。統計に不備があり、やり方を変えなければならないことの「証拠」を私たちはここに見てとるのであり、幾人かの研究者もまたこの点を見逃さなかった。かくして移民問題の「創出」の一世紀後、第二世代が「創出」されるのに必要なすべての条件が出揃ったのである。

注

（1）一九三一年から三五年までにかけて、子供たちを含めるとおよそ二一万人の帰化者を数えることができる（P. Depoid, 1942 による）。

（2）完璧な結論とするには、この〔減少の幅の〕ずれを就業人口全体の変化と関連づけなければならないであろう。就業人口は一九三一年から三六年にかけて大きく減少し、一九七五年から八二年にかけてはわずかに増加している。

（3）一九八二年五月における平均失業率は、就業人口全体の七・二％であるが、外国人についてみると九・二％である。一九八四年五月では、失業率はそれぞれ一三・八％、一六・六％である。このとき、一五〜二四歳の年齢層はフランス人失業者の二五・三％を占めるのに対し、外国人失業者では三五・三％を占めている。

（4）もうひとつの外国人女性の統合の兆候は、フランス人男性と結婚した外国人女性の数の増加にも表れている。一九七一年から一九八一年までの間に、その数は七一一四人から八二五七人に増加している。しかし、イタリア人女性の場合は減少しており（一五二八人から七一八人）、アルジェリア人女性の場合は逆に増加している（二〇一人から一〇〇二人）（ＩＮＳＥＥの研究から抜粋した数値、1983）。

（5）本書では、「外国人嫌悪」「人種主義」の用語の定義についての議論には立ち入らない。これらの語のよくある用いられ方にとどめておく。

（6）当時の観察者は、この暴動はフランスの大都市からイタリア人「職人」が消えてしまったことの原因の一つだと考えている（Paulucci di Calboni, 1895）。

（7）一九七〇年、すなわち危機以前であるが、調査の対象になった労働者の七一％がフランスには北アフリカ人が多すぎると考えている。この研究の著者によれば、「この分布の主要な特徴は、人種主義的で外国人嫌いの偏見が、労働者階級内部のあらゆる差異を超越する傾向があるということであり、労働者階級は外国人を斥けるためにのみ団結するように見える」（G. Adam *et alii*, 1970, p. 92）。

（8）ここで私が利用しているのは、未刊行のベルナール・マニエによるピエール・ロティの小説についての研究書である。

（9）昆虫の世界に詳しくない読者のために、「マラブンタ」とは、巨大なアリの行進のことであることを述べておこう。

（10）ピエール・ガクソットは、彼の書いたフランスの歴史のなかで（1972）、四〇年前の時期については饒舌だったのに対して、この時期においては口をつぐんでいる。

(11) ジャン＝シャルル・ボネが示したように（1974）、戦間期には、有権者を気にする政党はすべて、危機の際に移民に対する方針を変えている。左派政党の公約をめぐる外国人の落胆は、一九八一年〔のミッテラン社会党政権の成立〕以降と同じく人民戦線のもとでも確認される。しかしながら、一九三六年における労働者階級の「社会的征服」〔人民戦線による社会的権利の増進〕が移民労働者にとっても同様に利益になっていた事実は無視すべきではない。

(12) Tables du Temps（1924–1982）について、フランス報道機関研究所 Institut français de presse によって行なわれた研究を参照。

(13) シャルル・アイユーは、アラブ人青年がこの法律を不可解なものとしていることに触れ、この法は「サン・トーバン弁護士会長〔エミール・ドゥ・サントーバン、一八五八～一九四七。法律家。パリ弁護士会長を務める〕から」若い同僚への「別れの品」であると考えた（1937）。

(14) ルーマニア人学生の多さは、第二帝政にまでさかのぼる伝統に起因している（AN F17 4513 参照）。

(15) 外国人に敵対的な計画が今日、以前より多くの法的障害に直面するということは、この種の計画がつねに失敗に追い込まれるということを意味するわけではない。この点について、おそらく現状を最もよく特徴づけているのは、禁止事項を避ける技術として婉曲話法を用いる傾向である。現在では、ある自動車企業が外国人を雇用するのを拒否するとき、求人広告には「フランス人のみ」とは書かず、「01《ゼロアン》」〔シトロエンの工場では労働者はいくつかのカテゴリーに分けられたが、ゼロアンはフランス人を指した〕と書くのである（*le Monde*, 7 août 1987）。

(16) 一九八〇年から八五年までフランスで移民をテーマにして放送された約三〇の番組は、このテーマについての現在のステレオタイプを明らかにしている。各国籍はテーマを具現化している。「第二世代の問題」は、ほとんどいつもマグレブ若年層を演出している（たとえば、«Islam 86», *l'Ennemi intime*, 23 juin 1986, A2; «Aujourd'hui la vie»: *les Enfants d'Ali*, 20 mars 1984, *les Loubards et leurs victimes*, 8 avril 1983, A2, «Féminin présent»: *Une jeunesse à vif*, 22 février 1983, TF1 などを参照。トルコ人は非合法者を体現する（FR3, 5 octobre 1985; TF1, 23 avril 1985）。黒人とアジア人は「文化の豊かさ」を説明する（セネガル人に不可避の「グリオ griot」、30 mars 1983, TF1; マリの音楽、14 décembre 1981, A2 など）。ユダヤ人は、「歴史」番組に題材を提供している。ユダヤ民族の歴史、13 juin 1983; イディッシュの地の革命家たち、3 novembre 1984（A2）; ユダヤの記憶、25 septembre 1980（TF1）。

第六章　フランスの再構築

「われわれ」のなかの「われわれならざるもの」、原住民のなかのよそもの、国民のなかの非－国民。

アブデルマレク・サヤド「フランスでもあるこの外国人」、『プロジェ』誌、一九八三年

いわゆる「フランス」の歴史の開闢《かいびゃく》の時点から、すでにフランス人について私たちが語るとき、そして、その歴史の全体をつうじてフランス人について語りつづけるとき、私たちは依然として正しいのであろうか。これらのフランス人が、それぞれの時代に何者であったのかを語るようにすべきではないか——ある時点について、私たちが誰をフランス人と名指すのか、私たちは誰をフランスから排除するのか、また私たちにとって重要な問題をめぐり、こうして排除された人たち、いわば隔離されたフランス人たちの感情は、いかなるものであったのか。こうしたことをきちんと説明するようにすべきではないか。

リュシアン・フェーヴル『歴史のための闘い』、一九五三年

したがって、イヴ＝マリー・ローラン〔一九三四年生まれのエコノミスト。西洋文明の没落を説く保守派〕やオルロージュ・クラブ〔一九七四年に数名の官僚により設立された保守派論壇のサークル〕、そして「フランス人であるとは、今日でもなお、一般には、自分が生まれ、その両親や祖父母も生まれた土地であるフランスの国土に暮らす者のことである」（Club de l'Horloge, 1985, p. 38）と考えるすべての人びとの誤りを正す必要がある。もし今でも「フランス人である」という表現に意味があるとすれば、それは単に国の領土に根づいているといったことや、兵役を務めること、あるいは選挙に参加するといったことよりも、はるかに複雑な何かである。好むと好まざるとにかかわらず、今日「フランス人である」とは、アンシャン・レジーム下の古い農村社会が少しずつ、しかし徹底的に覆され、産業化された国民の社会となった、その過程の結果なのである。新たな生産形態や社会集団だけでなく、諸個人の「製造工程《ファブリカシオン》」における決定的な変化が、ここで問題となる。現代の国民の社会は、それに固有の壮大な「同化」の企てによって「新しい人間」を産み出したが、移民現象は、この企ての唯一ではないにせよ、本質的な構成要素の一つだったのである。

1　移民《イミグラシオン》の導入——国の工業化をめぐる困難の解決策

フランスにおける移民の歴史の古さや継続性の原因を追究することに専念した歴史的研究はわずかながら存在するが、そこではたいてい同じようなことが述べられている。すなわち、早くからのマルサス主義的行動〔出生率の低下〕によるものであれ、一五〇万人以上もの犠牲者を出した第一次世界大戦によるもののであれ、いずれにせよ人口は減少しており、その人口の「穴を埋め」に外国人はやって来たというのである。この説明には解決されないままの問題が二つある。出産の抑制についてのフランスの早熟性の原因は何であるのか。そして、もし第一次世界大戦がすべてを説明できるのであれば、なぜ一九一四年以前にフランス産業界は組織的かつ大規模な移民に頼ることを始めたのであろうか。これまでの研究で、私たちは、民衆階級の生活様式や存在理由《レゾン・デートル》を根本から脅かす工業化に対して、これらの階級がことごとく拒絶の態度をとったことのなかに、〔前述の〕フランスの特殊性を説明可能にするための糸口が見出される、ということを示そうとしてきた（G. Noiriel, 1986）。その際の議論の詳細はここで繰り返さないが、工業化された社会の（苦痛に満ちた）「出産」を、移民の導入がどのような点で助けたのかについては、再び述べておく必要がある。

カール・マルクスやマックス・ヴェーバー、カール・ポランニーの研究では、あらゆる「産業革命」の根本問題は、農村社会の存在そのものを基礎づけていた経済的論理や価値体系を丸ごと変えてしまったことにあると強調されている。資本主義とポランニー（1983）のいう「自己調節的市場」の到来は、土地、貨幣、労働が、需要と供給に応じて変動する価格において市場で交換される商品にならざるをえなかったことを意味している。社会史の観点から見れば、このことは多少とも独立していた大量の農民からの収奪と、賃金と引き換えに労働力を売る工場労働者への彼らの転換を意味する。ところで、近年の研究で確認されているように、一九世紀フランスはこの点に関して「英国モデル」（特にP. O'Brien & C. Keyder, 1979参照）とはまったく一致しない。というのは、一九世紀末まで農民階層は消滅するどころか、むしろ土地に定着していくなかで強固なものになっていったからである。詳細な分析にまでは立ち入らないまでも、マルク・ブロックに続いて、この特殊性を説明するいくつかの「長期持続」の要素を強調することができよう。実際、この有名な中世史家にとって、フランス領主制と英国のマナー制との最初の相違が、封建的諸特権、すなわち農村共同体に対して行使される権力に見出されるのは、一二世紀ないし一三世紀以降のことである。中世以降、とりわけ王権がみずからの利益のために行なったフランス農村社会の保護のおかげで、領主への従属性は弱まった。一七世紀、ヴェルサイユの「宮廷社会」の勝利によって、貴族の不在地主化が加速し、このことは大革命以前にさえきわめて多かった小土地所有農民がさらに増える要因となった（M. Bloch, 1960; N. Elias, 1985）。一七八九年以後においては、諸立法（封建制の廃止、国有財産の売却……）がこの過程をいっそう固めていったが、一方、英国では大土地所有がすでに一般的であった。さらに、一九世紀初頭の農村における製造業の大規模な拡大が農民に副収入をもたらしており、彼らはたとえ自分たちの地所がわずかなものであっても生活することができ、離村《デラシヌマン》しなくてもすんだのである。したがって、一八五〇年ごろまで、フランスには地元のあるいは限定された地域市場の枠組みのなかでの工業生産（特に繊維業）に参加する小土地所有農民が数の上で支配的であるという特徴を持った社会があった。伝統的な都市と農村の区別はひとつの重要な現実でありつづけた。都市には、生産物の商品化やきわめて繊細な仕上げの工程や装飾などだけでなく、きわめて機械化された作業も引き受ける「製造場《ファブリーク》」の中心があった。たとえば、ルーベやミュルーズ〔アルザス地方の都市〕には機械による作業を行なう製糸場が集中していた。しかしながら、地域エリートや国際的な商業からするならば、都市は、高度な技能をもった職人による古い同業組合の伝統が反映された「専門の」労働者の世界によって支配されていた。パリは、これまた大革命以前に生じていた中央集権化の結果、一国の政治的中心であるのと同時に、膨大な消費市場の存在ゆえに職人労働者が集まる主要地でもあった。

このフランスの状況の特殊性が、政治権力の脆弱性を説明する。アンシャン・レジームの党派と、「中産階級」の代表者との争いは、革命的伝統が一八世紀にまでさかのぼる労働者階級が基盤となっていたが、この労働者階級は、「一発の」暴動で体制を覆すこともありえた。それはまた、早い時期に普通選挙制が導入された要因のひとつでもあって、革命をめぐる「フランス的偏執」につきまとわれているすべての者は、普通選挙制のなかに、社会の「鎮定《パシフィカシオン》」の可能性を見た。分割地所有小農民層がもつ父祖伝来の力もまた、この農民層に対するあらゆる「経済的暴力」の可能性を妨げた。以上のことから、農村における工業労働の普及および専業の労働者（とりわけ鉱山業と冶金業）の農村部への定着による、「フランス式」の最初の工業化が行なわれた。短期移民はこの論理を補完し、とくに着工数の変動が非常に大きい建設業がそれに当てはまった。この経済的「柔軟性」は、一九世紀フランス製造業の発展の重要な要素の一つである。移民はこの過程の一部をなしている。移民たちの多くは、農業労働者、建設現場の作業員、さらには新しい工場で未熟練労働者として季節単位の出稼ぎを行なっていたが、この時代にすでに、これらの工場で最も機械化された持ち場（ルーベの製糸場に関して J. A. Reardon, 1977 が示しているような）ないしは最も不衛生な持ち場（F・ル・プレの事例研究（1859）が描き出すマルセイユの石鹼工場におけるサルデーニャ人のような）で大量に使われていた。一方で、この時代の移民労働者は都市経済にも参加している。パリは、「フランス遍歴《トゥール・ド・フランス》」を経験することによって技術を向上させようと考えるあらゆるヨーロッパの職人にとって、立ち寄らざるをえない通過地点であった。同様に、第一次産業革命とともに生まれた最も熟練技術を要する持ち場に〔外国からの〕職人が大量に見受けられるようになる。二万人ほどのイギリス人「技術者」によって、第二帝政までにフランスでも金属工業と機械工業が発展しはじめた。第二帝政初期のナポレオン三世の「人気」は、労働者階級の数的拡大なしに実現された製造業の発展を彼が促進した事実によっておそらく説明できる。鉄道建設、公共工事の推進、金属工業の拡大は数百万の農民労働者にとって副収入の可能性を増やし、この時代に確認される生活水準の向上につながった。他方で、この論理に当てはまらない、まだかなり農民が支配的だった生産の場や労働形態は、ますます外国人労働力に頼るようになっていった。以上のことから、第二帝政期に移民人口が急激に増えたのである（二〇年足らずで倍増した）。

しかしながら、この時代に経済を刺激した要因そのもの（自由貿易と鉄道網）が、第三共和政初期の経済危機にも寄与することになった。市場の統一は以前の隔絶されてばらばらだった状態をしだいに終わらせていったが、安い費用で生産され保護主義の障壁にもはや直面せずにすむ外国産製品との競争が、いっそう激しくなった。そのうえ、国内市場の脆弱性（とりわけ都市化があまり進展しなかったためであるが、そのこと自体、農民の〔農村への〕根づきが継続していた結果である）のため、フランスの経済は海外の景気変動に非常に従属的となり、〔そのことは〕とりわけフランス職人の専門分野である「奢侈品」に関して鋭く感じ取られた。すなわち、一連の要因が結びついて一八八〇年代の危機が起こるのだが、この危機は、近年の事例研究の多くが示しているように、フランス近代史全体のなかで重要な断絶がなされた時期である。それはひとつの経済的論理の終わりというだけでなく、兼業および農村に根づくことを中心とするひとつの世界の終わりでもあった。確かに、フランスの農民層は、第二次世界大戦後に至るまで重要な社会勢力のままでありつづけたが、一八八〇年代以降、フランスがともかくにも先進国の先頭グループの地位を維持することを可能にした製造業の活発な発展の原動力は、もはや農村的・職人的世界とは結びついていなかった。その反対に、危機は、それまで製造業世界のリズムや基準、合理性に影響を与えていた環境との決定的な断絶を引き起こした。企業が、法的範疇として（F. Ewald. 1985）、そしてそれ自体のうちに存在理由を持つ生産単位として出現したのは、一九世紀末であった。それ以降もはやとどまることのない労働の合理化および科学技術の勝利が、この断絶の過程を描き出している。

それまで自分の工場の働き手の供給源として農業／工業の相互補完性に大いに頼っていた企業主は、今度は悩ましい問題に直面した。つまり、工場の世界に根づいていて、「第二次産業革命」――この革命によって国は経済面で刷新されるだろう――の要求に適した労働者階級をいかにして「創出」すべきか、という問題である。

旧来から繊維業の盛んだった地域では、危機によって引き起こされる定住は、労働力を根づかせる方向に働いた。さらに、兼業という伝統的システムの瓦解は農村からの人口流出を加速させた。七五年前に英国が経験したものと――当時起きていたのは産業プロレタリアートの形成そのものであった――比較しうる過程が「ついに」展開されうるかに見えた。しかしながら当初から民衆の動員はきわめて大規模であり、多くの兆候が、今回もまた伝統的な拒絶反応が勝ちを収めるであろうことを示していた。第一に、労働市場〔への労働力〕の供給は、統計学者が世紀の初頭から確認しているマルサス主義によって抑制されたが、このマルサス主義は、数十年かかって、大工業の労働者層にまで広がり、労働力の再生産を目指す「家父長的」経営者層のあらゆる努力を無に帰した（この主題については、特にD. Reid, 1985; D. Ducellier, 1982; J.-P. Burdy, 1986）。この長期にわたるフランスに特有な行動の理由について、専門家による議論に立ち入ることはしないが（J. et M. Dupâquier, 1985 が最近公刊した概説書を参照）、それがプロレタリアート化と故郷喪失《デラシヌマン》に対する集団的抵抗のひとつの実例となっていることにはほとんど疑いがない。当時の多くの証言や調査が明らかにしているように、妊娠出産をうまく管理することは、手つかずのまま遺産を引き渡し、学校「資本」すなわち専門職か事務職の資格を与えることによって子供たちの社会的上昇を促進する手段であった。実は、モーリス・レヴィ＝ルボワイエが述べたように、一八七二年から一八九一年にかけて「サービス」部門で働く賃労働者の増加分は、それだけで当時の農村から流出した分と同じだけの人数を吸収しえた（M. Levy-Leboyer et F. Bourguignon, 1986）。こうしたことが起きている一方で、ありとあらゆる人が、公務員やその他の事務職の「行き過ぎた増加」について不満を述べていた。同時に、どれだけ労働者の人手の問題が経営者の頭を一杯にしていたかを確認するには、技術革新の最先端にあった大企業の記録文書を閲覧してみればよい。二〇世紀初め以降、ポンタ・ムッソン社（ロレーヌ地方における鉄鉱脈の発見に続いて誕生した鋳鉄会社。今日ではサンゴバン社の一部）はまずはフランスの他の地方、次いでルーマニア、ポーランドといった外国から鉱山労働者を「輸入」する試みを繰り返しており、すでに北アフリカのリン鉱山で働くカビリア人も想定されていた。工場長たちの手紙を読むと、新規に徴募された人びとの「心理」を理解するために、なかなか感動的な努力がなされていたことが分かる。彼らに「快適な」環境を与えようとし、ロレーヌ人のからかいやあざけりから守ろうとしたのである。だが何としたことか、シナリオはつねに同じである。数週間あるいは数ヵ月後、貴重な労働者は逃げてしまう。奴隷制や農奴制が廃止された以上、他の解決策が必要になる（この問題については、ポンタ・ムッソン社文書 d. 6795, d. 18715, d. 25655, d. 18202 を参照。また J.-M. Moine, 1987 の分析も参照）。

状況は、とりわけ重工業（鉱山業、製鉄業、化学工業、アルプス渓谷の電気化学工業など）において懸念を抱かせるようなものであった。農民を続けられるからとの理由でかつて農民労働者が受け入れていたつらい労働は拒否されるようになった。というのは、今やそのような労働は産業世界の尺度では下層を示すようになったからである。ところで、これらの製造業の立地は、市街地から離れていることが多かったが、それは地理的理由（原料やエネルギー源の採取地）だけでなく、歴史的理由のためであった。実際、みずからが使用する労働力の基盤を農村に求めるという経営者が行なった譲歩そのものが、「近代」の

（つまり産業および都市の）世界に固有の論理が勝利を収めたとき、著しい難点をもたらしたのである。鉱山業や製鉄業の企業が求める人員は見つからなくなったばかりか、企業が非常に苦労して養成した熟練労働者が、子供時代に囲われていた世界から大量に離れ、新しい工業化のもう一方の極に属する産業、すなわち機械製造業に就いたのであった。そこでは、仕事は以前より苦しくなく、より高度なものであり、かつ立地していた地域はより好ましかった（大都市の、特にパリの郊外）。第一次世界大戦は、戦前の人員のおよそ一〇%をフランス製造業から奪い、労働者不足を過去最悪の状況にまでしたが、しかしそれはフランスにおける労働市場の不均衡を引き起こす構造的要因ではなかった。

こうしたハンディキャップにもかかわらずフランスの製造業は成立したが、そのなかで移民が第一級の重要な役割を果たしえたのはいかなる点においてであったのかを理解するには、より広い枠組みのなかで問題を捉えなおす必要がある。カール・ポランニーが示したように、すべてのヨーロッパ諸国は、数十年をかけて伝統的均衡を覆した「大転換」による厳しい制約に直面していた。その歴史に応じて、各国（というよりむしろ各国民国家の指導者層）は、新しい世界の誕生を可能にする方法を作り出さなければならなかった。イギリスの事例でいえば、労働者階級の形成は議会制民主主義の定着以前に実現されており、そのため〔労働者階級の形成の〕犠牲者は、さまざまな団体の結成やデモ、ストライキ等々といった、集団的な表現形態しか用いることができなかった（E. P. Thompson, 1975）。フランスに関しては、大革命から生じた政治制度の脆弱性ゆえに、きわめて早い時期に普通選挙制が採用されることになった。アレッサンドロ・ピッツォルノが述べたように、議会制民主主義は、おそらくそれ以前には無秩序で予想しがたい動きをしていた反対勢力を、制度化され標準化された表現形態のうちに誘導することをつうじて、社会的な規律の問題を解決することを狙った策として捉えることができる。社会的な混沌の状態がこのようにして回避されうるとしても、〔議会制民主主義の〕新しいルールはまた、指導者層がみずから職務として代表している人びととの妥協を受け入れるよう求めるものであった。たとえば、すでにポランニーが述べていたように、選挙権が社会の限られた階層に制限されていた間は、国家の介入も限られたものにとどまった。しかし、普通選挙制〔の導入〕により、政治的代表者の利害もまた、直接に左右されるようになる。そのために、改革が絶え間なく行なわれるようになった（A. Pizzorno, dans P. Birnbaum et J. Leca, 1986; K. Polanyi, 1983)。アルバート・ハーシュマン（1970）の有名な分析の後、人口移動（ハーシュマンの用語を借りれば「離脱」）と普通選挙制（「発言」）とに存在しうる関係を示す研究が登場した。たとえばドイツには政治的民主主義がなかったので、あらゆる不満分子にとっての唯一の手段として移民流出、すなわち「足による投票」しか残されていなかった。熟練労働者の流出は、ドイツ経済にとっての障害になった。一八八三年のビスマルクによる福祉国家の創設は、社会主義政党の拡大を防ぐだけでなく、熟練労働者に自国にとどまってもらうための譲歩でもあったほどである。これは大成功を収めた譲歩であった。というのは大西洋を越えて国を出る人びとが数年で大幅に減ったからである（S. Kuhnle, 1981）。

フランスの場合、政治的表現の新しい形態に関係づけられなければならないのは、移民流出ではなく流入である。実際、「足による投票」のかわりに、ここでは「お腹のストライキ」の形態、すなわち人口学的マルサス主義〔産児抑制〕の形態がとられた。政治の領域に関していえば、フランスの独自性は大規模な工業化への転換がなされる前に議会制民主主義が施行されていた事実にあった。これは第三共和政についてしばしば口にされる「機能不全」の主要原因の一つである。大工業は労働力を必要としていたにもかかわらず、新しい体制〔第三共和政〕を定着させるにあたって、共和派議員は多くの譲歩を余儀なくされた。一方では、一連の「メリーヌ法」〔輸入農産物に高関税をかけフランス農業を保護する法律〕が、それより前数十年間に見受けられた大量の農村からの人口流出を押しとどめた。そしてもう一方では、虚構として掲げられた社会的平等に〔実際の〕効果を与えることが、とりわけ共和政の正統性のために、かつてないほど必要とされていた。ここから、「民衆の子」の社会的「上昇」に学校が中心的な役割を果たすべきだということが導き出される。〔しかし〕これまで、どのような社会的魔法によって農民の大部分が自分の土地にとどまることができ、いかにして「大工業」の操業を妨げることなしに中産階級が大いに成長しえたのかについて、誰も説明しては来なかった。これらすべてが、人口が数の上で停滞するなかで起きていたにもかかわらずである！

移民現象を介入させなければならないのはこの水準においてである。実際、労働市場の統一によって、旧来からの形である隔壁による仕切り（地域市場、都市／農村の分離など）は、新しい区分に場を譲ったが、この区分は、こうした区分を生んだ新しい議会制の論理と結びつけなければ理解することができない。先に見た章において、一八八〇～九〇年代の外国人嫌悪の争点が「自国民の労働市場の保護」にあったことを見た。市民を保護する市民の活動である共和政体による立法は、「福祉国家」によって認められている優遇措置からまったく「当然のこととして」外国人を排除し、フランス人に「割り当てられている分野」（公務員、自由業〔医師や弁護士など。第五章参照〕、「公共部門」の労働者）を徐々に拡大させた。これが労働力の不足している部門に外国人労働力を誘導するための基本的な第一の手法であるが、この第一の手法は同じく基本的な第二の手法によって補完された。この第二の手法は、移民に対して行使される行政管理の諸形態に関連している。ここには、ブローデルやラブルースのいう「経済的・社会的」世界の考え方ではまったく理解のできない、法的・社会学的・経済的な諸過程が現実のなかで互いにからみあっている見事な事例が見出されるのである。

第二章で、移民についての最初の政策案は、一九一五年にアドルフ・ランドリ〔一八七四〜一九五六。経済学者、人口学者、政治家〕によって提案され、第一次世界大戦後に施行されたことを述べた。身分証明書、および行政や警察による管理に関する立法は、移民労働力の流れを移民に対する需要のある地点に正確に導くことを目的とした、国と大企業経営層との相互補完的な行動の基本的要素であったことを理解することが重要である。実際、第一次世界大戦以降に行なわれた移民を徴募するための財政的・物質的・政治的努力の大部分は、鉄鋼協会〔Comité des forges 一八六四年に設立されたフランスの経営者団体〕と中央炭鉱委員会〔Comité central des houillères 一八八七年に創設された経営者団体〕の後援のもと、重工業に関係するものであった。身分証明書や契約解消、解雇に関する法の厳格化は、労働力がふたたびこうした悪条件の場所から逃げないようにとの意図によるものである。このように、一九二〇年代は、労働市場が非常に細かい垣根で分けられたこと《クロワゾヌマン》によって特徴づけられる。賃金水準の最も低い雇用は重工業に見られるが、農業〔それ以前の経済的論理の破綻によってフランス人農業労働者は大幅に減っていた〕や建設、公共工事の分野においても同様であり、これらの分野でもまた季節労働の恒常的な衰退が影響を及ぼしつつあった。移民の徴募の主軸となったこうした部門から身を起こし、障害があったにもかかわらず、他の部門に到達することに成功した移民もいた。拡大の真っただ中にあった加工産業が、旧来の第一次産業革命の中核部分から生まれた熟練労働力の転入に加え、重工業が大変な苦労をして徴募をしたものの、そこから逃げてきた外国人労働力をも得ることができたのは、そのためである。この先端産業がほとんどの場合都市に立地していることはまた、それ以前の時代の職人の子孫が多く下請けの小企業を作り、独立という幻想を抱く余地を残しつつ、伝統的な職人の技術を活用することを可能にした。〔これ以外にも〕法や慣習によってフランス人労働者のみに割り当てられた業種は、別の垣根で囲われた職域《クロワゾン》を形作った。製本業や、アノネー〔ヴォージュ県の都市〕のなめし革産業、地方の小都市の他の多くの小さな生産単位におけるようなクローズド・ショップ〔使用者は職業別組合に加入している労働者だけを採用する〕の実践によってのみ、「職人仕事」が保存されえた小企業の世界を、この点についての例として挙げておかなければならない。「サービス」部門（鉄道や軍需工場など）の労働者もまた、同様の保護の恩恵にあずかった。最後に言及すべき「隔離された業種」は、繊維業界であるが、この業界は、伝統的な農民労働者の世界（ヴォージュ県のような）と、「第二世代」のベルギー人が熟練労働力の中核をなしていたノール県のように、それ以前の時代に大量の移民が定着した世界とに分かれていた。

一九三〇年代の不景気は、重工業と、都市郊外の機械工業に、それまで不安定だった労働者たちが大量に根づく結果をもたらした。人民戦線〔フランスの左派政党の連立で一九三六年から三八年まで政権を担い、有給休暇の導入、労働時間の削減を実現〕以降、「国家」〔部門〕のすなわちフランス人労働者の覇権は、大工業労働者の「第二世代」によって崩されたが、この大工業労働者の「第二世代」においては、パリ地方の「金属労働者」からなる新しいエリートが支配的であった。移民第二世代もまた、こうした労働者の等質化の動きに関わっていたが、この等質化の動きはまた、〔社会への〕統合の動きでもあった。

労働の自動化によって特徴づけられる、われわれが論述の便宜のために「第三の産業革命」と呼ぶものが一九六〇年代以降に始まったときにも、新たにやってきた移民たちは、しばしば以前と同じ行政的・警察的手段をつうじて、価値が低いとされる部門に誘導されることになった。つねにそうであったように、価値が低いとされた部門は単純労働（農業労働、建設現場、不衛生な企業等々）であったが、生産の規格化によって尋常ならざる速さで増えていた、きわめて反復的な作業（自動車産業におけるベルトコンベア式の労働）もあった。

以上の説明はきわめて手短ではあるが、本質的な点を強調するには十分であろう。すなわち、ある時点のある国における移民労働者の数は、それ自体では移民の経済的重要性の証明にはならない。選挙のうえでの数の論理と科学的説明の論理を混同するのでないならば、重要なことは、移民たちが生産のどの水準に位置づけられるのかを見ることとである。この点について、アメリカの事例との違いはまったく明らかである。合衆国では、異例なほど多い移民の流入が二〇世紀初頭に生じたが、この流入によって産業労働市場のさまざまな部門が埋め尽くされていくことになった。その後、「タンクが満杯」になったので、一九二〇年代初頭の制限的な立法によって、流入が（相対的に）低い水準まで押し下げられた。反対にフランスの場合には、第二帝政以来今日まで、外国人参加者が労働市場を一定の水準において（もちろん多い時も少ない時もあるが）満たしてきた事実が一貫してあり、その数は労働者階級の一〇～一五％に相当すると見られる。しかし、「企業の自由」がその論理の最も極端なところにまで押し広げられている合衆国では考えられない政治的理由のために、フランスでは国家介入主義が、考察の対象となっている各時代において、全体の経済成長の決め手となるところ（一九世紀の機械化された繊維業、二〇世紀初頭の重工業、今日の規格化された生産）に〔移民の〕一定の流れを向かわせた。これらの部門では、外国人労働力はつねに労働力のかなりの部分を占めたが、しばしば統計はこれを過小評価した。(1)〔しかし〕（少なくとも近年まで）移民労働力を導入する経営側の戦略は非熟練層から熟練層への移動により労働者世界を再生産する戦略であったがゆえに、外国人労働力は二世代に及び、そのぶん規模も大きいのである。

確かに、移民は現代の工業化をめぐる「フランスの道」を説明する際に考慮すべき唯一の要素とはいえない。今日まで、小企業や下請け業者によって担われてきた重要な役割、奢侈品産業（オートクチュールのような）の経済的重要性、近年までの兼業農家の労働力（バスと電車で集められた）へのかなりの依存が考慮すべき要素としてあるし、同様にいろいろな部門への技術投資は、労働力の不足を緩和することを可能にした。しかしながら、移民の役割については力説する必要があった。というのは、合衆国については当然視されていたとしても、現在まで〔フランスの〕経済史に関する著作ではまったく言及されていなかった要素だからである。〔米仏に与えられる〕歴史記述の同じコントラストは、社会的流動性の問題を検討する際にも見受けられる。移民に与えられるべき場についてお互いの間で見解が一致していなくとも、社会的な上昇や階級からの脱落が自国で取る形態に関して、移民現象のなかにひとつの無視し難い要因を見出す必要があることに異議を唱えるアメリカの歴史家はまずいない。フランスでは、このテーマについての知的生産はゼロに等しい。それゆえ、フランスの「モデル」を提示するのは困難である。しかしながら、直ちに強調できる点もいくつかある。大量にやって来た移民は異論の余地なくフランス人住民の利益に仕えるものであった。個別事例の調査では、人口が大幅に入れ替わったところでは、移民がやって来る前から住んでいた地元の「核」〔となる住民〕が、「名士」の仕事、つまり商人や地主、家主の仕事を占めることで、この変化から利益を得たことが示されている（グルノーブルについては、J. Blache, 1944 を参照、ロレーヌについては G. Noiriel, 1984）。また、規模を統計的に測定することは困難だとしても、移民が「下から」の入れ替えの過程をもたらしたのは否定できない。新参の移民は、一般により低い階層を占め、フランス人やより古くからいる移民が、より上位の階層に近づきうるようになるのである。われわれが手にしている史料では、農作業や公共工事の分野で、かつてのフランス人季節出稼ぎ労働者（特に中央山塊やアルプスの山岳地帯の住民）が一八八〇年以後外国人にとって代わられた現象がよく示されている（J.-P. Burdy, 1986; A. Châtelain, 1977; A. Gavignaud, 1983; M. Bélanger, 1958）。続いて、産業構造の変動が起こるたびに、価値の高い雇用と価値の低い雇用との階層秩序の再編が行なわれ、フランス人労働力が逃げ出すが、〔逃げ出した分は〕移民によって補充されるのである（一九二〇年代についてはW. Oualid, 1929を参照。第二次世界大戦後については、B. Granotier, 1979を参照）[2]。

総じて、移民への依存は、カール・ポランニーが提示した漸進的で緩やかでトラウマ的な断絶のない「転換」という理想をフランスの事例にみることができるほどに、工業化の衝撃を「和らげる」ことを可能にしたということができよう。主要な問題は、もちろん二つのフランスがつねに共存していたことである。都市への流出が非常に漸進的なものであった「フランス的」で農業的なフランス――一九世紀末についても戦間期についても戦後についてもさまざまな研究で確認されるように――にとって、農村から都市への移動は、しばしば第一次産業から第三次産業への直接的な転換を伴う社会的上昇の機会であった（特にP. Ariès, 1971; INED, 1964; INED, 1981）。「民衆の生まれでエリート層に到達しえた者」が、しばしば当人たちの自己満足とともに話題として取り上げられるが、そのときにはすでに言及してきた政治的・法的制度をすべて念頭に置かなければならない。三世代にわたる上昇図のなかで、つまり、農民である祖父から鉄道員、教員、あるいは郵便局員である父親、そしてグラン・ゼコールの新入生である優秀な息子という、共和国の神話（しかし同時に事実でもあった）の一部をなすこの図式のなかで、最も重要な変化は、おそらく農民から公務員へという変化であり、この入口の段階で外国人はつねにすぐさま排除されるのである。

しかしながら、その一方で、諸個人を定義するにあたっての法的基準の力によって、フランス人になった外国人は、国の活動をめぐる完全な「パートナー」になったということを直ちに述べておかなければならない。確かに、私たちがこれまで述べてきた、さまざまなタイプの垣根による労働市場の細分化や、経営側による移民労働力の再生産戦略のために、外国出自のフランス人が、二世代目からすぐにまったく平等な立場に立つということは〔特に大都市部から離れた地域において〕なかった。にもかかわらず、経済的理由を除けば、いかなる形態の法的排除も外国出自のフランス人にこれまで〔ヴィシー政権を除くなら〕課されたことはなかった。ところで、合衆国におけるのと同じように、移民の新しい波は、新しい波がやってくるたびごとに社会的階層序列の上に向かって以前の波〔に属する人びと〕を押し上げた。補遺に掲載した因子分析は、〔移民〕「第一世代」が社会的に上昇するおおよその様子を示している。フランス人になった者たちにとって、上昇がより大幅だったことは確かである。ロレーヌ地方北部において、私たちはこうした上昇を観察した。ロレーヌ地方北部で一番古株の外国人は〔イタリア〕北部や中部出身のイタリア人だが、ポーランド人、次いでアルジェリア人やポルトガル人の到来の恩恵を受ける形で、手工業や商業などの中間的な部門における熟練労働の雇用へと〔イタリア出自の人びとは〕地位を上昇させたのであった。他の事例として、スペイン人が最初にやって来たアヴェロン県〔フランス南西部の県〕の炭田の例を引用することができる。彼らはもともとアストリアス〔スペイン北部の州〕の炭坑地域の出身であったが、一九二〇年代にポーランド人の大量流入の恩恵を受ける形で鉱山を離れた。「彼らは工場の仕事を選んだり、手工業者や小商人として定着したりした」（A. Garcia, 1959）。社会的上昇への希望を抱くなかで、フランスの工業化の「遅れ」の恩恵を移民たちも蒙ったことは、はっきり述べておくべきである。たとえば、建設部門では、都市化の規模の小ささや、クルーズ〔フランス中部の県〕の石工のような短期労働者が大きな役割を果たしていたために、しっかりと構造化された労働者の世界はなかなか作られなかった。工業活動の重要な構成要素としての農村からの人口流出の終焉は、さらに労働力不足を激化させた。この社会的再生産における断絶は、北部のベルギー人、南東部のイタリア人の社会的上昇に有効に利用され、多くが、下位の階層である石工から、小規模〔さらには中規模〕の企業に達する、すなわち経営者層に達するようになったのである。

また、移民がフランス農民に対して行なった「贈り物」（外国人の流入のおかげで農村からの大量離村は免れた）は、さまざまな意味で「毒入りの贈り物」〔一見得になるようで実は損になるの意〕であったことにも注意を促しておきたい。実際、数世代をかけて社会的に上昇するための王道が、都市の市場へのアクセスにあることは、まったく明らかである。何百万というフランス農民が、都市に向かうための離村という致命的な瞬間を先送りにしたのだが、このことはこれらの農民の子孫にとっては裏目に出ることになった。今日、単能工の大きな部分が、多数の農民の子孫によって占められている。とりわけ「農村部の労働力の鉱脈」を利用すべく、工場のほうが「自宅」近くまでいわば配達されてきていたフランス西部には、このことがあてはまる。一九六〇年代になってなおこうした型の労働力を有する国は、ヨーロッパではまれであった。「近代性」へのアクセスのこうした遅れは、「民衆の抵抗」のあらゆる矛盾をよく表しているが、こうした遅れは、ロレーヌの製鉄業における労働者の世界で（それは企業の内部に限られない）、この数十年間、移民第二世代のイタリア人が覇権を握ってきた、という結果をも生じさせた。一方、ムーズ県〔ロレーヌ地方の県〕の田舎からバスで集められていた農村の労働者は、地元の労働者文化からはじき出されていたうえに、熟練度の低い職を占めることが多かった（S. Bonnet, 1965）。

2　フランスの繁栄

2・1　「フランス人がやりたがらない仕事」

序論では、フランスに移民現象が何をもたらしたかについて、さまざまな問いを提起したが、ここでは

「同情論」ではなく理性的に根拠づけられた議論を展開することで、これらの問いに答えてみたい。これまで述べてきたことすべてがすでに示しているのは、フランスに関する限り、移民現象は工業化と分かちがたく結びついているということである。一九世紀の末になると多くの観察者がフランスの衰退は救い難いと予想したが、まさに工業化のおかげで、国際社会における地位をフランスは保つことができた。(3) いつかこのことは歴史の教科書に記載されるべきであろう。第二次世界大戦以降に徴募された移民が作ったものは、住宅の二軒に一軒、高速道路の九割、機械類の七台に一台に相当すると今日評価されている（G. Mauco, 1977）。第二次世界大戦以前、とりわけ一九二〇年代については移民の貢献に関する推定がなされていないのであるが、この時代のフランスは、世界でも第一級の鉄鉱石の産出国であった。その頃、鉄鉱山の労働力のほぼ全体が外国出身者によって占められていたのである。いったい、何十億キロワット時のエネルギー、何百万トンの石炭、鋼鉄、圧延鋼材を移民たちは生産したのであろうか。同様に、一九一四年以前の機械化された紡績工場で、何トンの綿糸と羊毛を彼らは自動織機で加工したのだろうか。しかし、もし「貢献」に関して議論したいのであれば、直接に数量化がなされうる方法だけに話を限定することはできない。かつて「農工兼業」の時代にフランス経済が有していた柔軟性は、その後の時期における労働の合理化が硬直性をもたらしたために失われた。この柔軟性を、フランス経済は移民をつうじて取り戻したのである。フランスの勤労者層は、とりわけその政治的な力ゆえの定着の強さによって特徴づけられるが、第三次産業を手放すまいとする頑ななまでの努力によってもまた特徴づけられる。その一方で、外国人労働力は（すでに見たところだが、参政権だけでなく職業上の権利を含め）何の権利も与えられておらず、景気や労働市場のあらゆる変動に合わせて対応させられた。この主題についてすでに述べてきたことに加え、雇用が不安定で機械がしばしば老朽化している「二次労働市場」から利益を引き出すすべての人にとって、マイケル・ピオリのいう「渡り鳥」――ほとんどの移民が当初は「渡り鳥」である――は願ったりかなったりの存在だ、ということを思い出しておく必要がある〔ピオリの著書『渡り鳥　移民労働と産業社会』(一九七九年)を参照〕。この型の市場をしばしば特徴づける「地下経済」のおかげで、たとえば、衣料製造業がその国際的地位を維持してきたことは知られている。中央ヨーロッパ出身のユダヤ人労働者のおかげで、帽子の輸入国だったフランスは、一九世紀末には輸出国になった(N. Green, 1985)。大企業でさえ、外国人従業員の不安定な状況は一つの切り札になっていた。鉱山では、企業経営者たちが、労働力の再生産にかかる費用を節減するため、とりわけ住宅をつうじて、自社の労働力の家族構成に影響を及ぼそうとした。たとえば、他の場所でも同様の事実は確認されうるだろうが、ラングドックの鉱山では、経営者はスペイン人坑夫やイタリア人坑夫を定着させようと、鉱山住宅に家族と住まわせた。というのは、彼らは周辺の農村出身の農家兼業の坑夫たちとともに、熟練労働力ないしは熟練の途上にある労働力を構成していたからである。その反対に、カビリア人の「独身者」は、バラックに押し込められた。というのは、彼らの一番の役割はその時々の需要によって増減する「予備人員」として機能することだったからである(M. R. Santucci, 1977)。

フランス資本主義にとって外国人労働力のもう一つの否定しがたい利点は、外国人労働力がもたらす生産費の低廉さにある。逃亡以外の反対の意思表明をするのが不可能なことから、労働者階級のこの分派〔外国人労働力〕はつねに賃金が最も低く労働条件が最も悪い部門に閉じ込められていた。ノール県の繊維業経営者の成功(モットー家を参照)は、一九世紀末にはすでに、人数が多く従順なベルギー人労働力に部分的には結びつけられるべきものになっていた(F. Lentacker, 1973)。同様に、鉄鋼協会の伝説的な権力は、第二次世界大戦まで、いかなる機械化、いかなる労働条件改良の努力もなされず、移民を犠牲にして鉄鉱山からたやすく得られた利潤について一言も触れることなしに語ることはできない。経済学者が近年の状況について行なった研究では、最も高い割合で移民労働者を雇用している部門が最大の利益を生み出していることが示されている。建設業における目覚ましいいくつかの成功（〔ブイグ社のように〕ときおりメディア業界に転進していったりもする）はこれを証明するものである（G. Beaugé, dans L. Talha, 1983）。

　これらのことに加えて、受け入れ国は、労働力の再生産の費用を節約できるということがある。かなり以前から、フランスの経済学者たちは、完全に「成熟した状態で」（少なくとも用語の生理学的な意味において）やって来て、働き盛りの年齢にあり、老化の兆しが見え始めたらすぐに出身国に帰国する、そのような従業員を大量に雇用していることから、国内の産業がいかに利益を引き出しているかを論じ立てていた（M. Didion, 1911; W. Oualid, 1929）。最近の研究もまた、外国人嫌いの主張とは反対に、社会保険や年金基金などは、外国人労働力で損失を出すよりはむしろ利益を得たことを示している（A. Cordeiro et R. Verhaeren, 1977）。直近の危機にいたるまで、何十万人もの外国人労働者の送還や「自発的」な帰国のおかげで、扶助基金や福祉組織などの負担を減らすことができた。それだけでなく、ドイツの危機に匹敵するような規模の社会的危機に、フランスは陥らずに済んだのである（G. Mauco, 1932）[4]。その反対に、景気が大きく拡大している時期には、所与の地点に数千の勤労者をすぐに集めることが必要になるが、家具付き貸部屋《ガルニ》（あるいは一九二〇年代のようにバラック小屋）に住まわせる「独身者」を輸入することで、本来ならフランス人労働者とその家族に支払うべき費用のかなりの節約になった。

　これらの主張すべては、当然、より詳細な研究を必要とする。ジョルジュ・デュプーの例にみられるように（1980）、実際、大量の外国人労働力への依存は、技術革新や技術投資を抑えてしまうので、フランスの産業にとってよくないことだと主張することもできる。ポンタ・ムッソンの事例はこの理論の傍証となろう。ポンタ・ムッソン社は、賃金〔の低さ〕に関して、ヨーロッパのおもな競合社よりも優れていた。そのため、このロレーヌ企業〔ポンタ・ムッソン〕の指導者たちは、遠心鋳造のような主要な技術革新に際しても、人を機械で置き換えると自社の立場が弱まるとして、そうした技術革新を抑えるようになってしまったのであった。もうひとつの不都合な点も強調することができる。海外への仕送りのために、支払われた賃金のかなりの部分は国内経済に再投入されず、外国人住民が占める消費市場の規模はいっそう小さなものになってしまうのである。クロード・メイヤスー（1975）は、移民の定着局面での再生産費用の急激な上昇というもう一つの問題を提起していた。景気拡大期には、独身者が豊富にいたことやその非定住性のおかげで費用は極限にまで減少していたが、景気悪化が始まる時期になると、定住によって、移民人口の構成はその重心が非生産者（女性、児童、高齢者）へと移るのである。

移民のもたらした利益に浴したのが工業だけではないことは、しっかり強調すべきである。農業そのものも、多くの地方では外国人の貢献がなければ存続できなかった。アベル・シャトランは、一九世紀末以降、生花栽培、およびプロヴァンス地方でのオリーブやラヴェンダーの収穫は、季節労働者やイタリア出身の定住した農業労働者がいなければ、もはや不可能であったと見積もっている。ノール県の砂糖大根の栽培、ラングドックのブドウ園等々についても同様である。戦間期に実施された調査が示すように、そもそも多くの地域では、隣国の農業従事者がやってきたおかげで過疎化が回避された。みずからの土地に根づき、愛着をもっているというフランス農民の神話のために、ガスコーニュのような第一次世界大戦後完全に過疎となってしまった地方があった事実を隠蔽してはならない。捨てられた土地は徐々に荒れ地に変わっていきつつあった。現地に残った農民はこの見捨てられた状況のなかで、昔からのやり方に囚われていた。イタリア人入植者の到来が南西部の農業を再活性化したことはだれもが認めるところである。農村人口の再増加、開墾、耕作技術における革新、これらすべてがフランス人農民を刺激し、地域に繁栄を取り戻させた。なぜ、今日ではフランス第一の農業県であるジェール県〔フランス南西部の県〕の繁栄ぶりが称賛されるとき、誰もこのことを決して口にしないのであろうか（特にMarcel Rémond, 1928を参照）。モーコとドゥマンジョンによって主導された農村調査は、南西部だけが唯一の事例であったわけではないことを証明している。ノール県からの報告者は、ベルギー人について次のように述べている。「多くの移民は、村で古くから暮らしている農民がもつ昔からのやり方も、旧式の偏見も持ち合わせていなかった。それゆえ移民たちは、土地改良のための新しい方策やありとあらゆる新式の機械を採用した。彼らは多くの肥料と鉄筋コンクリートの柵を使用した」。他の村では、「移民たちは十五年前からこの地方を牧畜業の盛んな地方に変えた。彼らは家畜を購入し、牧草地にされたかつての農地で飼育した。牧草地の面積は外国人の所有地では二倍になった」。ヴァール県でも同様であり、イタリア人は多くの農村で灌漑を導入した。イタリア人たちは、乳業を志向した畜産を行なうという技術革新を起こし、牧羊も再興した。彼らのおかげで、林業も維持された（G. Mauco et A. Demangeon, 1939, p. 432 et 545）。プロヴァンスの事例は、「プロヴァンス的なもの」に関する神話が歴史的事実を歪めてしまうことがあるだけに、いったん歩みを止めて見ておくに値する。ガルダンヌ〔南仏プロヴァンス地方の都市〕では、「純粋のプロヴァンス種の人口は、百年でイタリア－プロヴァンス混血を基盤とした国際色豊かな混成になった」。一九五〇年代に実施された家族名の悉皆調査では、三〇％が生粋のフランス系、四九％がイタリア系、一〇％がアルメニア系、九％がスペイン系の名前であった（J. Sabran, 1973, p. 100以降）。プロヴァンス農村部でさえ、たとえばヴァルボンヌ村についてのベルナール・カイゼルの分析では、一八七二年以降フランス人の人口は回復しがたいほど減少したが、この落ち込みはイタリアからの継続的な移民によって目立たなくなったことが明らかにされた。姓についての研究は、「一七〇二年の人口調査では、一〇五九人のうち七三の姓を数えた。このうち二一のみが現在（一九四六年）でも続いているが、それらの姓をもつ者は一〇八人しかいない」ことを示している。カイゼルにとって、人口構成における断絶の深さは村の構造がほとんど変わらなかったことによって目立たなくされていた。村の形は同じままであり、活動も同じままであり、社会集団もまた、大土地所有者、土地を所有する農民、日雇い農民に分かれたままであった。それゆえ、著者〔カイゼル〕は移民の研究〔の重要性〕を強調しなければならない、と記し、それが「外観上の特徴（土地利用、住民の数など）について伝統的で不変とされる農村の、現在の変化の規模をより的確に測定できる」唯一の手段であるとしている（B. Kayser, 1954）。

この最後の事例はまた、移民の貢献が、何よりもまず人の数に関わっていることを示している。多くの場合に「フランス人」という単語の裏側で生じていたのは、まさに人の入れ替わり、血統や家系図の著しい変動であり、こうした変動のために、「フランスをフランス人に」といったスローガンは、他のどこの国にもましてフランスではまったく滑稽なものと化している。ジャック・デュパキエが主導した、Traという綴りで始まる姓をもつ家族についての調査では、一八〇三年に存在が確認された三〇〇〇家族のうち、二〇世紀初頭には二〇〇〇家族が、姓のうえでは断絶してしまったことが示されている。私たちが手にしているすべての史料から浮かび上がってくるのは、第二次世界大戦の頃まで、人口学者やあらゆる立場の知識人が、フランスの人口減少をつねに問題視していたことであり、こうした人口減少をもたらした子供の数の抑制については、いかなる政策的措置も抑制を止めさせるには至らなかったことである。こうした人口減少は、第一世代の移民の大量の流入によって埋め合わせられたが、それだけでなくどの時代であっても、外国人住民は、その〔定着の〕初期に、フランス流のマルサス主義的なタイプ〔早くから子供の数を減らす」とは逆の高出生率のタイプを示すという事実によってもまた埋め合わせられたのである。その結果、一九世紀末から第二次大戦までの間、フランスの人口は、もはや外国人の出生のおかげでしか増加しない年度があった。一九六〇年代、一番最近の大量の移民の波が到来する以前でさえ、「生粋の」フランス人はまれになっていた。移民がなければ、一〇年前のフランスの人口は三五〇〇万人を超えていなかったであろう（G. Mauco, 1977）。

移民たちは、人口減少を補うために、そしてフランス経済の歴史的欠陥を埋め合わせるために呼ばれた。移民労働者は、この「契約」を十二分に果たした。ここまで、移民を呼び寄せた者の期待をはるかに上回る答えを移民たちが出してきたことを述べてきた。しかしながら、こうした「貢献」について語る際しばしばなされるように、移民の貢献を経済的な側面にのみ限定することは不可能である。移民たちの貢献によって豊かさを与えられてきたのは、まさしくここ一世紀来の（広義における）フランス文化史の全体なのである。

2・2　著名人

フランス史に足跡を残した外国出自の著名人を何名か引用することから始めよう。政界に関しては、特に一九世紀に多く見出される。おそらく、まだ政治家の「市場」が非常に厳格なナショナリズム的原則に基づいて形作られてはいなかったためであろう。ワディントンは二三歳で帰化したが、首相、そして外務大臣になった。マクマオン〔政治家・軍人、一八〇八～九三。仏第三共和政で大統領を務める〕はアイルランド出身である。オスマン男爵はケルン選帝侯領のドイツ人家系の出身である。第三共和政初期に活躍したのは、特にジェノヴァ商人の息子であったガンベッタやヴィヴィアーニのような「イタリア人」であった。軍人の分野では、サン＝シール〔陸軍士官学校〕で学んだのち帰化したベルギー人のウェイガン将軍を挙げることができる。

科学の分野では、とりわけシュトゥットガルト生まれのコレージュ・ド・フランス教授で学士院会員であるジュール・フォン・モール（一八〇〇～一八七六）、スイス出身のジョルジュ・キュヴィエ、学士院会員で科学アカデミーの終身書記であったその弟のフレデリック、パリ大学医学部長でルイ・フィリップ治下において影響力のある政治家でもあった化学者のオルフィーラ――彼はスペイン政府給費留学生としてフランスにやって来た――が挙げられる。また、電気の「発明者」の一人で、パリに亡命したベルギー人職人のグラム、そしてもちろん放射線の発見でノーベル賞を受賞したポーランド出身のマリー・キュリーも挙げることができる。また、イタリア人伯爵の息子で後に帰化した探検家サヴォルニャン・ド・ブラザに、フランスの植民地〔帝国〕が多くを負っていることも知られている。

その他の多くの外国出自の知識人が、フランス思想界を特徴づけている。哲学者のベルクソン、メイエルソン、ジャンケレヴィッチはポーランド出身である。歴史家のファンク＝ブレンターノ、彼はアルスナル図書館長であったが、ルクセンブルク出身である。さらに、そのフランスの王妃たちに関する著作が、フランス史をめぐる大衆的神話において周知の地位を占めている、かの有名なアンドレ・カステロ〔ジャーナリスト、一九一一～二〇〇四。ラジオ・テレビの歴史番組の司会や歴史小説で知られる〕、彼はベルギーのフラマン語圏の出身でのちに帰化した。

同様に多くの作家も引き合いに出すことができる。ヴェルレーヌはベルギーに先祖をもっている。アポリネールはポーランド出身である。ホセ・マリア・デ・エレディアはキューバに先祖をもっている。セギュール伯夫人はモスクワ総督の娘である。エミール・ゾラはイタリア人技師の息子であった。より最近のところでは、フランス文学はロマン・ガリ、ジョゼフ・ケッセル、エマニュエル・ボーヴ、アンリ・トロワイヤ、ジョルジュ・ペレックやその他大勢のように、ロシアやポーランド出身の作家の著作によっていっそう豊かなものとなった。一九五〇年、フランソワ・ヌリシエは、すでにこのように述べていた（p.78）。「メチュニコフ、ディアギレフ、シャガール、ストラヴィンスキーはフランスの名誉でもある」。それは、難民に門戸を大きく開く政策を実行することによって、一国が文化的にどれほど豊かになりうるかを示す実例となっている。同様に、とりわけ絵画におけるさまざまな芸術革命と、外国出身の芸術家のつながりについて語ることもできる。たとえば印象派におけるデンマーク領アンティル（現在のアメリカ領ヴァージン諸島）で生まれたピサロ、キュビスムにおけるスペイン出身のピカソが挙げられる。

さらに、「フランス音楽の伝統」は、フランスに帰化したドイツ出身のオッフェンバック、同様にドイツ出身のプレイエル、スイス人の両親を持つオネゲルやラヴェルらに多くを負っている。

こうした多様性はショービジネスの世界にもかなり浸透した。特に一八三四年にイタリアから来たブグリオーヌ一座に代表されるサーカスがそうであるが、映画や現代演劇にもこのことは当てはまる。アリアーヌ・ムニューシュキンの父親はロシア人であり、母親はイギリス人である。サラ・ベルナールはオランダ出身である。ジャン＝ピエール・モッキーはポーランド人の両親を持つ。ミシェル・ピコリ、イヴ・モンタン、セルジュ・レジアニはイタリア出身である。シャルル・アズナヴール、アリス・サプリッチや映画監督・脚本家のアンリ・ヴェルヌイユはアルメニア系「第二世代」を代表する。イザベル・アジャーニはアルジェリア系「第二世代」である。軽音楽の担い手たちには外国人の祖先をもつ者も多い。セルジュ・ゲンズブールはロシア人難民の息子であるし、コルーシュはイタリア出身、等々。

完全というにはほど遠いかたちで列挙を続けてきたが、この列挙をスポーツに言及しつつ終えることにしたい。ラグビー（スパンゲーロ）にせよ、モータースポーツ（ピローニ）にせよ、イタリア移民は豊富な人材をもたらしたが、ノア（カメルーン出身）を擁するテニスもあり、そしてとりわけサッカーがある。この最後の例について少し見てみよう。サッカーは民衆の「ショーヴィニズム」の一形態をよく象徴しているだけに重要である。すでに引用したレキップ紙の一連の記事のなかで、ディディエ・ブラウンは、フランス代表チームの六六〇人の国際試合出場選手のうち、三分の一近くが外国出身か本土以外のフランス出身であると見積もっている。最初に二人の帰化ポーランド人がガリアの鶏の縫いこまれた〔フランス代表チームの〕ユニフォームを誇らしげに身に着けたのは一九三五年のことであった。一九五〇年、ある調査は、「ポーランド人」はすでにパ＝ドゥ＝カレ炭田〔今日ではユネスコ世界遺産になっている〕において選手登録証所持者の半分以上、プロ登録者の一〇%を占めていることを示している。民衆階級へのサッカーの定着は、鉱山の世界に身を置く「第二世代」に固有の労働者文化を明らかにしており、それは民族的出自と同時に階級的帰属によって特徴づけられている。サッカーだけがこれらの若者にとって社会的に「そこから上手く抜け出し」フランス社会に仲間入り《アンテグレ》し、社会的復讐の願望を満たすことのできる唯一の手段であった。

三〇年前にはまだ、一部リーグのプロ選手の三分の一近くがフランス北部、東部、中央部の重工業地帯出身であった。この地帯が壊滅的な危機を経験したことによって、今日ではその割合はもはや一六%にすぎない。たとえばカロンヌ＝リクアール（パ＝ドゥ＝カレ県）の鉱山町では、同じ通りにヴィズニエフスキ、ブディンスキ、シナコフスキが生まれた。彼ら三人で、フランス代表チームに選抜されたのは五七回を下らなかった。同様に、サントル地方では、ブラサック炭田にあるラ・コンベルのようなごく小さな鉱山の村でも（住民二〇〇人）、プロ選手を輩出していた。「イタリア人」は、少なくとも「ポーランド人」に勝るとも劣らない程度には貢献をしている。ピアントーニ、マスナゲッティ、ピウミのように、何人かの選手が一時代を画したが、彼らはロレーヌの鉄坑山の出身である。ディロルト、ディナッロ、レペリーニや他の多くの選手たちには、イタリア人移民のおかげでフランス南東部すべてが恩恵にあずかったスポーツ面での豊かさを見ることができる。こうしたことすべての結果として、今日のフランス代表チームはこの国の労働者世界が形作っているメルティング・ポット〔原文英語〕の似姿をなしているのである。レイモン・コパ（彼の本名はコパゼフスキーである）――ノール県のポーランド人坑夫の第二世代――のあと、ミシェル・プラティニはフランス代表チームの主将になり、洗練されて知的な「フランス型プレー」（「身体能力」ばかりの「ドイツ型プレー」とは違うと当然のように考えられている）の象徴になった。ところで、「ピエモンテでは、ノヴァーラ出身の移民を見つけるには祖父母の代にさかのぼれば」十分である。バティストン、ベローネ、フェレッリ（イタリア人の両親）、ジレッセ（内戦前に南西部にやってきたスペイン人の母親）、マニュエル・アモーロス（ラングドックに職を探しにやって来たスペイン人の息子）、ルイス・フェルナンデス（フランス人に帰化したマンゲット地区〔リヨン郊外に位置し、移民が多く住む。移民第二世代の社会運動「ブールの行進」発祥の地〕のスペイン人）、ティガーナ、トゥレ（二人ともマリ出身）等々においても似たような経路である。海外領土・海外県出身者を加えれば、現在のフランス代表チームの四分の三にのぼる。フランス本土出身者と〔外国出身者のどちらがフランス代表選手に多いか〕競った場合、この件に関するスポーツくじだけは、すぐに結果が予想できるとは言えるだろう！（これらの情報すべては、ディディエ・ブラウンの研究、*l'Équipe*, 29, 30, 31 janvier 1986）

　このような「カタログ」は、これらの著名人が外国出身であることが現代のフランス「文明」に与えた影響がどのようなものであるのかを示すのでなければ意味をもたない。ところで、しばしばこれらの有名な事例は、逆の命題を正当化することにもなってしまう。つまり、モーリス・バレスがしきりに持ち出す

「接ぎ木の神秘」、すなわち「フランス国民の同化能力」という使い古された命題である（たとえば L. Argoutine, 1953 および同書の Léon Noël による序文を参照）。本節で述べてきたような〔移民の〕貢献は――フランス革命以来、とされているようであるが――固定された「アイデンティティ」に問題を呈することもなく、既存の「枠組み」に従って、フランスという「坩堝」に溶け込むのだ、というのがその中心的な観念である。ところが、その一方で、S・N・アイゼンシュタットのような社会学者は、大量の移民現象によって特徴づけられる社会は、多元的文化を示すものだと主張している（S. N. Eisenstadt, 1954）。実際のところ、フランスの事例について、実情はどのようなものなのだろうか。

2・3　多元主義

最も簡単な面から始めよう。多くの場合、外国出身の知識人は母国の文化的要素を亡命地にも携えてきており、みずからの作品にそうした要素を組み込むことで、フランス文化を形作ることにも貢献してきた。「スラブ魂」というステレオタイプを超えて、ロシアやポーランドの音楽や文学はこの範疇に入る。[5] 一九二〇年代にやってきたアメリカの黒人にフランスのジャズがどれほど多くを負っているかは知られており、同様に、「タンゴ文化」もアルゼンチンからパリへの移住の典型的な産物である（ああ、シルヴィアの踊る「バイロンガ」！）。映画の分野に関して、一九三〇年代のドイツからの亡命者であるロッテ・アイスナーという人物に、今日の「フランス的感性」がどれほど多くを負っているかはあまり知られていないかもしれない。しかし、シネマテーク〔世界的な映画アーカイブ〕の創設に際し、アンリ・ラングロワの傍らでアイスナーが果たした役割は根本的なものであった。フランスの観衆は、アイスナーのおかげで、ドイツ表現主義の豊かさを余すところなく見出すことができたのである（G. Badia, 1982 における J.-M. Palmier

参照)。

しかしながら、この文化上の開放性はフランス的というよりパリ的な特質であったことはよく認識しなければならない。首都パリは、みずからの知的・芸術的生活の世界市民性を大きな誇りとしており、それはスノビスムの域に達することもあった。〔したがって〕もっと控えめな、しかしおそらくはもっと深いところに関わる問いとして、どのようにしてサッカーのような大衆的スポーツが、外国人の貢献によって特徴づけられてきたのかと問うことができるだろう。この分野に関する専門家は、「フランスのサッカーはこの世紀の移民の動きに大いに感謝しなければならない。どこの国のサッカーも、その国に住んでいる人間を表現するものだが、フランスのサッカーもまた、その根本において、ラテン式、スラブ式、アフロ＝アンティル式のプレースタイルを養分として育ってきたのである」と主張している(D. Braun, *L'Équipe*. 28 janvier 1986)。この指摘が、「身体の技術」や民族についてのマルセル・モースの考察とどのように連関しうるのかという点は、のちに見ることにしたい。いずれにせよ、移民によって特徴づけられた工業地域において、たとえ移民の流入が終わったとしても、多くの「痕跡」が残っていることには疑いがない。「今日でもなお、ブランジー炭田〔ブルゴーニュ地方にある〕におけるあまたの細かい点がポーランド人の存在を反映しており、今日ではかなり目立たなくなっているが、すべては過去の重要性を証明している」とダニエル・デュスリエは述べている(D. Ducellier, 1981)。フランス人住民が少数派であった場所で、ポーランド人の習慣がフランス人住民に及ぼした影響をめぐり、レイモン・ブドンの研究班が北フランスで二〇年ほど前に得た観察結果は、ジャン・グリュジンスキの最近の調査でも確認されている。「ポーランド人と接することによって、フランス人は彼らの習慣のいくつかを良いものも悪いものも取り入れた。祭りや、ホスピタリティ、アルコールの飲み方、汚い言葉、庭仕事への関心、ダンスを交えた夜会、社会生活などである」（J. Gruszynski, 1977, p. 405; R. Boudon, 1963）。同様に、ロレーヌについての調査で、鉱山労働者や共産党員の「イタリア的な」あり方が見られたことをわれわれは示した。第四章では、この問題が、アソシアシオン〔移民コミュニティーで作る〕の活動が再興した際に帯びた重要性を検討した。

外国人は、フランス国民という枠組みにただ統合されていきさえすればよかったのだと一般に考えられているが、右に述べたことからは、実際にはこの枠組みはそこまで厳格ではなかったのではないかと思われるのである。確かに、フランス語ははるか昔から制度化されており、近年の移民による言語的貢献はわずかなものである。にもかかわらず、この〔フランス語という〕遺産には今日デュポンという名前のフランス人〔「デュポン」は典型的にフランス的とされる姓。日本の「鈴木」「田中」に相当〕をますます少なくさせた姓の多彩さを含めなければならない。同様に、何人かの著述家によれば、俚言《パトワ》は外国人話者の影響を受けているという。一九二〇年代のある医師は、プロヴァンス地方へのイタリア人移民の規模の大きさは、「地域で話されているパトワに感じ取られさえする混合」を生み出したが、「これはミストラル〔ローヌ川の谷間から地中海に向かって吹き抜ける局地風〕の吹く地方の言葉〔プロヴァンス語〕ともはっきりと異なっている」とする（L. Imbert, 1926）。〔研究の〕ジャンルそのものを塗り替えるような調査の課題がここにも見出される……[6]。

きわめて伝統的で体系化された領域である宗教の領域にも、移民現象が影響を与えたことは否定できない。後にあらためて論じるが、政治におけるのと同じように、影響は矛盾に満ちたものである。一方で、移民現象は伝統との断絶の効果を生み、そのことは〔宗教の〕実践の衰退につながった。しかし他方において、ジェラール・ショルヴィ（1982）が観察したように、移民は時折ウルトラモンタニスム的敬虔の動きに属する宗教性〔一九世紀において自由主義・合理主義が社会的影響力を増してゆくなかで聖心や聖者への崇敬などを行なった〕を呼び覚ましもした。一九世紀半ばにはすでに、イタリア人はロザリオや小立像を売る行商人として知られていた。多くの兆候が「聖人信仰は移民の影響を受けた」ことを示している。ところで、フランス社会の脱キリスト教化の結果生じた「召命の危機」〔聖職志望者の減少〕は、部分的には外国人の貢献によって食い止められた。多くのポーランド人やイタリア人の子供たちが戦間期にカトリックの神学校に迎え入れられた。パリ司教〔ジャン＝マリー・リュスティジェ、一九二六〜二〇〇七。ポーランド人の両親から生まれパリ・モンマルトル地区で育つ。パリ大司教、枢機卿、アカデミー・フランセーズ会員〕が自分自身のことを「モンマルトルの丘のポーランド人」と規定したのは偶然ではない。ユダヤ人に関しても同様の指摘ができ、一九世紀末の共和主義的非宗教性《ライシテ》に彼らもまた大いに影響を受けた。そこでも同じく、中央ヨーロッパや北アフリカからの移民のもたらしたものが、宗教的実践の衰退を部分的に埋め合わせたのである（P. Hyman, 1985）。

それゆえ、基本的には、国民という「枠組み」がこれまで主張されてきたほどには厳格なものではなかった事実によって、現代の「フランスのアイデンティティ」のなかでどのような地位を移民史が占めるのかということは説明できるのである。工業化の遅れは、なぜ移民の大量流入からフランスが影響を受ける時期になってようやく、工業化に関連する新たな仕組み（労働形態、空間、制度、等々）が完全に定着したのかを説明する。都市化の問題はこの点に関する良い実例である。まず、全体の水準では、「第二次工業化」に固有の空間があることを強調しておく必要がある。家父長主義《パテルナリスム》経営に特有の空間の組織化は、フランスではとりわけ長きにわたって続いた特徴だが、このことは、一九世紀には存在していなかった労働者階級を経営側が作り出さなければならなかったことによって説明がつくのである。すなわち、単一の産業によって支えられた田園的な住宅地からなる小都市、がそれであるが、この都市と農村のあいだの中間的な空間は、こうした空間にしか根づきたがらなかった農村出身の何十万人もの〔国内〕移住者になされた譲歩であった。しかし、家父長主義経営は、この主題についての多くの調査が述べるように、きわめて戦闘的な労働運動のために一九世紀末には完全に信用を失った。にもかかわらず、家父長主義経営には、外国人移民のおかげでかえって「新たな生命」が吹き込まれることになった。実際、外国人移民は、前世紀後半の〔ふるさとから〕根こぎにされたフランス人農民と多くの点で似ていたのである。重工業の危機とともに私たちの目の前から消え去った労働者の団地の世界は、戦間期の移民の典型的な空間であった。この〔戦間期の団地という〕空間は、アメリカとは異なり、なぜフランスでは移民流入と都市化がぴったり重なりあうものではないのかをよく説明してくれる。外国人人口の流入と大都市の発展の間には緊密な関係が存在するとはいえ、フランスの特殊性も確かに存在し、それは工業化の遅れた歴史が空間的に表現されたものに他ならないのである。この点に関してマルセイユはひとつの典型である。人口規模の大きさのために、本質的な情報が隠されてしまうことはない。最近のある研究が強調しているように、一九二〇年代において、マルセイユという町は一つの都市というよりも、むしろ複数の「村」が寄り集まったようなものであり、しかもそれらの「村」のあいだの交通は不便であった。中心街の通りの一部には名前すらつけられていなかった。今日では整備の結果、空間は稠密になったが、それは移民の波が次々にやって来て、そのつど住民の数を増やし、かつ元からいた住民の構成を大きく変化させていくのと同じ時代のことであった（M. Peraldi, 1986）。同様に、一九〇〇年から一九三〇年までのパリ首都圏では、宅地分譲がたいへんな流行を見せた。ここでもまた、郊外の都市化と、大量の移民流入とが同じ時期にあたる。この特殊な状況が、移民の統合に寄与したという仮説を立てることもできよう。〔都市基盤の〕整備の遅れのために、移民たちは、自分たちの好きなようにみずからの生活の場を整えることが（少なくともある程度までは）できた。そしてこのことは、本書のある章で触れたように、あらゆる種類の象徴的な効果を伴っていた。一

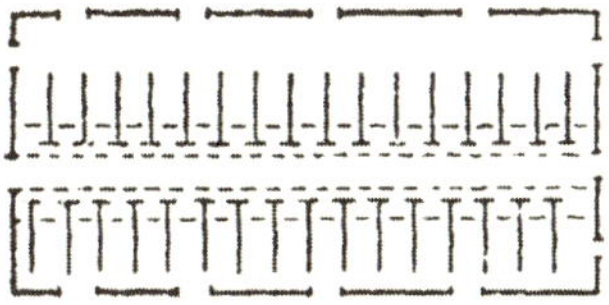

フランス式の納屋兼家畜小屋

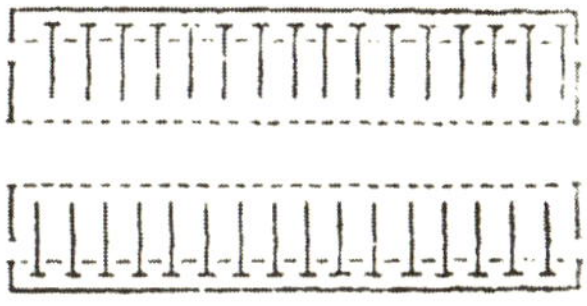

イタリア式の納屋兼家畜小屋

軒家が多く、集合住宅の割合が低いのは、おそらくこうした状況によって促進されたのであろう。マルセイユが一度もシカゴのようにならなかった理由のひとつがここにはある。「ストリート・コーナー・ソサイエティ」(W. F. Whyte, 1946 の有名な調査を参照)が存在するには、そもそもストリートや交差点がすでに存在している必要がある。[7]

農村の世界に話を限定したとしても、フェルナン・ブローデルのような物質的痕跡の愛好者は、外国人の存在の影響を明らかにすることができただろう。いつの日か、フリウリ〔イタリア北東部の地方〕出身のフランス南西部への入植者やプロヴァンスのピエモンテ人が再建した村々の形態が、農村考古学の専門家によって研究されるようになることを期待しよう。この専門家は、モーコとドゥマンジョンによって主導された集団調査で示された指標を起点にしうるだろう。たとえば、ペリゴール県では、イタリア人農夫は「使うのに都合が悪く、風通しも悪いと感じられたペリゴールの納屋兼家畜小屋を変えた。小屋の端から端まで、中心線に沿って家畜の頭と頭を向き合わせて二列に並べる代わりに、尻と尻を向き合わせ、壁側を向いた頭の正面にシンプルな木の桶を壁や地面に固定し秣桶《まぐさおけ》とするほうがいいと考えた。このようにすれば、〔それまで中央に出ていた〕家畜の頭三分の一分を収容でき、かつ中央の空間の風通しもよくなるので、家畜にとって危険のない納屋兼家畜小屋になるのである」(上のクロッキーを参照)(G. Mauco et A Demangeon, 1939, p. 634)。

この節を終えるにあたり、移民の大量流入がいかなる点でフランスの現代政治のあり方をしるしづけたかを見ておくことにしよう。しかしながら、この問題についての拙論（G. Noiriel, 1986, 1987）に立ち戻ることはしない。また、紙幅の関係上、外国人の親をもつ議員の出身国の文化がフランス議会の伝統に対して与えた影響の問題に取り組むこともできない。たとえば、同時代人に鮮烈な印象を与えたガンベッタ、特にヴィヴィアーニの「典型的にイタリア的」な雄弁や性格の活発さのおかげで、第三共和政の議会におけるレトリックが豊かになったと考える者もいる（F. Nourissier, 1953）。その反対に、バンジャマン・クレミュー（1936）は、七月王政の下でイタリア人難民であったカヴールのような人は、討論を傍聴すべく議会にきわめて頻繁に通ったために、フランスの政治文化から強い影響を受けることとなり、その程度たるや、「イタリア議会の最初の会期に、ルイ・フィリップ時代の雄弁の特徴である深刻そうな調子や凝った皮肉をそのまま用いた」ほどであったと考えている。ここには、フランスに一時的に移民として滞在した経験が、出身国の文化に与える影響を測定するという、歴史学にとっての新たな課題が現れている。

　フランスの枠内に話を留めるならば、何人かの外国出身の著名人の政治参加の理由は必ずしもつねにフランス社会内部の問題によって説明のつくものではないと考えられる。たとえば、ナポレオン三世に対してガンベッタは激しい敵意を抱いていたが、その原因のひとつとして、ガンベッタが「コルシカに対する積年の憎しみ」を叫ぶ「ジェノヴァ出身者の古くから続く家系の子孫」であって、いわばこの憎しみが〔ナポレオンの〕甥にぶつけられていた事情も考慮に入れる必要がある、とする論者もいる（M. Coulon, 1911）。

　私見では、根本的な、次の二つの問題に注意を払う必要があるように思われる。

――政治活動と〔みずからの〕出自への忠誠との関係

――「政治的伝統」と大量の移民現象との関係

特に一点目については、ここで強く主張しておくに値する。逆説的なことに、サルトルの「ユダヤ人問題」(1954)をめぐる分析と、「同化」に関するアメリカの伝統的な理論(たとえばM. Gordon, 1964)は一致して、自分の過去に忠実である方法は一つしかない、それは(サルトルの語彙に従うなら)集団の「本来性《オタンティシテ》」、(アメリカ社会学の語彙に従うなら)「エスニシティ」を主張することによって、出身集団の文化やその価値を維持することだ、と述べている。ところで、これまでみてきたように、第一世代でも第二世代でも、移民の経験を基本的に定義するのは、ひとつの社会関係、すなわち、支配される側である出身国の文化と、支配的な側である受入国の文化とのあいだの、ジンメルの意味でいう「闘争」である。しかし重要なことは、こうした闘争がもつ社会化の役割であり、こうした闘争が個人の人格に刷り込む持続的な特徴である。もしこのように仮定するなら、ひとは多くのやり方で「本来的」でありうる。確かにみずからの出身集団を必死に守ろうとすることもあるだろう。しかしまた、スティグマ化が作り出す「反抗の感覚」は、抑圧者と被抑圧者とに関わる他の大義に向かうこともありうる。政治生活やそれ以外の分野における移民出身のフランス人の特別の貢献を理解可能にするのは、この第二の定義におけるみずからの出自への忠実さであるように思われる。たとえば、サルトルによれば、フランスのユダヤ系知識人は《普遍的なもの》への情熱をつねにもっていたが、それは「みずからを他から引き離してしまう特殊さの概念と闘うためであった。《理性》はこの世で最も広く分かちあわれているものである。《理性》はすべての人のものであるが、誰のものでもない。《理性》はどの土地でも同一である。《理性》が存在するとき、それはドイツのものでもフランスのものでもない」(J.-P. Sartre, 1984, p. 136)。サルトルのこの分析は、多くのフランスのユダヤ人が知的活動に向かう傾向をもっているが、それは必ずしもユダヤ人という出自に固有の

「伝統」がもたらした結果とは限らないことを強調する点で優れている。むしろこうした傾向は、外国人嫌悪に対応するひとつのやり方を示しているのである。サルトルはまた、烙印《スティグマ》をめぐる防衛機制はさらにいっそう複雑でありうると考えている。その結果、論証を無力にするベルクソンの反主知主義は、名前を変えた合理性の一形態として捉えられることになる。この名前を変えた合理性は「迫害された人間が行なう究極の防御」の一例である。すなわち「防御のための攻撃であって、敵そのものがもつ非合理性を征服してしまう。つまりこの敵を無害にし、建設的な理性と同化させてしまう」(一四二頁)。サルトルがいう、「非正統的な」ユダヤ人は暴力を恐れ、《社会契約》に基づく共同体を夢みるということを付け加えるならば、この分析がどれだけデュルケームにも当てはまりうるかが理解される。実際、デュルケームにおける制度と「制度化されたもの」という問題設定は、バレス流の「遺伝」をめぐる理論を、ひとつの概念的な論理――土地に根差した系譜を主張することのできない人びとを排除しない――のなかに組み込もうとする尋常ならざる努力として理解されうるということを、私たちは第一章で見た。

こうした論証がどの程度まで正しいかを議論することは、本書の意図するところではない。にもかかわらず、〔出自の〕否認の論理においてすら、フランス文化がどれほど多く出自の多様性に負っているかを、こうした論証は描き出しているのである。ここで問題になっているのは「ユダヤ人」そのものではなく、スティグマ化された個人である。スティグマ化された個人はしばしばユダヤ人であったが、より高い頻度で、また特にフランスでは、スティグマ化された個人とは外国人であった。外国出身の作家によって書かれた文学作品において、サルトル的分析の(時折それを先取りした)事例を見ることができる。アンリ・トロワイヤの小説(1950)では、「第二世代」のロシア人の登場人物たちが理系の研究を選ぶが、それはまさに数学の言語には国境がないからであり、一足す一は世界のどの国においても二であるからである。

あまりにも国民的特殊性に特徴づけられる文学や、とりわけ歴史の分野を避ける知識人のこうした姿勢は、パリ一三区の、それには過去がないから近代的なビルを好むというすでに言及した東南アジアからの難民の態度と根本的には同じなのである。

政治との関係を見ていくのは困難ではない。実際、ユダヤ人たちが普遍主義を求め社会契約を夢見ていたとするならば、フランス共和国に対するユダヤ人たちの変わらぬ忠誠は驚くにあたらないだろう。この論理は移民全体に当てはまるであろうか。これについては、答えはイエスだと考えることは可能である。ドレフュス事件の際のゾラの態度に、特にうまくいった一種の「戦略的な一撃」(C. Charle, 1977)を見るよりも、むしろゾラがイタリア人の祖先をもち、この祖先たちも一八八〇年代から九〇年代にいたる激しい外国人排斥の時期に攻撃を受けていたことを強調すべきではないだろうか。おそらくゾラのこの態度のなかにも「本来的に非本来的《イノタンティック》」であろうとするひとつの姿勢があると思われる。さもなければ、反対に、みずからの出自に忠実であるためのひとつの態度がそこにはあるのだ。すなわち、公然と唱えられていた反ユダヤ主義の背後にある、すべての外国人排斥と闘うことをつうじて、イタリア人の排斥に対しても闘うことになるのであり、これらすべてのことが、父の記憶に忠実であるためになされるのである。

同様の基本原則は、〔移民〕第二世代の代表者たちが、何らかの「エスニック」的ないしは「民族的」な共同体の成員を擁護するよりも、烙印《スティグマ》を押された人びとを擁護する立場に往々にして立とうとする理由を理解することに役立つであろう。労働運動における政治的闘争はもちろんのこと、「人権」を求める闘い、麻薬中毒者を保護する闘い、障害者を保護する闘いなどである。「寛大なフランス」が、その多くを外からやって来た人びとに負っているということを示すのは難しくないだろう。

これまでもっぱら「個人」のレベルでみてきたが、社会集団の視点からみるとどうであろうか。ピーター・バーガーとトーマス・ルックマン（1971）によれば、児童のスティグマ化は、個人的な問題を集団的な問題に変え、新しい制度上の形に到達しうるものとする社会基盤を欠いているために、社会に構造的な影響を与えない個別的な現象に留まるとされる。ここでもまた、フランスの事例では、移民たちがエスニック的ないしは民族的なアイデンティティの原則に基づく集団的動員を作り出せなかったのは本当だとしても、スティグマ化は多くの場合、フランスの労働運動の刷新に貢献する「実践を引き起こす原理」（P・ブルデュー）として機能したのである。もちろん、経営側は非常に多くの場合、大量の移民の到来を、労働者の世界の内部に敵対関係を作り出すために利用した。あらゆる時代において、移民の「スト破り」のイメージは部分的には現実に一致している。別の箇所で指摘したように、人口構成の激変、労働の合理化、そして大量の移民は、労働者〔階級〕の伝統との断絶および一九二〇年代の動員の低下を説明する基本的な三要素である。二〇年のずれがあるとはいえ、こうした展開には、二〇世紀初頭のアメリカの状況（D. Montgomery, 1979）を思わせるものがあり、そのため、合衆国では移民労働者の価値観が〔移民の〕定着期であった一九三〇年代に急速に発達したという分析を、フランスの事例にもあてはめてみることができるだろう。移民たちは自分が帰国することはないと承知しており、そのため、新たな世界にみずからを統合《アンテグレ》しようとするが、そのことは以前よりもはるかに権利要求的な行動となって現れるのである。一八八〇年代にはすでに、イタリア人はフランスの建設業のストライキにきわめて活発に参加した。同じく、以前から盛んだった労働運動の経験を踏まえながら、ノール県で階級的なサンディカリスムを生み出したのはベルギー人活動家であった。ロレーヌやマルセイユでは、多くのイタリア人が鉱山やドックでストライキに参加したため、「ストライキ扇動者」という評判を得た。戦間期、多くの地方でフランス共産党支部の設立のもとになったのは外国人であった。単能工のストのなかで移民労働者が近年まで果たしていた役割は今なお記憶されていよう。定着の過程は、こうしたことすべてによって描き出されるのである（M. Perrot, 1960; J. A. Reardon, 1977; S. Bonnet, 1982; D. Kergoat, 1978; R. Le Conte, 1908 参照）。とはいえフランス的「伝統」とはまた、外国人労働者の闘士としての活動を体系的に抑圧すること（少なくとも六〇年代までは）でもあった。選挙権をまったく持たない彼らの大半は、沈黙を余儀なくされた。外国人嫌いや不正義、きわめて屈辱的で過酷な労働条件を前にして感じる激高する気持ちをみずから抑えるように強いられ、さもなければ国外退去や強制送還の憂き目にあったのである。経営側によって作り出された労働者階級の再生産の諸形態のために、これらの移民の子供たちは熟練労働者となり、選挙権もスト権も享受するフランス人ではあったが、しばしば〔親たちと〕同じ世界に根づくことになった。第一世代から第二世代に政治的見解が受け継がれる場合がしばしばみられるが、私見では、右に述べた事情が、こうした見解の継承を説明する。ここでみずからの出自への忠誠は、集団闘争の実践の暴力や、その地域や時代ごとに最も「過激」に映る政党への大量投票によって、表現されている。ベルギーからの帰化者やその「第二世代」は、一八八〇年代以降、ルーベ市におけるジュール・ゲードやフランス労働党の社会的基盤の中核部分をなしていた。

三〇年代以降、そしてとくに五〇年代において、何十年も右派への投票が見られた後に共産党支持に移行する地区が出てくるが、これらの地区の多くはこうした移行以前に移民流入による完全な変容を被っていた。ロレーヌ地方のブリエ鉱山の自治体は、この観点からみるとおそらく最も極端な例であるが、モンタルジ〔フランス中部ロワレ県の郡庁所在地〕郊外のシャレットや、ノール県のサロミーヌと同様、マルセイユの一六区の工業地域でも、二〇年代の移民の大量流入と第二次世界大戦後（第二世代が成人に達した時期である）の共産党への揺るぎない信頼との間に相関関係のあったことが確認される（J. Barou, 1987; P.

Bachelard, 1978; C. Dubar *et alii*, 1982 参照）。（否認の論理に従って）そうした事実は決してあからさまには示されないのだが、議員自身が出身国の共同体出身であることもしばしばあった。ロレーヌ北部の共産党は、近年までイタリア人第二世代の議員に支配されていた。最近の研究では、マルセイユでは第二次大戦後数十年が経っても、「エスニックな支持集団」とどうつきあうかが地域政治の重要な要素であったことが示されている。一九三五年には、サレルノ〔イタリア・カンパーニア州の都市〕の日雇い労働者の息子で、イタリア出身の第二世代の代表格だった人物が、マルセイユ市の市長になった。マルセイユは「イタリア化」することで、有権者の多数が右派を支持する状態から左派である社会党を支持する状態に転換した（A. Sportiello, 1981）。ラ・セーヌ＝シュル＝メール〔南仏ヴァール県の都市〕で一九四七年に選出された共産党市長は、メルルという〔フランス風の〕名であったが、彼もまたイタリア人の息子であった。この学校教師は、多数派である「イタリア出自の」有権者層にとって、労働者側の巻き返しを象徴する存在であり、一九六九年まで連続して当選している（P. Martinencq, 1982）。したがって、南フランスの選挙民が右派から左派に支持を大きく変えたという話をするときには、「プロヴァンス人」という言葉の陰に隠されていた住民の構成の変化が考慮されるべきなのである。サヴォワ地方についても、イタリア人移民と共産党支持に回った労働者地区の大転換との間の相関関係（移民が選挙権を獲得する前に満たさなければならない「滞在期間」と一致したずれを伴って）があることを強調する多くの研究があり、同様のことが言えよう（たとえばS. Hugonnier, 1954 参照）。二〇年代の北フランスにおける共産党の中心地であった「赤いアリュワン〔北フランスの都市〕」を挙げることで、このフランス周遊を終わらせよう。アリュワンでもまた、住民の出身を考慮せずにフランス共産党の定着を理解することはできない。戦後の「極左的」だった時代、共産党は地域言語《パトワ》とフラマン語の両方で地元向けの新聞を発行していた。共産党は、民衆的なカーニヴァル（フランドル地方の文化が強くしみこんだものである）を地元の繊維産業の経営者に敵対する、階級的基礎に立った大量動員を行なうために利用した。この労働者層に特徴的な暴力は、「これらの移民の子供や孫たちが、根こぎにされた人びとがもつ反射的な反応、すなわち伝統への閉じこもり、儀式や民間信仰への忠誠、ゲットー状態に対するコンプレックスを長きにわたって保持していた」ことによって説明されている。かくして、土地への根づきを肯定してくれる虚構の系譜に支えられた、自分たちの起源神話を作り出す集団的な作業に、フランス共産党も加わっていたわけである（M. Hastings, 1986）。そしてその褒賞として、フランス共産党は、住民の大幅な信頼を獲得した。実際、住民は選挙プログラムの長々しい演説とは何も関係のない理由で共産党のなかに自分自身を再認したのである。(8)

こうしたすべてのことから、左派への投票と外国出自とのあいだには大きな関連性があるのではないかと考えたくなるわけだが――そしてどの時代であっても外国人嫌いの人びとはこの点を見誤ることはなかった――合衆国について時に言われるような「イタリア人」票、「ポーランド人」票、「ユダヤ人」票といったことを〔フランスについて〕言うことはできない。それを言うためには具体的な研究を積み重ねなければならないだろう。にもかかわらず、移民が政治的伝統を最も大幅に変えたのは、変動（人口や空間、労働、等々における）が最も大きかった場所においてであったように思われる。このことは、モーリス・アルバックスの分析とも一致する。その反対に、元から暮らしていた集団の人数が十分に多いままであった時には――一般に彼らは最も影響力のある社会的地位を占めているが――政治的「継続性」が保持された。社会党が優勢だったノワイエル＝ス＝ランス〔北フランス。パ＝ド＝カレ県の自治体〕や、伝統的な名望家地主層が有利なエロー県の村々が、こうした場合にあたる（C. Dubar *et alii*, 1982; C. Azas, 1981）。地域の基準にみずからを一致させようという願望のために、移民第二世代の代表格であった人びとは〔それぞれの地方で）支配的だった政治行動のあり方を身に付けることになった。これが、地図上でいくつか確認される「継続性」を説明するもう一つの理由である。だがここにあるのは、ひとつの答えというよりはひとつの問いである。実際、もっと近くから眺めるならば、たくさんの「継ぎ目」が見出される。これらの「継ぎ目」は、フランスの「アイデンティティ」が、どのような応急修理で成り立ってきたかを物語っているのである。

3　フランス型「モデル」

3・1　国民の民主的法権利《ドロワ》の全能性

合衆国のほうがはるかによく知られているとはいえ、移民に関して、フランスは合衆国のそれと比較可能なもうひとつの「モデル」を体現している。本書で意義を検討した主要な諸要素を再度取り上げつつ、以下のページでは、長期持続におけるフランスの移民現象に関する「理念型」の構築を試みた。米国と比較した際に、フランスが有している大きな独自性は、一方で、国民というものの完成されたモデル（国民形成の古さや、住民の同質性、政治的枠組みの堅牢性によって）でありながら、しかし他方で、没落を避けるために大量の移民を呼び入れるしかなく、そのために元からの人口構成が大きく変わったという、社会構成体としての逆説のなかに存している。この独自性は、なぜ移民現象が長きにわたって歴史家に見過ごされてきたかをも説明する。

ここでフランスの国民形成の古さを言い立ててもあまり有益ではないだろう。この主題は歴史家が好んで取り上げてきた。中世末期から、政治的集権化が進展した。公的文書は、フランソワ一世以降、王国の全域でフランス語で作成された。市民の法的アイデンティティ(単に法的という以上のものがある)の基礎となる民籍簿《エタ・シヴィル》の仕組みが早い時期に作られたこと、言語の統一と同質化も早い時期からなされたこと、宮廷社会のモデルが地方のエリート層全体に普及したこと、これらすべては一七八九年にすでにフランス「国民」が一つの現実であったことを証明している。モーリス・アギュロン(1980)がすでに述べていたように、周辺地域の征服は、すでにこの時には着手されていた。共和政が、政治的枠組み(中央集権国家、県制度の施行、等々)および、言語の水準や統計の水準、「公文書管理」の水準で、社会的世界を「読解」する手段を制度化したとき、ベルギーにおけるワロン/フラマンの対立に匹敵するような言語問題や、合衆国におけるインディアンや黒人の問題に匹敵するような「民族」問題(第一章参照)は、フランスには存在していなかった。このことにさらに、農民共同体の堅固さを付け加えることができよう。シーグフリードやヴィダルのような人びとが称賛したフランスの各「地方」が形成されるにあたっては、先祖代々農民たちが地方に根づいてきたことが寄与している。こうした現実から、シーグフリードやヴィダルのような人びとが、同時代――それはまたひとつの〔地方的〕世界の終焉の時でもあった――のために作り出した分析(有名な「地域気質」を参照)は、社会学的に根拠をもつものであった。またそもそも、この〔地方的〕社会が危機に陥っていた事実そのものをつうじて、シーグフリードやヴィダルのような人びとは、イギリスやドイツに対する当時のフランスの独自性をよりよく理解しえたのである。

しかし、フランス革命は、フランス型「モデル」の理解に二つの本質的要素を付け加えた。それは、政治的情熱と「人権」の擁護である。よく知られているように、一九世紀初頭から今日まで、フランスは主要な難民受け入れ国である。現在、フランスには一〇〇〇人の人口に対し一人が難民であり、これは合衆国に匹敵する。しかし、ドイツ連邦共和国には難民は〇・〇五‰しかおらず、英国やスウェーデンではわずか〇・〇三‰である（数字は一九七九年六月三〇日付『レクスプレス』誌より引用）。

このことの負の側面は、フランス国家が受け入れた人びとに対して直ちに自国の法律を強制することであり、それはどの時代でもそうであった。七月王政の初期、人権の母国に対して大いに希望を膨らませていたポーランド人は落胆させられることになった。小うるさい警察の監視を受け、誰も知り合いのいない地方の小さな町に分散、孤立させられ、亡命は拷問と化した（M. Sokolnicki, 1910）。近年でも、行政当局がアジア人難民を地方に送ろうと工夫を凝らしているさま（大きな成功を収めているとは言い難い）を見ると、同様の傾向が働いていることがわかる。共和主義のイデオロギーおよび実践に固有の矛盾に、私たちはここで再び出会うのである。すなわち、人間を受け入れる寛大さの伝統は尊重するが、この人間が、国《ナシオン》が定めた規則の外で政治的行為者となることは妨げるという矛盾である。フランスでは、エスニックないしは民族的な出自に基づく集団分類はいまだかつて認められたことがない。このことが、地方選挙についてさえ、移民に選挙権を今日に至るまで与えようとしない、頑なな拒否の理由になっている。またこのことは、帰化に対して設けられた障害も説明する。一九三〇年、フランスの外国出身人口の帰化率は、合衆国の五五％に対して一一％しかない。これは、一方では移民の波の到来時期にずれがあるためだが、しかしそれはとりわけ、公権力が、すでに完全に「同化」された人びと、すなわちその投票によって国内のゲームの規則に抵触する恐れのない人びとしか「フランスというクラブ」に受け入れようとしないためである。一九七二年の国籍法についての議論の際、司法大臣のルネ・プレヴァンがなおこの種の議論を用いて、帰化者に被選挙権を与える前に「一定の期間」を置くべきだということを正当化していた事実には、驚くべきものがある。

まさにこの変わらぬ論理があるために、第二世代、すなわちフランスの大地や諸制度が個人を完全にフランス人へと変貌させてしまった時になってはじめて、市民権に結びついたすべての「特典」が与えられるのである。同化を願っていたとしても複数の世代にわたって出自〔の影響〕は続くとする「エスニック」的ないしは「人種主義的」な主張と、共和主義の思想とは、まったく対極にあることが了解されよう。フランスという事例における政治的なるものの昂進はまた、なぜ〔フランスの〕公権力が、「経済的」移民の境遇に比べて恵まれた地位を難民固有の地位として定めようとするのかも説明してくれる。それはあたかも、生粋のフランス人が、みずからの持つ深い傾向性とはまったく相反する、移民として移り住むという行為について見つけることのできた唯一の「言い訳」が、政治的迫害であったかのようである。この態度は、国内に多くの難民がいるにもかかわらず、移民史についての研究は不釣り合いに少ないという二つの事実を同時に説明してくれる。セリーヌ・アザス（1981）が確認したところによると、エロー県では、スペイン人移民のなかでも難民は全体からすれば小さな部分にすぎなかったのに、難民だけが多少の関心を惹き起こしたという。この観察は、他の多くの事例についてもあてはまるだろう。たとえば、イタリア人が「反ファシスト」であるときには関心がもたれ、アルメニア人が「マヌキアン事件」に関わりがあるときには関心が寄せられるわけである。こういった範疇に入らないものには脚光を浴びる権利がないのだ。こうしたひずみは、移民の世界の大部分を陽のあたらないままにしてしまう。またそれだけでなく、こうした〔対独レジスタンスをめぐる〕事件は、フランスでは今なお党派的な論争を引き起こすのだが、この種の論争につきものの出来合いの図式にあてはめられることで、政治的な分析もまた歪められてしまう。

移民に関するフランスという事例の特異性を理解するために強調しなければならないもう一つの重大な問題は、法権利の全能性にある。そこでもまた、出発点はアンシャン・レジーム、そして、フランスにおいて特に強力な社会集団、つまり法律家の利害関係にさかのぼる。この集団の本来の傾向は、トクヴィルが看破していたように、職業的な利害関係から法をつねに複雑にすることにあった。(9) 肯定的な面について言うならば、〔法権利の全能性という〕この特徴は、共和主義のイデオロギーとあいまって、フランスは人種偏見の影響力が最も弱い国のひとつであったことを説明する。いくつもの著作が、人種的隔離の存在しない社会を見出し熱狂する第一次世界大戦に参戦したアメリカ黒人兵の様子について言及している。多くの書き手が、この現実をめぐってそれぞれのやり方で証言している。シュテファン・ツヴァイクは（1982, p. 158）、フランス滞在を思い出しながら、「パリでは、革命の遺産がまだ脈々と流れている」と記している。ツヴァイクはさらに「後に私たちがいたずらに恐れなければならなくなった人種や階級、出自について、［ここフランスで］誰が気にかけていただろうか」とも書いている。

これらの記述は間違っていないとしても、それならばフランスのような国に歴史的に存在してきた反ユダヤ主義の本質とは、正確にはどのようなものなのか、と問うことはできよう。対立する二つの主張がある。第一の主張は、たいへん古くからなされており、デュルケームのように、フランスの反ユダヤ主義は「構造的」ではなく「表面的」、つまり一時的な発熱のようなものだ、という主張である。ニュアンスの違いはあるが、ハナ・アーレントがこの主題についての著作のなかで擁護した観点とこれは同じものである。その反対に、近年の研究は、反ユダヤ的なフランスの体質を強調しており、それは政治的技術としての反ユダヤ主義を「発明」したとまでいうのである（特にZ. Sternhell, 1983を参照、またより微妙な言い回しであるが、R. Marrus, 1972; P. Hyman, 1985も参照）。思想史を重視しすぎたために、これらの著作は、同じ一つの問題がもつ二つの側面を、程度の違いこそあれしばしば混同してしまっている。しかしながら、これらの二つの側面は、人種主義の各国ごとの種差性を理解しようとする場合には、必ず区別をしておくべきものなのである。ハナ・アーレント（1984）が見てとったように、「ユダヤ人」と「外国人」との区別が最も顕著なのはフランスにおいてである。言い方を変えれば、反ユダヤ主義はそれが外国人への憎悪によって正当化されるのでなければ集団的参加を引き起こさなかったということである。ヴィシー政権についての著作で、M・R・マラスとR・O・パクストン（1981）は、この過程をめぐる多くの具体的事例を示している。ドイツ人にとっては、フランス人は人種の問題を何も理解していなかった（ヴィシー政権下で黒人の大臣すらいた）。「フランス人には直観も人種意識もない」とエルンスト・ロベルト・クルツィウスは一九三二年に『フランスについての随想』のなかで書いている。強制収容所に送られたユダヤ人の大半は外国出身であった。グザヴィエ・ヴァラのような反ユダヤ主義者でさえ、最終解決のプログラムのなかにフランス国籍のユダヤ人を含めようとするドイツの圧力には激しく抵抗した。このように言うことは当然、フランス国籍のユダヤ人が迫害を免れたことを意味せず、またそれで残虐行為の規模が小さくなるわけでもない。しかし、各国に固有の現実のなかで、あれほど多くの人びとがどのようにして野蛮な行為を受け入れたのかをよりよく理解するには、「民族《エスニック》」の基準と「国民《ナショナル》」の基準を分析のなかで区別すべきである。フランスでは、ドリュモン以降、ユダヤ人は外国人という特徴（具体的にはドイツ人で、フランス語の純粋さを乱し、粗野な風習を持つ、等々）のもとに表象されてきた。私たちは同様の傾向が戦間期にも再生産されたことを見た。人びとは、法律や、統計のさまざまなカテゴリー、政治討論や大衆紙が載せる「三面記事」をつうじて、フランスの法的伝統を内面化していたのであり、実際、人種主義は「信用の置ける」ものとなるために、このフランスの法的伝統に依拠しなければならなかった。この伝統が、「彼ら」と「われわれ」のあいだの主たる境界線を、国民をめぐる議論によって正統化するのである。

3・2 フランスにおける移民現象──先進モデルか？

移民についてのフランスのモデルとアメリカのモデルとが対照的であることを説明するのにはこの数ページで十分である。合衆国では、移民は国民形成と同時代の現象である。そのため当初から、両者の同時代性のしるしが、ルーツをめぐる神話や、憲法、[10]あるいは統計上の仕組みのなかに見出されるのである。実際のところ、アメリカの分類では黒人と白人のあいだに根本的な区別がなされており、これは第二次世界大戦後になっても存続する。同様に、国籍別の出自についても、両親の国籍をつうじて、十年ごとの国勢調査で把握されている。

このようにして、フランス共和国がつねに拒否してきた民族的《エスニック》な型によるクオータ制が、移民に関するアメリカの政策の中心であった。同様に、二〇年代以降、ハーヴァードのような高い威信を誇る大学が、ユダヤ人学生の数を制限するために公式に隔離政策を行なった（S. Steinberg, 1981）。その一方で、今日まで、国民向けＩＤカードや、個人の自由を阻害することを狙った行政措置は取られていない。雑誌『国際書簡《レットル・アンテルナショナル》』の編集長であるチェコ難民のアントニン・リームは、フランスで数年過ごし、合衆国で一三年間過ごしたが、二つの「モデル」の違いを完璧に叙述している。大西洋を越えると、国籍についてでは誰からも聞かれない。「そのことは誰の関心も引かなかった。大学では、私がどんなパスポートを持っているのか聞かれることは決してなかった。ひとつの国にとって、また一人の亡命者にとって、これは大きなことである」。その反対に、彼は「エスニック」社会の論理に直面した。ユダヤ人ゲットーは、彼がユダヤ人でないと知ると扉を閉ざす。リームはチェコ人のゲットーは嫌だったので、旧大陸に帰ることを選んだ（A. Liehm,「移民」シンポジウム記録で出版された証言、1986）。

ある国の生き方は、その国が形作られたときの条件によってしるしづけられるというトクヴィルの言葉に、こうしたことすべては合致している（A. de Tocqueville, 1985）。にもかかわらず、フランスの移民モデルのうちに革命期に定義された原則の適用しか見ないことは誤りであろう。実際のところ、私たちが浮き彫りにしようとしてきたのは、一八八〇〜九〇年代の断絶の深さである。指導者たちは、語の近代的な意味における移民を創り出すために「共和主義的伝統」から多くの着想を得ていたが、その創出の代償は、一七八九年（のフランス革命の精神）の継承者たちにとって最も貴重ないくつかの原則、すなわち、妨げるもののない個人の自由、人間と市民を同一視する普遍主義を諦めるということであった。そして、おそらく私たちは、ここでフランス型モデルとアメリカ型モデルとを対照的なものとする主な要因に触れているのであろう。それは、現在の研究状況のなかでは、仮説の形でしか言明できないものである。すなわち、アメリカ型モデルは、伝統的で「古風な」移民の過程を反映している。このモデルは、広大で「無人」の土地に人を住まわせ、未開墾の土地を耕作し、使われたことのない工場群を稼働させるために、進んで移民を受け入れるすべての若い国の特徴を備えている。その一方で、フランスは「近代的な」タイプの移民の世界最初の事例である。すなわち、国に人を住まわせることが目的ではなく、政治的な理由（議会制民主主義の制度の存在）のために、自国の市民＝生産者では機能させきれていない産業上のシステムを抱え、このシステムからくる要求を満たすことを目的とした移民である。

アメリカの移民は若い国の特徴であり、フランスの移民はその反対に旧い国の反映であると定義することの種の仮説を最初に定式化したのがアンドレ・シーグフリード（1946）であるとわかったら、おそらく多くの人が驚くであろう。シーグフリードが「同化」に関してここから引き出した結論は、後に検討することとしたい。

より最近になって、英米圏の研究――ここでは、ゲーリー・クロスの博士論文（1983）がきわめて興味深いと強調しておく必要がある——が、ヨーロッパのメルティング・ポットのモデルとしてのフランスという考えを再び取り上げてきている。この考えによれば、今日では工業国で一般化した移民政策が、半世紀も前にフランスにはあった、ということになる。もっぱら人口学的用語で行なわれる説明を批判して、ゲーリー・クロスは、生産システムの変化と民衆階級の抵抗の結果としての「行き詰まり」によって必要となった、一九世紀末のフランスの社会的・政治的再組織化という重要な考え方を強調した。同じような考え方で、ドン・ディグナン（1981）は、一七八九年〔の革命〕がもつ平等志向で民主的な諸価値の社会組織全体への普及が、パリを中心とする集権体制によって促進され、「平等への情熱」、すなわち最下層に位置する社会集団に至るまでの社会的上昇への願望が作り出されたと考察している。産児抑制、「共和政による立身出世」、そして大量の移民導入は同一の問題の三つの側面であることになるだろう。「進歩」や「遅れ」といった用語で考えることを好む者は、これらすべてについて、フランス政治の先進性がフランスの経済革命の遅れを説明し、この経済革命の遅れが今度は移民問題に関する先進性を説明する、と結論づけえよう。実際、他のヨーロッパの工業国において、三〇年ほどのずれを伴ってではあるが、似たような展開を見ることができる。すなわち、民主的諸価値が普及し、出生率が低下、そして、新たな「産業革命」によって既存のさまざまな立場が大いに揺らぐと移民労働力が大量に導入される、という展開である。そして、「人権」についての言説が盛んに唱えられるようになると、非合法移民を規制し、移民の波に方向性を与え、「テロリストを恐れさせる」ための法的・行政的措置が一般化する。今日、アメリカの責任者はシンポジウムにやって来て、移民の統制に関する「フランスの技術」を研究していくのである。

この分析が正しいとするならば、フランスが他のヨーロッパ諸国と同じ意味で、一九六〇年代以降に移民問題を発見したと考え、それゆえ「旧大陸」に対して、合衆国の方を向きなさい、そしてこの分野について合衆国が古くから持っている経験から教訓を得なさいというネイサン・グレーザー（1983）に従うことはできない。その反対におそらく、「新世界」の代表者たちはこの点に関してフランスの経験をもう少し詳細に調べる必要があるということになるだろう。フランス型メルティング・ポットの政治的有効性の最良の証明は、出自の多様性が、今日こうした問題に関する最も優秀な専門家自身の目にとまらないままであるという事実によって、まさに与えられているのではないだろうか。

3・3 「国民的同化」の社会史にむけて

ここ最近の数か月で、移民についての支配的な言説が根本的な変化を見せている。「統合《アンテグラシオン》」（社会的同化を婉曲に指す表現）の主題が、二〇年間にわたる、少なくとも脚光を浴びていたとはいえない時期を経て、大々的に復活した。半世紀以上も前からこの問題が封じ込められてしまっている循環論法の外に出るべき時である。そのためにはまず、論じられている主要な命題が、その時々の政治的関心に従属してしまっているために、不十分な内容に留まっていると強調するところから始めなければならない。フランスと合衆国における移民の同化の比較研究は大変重要であり、特に重視すべき例として役立つはずである。今日の観察者の多数派にとって、この二大移民受け入れ国は、二つの相対立した「モデル」を反映している。フランスの場合は移民の「強制的同化」の例だとされている。権力の「ジャコバン的」中央集権化、文化的なものと政治的なものの混淆は、外国人共同体が第一世代を超えてみずからの「アイデンティティ」を維持することが決してできなかったことを説明する本質的な要因とされる。その反対に、合衆国は地方分権的モデルを提供し、地域集団の自立性を尊重するが、このことは「共同体的」ひいては「エスニック」（私はこれまでの論文でもこの観点を取り上げげた）な文化の強化を可能にするものだというのである。ところで、すでに第四章でみてきたように、最近のアメリカのいくつかの研究には、こうした「エスニック神話」の見直しを求めるものがある。文化的独自性の保持に関する目に見える兆候（言語や宗教、共同体内の結婚）は、第二世代と第三世代のあいだでまったく消え去ってしまっており、「エスニック神話」とは、そのような時代にあって、新たな形の違いを求める知識人が――かなりの部分――作り出したものだと、こうした研究は示したのである（S. Steinberg, 1981）。フランスの側では、すでに言及したアンドレ・シーグフリードの研究（1946）によって、こうした分析が確かめられる。著者の知的な幅の広さゆえに――フランス社会とアメリカ社会の比較研究に着手するのにシーグフリード以上に恵まれた立場にあった人はフランスにはいなかった――その後何十年にもわたって、どの研究者も、シーグフリードの主張を（批判が目的であっても）再検討しなかったことに驚く人もあるかもしれない。実際、シーグフリードにとって、同化に関してフランスとアメリカとの間に根本的な相違はなかった。後者については、移民が真のアメリカ人になるまでには三世代必要であった。第一世代は一般に外国人のままであった。第二世代は、見かけの上では同化されている。その代表者は、「英語を学び、ほかの言語を話さない習慣を素早く身に着け、自分たちの親を軽蔑した」。しかしながら、彼らの同化は完全ではなかった。というのは、彼らは自分たちの出自の特徴を持ち続けていたからである。同化の過程は、第三世代にいたってようやく完成されるのであった。そして、ラングドックにおける移民を想起して、シーグフリードは次のように述べている。「外国人移民のフランスへの同化に関して、経験はほぼ同じである［…］と確かめられたのは興味深い。アメリカでもフランスでも、適応は同じリズム、同じ法則にのっとってなされると結論づけることができる」。合衆国は若い国で、それゆえ「異物」を吸収する能力に長けているが、フランスは古く硬直し「出来上がってしまっている」国であり、同化はむしろフランスのほうがより困難でさえあった

〔とシーグフリートは言う〕。

ここでの問題は、シーグフリードの主張や、シーグフリードとは異なる解釈の是非を判断することではなく、そうした主張を下支えする前提を浮かび上がらせることである。

フランス型モデルとアメリカ型モデルを対比する立論の背後からうっすらと見えてくるのは、「同化」が、基本的には政策に依存する、つまり公権力の多少なりとも自発的な行為に依存するという考えである。こうした見方のなかでは、外国人の同化は偽の問題になる。なぜならば、〔こうした見方のなかで、同化は〕つねにすでに成功していることになるからである。これは〔フランス〕共和国の擁護者と批判者とのあいだの一つの共通点である。その擁護者からすれば、共和国は、みずからの普遍主義的な価値観を、とりわけ学校をつうじて献身的に広め、外国人をフランス人へときわめて「自然に」変えていく。その批判者からすれば、移民が自分自身でありつづけることを妨げる強制（政治の集権化や警察国家の施策の結果として）から、同化の実効性は生じる。この点に、この一世紀のあいだ、この主題に関するフランスの文献における真のライトモチーフがあることを、私たちは見てきた。

シーグフリードは、「エスニック」な命題と呼ばれうるもう一つの命題の名において、この図式を（部分的にではあれ）斥ける。フランスと合衆国のあいだで、同化の過程が根本的には同じであるのは、シーグフリードにとって決定的なのが（フランスにおける政治学の定礎者としては逆説的であるが）、移民が属する出身集団の性質であって、受け入れ国の政治構造ではないからだ。近代国家では、「エスニック」集団は国家やその組織の機構に対して自律的に生きていくことができる、という前提が置かれているのである。家族、共同体における生活、そして受け入れ社会のなかで支配的な性質とは程遠い「エスニックな」性質は、この「移住民の核」の再生産を強化する本質的な要素である。論理的帰結として、シーグフリードは、南欧の人びとを避け、北欧の人びとを優先する民族的な選別政策――この政策をドゴール将軍も支持していたことはすでに見た――を推奨していた。さらに、同化を促進するために、諸個人を出身地の環境から切り離し、諸個人の完全なる故郷喪失《デラシヌマン》を作り出すのが適切だとした。ついには、共同体の形成を予防するためにも、移民のアトム的な個人化を促進しなければならないとした。

結局のところ、これらの相矛盾する諸命題は、私たちがすでに見てきたように、「出自」や（生物学的なものではなく社会学的な）「遺伝」が社会という世界の根本動因であるとする知識人の流れとデュルケームとを一九世紀末に対立させた論争の核心へと私たちを連れ戻すのである。国家は、そして国民は、家族や集団、個人といったもののとば口で立ち止まるのか、それとも逆に、国家や国民は、家族や集団、個人といったものを隅から隅まで貫通し、完全に作り変えてしまうのか。ここにあるのは、あらゆる「国民的同化」をめぐる考察にとって中心的で、かつ移民という個別の問題を大きく超えた問題である。社会学における現代の研究の大半（とりわけ文化を対象とする研究）に対して、次のような問いを投げかけることができよう。すなわち、社会集団（「ブルジョア的なもの」も「民衆的なもの」も含めた）、および社会集団の実践、そしてそのハビトゥスを、「国民的なもの」は貫通しているのか（そして貫通しているとするなら、どのように貫通しているのか）という問いである。この問題への無関心は、六〇年以上も前からフランスの社会学者が国民という事実に関する考察の貧困ぶりを嘆いているだけにいっそう驚くべきことである（たとえば M. Mauss, 1920; S. Bonnet, 1972; A. Touraine, 1981; S. Laacher, 1987）。

こうした条件のもとでは、フランス国民をめぐる社会史〔を記述すること〕は、長期的な目標でしかありえないことが理解されえよう。しかしながら、フランス国民をめぐる社会史の記述を企てるための道具がまったくないわけではない。この点について、一九三三年にフランスの大学は彼を受け入れなかったにもかかわらず、[11]その知的生活の大部分をフランス国民の構築メカニズムの解明にささげたノルベルト・エリアスに敬意を表さなければならない。ブローデルがほとんど熟考しなかった種類の「長期持続」に関する分析のなかで、エリアスは比較研究のアプローチがこの種の問題にとってもつ価値を完全に証し立てている。フランス人だけが「文明」という言葉の「普遍的」な意味を自然に理解し、ドイツ人には「文化」という言葉の情動的負荷を〔外国語に〕翻訳することは決してできないという確認から出発し、エリアスは、こうした違いを説明するのが「人種的」特殊性でも「民族的」特殊性でもなく、歴史、ただ歴史だけであることを証明せんがために、歴史の精細な遡行分析に着手する。[12]エリアスの分析を非常に図式的に要約してしまうならば、西洋文明は、ルネサンスの時代にヨーロッパに出現するひとつの過程であると言えよう。この共通の基盤から出発して、〔エリアスは〕一九世紀を席巻した「国民性」を、貴族と「中流階級」（ないしはブルジョワジー）の関係の歴史が国によって異なっているという事実をつうじて説明する。フランスは、中央集権化された国家の純正なモデルとして現れる。中央の権力が、租税と武力をきわめて早い時期（中世末期）から独占していたことによって、文明化の過程が展開されるための必要条件である社会の平定がもたらされた。フランス社会全体さらにはそれを超えて徐々に普及した礼儀作法のコードを洗練させていったのは、ルイ十四世の時代にヴェルサイユで隆盛を極めた宮廷社会であった。その普及の根本的な仕組みは、人びとをだんだんと長い鎖に結びつける相互依存性のなかにあった。〔この相互依存性という〕必要性に基づく諸関係は、紛争を内に孕みながらも諸個人を結びつける。規範の力、そして他者のまなざしの残酷さは、諸個人にみずからの衝動を抑制し、礼儀作法を「内面化」するよう強いる。諸個人は、礼儀作法を、最初は意識的に、ついで世代が下るに従い、幼少の頃に身に着けた反射的習慣をつうじて、しだいに無意識にこれを「内面化」するようになっていく。

フランスの場合、貴族的規範が容易に普及したのは、当初から宮廷社会が「同化主義」的な社会であったことによる。貴族階級はブルジョア出身の人びとをたえず取り込み、ブルジョアたちの価値をたえず吸収していた。そして反対に、ブルジョアたちは、貴族文化に同化し、政治的な優位を獲得して以降は、さらに幅広いさまざまな社会集団に貴族文化を普及させるにいたった。この普及を促進したもう一つの要素は、フランス社会の民主化の早熟さである。実際、このこと〔民主化をつうじた同化〕は、個人間の相互依存性の強化において本質的な要因である。今日でもなお（エリアスの本は第二次大戦以前に著された）、「田舎のジェントルマン」の礼儀作法の一部がイギリス人の労働者にも残り、宮廷人の立ち居振る舞いの多少の痕跡がなおフランス人に残っているのは、この古くからの歴史が現在にも影響を与えているからである。これらの国とは異なり、ドイツの場合、中流階級は貴族階級とずっと距離をおいたままであった。そのために、覇権を握るにいたったブルジョアの知識層は全体としての「ドイツの国民性」に、分離や特殊性を強調する概念を刷り込むことになったのである。フランスでは、一八世紀には、出自を理由とする壁に突破口が開かれたものの、ドイツでは、この種の壁が重要な役割を演じ続けることになった。その結果、とりわけユダヤ人に対して、ヒトラーがこの壁を再び持ち出すにいたるのである。

　移民の同化ないしは統合の問題が今日、学問的《シャンティフィック》な沈着さに必要な距離をもって取り組むに値する重要な問題とされるのであれば、このノルベルト・エリアスの分析はもはや無視できない。というのは、この分析は「外国人」の問題をより広い意味での問題設定のなかに置き直すことを可能にするからである。実際、同化への過程は歴史的過程であって、いかなる社会集団も免れられない現代社会の基本的な問題である。本書のある章で、エヴ・ドゥサールの小説を引用したが、そこでは「よりフランス風の」雰囲気を出すためにきれいに化粧をして役所におもむくユダヤ系ドイツ人難民であるドゥサール自身の母親について語られていた。これまで述べてきたことと照らし合わせて、この「フランス性」をめぐる感情は必ずしも架空の神話ではないことが理解できる。しかしながら、この感情は、国民的な「気質」によっても「人種」によっても「文化」によっても説明がつかないのであって、身体的な立ち居振る舞いにまで内面化された歴史によって説明されるのである。「文化の違い」や「エスニシティ」の曖昧さについていつも繰り返される決まり文句を超えて、私見では、極端に簡略化せざるをえなかったものの、これらの基本概念から出発することで（詳細は N. Elias, 1982, 1985 参照）、フランス人と移民の「共存」の問題をあらためて検討することができると思われる。

ノルベルト・エリアスの分析はまた、同化への過程は双方向で行なわれるということを強調する長所もある。支配的な規範と被支配側の規範とがある以上、交流は不均等なものであるが、それでも、他者のしるしは〔交流の〕結果に表れるのである。

この考察から理解されうるもう一つの問題がある。それは「第二世代」の問題である。生まれた国とは違う国で根なしになった外国人にとってであれ、あるいは社会的上昇に成功した民衆階層出身の子供たちにとってであれ、エリアスがわれわれに述べていることは、同化は第一世代では決して完成されないということである。すでにデュルケーム（1893）が記していたように、個人はつねに、出自となる環境に人をつなぎとめる「元来あるべき姿」と、未来や希望を表象する新しい環境のあいだの矛盾の作用を被りつづけてきたのである。反対に、エスニック的な主張はかなりの程度、架空の神話的なものである。それは、エリアスに言わせれば「ある社会の歴史は、各個人の内的歴史のなかに反映される。すなわち各個人は、社会がその全体のなかで辿ってきた文明化の過程を、凝縮されたかたちでみずから辿り直さなければならない。なぜならば、子供は「文明化」されて生まれてくるわけではないからだ」（1982, p. 279）ということになる。家族は、こうした操作の主要な担い手である。しかし、家族以外にも、社会は実に多くの経路をつうじて規範を押しつける。「普通」であるために、他人から受け入れられるために、子供は——いかなる出自、宗教、「民族《エトニ》」であれ——支配的な規則を内面化していく。これらの規則は、これまで見てきたように、家族や地域集団の価値と衝突するが、移民の子供による受け入れ国の言語の習得が示すように、たいていは無意識に順守されるようになる。イスラム教が実践されていることを口実に、フランスがあたかもレバノンのような国になったと夢想する人びとの理屈がおよそ馬鹿げていることは、この一事をもっても知られる。

エリアスの著作の長所はまた、同化をめぐる社会学上のメカニズムが、単なる「教育法」に還元しうるものではないことを示した点にもある。訓育の過程が、もっぱら意識的な観念の伝達から導き出される共和主義的な歴史〔記述〕の前提（この前提から、人間の歴史における主意主義および教育の過大評価が帰結する）とは反対に、ノルベルト・エリアスは、規範の訓育の歴史がもつ主観的、さらには情緒的な次元を強調する。政治制度の相違にもかかわらず、同化への集団的な作業の「有効性」がなぜ根本の部分でフランスと合衆国とで同じであるのかを理解できるのは、この原則からである。

この話題を終わらせるにあたって、社会学が同化の問題を考察するために提供してくれる二番目の道筋を取ることにしよう。それは一番目の道筋と部分的に一致するものではあっても、強調されている要素が異なるのがすぐに理解されるであろう。生前には出版されなかったが、一九二〇年に書かれた文章のなかで、マルセル・モースは、彼もまた主に言語の相違というよりは身体の使い方の相違から来る国民的習慣の相違に衝撃を受けたと告白している。モースは、第一次世界大戦中、イギリス軍部隊がフランス式のシャベルを使えず、一師団あたり八千本ものシャベルを交換するに至ったことを目にしていた。この具体的な観察から、彼は国民についての深い社会学的考察を発展させた。「アルゴンキン族〔カナダ等北アメリカに居住するネイティブ・アメリカン〕のやり方がカリフォルニアのインディアンに似ているのに比べると、フランス人のやり方とイギリス人のやり方はあまり似ていない」、未開人どうしを区別するあり方〔の違い〕に比べれば、「イタリア人の物の感じ方と、スペイン人の物の感じ方の違いははるかに大きい」。モースはこれを、近代国家が国家を構成する諸個人を加工しているためであるという。「近代国家においては、すべてがその構成員を個人化しかつ画一化する」。そこには、「新しさが通常感じられていないような重要な社会学的現象」すらある、と彼は付け加えている。実際、近代の諸社会を特徴づける移民現象と、近代国家に特有の均質化の作用とがあいまって、かつてのさまざまな人種はまったき「融合」にいたるが、モースに従うならば、この「融合」は、国民を創るのは人種であるということではなく、反対に新たな諸「人種」を作り出すのが国民だとされるのである（M. Mauss, 1920）。デュルケームの分析をさらに深めつつ、モースは、国民が「身体技法」においてまで成型されるにいたるのは、近代国家の形成の核心に、決定的な二つの要素があるからだ、と考察している[13]。

第一の要素は、社会がますます制度化されてきたことである。国家はひとつの閉じられた世界を作り、諸個人からは遠い存在になっていくという広く見られる考えとは異なり、モースは、国家とその諸機関が成長するに従って、個人もまた国家によっていっそう「貫かれる」ことになるというデュルケームの根本命題を引き継いでいる。しかも、このことが人びとの新たな自由の基礎であるとさえいうのである。第一章で、「エスニシティ」、家族や地域集団、「祖先」たちなどへの根づきを唱えるすべての人びとに対して社会学者〔デュルケーム〕が対置していた、ひとつの決め手となる議論があったことを検討した。この論理に従うならば、隣国同士に属する人びとのあいだで身体的な立ち居振る舞いがこれほどまでに異なるのは、モースにとって、いわば各人のなかに国民国家がまさしく「組み込まれて」いるからだ、と理解される。軍隊や学校、あるいは国家の他の諸機関が、訓育の行なわれる主な審級である(エリアス自身は、特に個人間の相互作用を強調している)。

モースが主張している第二の要素は、あらゆる近代国家を特徴づけ諸個人の均質化を促す社会生活の中央集権化である。今日「マス・コミュニケーション」と呼ばれるもの、そして近代の政治生活に固有の象徴体系(モースは未開社会の部族のトーテムと国旗の象徴とを比較している)は、一国民の「性格」が構築される過程における根本的な要素である。

もしフェルナン・ブローデルがこうした分析を念頭に置いていたならば、彼はフランスのアイデンティティを一八世紀の終わりにほとんど完成した過程とみなすことはできなかったであろう。実は、明示的にではないが彼はフランス国民の「形成」を扱う歴史家たちにおける支配的な概念を引き継いでいるのである。それは一種の幾何学の問題である。つまり、物理的空間を区分する国境はどのように出現するのか、次いでそれはどのように固定されるのかを知ることに没頭するのである。そこでは中央(国家)と領土の分割(県)の重要性が強調される。もし、中世以降「フランス」と呼ばれる集権化された政治的・領土的統一体が切り出されてくる過程を名指すためにフランス国民の「形成」という隠喩を使い続けることができるとするなら、この空間がその内部でしだいに分岐し複雑な構造をもつにいたることを指すのには「再構築」という用語がふさわしいかもしれない。私たちが見てきたように、移民現象は、国民史のこの第二の段階(「再構築」)にあって、きわめて重要な要素なのである。実際、フランスの外側の六角形の輪郭が固まっていくのと時を同じくして、しだいに堅固なものとなっていった一本の境界線が、国内の社会空間を分割する役目を果たした。しかし、この境界線は、それ以前に存在していた組織形態のうえに接ぎ木されたのではなかった。すべての個人を完全に定義しなおすような、社会全体の再構築がなされていたからこそ、この境界線は頭角を現してきたのである。こうした見通しに立つならば、移民現象の研究は、現代社会で個人化と主体化＝臣従《アシュジェティスマン》がとる諸形態のなかの極端な事例にすぎなくなる。これは、社会現象を、その現象が展開される社会から切り離すことを拒否する移民現象へのアプローチが科学的に必要であることを証明するもうひとつの議論となる（理論上の動機からこうした方向で闘っているものとして、E. Balibar, *Les Temps modernes*, 1984 の論文を参照）。「新しい歴史学」に特有の「長期持続」にのっとった分析は、社会的「全体」の一要素を孤立したかたちで取り出したうえでこれを歴史化することが多いが、〔こうしたやり方のために〕「新しい歴史学」は、一九世紀末にフランス社会全体に影響を及ぼし、かつ社会の「国民化」を動因とした再構築の広がりを隠蔽してしまうことになった（このことからもデュルケームは慧眼であったといえるが、彼はこうした「革命」の同時代人でもあった）。

一方に国家があって他方に諸個人がいるのではなく、諸個人は国家（ないしはその諸装置）によって貫かれているという考えは、私には現代の研究によってすでに確かめられたものであるように思われる。社会史は、生物学的な基準から出発して個人を定義するという広く当然だと思われているやり方を採用することはできない。社会史はその反対に、個人が社会的に構築されるあり方を強調しなければならない。移民に関しては、「ベルティヨン式身体測定法」および司法上の身分証明の技術が一九世紀末に決定的な役割を果たしたこと、およびこうした技術の出現に伴い外国人向けの身分証明書が作られたことについて、私たちは検討した。ところで、カルロ・ギンズブルグ（1980）が強調したように、この技術革新は、社会全体に関わるものであった。産業の大転換、および交通手段の進歩、そしてこの進歩が含意する諸個人の移動能力の増大は、司法上の身分証明の問題をますます重要なものにしていった。それゆえ、ギンズブルグは、「個人という概念の驚くべき拡大は、じつのところ国家との関わりや、国家に属する官僚制的・警察的な機関への関わりをつうじてもたらされた」と述べている。実際、本人確認《アイデンティフィケーション》の技術は累犯者、ついで外国人に対して適用されたのち、最後には住民全体に拡大された。経営者に外国人労働者の身分証明を義務づけた一八九三年法の適用の際、観察者は、このことはフランス人にもまた「書類」を携帯することが義務づけられなければ不可能であると述べている。さもなければ、フランス人風だがフランス人ではないフランス人のふりをする詐欺師をどのようにして追い詰められるのであろうか（A. Andréani, 1896 参照）。われわれの持つ資料は、身分の管理が従業員の全体にも及んでいったのは非常に速かったことを示している。クリエール〔北フランス、パ＝ド＝カレ県の自治体〕の炭鉱会社は、一九〇五年に自社の労働者の人体測定法による本人確認を導入しており、数年後、リエヴァン〔北フランス、パ＝ド＝カレ県の自治体〕の炭鉱会社が後に続くことになった。これは経営者にとって、組合の闘士を突き止めて退けるいい手段であった。

　異なる水準で言えば、私たちが見たように、福祉国家の創設は法律によってフランス人と外国人の格差を作り出すが、それは〔また〕諸個人の「カードへの取り込み」――社会保険証、年金受給者証、等々――をも広げていく。すなわち、聖なるＩＤナンバーによって均質化された全体がもたらされるのである。こうした過程は、他の物事と同じく、第一次世界大戦より前に開始されていたが、大戦のあいだに加速度的に進むこととなった。実際、公権力は、除隊され恩給を受け取る元兵士に新たな本人確認方式を適用するために、状況を利用したのである。その結果、元兵士たちの指紋や写真が軍隊のファイルに保存されることとなった。こうした手法は、兵士ひとりひとりに手渡されていた、新式の軍隊手帳では体系的に用いられている（J. Valdour, 1919）。

　こうした手法を広めるのに、戦時の権威主義が利用されたのは偶然ではない。われわれはあまりにも

「身分書類」のただなかで生活することに慣れてしまっているので、そのような革新が引き起こした抵抗の程度をなかなか想像することができない。しかしながら、カードへの取り込みに対する反感は、労働者や農民への年金支給を定めた一九一〇年法をめぐる大衆的人気のなさを説明する際に、ひとつの要因として言及されるほどだったのである（J.-A. Tournerie, 1971）。国立公文書館は、戦争が終わってもこの主題に関する不満が変わらず残っていることを示している。ブッシュ＝デュ＝ローヌ県では、労働総同盟が、指紋と写真を含む形で個別に作られた軍隊手帳に対して公式に抗議している。マルセイユのある警視は、「労働取引所の組合活動家たち」にとって、この措置は「市民と徒刑囚とを同一視するもの」であって、「労働取引所の組合活動家たちは大いに憤激した」と述べている。ある議事には、反対票すら投じられた（AN F7 12975, Bouche-du-Rhone）。しかし、社会的な機能分化のいっそうの進展や、「受給資格のある者」と「受給資格のない者」といった地位の多様化のために、もはや後戻りすることはできなかったのである。

三〇年代に実際に始まり、労働協約の増加や、職業上の身分や資格、仕事内容をめぐる体系化の進行に伴って、一九四五年以降に最盛期を迎えることとなった、契約にもとづく社会関係の管理は、近代的な諸個人のアイデンティティの歴史における第二の大規模な「激変」である。

このことに、国どうしのあいだで徐々に緊密になっていった相互依存を付け加えることができる。社会がますます平和になり、ごくわずかな暴力や「テロ」も許されなくなったこともあって、こうした相互依存によって「安全保障」の問題は第一級の重要性をもつ政治的争点になった。市民の平穏を保障し、司法が円滑に機能しつづけるために、個人を特定する新しい技術を用いることが不可欠となった。こうした技術には、つねに最先端の科学的成果が取り入れられ、かつつねに、そしてますます、こうした技術は国民的アイデンティティに立脚したものとなる(14)。一九七二年に司法大臣が述べていたように、国籍法典はフランス人全体に係わる問題となったのであり、その際大臣はその証拠として、この年、四〇万通の国籍証明書が市民に対して発行されたという事実を挙げていた（JO, Ch. Dép., Déb. Parl, 10. 10. 1972）。すでに見たとおり、このように体系化された法的アイデンティティは、諸個人が自分自身は何者であるかと考える際のあり方にも影響を及ぼす。すなわち、職業上のアイデンティティ、有権者証明書を持つ市民としての政治的アイデンティティ、社会保障の利用者としてのアイデンティティ等々が、互いに結びついて近代人を定義し、かつ他者との関係を重層的に決定する。そしてこの他者には、とりわけ外国人が含まれるが、外国人自身、これらのネットワークの全体に組み込まれている。「アイデンティティ」について流行の心理学的アプローチは、こうしたことすべてを忘れてしまうのである。

『社会分業論』においてエミール・デュルケームは、国民という現象および同化をめぐる社会史に取り組もうとする者にとって、二つ目の大問題を提起している。それは抽象化の過程に関するものである。機械的連帯が有機的連帯に場を譲ったのと同時に、社会はその具体的な「実体」を失うとデュルケームは述べている。空間的そして人的な枠組みは以前よりはるかに広くなっているので、言葉はすべての者にとってまったく同じ意味を持つとは限らず、言葉そのものもより抽象的になるのである[15]。一九世紀末、さまざまな水準でこの問題が見受けられるようになっていた。最初に、政治生活の国民化に関わるすべてのことを引き合いに出すことができる。「国民」や「普通選挙」といった共和主義的概念は、いまや社会集団全体、特に民衆階級も分かち合うよう求められるが、これは非常に抽象的な概念である。この過程は、当時生み出されつつあった法権利《ドロワ》の大幅な発展のなかに位置づけられるが、この法権利の大幅な発展によって、諸個人はあらゆる領域に、遠くにあって匿名的な規範にもとづく普遍的な規則が存在するということを受け入れなければならなくなった。法的なアイデンティティが実際に効力を持つようになり、個人が、累犯者であっても、身体の表面に見られるしるしや、体つきの特徴、自分について所属集団が知っていることによって定義されるのではなく、カードに記載された一連の記号で定義されるようになったことは、「抽象的社会」への移行のひとつの例である。同様に、諸個人の「遠隔化」も、匿名性を強めるもうひとつの根本的な要因である。科学のきわめて急速な発展、および科学がますます広い範囲に普及する様子もまた、この進展に寄与した。エルンスト・カッシーラー（1972）が示したように、科学的な概念が作られると、感覚的な条件による拘束を受けない新たなやり方で記号が用いられるようになる。記号は「脱物質化」され、事物の世界から遊離していく。確かに、人びとは具体的な世界で生活しつづけるが、人びとの日常生活は、人びとが目にすることがなく、またそれに対して影響力をほとんど、またはまったく持っていないような、遠くの人物や事件に依存する度合いを深めていく。

ここに、前世紀末に特徴的な「文明化の不安」の原因の一つがあるという仮説を立てることもできよう。そもそも、テーヌからル・プレを経てバレスにいたる反共和派の議論が、人びとの現実生活から離れた、普遍主義的で抽象的な政治的言説の害悪をたえず論じているのは注目すべきことである……。同じく、すでに見たように、情緒的、無意識的でイメージに富み「親しげな」語り口を、最初に大いに利用することになるのは、反ユダヤ主義のブーランジェ将軍支持派のプロパガンダである。してみると、第三共和政は、設立当初から、国民という現実をフランス社会の全体に認めさせるために、いかにして新たな政治的現実を具体化するかという問題に直面していたと考えることができる。ここでもまた、問題となっているのは、言説や教育方法といったものではない。ノルベルト・エリアスは、ある政治体制が見えない敵に対して大衆を動員するときに直面しうる膨大な困難について強く主張していた。象徴体系や、直接見ることとの代替の役割を果たすすべての要素が重要となるのは、そのためである。さらに、すべてのものにとってこれらの要素の意味は明白でなければならず、十分な「情動的な重み」を伴うものでなければならない。三色旗や三色帽章といった「国民的シンボル」について論じる際、ファン・ヘネップは、これらを掲げる者たちは一九一三年ではまだいくらかばかばかしく感じており、これらのシンボルがようやくすべての者にとって真に一つの意味を獲得したのは、フランス人全体が直接戦争の恐怖に触れた第一次世界大戦を経てからであったと主張している。同じ著作のなかでファン・ヘネップは、「ナショナリズム」の普及における学校の役割は、よく言われるような愛国的な「メッセージ」の普及だけに留まるわけではないことを示している。ここでも本質的だと思われるのは、象徴的媒介である。国境地域に住んでおらず外国へも行ったことのない子供にとって、最も影響の強い役割を果たすのは、黒板の地図のイメージである。「この〔黒板の地図という〕特殊な象徴表現の生命と力とをなしているのは、領土に比べて、相対的に太く大きく描かれた領土を囲む縁取りや、地図作成者が描きこむことになるさまざまな細部である」。子供は、みずから地図を描くことで、「自国を他国に対して際立たせることができた」と思うようになるのである（A. Van Gennep. 1921, p. 200）。移民の子供たちの同化における学校の有効性を理解できるのは、この同じ論理からである。イタリア出身のヴィルリュプト〔フランス北東部ムルト＝エ＝モーゼル県の都市〕の町長は「つづり字や構文の間違いをするのではないかという学校につきものの心配をいつもしていたことをよく覚えている。おそらくそんなことはなかったと思うが、「フランス語ではない」、「誤ったフランス語」という含みが暗にあるように思い込んでしまい、先生が「作文」の余白に赤インクで書きこむ注意も怖かった」（J. Salque *et alii*, 1982, p. 161 より引用）。

かくして私たちは、国民意識の「媒介」に関する問題、すなわち諸個人からなる具体的な世界のなかで国民意識の仲立ちとなってくれるものに関する問題に行き着くが、この問題はこれまでに十分研究されてきたとは言えない。一九世紀末に百万人以上の外国人がいたことで、一八七〇年以降、フランス中で喧伝されてきていた「国内の外国人」という観念に「実感」が伴うようになり、そのことがナショナリズムによる動員を促進したことを、私たちは検討した。しかし、国民意識の中継器となるものが、すべからく外国人の統合に対する障害物となるわけではない。その反対に、同化は、地域的な世界や集団への参入をつうじてつねに行なわれると考えられる。これらの集団それぞれに固有の「フランス人」としてのあり方にこそ、移民やその子供たちは同化しようとしたのであった。民衆階層においては、労働の世界がこの中継器としての役割を最も頻繁に演じた。また、スポーツを引き合いに出すこともできよう。五〇年代に、若いポーランド人がサッカーで手柄を立てたとき、「すでにテンポウスキではなくテンポ、マンコウスキではなくマンコといわれていた。はるかに前からデンビッキはスタニスになり、イェドレサックはマレシュになっていた。たくさんあった異国風のwやkやz〔といった音〕を取り除いてしまったことは、取るに足らない話ではない。それは受け入れられたことを意味していたのだ」（D. Braun, *L'Équipe*, 29 janvier 1986)。意義深いことに、警察の係官が行なったならば許し難い圧迫と感じられていたであろう姓の改変は、ここではすぐれて積極的な事実になるのである。姓の改変は、私たちがその集団に仲間入り《アンテグレ》したいとしきりに願っている集団があるときに、その集団があなたを集団の一員としたことを伝える、そうした象徴的な合図になったのである。このような水準において、ルナンの「共に生きることを欲する」〔という国民の定義〕は、中身のない文章ではなくなる。マックス・ヴェーバー（1971）と彼の後ではモーリス・アルバックスが強調したように、他人と共通した何かを持つという感情は、決して一義的ではない。この感情は、非常に異なるものを源泉とすることができる。実際、かつての世代にとって二度にわたる世界大戦がそうであったような、例外的かつ悲劇的な状況を除いて、自分がそのなかで生活している社会に、大多数の個人が本物の愛着を抱くようになるのは、祖国や国民の「魂」に関する大原則や高邁な感情について、耳にタコができるほど聞かされるからではない。真の社会的な紐帯は、社会が、社会の構成員に提供する可能性に由来するのであって、社会の構成員が進んで努力し、自己を実現し、認めてもらえる、要するに、生きる理由、みずからが身を置いている環境を守る理由を見いだせるという可能性に由来する。現代の「第二世代」が抱える問題(民衆階級の若年層の全体が抱える問題でもある)の主な独自性も、おそらくはこの水準に位置している。これまで見てきたように、デュルケームが、近代世界に適した根づきと統合《アンラシヌマン》の新しい場と見なした、新たな「中間集団」——すなわち、職業集団と労働運動——は、これまでデュルケームの予想しなかったかたちで、まさに移民の波がフランス国民に同化される際の主要な中継器になったのである。労働の世界およびその諸組織が現在危機にあること、そして失業、雇用の不安定性、政党組織の官僚制化に鑑みて、争点はおそらく、新たな型の「有機的連帯」や、新たな「中間的な場」を創出し、移民の子供たちやそれ以外のすべての人びとが希望を抱く理由を見いだしうるようにすることにあるだろう。

注

(1) ジョルジュ・モーコ(1932)によって実施された数多くの企業での個別の調査は、移民労働者の比率が人口調査によって提供されている比率よりかなり高かったことを示している。

(2) いつの時代であっても、企業への移民の流入はそれ自体フランス人労働者にとっては価値の下落の要因であった(たとえば、J. Condevaux, 1928; P. Bachelard, 1978 参照)。企業の現場に関しては、フランス人労働者はしばしば半農民・半労働者であり、移民労働者は「純粋な」労働者であるという労働力のセグメント化が見受けられる。一九五〇年のサヴォワ地方では、工業地域に居住する労働者の八〇%が外国出身者であった(M. Belanger, 1958)。

(3) 一九世紀終わりの数年で、フランスは世界第二の工業国から四位へ後退した。復活が最も目覚ましかったのは移民が最も多く含まれる部門である。

(4) 国境地帯《フロンタリエ》の住民の大量の雇用は、この観点からも利点をもつ。各危機の時期に、失業者への扶助を与えなければならないのは送り出し側の国であった。ベルギー人の国境地帯《フロンタリエ》の住民については、O. Vannestre（1964）を参照。

(5) 児童文学にまでこの影響は見ることができる。ロシア人亡命者の孫のアンヌ・シャテル・バブーシュカは、子供時代祖母の話してくれたロシアの思い出にはぐくまれ、それが彼女のおもなインスピレーションの源になったという（『池のおとぎ話』、Dargaud, 1987 参照）。

(6) 戦間期、ミネルヴォワ〔フランス南西部の地域〕のスペイン人は俚語《パトワ》を話していた。ジェラール・ショルヴィによれば、「移民の重要性は、ラングドックとさらにはルションでのフランス化を抑制するのに寄与した」（1982）。

(7) セーヌ＝シュル＝メールに関しては、ある研究で以下のように記されている。「帰化したフランス人として、移住してから数十年経った後に帰化したセーヌ住民として、外国人は、その多くが造船所で働きながら町を作っていった。一時的なものだったが、彼らは残った。数年後、各部門、町の各地区は住民の特色らしきものを認めるようになった」（P. Martinencq, 1982, p. 155）。

(8) したがって、二〇年代のロレーヌの鉄鋼業を研究したあるノルウェー人社会学者の予言は実証された。「いったん住民が定着し外国人が程度の差はあれ同化すれば、企業家たちは現在とは違った階級意識をもつ労働者大衆を目にすることになるだろう。外国人労働者は完全にみずからの出自を忘れたわけではなく、かつての民族性《ナショナリテ》の残存はかえって彼らの社会主義的精神を強化するであろう」（A. Sömme, L. Gani, 1972 による引用）。

(9) 「法律家しか民法にはなじみがない。つまり、それを知っているという理由で、よいものであれ悪いものであれそれがそのまま保持されることに直接の利益を持っている者たちだけが民法に親しんでいるということである」（A. de Tocqueville, 1981, t. I, p. 105）。

(10) 「移民《イミグラント》」という語はアメリカ人が生み出したものである。それは憲法が制定されたのと同じ年に出現した（J. Brun, 1980）。

(11) フランスについてエリアスは次のように付け加えている。「それは上手くいかなかった愛の物語のようなものである。一九三三年、ヒトラーが権力を掌握したとき、私がまず亡命した先はフランスであった。しかし、フランスの普遍主義システムは、私に場を与えなかった。英国では、よりチャンスがあり、英国の図書館は私にフランス中世のコレクションを届けてくれた」(1982. p. 446-447)。ここに「寛大な」フランスについての立派な言説を歴史的現実と対比させようと望む者にとって、またもや省察すべき主題がある!

(12) ノルベルト・エリアス(1982)は、「文明」というフランス式の概念は進行中の過程ではなく、一八世紀に完了した状態を指していると述べている(1982)。リュシアン・フェーヴルやフェルナン・ブローデルのような歴史家も、フランス国民の形成は一七八九年革命とともに完了したとしており、どれほど多くの歴史家がこの思考図式を内面化していたかが見てとれる。

(13) これは一九三五年に出版されたモースの最も有名な論文のタイトルである。しかしながら、この研究が元来国民についての考察であったことは十分に強調されていない。国民に関する現象についてのあらゆる言及が最終版で削除されたのは事実である。興味深いことに、モースは、一九一三年にコントに対し(デュルケームとともに)非難した混同を、一九三五年にはみずから犯している。身体技法が「すべての社会的事実」を構成するという命題に傍証を与えるために、モースは未開社会からの事例と現代社会からの事例を区別なしに用いている。それによって彼は、現代社会の特性を考察するには不十分だとみずから二〇年以上前に言っていた「文明」という漠然とした概念をたえず使用してしまっている(M. Mauss et E. Durkheim, 1913)。

(14) 分子生物学の最近の進歩によって、「DNA鑑定」のおかげで個人の識別が可能になっていることが知られている。この発見には大いなる成功が約束されていると思われる。

(15) トクヴィルはすでに、一八世紀後半のイデオロギー的・法的変化が日常言語における新しい抽象的な言葉の氾濫を引き起こしたと評している(1985, p. 241)。

結論　フランス革命二百周年祭にあたっての小論

雑誌『アナール』の創設者たち、とりわけリュシアン・フェーヴルが非常に気にかけていた問題が、「歴史学の危機」に関する昨今の議論では忘れられている。すなわち、歴史研究の実践は、集団的な次元を含まなければならず、「非専門家」の世界にも開かれていなくてはならない、という問題である。[1] ブローデルの惑星規模のヴィジョン、そしてとりわけ一九六〇年代から七〇年代にかけて進んだ社会科学の制度化のために、こうした視点はしだいに注目されないものとなっていった。この〔歴史学という〕分野は、狭い専門家サークルに属さない広範な人びとによって研究されている点で他を大きく引き離している学問ではありつづけているものの、今日では、歴史教育の問題だけが〔注目され〕、討論や報告書で論じられている。

制度が内向きに閉じられたものになってしまったことは、大学が、今日ほど多く若手研究者を養成したことがいまだかつてなかっただけに、逆説的である。学界という「古い世界」も、この二〇年で大きく変わったことをすべてが示している。「地方分権」のひとつの帰結として、地方の当局（市町村や県会議員、等々）が、地元の歴史に関心を抱き、文化を用いた開発戦略に地元の歴史を組み込もうとするようになってきた。この種の研究実践が、学問的な制度によって定められた問題設定と結びついていないという事実は、研究成果の質や、主題の選択に影響を及ぼしている。既存の権力の正統化という「政治的需要」の両義性によって、〔この種の研究実践における〕主題の選択はしるしづけられている（ロレーヌ地方におけるこうした問題の例示として、Charrasse et G. Noiriel, 1986 を参照）。

移民問題をめぐる現在の争点のひとつが、移民について〔従来とは〕異なる語り方をするにいたることであると認められるなら、歴史研究の集団的実践を発展させることが、今からでもすぐに取るべき策である。わが国の直近の歴史においてきわめて重要な役割を果たした、戦間期の移民の大きな波に属する〔世代の〕人びとは、今日亡くなりつつある。さまざまな文書館や史料が危うい状態にある。実際、そうした史料を分類し、良好な条件で保管するためのいかなる計画も存在していない（P. Vieille, 1988 における G. Noiriel を参照）。科学的に基礎づけられた研究プログラムを構想し、「専門家」や、非営利団体《アソシアシオン》、関心をもつ個人を結びつけ、真の集団的な活動がもたらされるようにしていくことは、それほど困難ではないはずである。こうした集団的な活動があれば、〔移民史をめぐる〕考察が囚われがちな（合衆国を参照せよ）、アイデンティティをめぐる細分化を免れることもできるであろう。

フランス革命を「記念する」にあたっては、共和国が高らかに宣言し、時には実現もしてきた原則を称揚するのがふさわしいのではないだろうか。この原則が述べるのは、学問《シャンス》は少数のエリートの専有物ではないということである。学問は、国籍や年齢、身分の差から来るいかなる境界も知らない。学問は、これを学ぼうとする気持ちのある、すべての人に開かれているのである。

一九八七年一〇月

注

(1) リュシアン・フェーヴルはフランス地域歴史家協会の会長を務めた。この協会は、とりわけローマ街道に関する集団的な研究を複数完成させた。六〇年代に地域歴史家協会がなくなるまで、フェーヴルに続き、コレージュ・ド・フランスの教授たちが、この協会の会長を務めた。

訳者あとがき

本書は Gérard Noiriel, *Le Creuset français. Histoire de l'immigration XIXe-XXe siècle*, édition mise à jour augmentée d'une préface, Seuil, 2006 の全訳である。『フランスという坩堝《るつぼ》』は、著者自身が「はじめに」で回顧しているように、*1 移民史という分野がフランスで確立されるにあたって重要な役割を果たした、いわば現代の古典というべき著作である。訳者が研究を進めるうえで見聞きした範囲でも、フランスの文脈で移民の歴史について学術的なしかたで語ろうとするとき、本書は、参照することを避けて通ることのできない著作である。また、こうした評価は、ヨーロッパ研究および国際政治学の分野で著名な学者であるスタンリー・ホフマンが、「ノワリエルのこの作品はフランスにおける移民史を扱った最初の研究のひとつであり、今でもこの主題に関心をもつひとが最初に読むべき作品であり続けている」としていることからも、うかがい知ることができる。*2

じっさい訳者がこの困難な翻訳作業を企画したのも、『フランスという坩堝』が、ノワリエルの仕事のなかでも特に読まれるべき作品だと考えたためである。フランスにおける移民現象の通史を概観し、その法＝政治的、経済的、文化的、人口論的メカニズムの分析を試みただけでなく、移民受け入れ国側の国民の自己認識をも問い直し、フランス社会のなかに移民たちのための記憶の場を創設すべきだと主張した点で、この著作は確かに、移民現象を語るうえでの学問的な問題設定《プロブレマティーク》の転換を促すものであった。

もちろん、専門家にとっては周知のとおり、フランスにおける移民という主題をめぐっては、本書の初版が公刊された一九八八年以降、フランスでの政治、経済、社会、文化の状況は変化し、また学界でも各国で数多くの研究書が出版され、喧々諤々の議論が交わされてきた経緯がある。[*3] したがって、現代の古典であるということは、本書や、ノワリエルの主張が批判をまぬがれているということを意味しない。[*4] むしろ批判的読解を含めて、この訳書が、日本語圏における「移民社会」フランスをめぐる議論や、フランスのような外国の事例を参照したうえでの日本への移民導入可否の議論の深化に貢献することができれば、訳者としては望外の喜びである。

本書の邦訳を企画するにあたっては、その浩瀚さと多岐にわたる内容にかんがみ、歴史と理論の両面に通暁した共訳者が不可欠であると思われた。幸運なことに、川崎亜紀子さん（東海大学）、太田悠介さん（日本学術振興会特別研究員）のお二人が翻訳に加わって下さった。この邦訳が上梓にいたったのは、ひとえに共訳者の尽力の賜物であり、心からの御礼を申し述べたい。なお、翻訳作業の分担としては、

はじめに　大中・太田
序　論　川﨑
第一章・第二章　大中
第三章・第四章　太田
第五章・第六章　川﨑

とし、全体のとりまとめを大中が行っている。共訳書であり、翻訳の誤りがあれば共同の責任ではあるが、とりまとめをした者の責任の比率はより大きいであろう。機会があるならば筆を加えてよりよいものにできればと考えており、読者からの忌憚のないご叱正をお願いしたい。

なお、本書を法政大学出版局から上梓する企画が成立するにあたっては、当時、法政大学文学部英文学科で教鞭を執っておられた武田将明さん（東京大学）の仲介が決定的であった。武田さんの仲介がなければ、この企画も現在の形では陽の目を見なかったはずである。ここに記して謝意を表したい。

武田さんの勧めを受け、企画書を書いたのが二〇一〇年であるから、足掛け五年のプロジェクトということになる。著者には訳者三名が手分けをして繰り返し、電子メールや面談をつうじて、内容の確認や質問を行った。本書の翻訳作業の難しさのかなりの部分は、本書に特徴的な凝縮された文体に加え、現代史に属する細かい歴史的事実をひとつひとつ確認しながら作業を進める必要があったことから来ている。著者のノワリエル氏からは、そのつど懇切なるご教示をいただいたことを、感謝の念とともにここに記しておきたい。

以上のような事情のために翻訳に長時間を要することになったが、五年という歳月の経過はまた、版権の問題を含め、版元の理解と寛大さがなければ、この邦訳は誕生していなかったであろうことを示唆している。編集を当初担当された勝康裕さん（法政大学出版局・前編集部長）、そして担当を引き継いだ郷間雅俊さん（現編集部長）には、学術出版が困難な折、遅々として進まぬ翻訳作業に対する温かいご配慮をいただいたうえ、編集者としての鋭い指摘を下さることも再三であった点、御礼を申し上げたい。

結論　大中

また、巻末の文献リストや統計に関する補遺の入力にあたっては、菊池佳子（法政大学地域研究センター客員研究員）、鵜澤光佑（法政大学大学院国際文化研究科博士前期課程）、末永愛子（法政大学グローバル教養学部卒業生）の各氏の協力を得た。表に記載された統計上の数字や書誌情報を入力する作業を行ってくださったことは、訳者たちにとって強力な援軍となった。ご協力に心から感謝したい。

さらに、早稲田大学政治経済学部で二〇一〇年度に担当した「政治学英語文献研究（応用）」の授業では、本書の英訳版 Gérard Noiriel, *The French Melting Pot : Immigration, Citizenship, and National Identity*, translated by Geoffroy de Laforcade & foreword by Charles Tilly, University of Minnesota Press, 1996 を学生の皆さんと読む機会に恵まれた。当時の受講生の皆さん、またこの授業を担当する機縁を与えてくださった飯島昇藏先生（早稲田大学政治経済学術院教授）に御礼を申し上げたい。

なお、本書の邦訳にあたっては、資料収集や現地訪問などで科研費基盤（C）「地中海両岸におけるポスト植民地期の政治変動と民衆－知識人関係」（課題番号 25380171）の助成を得ている。

末筆となってしまったが、本書のカバーの写真について、作品の使用を許諾して下さった港千尋さんには、そのご厚意に心から感謝する次第である。また、私ども訳者側の依頼に応じて寛大にも仲介の労を取って下さった西谷修さんにも、この場をお借りして御礼を申し上げたい。

二〇一五年八月一五日　戦後七〇年の日に

訳者を代表して

大中一彌

注

＊1 「はじめに」は二〇〇六年の増補版（本訳書の底本である）の公刊にさいして書かれた文章である。

＊2 Stanley Hoffmann, "The French Melting Pot: Immigration, Citizenship, and National Identity", *Foreign Affairs*, November/December 1996 Issue（URL: <https://www.foreignaffairs.com/reviews/capsule-review/1996-11-01/french-melting-pot-immigration-citizenship-and-national-identity> Accessed August 14, 2015).

＊3 一九八〇年代以降の文脈の変化および著者ノワリエルの他の仕事との関係で本書をどのように位置づけるかという問題については、拙稿「移民社会の論じ方」『思想』一〇九六号、岩波書店、二〇一五年八月、一七一―一八七頁、を参照されたい。

＊4 例えば、史資料の使い方にかんする批判として、ナンシー・L・グリーンの本書に対する書評がある（*Annales. Économies, Sociétés, Civilisations*, Année 1989, volume 44, numéro 2, p. 456-458 所収）。また、人種問題の視点が弱いという型の批判については、ティエリー・ルクレールによるノワリエルへのインタビューが挙げられる（« Il n'y a pas de "question blanche"… » Gérard Noiriel, entretien avec Thierry Leclère in Sylvie Laurent *et al.*, *De quelle couleur sont les blancs ?*, La Découverte, 2013, p. 34-38）。

社会・職業的カテゴリー別の就業人口

	スペイン人		イタリア人		ポルトガル人		アルジェリア人		モロッコ人		外国人合計（すべての外国人の総計）	
	男性	女性	男性	女性	男性	女性	男性	女性	男性	女性	男性	女性
農業経営者	438	207	390	101	712	333	236	62	1 578	281	6 954	2 995
職人	2 574	368	4 534	356	13 806	1 607	4 643	786	3 642	548	44 846	6 710
商人	1 116	492	3 063	805	2 709	1 413	7 364	1 394	4 907	782	35 998	11 962
企業経営者	332	46	874	44	1 104	211	461	45	387	45	6 637	944
自由業	226	177	405	162	237	205	898	454	406	141	8 173	3 747
管理職	3 237	1 813	5 523	2 019	4 148	1 666	6 070	1 866	4 117	1 174	74 528	31 902
中間的職種	2 478	2 911	3 746	2 924	5 735	5 619	7 532	6 354	5 650	3 764	55 505	59 279
技師・職工長	3 297	295	4 533	219	13 498	1 025	5 576	481	4 060	346	46 965	5 096
被雇用者	2 119	6 748	2 454	5 673	7 259	27 214	12 114	21 516	9 013	14 601	65 370	130 674
サービス従事者	1 054	9 104	1 472	4 493	4 335	65 742	6 203	18 033	4 321	17 452	36 179	163 670
熟練労働者	14 199	1 317	17 828	1 407	103 593	8 126	57 056	3 282	49 840	3 093	347 481	31 846
未熟練労働者	5 115	3 510	6 031	3 087	47 158	33 089	39 579	11 018	41 397	10 973	220 063	95 197
農業労働者	1 556	505	326	86	5 932	2 970	1 221	373	15 458	2 143	29 645	8 160
失業者	136	346	120	367	455	1 077	4 092	9 776	4 457	8 708	18 576	39 534

叢書・ウニベルシタスより

(表示価格は税別です)

1004 世界リスク社会
B. ベック/山本啓訳 3600円

1005 ティリッヒとフランクフルト学派
深井智朗監修 3500円

1006 加入礼・儀式・秘密結社
M. エリアーデ/前野佳彦訳 4800円

1007 悪についての試論
J. ナベール/杉村靖彦訳 3200円

1008 規則の力 ウィトゲンシュタインと必然性の発明
J. ブーヴレス/中川大・村上友一訳 3000円

1009 中世の戦争と修道院文化の形成
C. A. スミス/井本晌二・山下陽子訳 5000円

1010 承認をめぐる闘争〈増補版〉
A. ホネット/山本啓・直江清隆訳 3600円

1011 グローバルな複雑性
J. アーリ/吉原直樹監訳,伊藤嘉高・板倉有紀訳 3400円

1012 ゴヤ 啓蒙の光の影で
T. トドロフ/小野潮訳 3800円

1013 無神論の歴史 上・下
G. ミノワ/石川光一訳 13000円

1014 観光のまなざし
J. アーリ,J. ラースン/加太宏邦訳 4600円

1015 創造と狂気 精神病理学的判断の歴史
F. グロ/澤田直・黒川学訳 3600円

1016 世界内政のニュース
U. ベック/川端健嗣,S. メルテンス訳 2800円

1017 生そのものの政治学
N. ローズ/檜垣立哉監訳,小倉拓也・佐古仁志・山崎吾郎訳 5200円

著　者

ジェラール・ノワリエル（Gérard Noiriel）

1950年フランス，ナンシー生まれ。社会科学高等研究院教授，専門は国民国家および移民現象の社会史。比較的貧しい家庭の出で，中学校教師としてロレーヌ地方の町ロンウィに赴任，鉄鋼労働者の運動に参加するなかで移民の重要性を見出す。製鉄所閉鎖反対闘争が組織されると，労働総同盟が設立したいわゆる自由ラジオ「ロンウィ・クール・ダシエ」に参加し，1984年には博士論文を元に書いた『ロンウィ，移民とプロレタリア』（フランス大学出版）を公刊。1980年代後半から90年代前半にかけて，大学教員に就任するとともに公共放送フランス3での移民関連番組の制作に参加。2000年代には，国立移民史博物館の設立に向けた運動の旗振り役の一人となり，開設にこぎつけるも，2007年の「移民およびナショナル・アイデンティティ省」の設立に抗議して同博物館の役職を辞任。この間の事情は『ナショナル・アイデンティティは何の役に立つのか？』（アゴーヌ社）に詳しい。『フランスという坩堝』以来の20年間の研究の集大成として『フランスにおける移民，反ユダヤ主義，人種差別』（ファヤール社）がある。

訳　者

大中一彌（おおなか・かずや）

1971年生。パリ第10大学博士（哲学）。法政大学教授。政治学，政治思想。論文に「自発的隷従とは何か」（細井保編『20世紀の思想経験』法政大学出版局），「パスカルにおける情念と政治」（『思想』第1033号），訳書にバリバール『ヨーロッパ，アメリカ，戦争』（平凡社），アルチュセール『再生産について』（共訳，平凡社ライブラリー）ほか。

川﨑亜紀子（かわさき・あきこ）

1971年生。早稲田大学大学院博士（経済学）。東海大学准教授。近代フランス史，ユダヤ史。論文に「アンシァン・レジーム期におけるアルザス・ユダヤ人と王権」（田村愛理他編『国家の周縁』刀水書房），訳書に『中立国スイスとナチズム』（共訳，京都大学学術出版会）ほか。

太田悠介（おおた・ゆうすけ）

1980年生。パリ第8大学博士（哲学）および東京外国語大学博士（学術）。日本学術振興会特別研究員PD。20世紀フランスを中心とする思想史。共訳書にアガンベンほか『民主主義は，いま？』（以文社），アリギ『北京のアダム・スミス』（作品社）。論文に「矛盾と暴力」（『社会思想史研究』第37号）。

《叢書・ウニベルシタス　1032》
フランスという坩堝《るつぼ》
一九世紀から二〇世紀の移民史

2015年9月30日　初版第1刷発行

ジェラール・ノワリエル
大中一彌／川崎亜紀子／太田悠介 訳
発行所　一般財団法人　法政大学出版局
〒102-0071 東京都千代田区富士見2-17-1
電話03(5214)5540 振替00160-6-95814
組版：HUP　印刷：三和印刷　製本：誠製本

ISBN978-4-588-01032-3

索　引

ア 行

アーチディーコン　Archdeacon, T.　24
アーレント　Arendt, H.　284, 390
アイスナー　Eisner, L.　198, 372
アイゼンシュタット　Eisenstadt, S. N.　372
アイデンティティ／同一性（心理・社会的——）　xi, 6, 9, 24, 30, 52–54, 61–62, 66–68, 72, 77, 119–20, 130, 139, 178, 187, 190–93, 197–98, 224, 229–30, 247, 256–57, 261, 274–76, 280–82, 284, 317, 324, 372, 375, 382, 386–87, 395, 404, 406–08, 416
アイム　Aymes, J.-R.　181, 208, 218, 225
アギュロン　Agulhon, M.　387
アザス　Azas, C.　176, 219, 225, 272, 278, 385, 389
アジア（——出身の移民）　xiv, xx, 51, 149, 177, 197, 202, 209, 237, 309, 341, 381, 388
アジェル　Agel, L.　90
アスーン　Hassoun, J.-P.　202, 311
アソシアシオン（移民の団体／非営利団体）　38, 210–15, 249, 374
アダン　Adam, G.　340
アブー゠サアダ　Abou-Saada, G.　193, 201, 212
アボット　Abbot, E.　29
アミヨ　Amiot, M.　46
アユーブ　Ayoub, C.　331
アラブ人　9, 39, 194, 253
アリエス　Ariès, P.　358
アルグーティヌ　Argoutine, L.　372
アルシーヴ（公文書館／史資料／文書館）　ix, 22, 92–93, 116–17, 187, 220, 264, 407
アルジェリア（——出身の移民）　xiii, xx, 44–46, 50–51, 122, 127, 138, 143, 162, 171, 173–74, 177, 181, 184–85, 187, 191, 207, 209–10, 212, 215, 218–19, 225, 234–36, 242, 245, 253, 274, 283, 294, 296–97, 302, 335, 339–40, 359, 369
アルチュセール　Althusser, L.　76
アルナウド　Arnaudo, G. B.　258, 316
アルノー　Arnaud, A.-J.　79, 89,
アルバックス　Halbwachs, M.　28–30, 57, 70–73, 186, 282, 385, 411
アルビュロ　Harbulot, M.-C.　172, 200
アルベール゠ビロ　Albert-Birot, P.　147
アルメニア（——出身の移民）　xiii, 28, 38–39, 46, 49, 118, 166, 178, 184–85, 190, 192, 197, 199, 203, 210, 214–15, 219, 221, 227, 255, 261, 264–65, 269, 271, 278–80, 285, 302, 311, 365, 369, 389
アングラード　Anglade, J.　219
アンセル　Amselle, J.-L.　119
アンダーソン　Anderson, R. T. et G.　213
アンドレアニ　Andréani, A.　120, 406
アンベール　Imbert, L.　374
アンリ　Henry, L.　60
イギリス（——出身の移民）　24, 39, 109, 125, 169–70, 205, 214, 220, 283–84, 298, 322, 347, 351, 369, 387, 400, 402–03
イコール　Ikor, R.　257, 263–64
イタリア（——出身の移民）　xiii, 9, 15, 28, 36, 39, 45, 51, 80, 83, 89, 110, 118, 127–28, 134–35, 144, 153, 155, 166, 169–70, 174–77, 179–81, 183, 185, 187–89, 198, 201, 203–05, 207, 209, 211–12, 214–15, 218, 220–21, 225, 227–31, 234–37, 242–46, 249–50, 253–54,

258–60, 263, 265–68, 270–73, 278–79, 281, 283, 285–86, 291, 296, 299–301, 307, 310–11, 313, 316, 321–22, 335, 340, 359–60, 362, 364–65, 367–71, 374–75, 377–78, 381–82, 384–85, 389, 403, 410
イベラケン　Iberraken, M.　307
ヴァシェ・ド・ラプージュ　Vacher de Lapouge, G.　34
ヴァネストル　Vannestre, O.　413
ヴァノ　Vano, G.　193
ヴァラ　Vallat, X.　391
ヴァルテール　Walter, G.　206, 293
ヴァルドゥール　Valdour, J.　203–04, 218, 406
ヴァレンシ　Valensi, L.　180, 195
ヴィシー（——政府）　34, 37–38, 44, 96, 101, 104, 111, 113, 145, 181, 198, 238, 289, 328, 332, 359, 391
ヴィダラン　Vidalenc, J.　298, 322
ヴィダル・ド・ラ・ブラーシュ　Vidal le La Blache, P.　29, 34, 36–37, 43, 66–68, 76, 147, 317, 387
ヴィドゥリエ　Videlier, P.　201, 204, 210
ヴィノック　Winock, M.　31, 321
ヴェーバー　Weber, M.　9, 22
ヴェグリアントゥ　Vegliante, J. C.　189
ヴェジャラノ　Vejarano, F.　70
ヴェラーレン　Verhaeren, R.　363
ヴェルヌイユ　Verneuil, H.　223, 254, 257, 261, 264
ヴォヴェル　Vovelle, M.　62
ウアリド　Oualid, W.　358, 363
ウィルソン　Wilson, S.　303
ウーゼ・ド・ロノワ　Houzé de l'Aulnoit, A.　84
ウェーバー　Weber, E.　10, 74
エヴァルド　Ewald, F.　348
エシナール　Échinard, P.　85
エスニシティ　17, 24, 27, 39, 49, 52, 282, 379, 401, 403
エスマン　Esmein, A.　63
エリアス　Elias, N.　xvii, 58, 65–66, 96, 140, 346, 399–402, 404, 409, 413–14
エリオ　Herriot, E.　132
オヴァネッシアン　Hovanessian, M.　xiii, 279, 280
オーストラリア（——への移民）　xviii, 18
オーストリア=ハンガリー（——出身の移民）　91
オーディガンヌ　Audiganne, A.　81
オセアニア（フランスの——出身移民）　51
オゼール　Hauser, H.　61
オフェルレ　Offerlé, M.　323
オブライエン　O'Brien, P.　345
オリーヴェンステーン　Olievenstein, C.　219
オリエ　Ollier, C.　161
オリオル　Auriol, V.　46
オリオル　Oriol, M.　46, 274, 279
オルデール　Holdert, J.　224, 244, 281
オルフィーラ　Orfila　368

カ 行

ガーニ　Gani, L.　207, 413
外国人嫌い　234, 254, 258, 340, 363, 380, 383, 385
外婚　36, 236
カイゼル　Kayser, B.　260, 365–66
カヴール　Cavour　378
カヴァナ　Cavanna　249, 253, 279
ガヴィニョー　Gavignaud, G.　357
ガクソット　Gaxotte, P.　310, 340
ガスパール　Gaspard, F.　4
カセレス　Cacérès, B.　252–53
カターニ　Catani, M.　175, 210, 279, 283
カッシーラー　Cassirer, E.　409
合衆国（——における移民）　xiv, 16–18, 23, 228, 314, 317, 356–57, 359, 382, 385–388, 392, 395–97, 402, 416
カナダ（——出身の移民）　18, 82, 154, 403
カニャティ　Cagnati, I.　253

カビリア人　Kabyles　217, 350, 362
カラディ　Karady, V.　30
ガラニョン　Garagnon, P.　203, 265
ガリッソ　Gallissot, R.　264
ガルシア　Garcia, A.　359
ガルトン　Galton, J.　109
カルノ　Carnot, S.　198, 300, 322
カルボニ　Calboni, P. di　340
カルボニエ　Carbonnier, J.　89
カレーノ　Carreno, J. A.　183, 260
ガンス　Gans, H.　281
カント　Kant, I.　55
カンパニ　Campani, G.　279
ガンベッタ　Gambetta, L.　367, 378
カンボジア　Khmer　121, 191
起源＝出身
（外国——の著名人たち）　367 sq.
（——というフランス的神話）　17, 19–20, 22, 54, 180, 248, 284, 358, 385
帰属（——感情）　xi, 8, 214, 323–24
キューロリアン　Keuroghlian, A.　119, 197, 210, 215, 227
共和国（——と移民）　xviii, 8, 15, 20, 25, 51, 93, 104, 117, 126, 156, 178, 218, 300, 358, 381, 392, 397, 416
ギヨマン　Guillaumin, C.　307
ギンズブルグ　Ginzburg, C.　108, 405–06
グーセフ　Gousseff, C.　220, 278
クータン（クータン法案）　144
クーデ　Couder, L.　212, 227
クーロン　Coulon, M.　378
クーンレ　Kunhle, S.　352
グラスベール（神父）　Glasberg　262
グラノティエ　Granotier, B.　138, 185, 220, 358
グランジョン　Grandjonc, J.　216
グランド　Grando, R.　181, 218–19
グリーン　Green, N.　xiv, 166, 185, 203, 216, 362
グリヨ　Grillo, R.　338
グルヴィッチ　Gurvitch, G.　307
クルジョー　Courgeau, D.　47
クルツィウス　Curtius, R.　391
グルツィンスキ　Gruszynski, J.　374
クレイグ　Craig, J.　57
グレイザー　Glazer, N.　282
クレヴノ　Clévenot, A.　278
クレマンソー　Clemenceau, G.　98
クレミュー　Crémieux, B.　188, 378
クロス　Cross, G.　393
クロスノウスキー　Krosnowski, A.　218
ケイデル　Keyder, C.　345
契約（——の問題設定と移民）　24, 26, 33, 380
ゲード　Guesde, J.　267, 383
ケール　Köll, L.　183, 185
ゲサン（博士）　Gessain　38–39, 43
ケストラー　Koestler, A.　182
ゲメーリンク　Gemähling, P.　326
ケルゴート　Kergoat, D.　383
コーヴェス　Cauwès, P.-L.　81
コーエン　Cohen, A.　77
国籍法　xix, 31, 33, 89–92, 101, 104, 116–17, 123, 137, 141, 143, 239, 246, 291, 328, 333, 388, 408
ゴシオー　Gossiaux, J.-F.　187
コスタ＝ラスクー　Costa-Lascoux, J.　143
ゴッフマン　Goffmann, E.　187, 192, 255, 259, 261, 274, 285
コルディエ　Cordier, M.　90
コルデイロ　Cordeiro, A.　363
コルネット　Cornette, C.　120
コルブ　Corbes, H.　205
コント　Comte, A　64, 414
コンドゥヴォー　Condevaux, J.　412

サ　行

ザイード　Zaïd, B.　218
サディエ　Saddier, N.　220, 278
サブラン　Sabran, J.　204, 365
サベル　Sabel, C.　228
サヤド　Sayad, A.　xiii, 161–62, 173–74,

179, 189, 218–20, 245, 343
サラ　Salah, A.　193
サルク　Salque, J.　410
サルトル　Sartre, J.-P.　5, 258, 379–80
サルモン＝リッチ　Salmon-Ricci, C.　103
サンチャゴ　Santiago, H.　188
サントゥッチ　Santucci, M. R.　362
シーグフリード　Siegfried, A.　29, 34, 41–42, 60, 66, 387, 393, 396–98
シェイクスピア　Schakespeare, W.　148
ジェルヴェ・ド・ラフォン　Gervais de Lafond, P.　331
ジェンティリーニ　Gentilini, M.　333
シカゴ（——社会学派）　24, 27–29, 43, 47, 186, 207, 259, 265, 377
シクレル　Cicourel, A.　248
シニョレ　Signoret, S.　223, 244, 256
シミアン　Simian, F.　54–61, 64–65, 72, 162
シムノン　Simenon, G.　307
シモン　Simon, P.-J.　184, 237
社会的流動性（——と移民）　xviii, 50, 76, 171, 228, 264, 267, 282, 337, 357
ジャック　Jacque, A.　181, 218–19
シャトラン　Châtelain, A.　40–41, 43, 75, 298, 313, 321, 357, 364
シャプタル　Chaptal（Mgr）　135
シャラッス　Charrasse, D.　416
シャルル　Charle, C.　321, 381
シャレフ　Charef, M.　219, 275
シャンボルドン　Chamboredon, J.-C.　30, 264
シュヴァリエ　Chevalier, L.　38, 42–43, 47–48, 60, 67, 81, 185, 298, 321
シュヴァレ（夫人）　Chvalley　135, 138
宗教（——と移民）　23, 28, 74, 144, 151, 194, 197, 209–10, 214, 271, 280, 374–75, 396, 402
集合的記憶（——と移民）　71, 216, 282
ジュータール　Joutard, P.　274
シュッツ　Schütz, A.　148, 195
シュドル　Sudre, P.　23
シュナペール　Schnapper, D.　xvii, 279
シュラム　Schramm, H.　14, 302, 306, 308, 310, 331
ジュレ　Juret, A.　118
ジョアス　Joas, H.　30
ショヴィレ　Chauviré, Y.　169
ショーニュ　Chaunu, P.　14, 61, 63, 68–69, 147
ショール　Schor, R.　302–04
植民地化（——と移民）　44, 88, 122–23, 161, 173, 184, 329
ショルヴィ　Cholvy, G.　197, 374, 413
ジラール　Girard, A.　9, 19, 37, 45, 47, 189, 229, 236–37, 265, 270–71
シルツ　Schiltz, M. A.　220
シルマッハー　Schirmacher, K.　211, 220
ジレッス　Giresse, L.　81
シンガー＝ケレル　Singer-Kerel, J.　295
人権（——と移民）　7, 39, 79, 125, 129, 131, 178, 288, 315, 328–29, 381, 387–88, 394
人種差別　xvi, xxi, 4, 27, 203, 275, 302, 318
ジンメル　Simmel, G.　30, 65, 148, 379
スイス（——出身の移民）　39, 152, 175, 205, 234–36, 242, 368–69
スカンジナヴィア（——出身の移民）　20, 154
スターリン　Staline　178
スタインバーグ　Steinberg, S.　265, 281, 286, 392, 396
スタジ　Stasi, B.　297
ステーン　Stein, L.　178
ステッツェル　Stoetzel, J.　37, 45, 189, 229, 236–37, 265, 270–71
ステルネル　Sternhell, Z.　34, 305, 390
ズナニエツキ　Znaniecki, F.　28, 186
スペイン（——出身の移民）　xiii, 9, 15, 28, 110, 130, 154, 156, 164, 170, 176–77, 180–81, 185, 187–88, 201, 204, 208, 218–19, 225, 234–35, 237, 242, 252, 272, 278, 280, 296, 302, 310, 314, 359, 362, 365, 368–69,

371, 389, 403, 413
スポーツ（——と移民） 211–12, 369–71, 373, 411
スポルティエロ　Sportiello, A.　200, 203, 243, 384
西部（フランス——における移民） 298, 360
セール　Serre, P.　117, 133, 143
セニョボス　Seignobos, C.　54–55, 60, 64–65, 72
セラ　Serra, P.　244, 300–01
ゼラウィ　Zheraoui, A.　225
セルヴァン＝シュライバー　Servan-Schreiber, C.　4
セルトー　Certeau, M. de　12
ゼンメ　Sömme, A.　207, 413
ソーヴィ　Sauvy, A.　29, 35, 38, 47, 51, 136
ソコルニツキ　Sokolnicki, M.　218, 388
ゾナベンド　Zonabend, F.　143
ゾラ　Zola, E.　81, 263, 368, 381

タ 行

第一世代（移民の——） xvii, 18, 28, 41, 103, 171, 178, 189, 196, 224, 226, 228–29, 231, 247, 248, 251, 259–60, 264–66, 269, 277, 280, 284, 294, 359, 366, 379, 383, 395–96, 401
第三世代（移民の——） xvii, 9, 27, 171, 265, 274, 277–78, 280–82, 286, 296, 396
第二世代（移民の——） xvii, 6, 18, 23, 27–28, 38, 41, 51, 90, 103, 105, 137, 139, 171, 204, 224, 246–48, 250–52, 256–60, 262, 264–72, 274–78, 280–82, 284–86, 294, 296, 334, 338–39, 341, 355, 360, 369–71, 379–81, 383–84, 386, 389, 396, 401, 412
タギエフ　Taguieff, P. A.　309
旅する人びと　98
タボアダ＝レオネッティ　Taboada-Leonetti I.　220
タラヴェラ　Taravella, L.　201
ダラディエ　Daladier, E.　104
タランディエ　Talandier　111
ダリエ　Dallier, G.　98, 287
タルコフスキー　Tarkovski, A.　188
タルデュー　Tardieu, J.　133
タルド　Tarde, G.　75, 89, 306
タン　Tan, Y. P.　184, 197, 311
短期（——移民） 40, 50, 291, 347
ダンギユクール　Danguillecourt, A.　82
ダントワン　Dantoing, A.　299
チェコスロヴァキア（——出身の移民） 127, 336
チェルノフ　Tchernoff, J.　194
中央ヨーロッパ（——出身の移民） 142, 177, 362, 375
チュラビアン　Turabian, A.　190
徴兵（若い移民の——） 85, 90, 95, 140–41
ツヴァイク　Zweig, S.　219, 390
ディグナン　Dignan, D.　394
ディディオン　Didion, M.　124–25, 363
ティヨン　Thillon, C.　181
テーヌ　Taine, H.　31, 409
デドゥヴィーズ　Desdevises, M.-C.　143, 264
デノワイエ　Desnoyers, L.　74
テミム　Témime, E.　175
デュギー　Duguit, L.　26, 63
デュシャック　Duchac, R.　179
デュセリエ　Ducellier, D.　185, 206, 278, 349, 373
デュバール　Dubar, C.　200, 384–85
デュパキエ　Dupâquier, J. et M.　69, 88, 349, 366
デュパン　Dupin, L.　198
デュビー　Duby, G.　15
デュプー　Dupeux, G.　205, 363
デュボー　Dubost, A.　xiv, 102
デュボワ　Dubois, J.　86
デュラン　Durand, P.　83
デュルケーム　Durkheim, E.　xvii, 26–32, 34, 54, 58, 64, 70, 72, 89, 279, 380, 390, 398, 401, 403, 405, 408, 412, 414

デュロゼル　Duroselle, J.-B.　14, 244, 300–01
根こぎ／デラシヌマン　32, 49, 69, 139, 147, 305, 376, 385
テリエ・ド・ポンシュヴィル　Thellier de Ponchville　102
テルノワ　Ternois, R.　263
テルノン　Ternon, Y.　49
テロ　Thelot, C.　50
ドイツ（——出身の移民）　24–25, 30–31, 39, 51, 65, 71, 75, 90, 141, 152, 154, 159, 165, 169–70, 176, 179, 181, 198, 215, 235, 239, 242, 262, 285, 298, 309, 323–24, 328, 352, 363, 367, 369, 371–72, 379, 387–88, 391, 399–401
ドイツ連邦共和国（——における移民）　75, 387
ドイル　Doyle, C.　108
ドゥサール　Dessare, E.　198, 400
東部（フランス——における移民）　199–200, 204, 228, 334, 370
ドゥフェール　Defer, P.　218
ドゥフェール　Defferre, G.　137
ドゥブレ　Debré, M.　136
ドゥポワ　Depoid, P.　35, 210, 238, 240–41, 244, 340
ドゥマンジョン　Demangeon, A.　37, 119, 196, 365, 377
ドゥルアール　Drouard, A.　38, 44
トゥルヌリ　Tournerie, J.-A.　407
トゥルモンド　Toulemonde, J.　15
ドゥルロン　Drelon, R.　194, 215, 218
トゥレーヌ　Touraine, A.　398
トーマス　Thomas, W. I.　27, 186
トクヴィル　Tocqueville, A. de　389, 392, 413–14
ドゴール　Gaulle, C. de　39, 122, 398
ドッス　Dosse, F.　8, 57
トッド　Todd, E.　68–69
トマシ　Tomasi, J.　200
トムソン　Thompson, E. P.　351
トリオレ　Triolet, E.　256
トリバレ　Tribalat, A.　232, 294
トリピエ　Tripier, M.　338
ドリュ・ラ・ロシェル　Drieu La Rochelle, P.　318,
トルコ（——出身の移民）　127, 148, 166, 171, 176, 184, 213, 341
ドレフュス（——事件と移民）　Dreyfus
トロワイヤ　Troyat, H.　196, 252, 261, 369, 380

ナ 行

中村亮二　Nakamura, R.　219
ナドー　Nadaud, M.　93, 174
南西部（フランス——における移民）　175, 181, 205, 229–30, 237, 359, 364–65, 371, 377, 413
南東部（フランス——における移民）　237, 266, 316, 321, 334, 359, 371
難民　Réfugiés　xiii, xiv, 5, 15, 38, 82, 121, 129, 135, 142, 144, 169–70, 177–78, 180–81, 184–85, 187–88, 190, 192, 195–97, 201–02, 209, 214, 217–18, 262, 311, 328–29, 332, 336, 369, 378, 381, 387–89, 392, 401
ニコレ　Nicolet, C.　27
ニコレ　Nicolay, Th.　238, 265
二重生地主義　91–92, 102
ニスフォロ　Niceforo, A.　108, 110
入移民（イミグラン）　86, 129, 144
ヌリシエ　Nourissier, F.　182, 369, 378
ネレ　Néré, J.　106, 324
ノエル　Noël, L.　372
ノードー　Naudaud, L.　258, 287, 309
ノール　Nord, P.　321
ノマド　99, 108, 110, 179
ノラ　Nora, P.　8, 15, 63, 67
ノワリエル　Noiriel, G.　xiv, 14–15, 135, 143, 183, 189, 193, 200, 204, 212, 215, 219, 225, 229, 237, 250, 267, 285, 305, 345, 357, 378, 416

ハ 行

バーガー　Berger, P.　382
パーク　Park, R.　27
バージェス　Burgess, E. W.　27
ハーシュマン　Hirschmann, A.　352
ハイガム　Higham, J.　16
ハイマン　Hyman, P.　212, 316, 375, 390
バイユ　Baille, F.　128, 135, 144
パキスタン（――出身の移民）　213
パクストン　Paxton, R.　101, 104, 391
バザン　Bazin, J.　119
バシュラール　Bachelard, G.　249
バシュラール　Bachelard, P.　384, 412
バディア　Badia, G.　178, 181, 198, 218, 262, 372
ハティビ　Khatibi, A.　161
バトビー（法案）　Batbie　90
バラティエ　Baratier, E.　15
バリエ　Barrier, A.　88
バリバール　Balibar, E.　405
バルー　Barou, J.　209, 217, 383
バルダックジャン　Bardakjdian, G.　269
パルミエ　Palmier, J.-M.
バレス　Barrès, M.　33–34, 68, 89, 263, 305, 311, 317, 319, 371, 380, 409
ハンセン　Hansen, M. C.　282
パンソン　Pinçon, M.　226
ハンドリン　Handlin, O.　16
ピオレ　Piore, M.　165
ビガレ　Bigallet, H.　89
非合法（――移民）　17, 96, 138, 149, 166, 179, 206, 292, 311, 315, 341, 394
ビスマルク　Bismarck　352
ピッツォルノ　Pizzorno, A.　351–52
ビュルディ　Burdy, J.-P.　321, 349, 357
ヒリー　Hily, M.-T.　201, 212, 279
ビルンボーム　Birnbaum, P.　352
ファレス　Farès, N.　11
ファン・ヘネップ　Van Gennep, A.　316, 410
フィッシュマン　Fishman, J.　281
フィッツジェラルド　Fitzgerald, Z.　205
ブーヴィエ　Bouvier, J.　60
ブーエ　Bouet, B.　201, 204
フーコー　Foucault, M.　82, 89, 141
ブージェドラ　Boudjedra, R.　190
ブーブケル　Boubeker, A.　xvii, 275
ブーランジェ（将軍）　Boulanger　95, 110, 323, 409
ブーロ　Boulot, S.　339
フェイドゥッティ＝ルドルフ　Faidutti-Rudolph, A.-M.　204, 245, 258, 266–67
フェーヴル　Febvre, L.　5, 29, 57–59, 63–67, 75, 249, 343, 414–15, 417
フェロ　Ferro, M.　8, 75
フォアマイアー　Vormeier, B.　182
フォルヴィル　Folleville, D.　85
フォワイエ　Foyer, J.　105
フッサール　Husserl, E.　71
フュステル・ド・クーランジュ　Fustel de Coulanges　25
フュレ　Furet, F.　20
ブラーシュ　Blache, J.　357
ブラール　Bérard, A.　94
ブラック・アフリカ（――出身の移民）　50, 148, 151–52
フラデ　Fradet, R.　339
プラドン（――議会報告）　Pradon　94, 324
フラマン語　203, 368, 384
フラマン人　29, 80, 164, 177, 298, 321
ブラン　Blanc, A.-M.　285
ブラン　Brand, M.-N.　145
ブラン　Brun, J.　16–17, 27, 413
フランコ　Franco　178
ブランシャール　Blanchard, E.　335
ブランシャール　Blanchard, R.　220
フランドル地方　177, 185, 268, 385
プリュイエット　Pluyette, A.　133
プルー　Preux, A.　141
ブルギニョン　Bourguignon, F.　350

ブルゴワ　Bourgeois, P.　74
ブルシ　Bruschi, C.　78
ブルデュー　Bourdieu, P.　50, 106, 217, 283, 352
プレヴァン　Pleven, R.　104–05, 388
ブレヒト　Brecht, B.　178, 218
ブローデル　Braudel, F.　7–9, 21, 47–48, 52–53, 56–59, 61–64, 66–69, 71–73, 75–76, 140, 147, 353, 377, 399, 404, 414–15
ブロック　Bloch, M.　4, 61, 160, 345–46
フロンタリエ（国境地帯の住民／越境労働者）　Frontaliers　97–98, 100, 169, 413
ヘイスティングス　Hastings, M.　203, 268, 385
ベール　Berr, H.　54
ベガグ　Begag, A.　189, 253
ペギー　Péguy, C. P.　68
ベクーシ　Bekouchi, M.　227, 260, 283
ヘップ　Hepp, E.　82
ペトネ　Petonnet, C.　193, 219, 258
ベナーニ　Bennani, J.　193
ヘミングウェイ　Hemingway, E.　205
ペラルディ　Peraldi, M.　376
ベランジェ　Belanger, A.　412
ベルギー（――出身の移民）　15, 39, 80, 126–27, 165–66, 169–71, 176–77, 203, 234–36, 242, 244, 267, 272, 291, 296–99, 302, 313, 321, 334, 355, 359, 362, 365, 368, 382–83, 387, 413
ベルク　Berque, J.　275
ベルクソン　Bergson, H.　70, 368, 380
ベルティヨン　Bertillon, A.　34–35, 86–87, 108–11, 142, 405
ベルティヨン　Bertillon, J.　35, 219
ベルトイア　Bertoïa, L.　269
ベルドゥレ　Berdoulay, V.　30, 66
ベルトキ　Bertoquy, G.　176
ベルトラモン　Beltramone, A.　69
ベルトラン　Bertrand, L.　307
ベルナール・ド・ジャルダン　Bernard de Jardin, R.　93, 97, 327
ペレック　Pérec, G.　369
ペロー　Pairault, A.　132
ペロー　Perrot, M.　xii, 299, 321
ベンシモン　Bensimon, D.　74, 265, 270, 280
ボアズ　Boas, F.　27
ボー　Beau, N.　275
ボー　Beaud, S.　39
ボージェ　Beaugé, C.　363
ボート・ピープル　181, 184, 219, 311, 332
ポーランド（――出身の移民）　xiii, 15, 27, 36, 38–39, 45, 51, 118, 127, 142, 152, 157, 165–66, 168, 170–71, 177, 182–83, 186–89, 193–94, 197, 204, 207, 209, 211–15, 218–19, 224, 229, 231, 234–36, 242–44, 250, 256, 260, 262, 266, 270–71, 276–78, 280–81, 283, 286, 296, 302, 307, 311, 330, 350, 359, 368–73, 375, 385, 388, 411
北部（――地域における移民）　176–77, 187, 193, 199, 204, 215, 228–29, 231, 236, 243–44, 260, 267, 270–71, 298–99, 317, 334, 359, 370
ポズワ　Poszwa, J.　197
ボナト　Bonato, J.　226
ボネ　Bonnet, J.-C.　300, 341
ボネ　Bonnet, S.　258, 268
ポミアン　Pomian, K.　57
ポランニー　Polanyi, K.　345, 351–52, 358
ボルゴーニョ　Borgogno, V.　302
ポルテ　Portet　74, 82
ポルトガル（――出身の移民）　xiii, xix–xx, 9, 127, 150, 156, 168, 170–71, 177, 185, 188, 191, 201, 211–13, 218–19, 234–36, 242, 256, 274, 286, 296, 359
ポルトメール　Portemer, J.　78
ホワイト　Whyte, W. F.　377
ポワナール　Poinard, M.　201, 212
ポワンカレ　Pincaré, R.　133, 155
ボン　Bonn, C.　49
ポンティ　Ponty, J.　xiii, 14, 97, 101, 118, 165, 183, 193, 204, 211, 213, 219, 250, 293,

307

マ 行

マグレブ　5–6, 46, 49, 148, 204, 246, 256, 260, 262, 269, 274–75, 286, 307, 334–35, 341
マゾー（委員会）　Mazeaud　105
マトレス　Mathorez, J.　78
マヌキアン　Manouchian（——事件）　4, 389
マラス　Marrus, M.-R.　82, 101, 104, 320, 390–91
マリエ　Marié, M.　49, 139
マルクス　Marx, K.　76, 215, 345
マルゴシアン　Margossian, K.　150, 193, 218
マルシアル　Martial, R.　145, 331
マルセイユ　xiii, xvi, 28, 40, 80, 83, 115, 134–35, 179, 181, 184–85, 190, 199–200, 203, 209, 217, 219, 243, 258, 260, 273, 275, 299–300, 302, 309–11, 316, 321–22, 347, 376–77, 382–83, 384, 407
マルセル＝レモン　Marcel-Rémond, G. 205
マルタン　Martin, J.　85, 125–26, 131
マルチネンク　Martinencq, P.　166, 211, 384, 413
マレウスカ＝ペイレ　Malewska-Peyre, H.　256
ミエージュ　Miège, J.　220
ミシェル　Michel, A.　45, 183–84
ミシュラン（——法案）　Michelin　103
ミシュレ　Michelet, J.　52, 62, 76, 147
ミュノス＝ペレス　Munoz-Perez, F.　232
ミルツァ　Milza, P.　xiii, 14, 189, 212, 253, 300
ミルラン（デクレ）　Millerand　145
ミロ　Miroz, J.　194, 218
民法典（——と移民）　22–23, 79, 89, 140, 247
ムーリエ　Moulier, Y.　166
メイヤスー　Meillassoux, C.　294, 364
メジャドゥーリアン　Medzadourian, G. 219–20
メドゥサン　Médecin, P.　85, 115
メレ　Mairet, G.　76
モオー　Moheau　81, 140
モーコ　Mauco, G.　36–38, 41, 43, 119, 132, 136, 172, 181–82, 187, 196, 199, 204, 209, 211, 219, 258, 294, 335, 361, 363, 365, 367, 377, 412
モース　Mauss, M.　29–30, 75, 373, 402–4, 414
モラゼ　Morazé, C.　65
モラン　Morin, E.　219
モラン　Morand, P.　307, 310
モレッリ　Morelli, G.　108
モロッコ（——出身の移民）　xx, 45, 127, 149, 161, 171, 201, 204, 217, 219, 221, 227, 234–36, 285, 296, 302
モワーヌ　Moine, J.-M.　350
モンゴメリ　Montgomery, D.　382
問題設定（プロブレマティーク）　7, 12, 22, 24, 34, 37, 44, 46–47, 61, 63, 71–72, 81, 87–88, 108, 238, 326, 380, 400, 416

ヤ 行

ユーゴー　Hugo, V.　81
ユーゴスラヴィア（——出身の移民） 127, 149, 166
ユゴニエ　Hugonnier, S.　384
ユダヤ人とイスラエル人　5, 9, 27–28, 30–31, 39, 50, 101, 104, 111, 113, 143, 151, 166, 180, 182, 185, 194, 198, 203, 213, 256, 258–59, 262, 265, 270–71, 279–80, 306, 309, 311, 316, 331–32, 341, 362, 375, 379–81, 385, 391, 392, 400

ラ 行

ラーヴェンシュタイン（——法） Ravenstein　179
ラーシェル　Laacher, S.　78, 89, 245, 398

ラヴァーター　Lavater, G.　111
ラヴィス　Lavisse, E.　55, 68, 72, 75
ラヴェッリ　Lavelli, J.　188
ラカサーニュ　Lacassagne, J.　110
ラコンブ　Lacombe, P.　11, 56–58, 61
ラブルース　Labrousse, E.　59–60, 62, 353
ラボフ　Labov, W.　259
ラルース　Larousse, P.　86–87
ラロック　Laroque, P.　45
ラングロワ　Langlois, C.　54, 64–65
ラングロワ　Langlois, H.　372
ランドリー　Landry, A.　131, 134
ランベール　Lambert, C.　103, 133
リアドン　Reardon, J.　166, 203, 267, 293, 334, 347, 383
リード　Reid, D.　349
リーム　Liehm, A.　392
リクリング　Rickling, A.　265
リシェ　Riché, J.　335
リスト　Rist, C.　59
リュデル　Rudder, V. de　50
リヨン，リヨン地方（——における移民）　xiii, 40, 156, 198, 204, 227, 244, 253, 300, 302, 322, 325, 331, 338, 371
リンハルト　Linhart, A.　219
ル・コント　Le Conte, R.
ルヴァッスール　Levasseur, E.　88
ルヴィエ　Rouvier, M.　93
ルーマニア人（フランスの——学生）　330, 341
ルカ　Leca, P.　285, 352
ルガ　Legat, B.-J.　80
ルカン　Lequin, Y.　xii, 14
ルクセンブルク（——出身の移民）　39, 153, 179, 368
ル・ゴフ　Le Goff, J.　73
ルコント　Lecomte, M.　90–91
ル・スュール　Le Sueur, L.　89
ルジュンヌ　Lejeune, P.　161
ルックマン　Luckmann, Th.　382
ルナン　Renan, E.　11–12, 21, 25–26, 31, 33, 37, 68, 411
ルヌーヴァン　Renouvin, P.　14
ル・フー・ホア　Le Huu Khoa　206
ル・フェーヴル　Le Febvre, G.　219
ル・ブラ　Le Bras, H.　68–69
ルブラン　Lebrun, A.　142
ル・プレ　Le Play, F.　80, 225, 347, 409
ルペン　Le Pen, J.-M.　305, 308–09
ル・ボン　Le Bon, G.　34
レマン　Lehmann, L.　80
ル・ロワ　Le Roy, E.　205
ルロワ＝グーラン　Leroy-Gourhan, A.　186
ルロワ＝ボーリュー　Leroy-Beaulieu, P.　88
レイ　Ray, J.　45
レイボー　Reybaud, L.　81
レヴィ＝ストロース　Lévy-Strauss, C.　78
レヴィ＝ルボワイエ　Levy-Leboyer, M.　349–50
レーニン　Lénine, W. I.　216
レジェ　Léger, A.　338
レスベ　Lesbet, D.　193
レピディス　Lépidis, C.　195, 218, 220
レピトン　Repiton, I.　195, 214
レンタッカー　Lentacker, F.　84, 176, 183, 218, 244, 267, 273, 298–99, 362
ロウチ　Rouch, M.　253
労働市場と移民　xv, xvii–xviii, 36, 49, 88, 91, 94, 96–97, 115, 122, 131, 133–34, 137, 142, 165, 229, 282, 313, 316–17, 325–27, 338, 349, 351, 353–54, 356, 358, 361
ロートシルト　Rotschild（一族）　213
ローラン　Laulan, Y.-M.　344
ローラン　Raulin, A.　207
ロシア（——出身の移民）　xiii, 31, 38, 91, 159, 170–71, 178, 184, 189, 194–96, 213–16, 220, 235–36, 242, 250, 256, 261, 278, 286, 330, 369, 372, 380, 413
ロシェ　Rocher, L.　336
ロシャク　Lochak, D.　78

ロッシュ　Roche, D.　xiv, 8
ロティ　Loti, P.　308, 340
ロビンソン　Robinson, M.　261
ロベール　Robert, J.　304
ロマ　Tsiganes　301
ロラン　Roland, C.　43, 271
ロンブローゾ　Lombroso　89
ワース　Wirth, L.　27, 30, 205–06, 259

ワ 行

ワシュテル　Wachtel, N.　180, 195
ワルラフ　Walraff, G.　75
ングエン・ヴァン・イエン　Nguyen Van Yen, P.　78, 121, 144

史料と文献

1　参照した史資料

文書館の史料を前にすると大半の社会学者が慎重になるのに対し，伝統的な歴史学者はこうした史料に全能ともいうべき説明能力を認めるのであるが，本書では〔これら両者の間の〕第三の道を選択した。次に掲げる史料は，当初に選択した研究対象との関連において，また公刊された資料では欠けているものを補うという目的において，参照されている。したがって，ここに掲げるのはこの主題に関する史料の網羅的なカタログではない。そもそも，史料が散逸している現状では，そうした網羅的なカタログを作ることは不可能である。

1.1　国立公文書館

— *Série AS :*

— 47 AS: catalogue des archives conservées au Centre de recherche et de documentation sur la Chine contemporaine (1981);

— 49 AS: association des anciens officiers du régiment de cuirassés de S. M. Maria Feodorovna (1892–1970).

— *Série BB :*

— BB 12: changements de nom (1815–1830);

— BB 18: 1837–1838; assassinats de réfugiés politiques italiens.

— *Série C :*

— 943; 947; 960; 963: enquête sur le travail en 1848 (départements de la Seine, des Bouches-du-Rhône, de la Moselle et du Bas-Rhin);

— 3336; 3365; 3371; 3367: enquête parlementaire sur le travail de 1884 (départements des Bouches-du-Rhône, de Meurthe-et-Moselle, du Nord et du Pas-de-Calais);

— 3325; 5404; 5486; 5594; 7323; 7725: Chambre des députés, projets de lois sur l'immigration et les étrangers (1880–1918).

— *Série F* :

— F1 A 3345-3346, 3364: questions juives et étrangères (1944-1947);

— F1 C III Bouches-du-Rhône 7 et 13: rapports du préfet (1848-1870);

— F2 I, 380, 441: état civil (an XI-1827) et naturalisations d'étrangers;

— F2 I, 1694-95-96: instructions sur les recensements (1866-1891)

— F2 106 34: Étrangers; précédents administratifs (An V-1825);

— F2 I 448: problèmes de frontières nationales;

— F2 2701; 2548; 2549; 2560-2561; 2623: délibérations de conseillers municipaux concernant les étrangers (1932) (Haute Savoie, Meurthe-et-Moselle, Meuse, Pas-de-Calais).

— F7 3884-3893: Bulletin de Paris (1830-1845);

— F7 3942; 4104-4106: rapports de police (1828-1859), (Bouche-du-Rhône et Nord);

— F7 11925 à 11980: mouvement des étrangers (1814-1837);

— F7 12076 à 12078; 12112 à 12119: réfugiés espagnols et portugais (1831-1832);

— F7 12581 à 12594: surveillance des étrangers;

— F7 12641 à 12646: espionnage, surveillance des frontières;

— F7 12706 à 12708: extraditions, surveillance des étrangers (1893-1894);

— F7 12975-76, 13012: rapports mensuels du préfet (1919-1925) (Bouches-du-Rhône et Pas-de-Calais);

— F7 13066-67: anarchistes espagnols (1908-1909);

— F7 13436; 13437; 13438; 13487 à 13490; 13466: activités des Arméniens, des Belges, des Chinois, des Russes et des Italiens (1918-1931);

— F7 13518-13519: main-d'œuvre étrangère.

— F14 12352: travailleurs étrangers employés dans les travaux publics par l' Administration (1917).

— F17* 2451-2452: répartition par nationalité des grades universitaires (1892-1903);

— F17 4513: autorisation d'exercer la médecine pour des étrangers (1836-1864);

— F17 9255, 9270A: situation des écoles primaires (1873-1885) (Bouches-du-Rhône et Nord);

— F17 13954: statistique des élèves étrangers (1927-1948).

1.2 国立公文書館以外の文書館

— Archives économique et financière de Fontainebleau :

— B 33241: actvités des étrangers dans les milieux financiers;
— B 39914-39915-39916: carte d'identité des étrangers (1917-1943).

— Archives départementales de Merthe-et-Moselle:
— 4M 136: étrangers; circulaires et instructions (1826-1916);
— 6M 296: naturalisations.

— Archives de l'Institut national de l'audiovisuel :
— Sondage sur les emissions diffusées par les chaînes de télévision publique concernant l'immigration (1981-1985).

— Archives de la Société Pont-à-Mousson:
— d. 41512: compte rendu des assemblées générales (1915-1939);
— d. 41734-41736: congrès des directeurs d'usines (1919-1939);
— d. 18715; 25655: problèmes de recrutement de la main-d'œuvre;
— d. 18202: Association d'immigration des Forges et des Mines de fer de l'Est; procès-verbaux des séances (1924-1929).

1.3 資料センター

— Centre de documentation sur la presse; bibliothèque de Sciences politiques; coupures de presse (1945-1985):
— d. 473/10: statut des étrangers; naturalisations;
— d. 473/11; 473/13: travailleurs nord-africains et autres étrangers;
— d. 473/20: émigrés politiques;
— d. 9. 473/91 et 92: réfugiés et apatrides.

2 文 献

以下に掲げたのは，本書で直接利用した著作や研究のみである。引用されていない著者にはご寛恕を願いたい。総括的な文献リストとしては，INED (1954), M. Oriol (1981), R. Schor (1985) の文献リストが優れている。国立科学研究センターの GRECO13〔人の国際移動に関する研究調整グループ〕のおかげで，REMISIS と呼ばれる，人の国際移動に関する IT 化されたデータベースが存在している。

Abou-Saada, G. et Milet, H. (éd.), *Générations issues de l'immigration*, Paris, Arcan-

tère, 1986.
Adam, G., Bon, F., Capdevielle, J. et Mouriaux, R., *L'Ouvrier français en 1970,* Paris, Colin, 1970.
Agel, L., *De la nationalité d'origine,* thèse de droit, Paris, Giard et Jouve, 1889.
Ageron, C.-R., *Les Algériens musulmans et la France (1871–1919),* thèse d'État (histoire). Paris, PUF, 1968.
Agulhon, M., «Conscience nationale et conscience régionale en France de 1815 à nos jours», in Boogman, J. C. (éd.), *Federalism-History and Current Signification of a Form of Government,* La Hague, Nijhoff, 1980.
Albert-Birot, P., *Poésies IV (1945–1967),* «Les amusements naturels», Paris, Mortemart-Rougerie, 1983.
Albou, A., *Étude sur la tuberculose des travailleurs indigènes algériens dans les grandes villes (France et Algérie),* thèse de médecine, Alger, Imprimerie moderne, 1930.
Althusser, L., *Lire le Capital,* Paris, Maspero, 1968 (2 vol.).〔今村仁司訳『資本論を読む』上・中・下，ちくま学芸文庫，1996–1997 年〕
Amendola, G., *L'Ile,* Paris, Messinger, 1983 (1re éd. 1980).
Amiot, M., *Contre l'État les sociologues,* Paris, EHESS, 1986.
Amselle, J.-L. (éd.). *Au cœur de l'ethnie : ethnie, tribalisme et État en Afrique,* Paris, La Découverte, 1985.
Anderson, R. T. and Anderson, G., «Ukrainian night courting», *Anthropological Quarterly,* 1962.
— «Voluntary Association among Ukrainian in France», *Anthropology Quarterly,* 1962.
Andréani, A., *La Condition des étrangers en France et la Législation sur la nationalité française,* Paris, Guillaumin, 1896.
Anglade, J., *La Vie quotidienne des immigrés en France de 1919 à nos jours,* Paris, Hachette, 1976.
Archdeacon, Th. J., *Becoming American,* New York, The Free Press, 1983.
Arendt, H., *Les Origines du totalitarisme; sur l'antisémitisme,* Paris, Seuil, coll. «Points Politique», 1984 (1re éd. 1951).〔大久保和郎・大島かおり訳『全体主義の起原 1　反ユダヤ主義』みすず書房，1972 年〕
Argoutine, L., *Les Français d'origine étrangère,* s.l. 1953 (dact.).
Ariès, P., *Histoire des populations françaises,* Paris, Seuil, coll. «Points Histoire», 1971 (1re éd. 1948).
Arnaud, A.-J., *Les Juristes face à la société du XIXe siècle à nos jours,* Paris, PUF, coll. «Sup», 1975.

Arnaudo, G. B., *Gli Italiani a Marsiglia; lettere sei,* Torino, Roux, Favale, 1881.

Association française d'anthropologie (AFA), *Inventaire et Bilan critique sur les communautés immigrées dans leur rapport avec la société d'accueil française,* Paris, 1986 (dact.).

Ath Messaoud, M. et Gillette, A., *L'Immigration algérienne en France,* Paris, Entente, 1976.

Audiganne, A., *Les Populations ouvrières et les Industries de la France,* Paris, Capelle, 1860 (2 vol.).

Aymes, J.-R., *La Déportation sous le premier Empire, Les Espagnols en France* (1808–1814), Paris, Publications de la Sorbonne, 1983.

Ayoub, C., *La Nouvelle Législation de la naturalisation en France,* Paris, Sirey, 1937.

Azaïs, R., *De la condition juridique des étrangers en France,* thèse de droit, Paris, Georges Chamerot, 1876.

Azas, C., *Migrants espagnols dans le Biterrois (1886–1934). Contribution à l'étude des communautés viticoles languedociennes,* thèse de 3e cycle, U. de Paris-V, 1981 (dact.).

Azzano, L., *Mes joyeuses années au faubourg,* Paris, France Empire, 1985.

Bachelard, G., *La Poétique de l'espace,* Paris, PUF, 1983, coll. « Quadrige » (1er éd. 1957).〔岩村行雄訳『空間の詩学』ちくま学芸文庫，2002 年〕

Bachelard, P., *L'Industrialisation de la région du Centre,* Paris, Gilbert Clary, 1978.

Badia, G. (éd.), *Exilés en France. Souvenirs d'antifascistes allemands émigrés (1933–1939),* Paris, Maspero, 1982.

Baille, F., *Les Italiens en Provence devant nos lois de prévoyance et d'assistance,* thèse de sciences politiques et économiques, Toulon, Imprimerie J. d'Arc, 1927.

Bannie, *La France étrangère,* Paris, Desclée De Brouwer, 1968.

Baratier, E. (éd.), *Histoire de la Provence,* Toulouse, Privat, 1969.

Barbara, A., *Mariages sans frontière,* Paris, Centurion, 1985.

Bardakdjian, G., « La communauté arménienne de Décines (1925–1971) », *Bulletin du Centre d'histoire économique et sociale de l'U. de Lyon-II,* 1973.

Barodet, *Recueil des proclamations et des programmes électoraux, 1880–1914,* Paris, Imprimerie nationale, 1880–1914 (6 vol.).

Baroin, H., *La Main-d'œuvre étrangère dans la région lyonnaise,* thèse de droit, Lyon, Basc et Rieu, 1935.

Barou, J., « Genèse et évolution d'un village urbain: un groupe d'émigrés algériens dans un ensemble d'îlots du XVIe arrondissement de Marseille », *Ethnologie française,* 1987.

Barrès, M., *Contre les étrangers. Étude pour la protection des ouvriers français,*

Paris, Grande Imprimerie parisienne, 1893.

Barrier, A., *La Police des étrangers et la Taxe de séjour,* Paris, A. Rousseau, 1898.

Basmadjian, V., *Les Arméniens : réveil ou fin ?,* Paris, Entente, 1979.

Beauchesne, H. et Esposito, J., *Enfants de migrants,* Paris, PUF, 1981.

Beaud, S., *Les Démographes français et l'Immigration (1918-1950), Science sociale ou science politique ?* mémoire de DEA, EHESS-ENS, Paris, 1987.

Begag, A., *Le Gone du Chaâba,* Paris, Seuil, coll. «Point-Virgule», 1986.

Bekouchi, M. H., *Du bled à la ZUP et/ou la couleur de l'avenir,* Paris, CIEM-L'Harmattan, 1984.

Belanger, M., *L'Industrialisation des grandes vallées savoyardes et ses répercussions démographiques et sociales,* thèse de géographie, U. de Grenoble, 1958 (dact.).

Beltramone, A., *La Mobilité géographique d'une population.* Paris, Gauthier-Villars, 1966.

Benfredj, C., *L'Immigration algérienne en France (1900-1962),* thèse de doctorat, U. de Paris-VII, 1990 (dact.).

Ben Jelloun, T., *La Réclusion solitaire,* Paris, Denoël, 1976.

Bennani, J., *Le Corps suspect,* Paris, Galilée, 1982.

Benoit S.-M., *Histoire et Méthodologie du recensement de la population aux États-Unis (1787-1930),* Paris, Sirey, 1931.

Bensimon, D. et Délia Pergola, S., *La Population juive en France : socio-démographie et identité,* Paris, Editions du CNRS, 1984.

Berard, A., *L'Invasion des étrangers et la Taxe de séjour,* Lyon, Mougin-Rusand, 1886.

Berdoulay, V., *La Formation de l'école française de géographie (1870-1914),* Paris, Imprimerie nationale, 1981.

Berger P.-L. et Luckmann, T., *The Social Construction of Reality,* Londres, Penguin Books, 1971 (1re éd. 1967).

Berillon, Dr, *Les Caractères nationaux : leurs facteurs biologiques et psychologiques,* Paris, Amédée Legrand, 1920.

Berjont, J., *De l'envahissement des étrangers en France (La Provence italienne)* (s.l.), Imprimerie spéciale de la Ligue, 1903.

Bernard de Jardin, R., *Des professions que les étrangers peuvent exercer en France,* thèse de droit, Paris, A. Pedone, 1899.

Berque, J., *L'Immigration à l'école de la République. Rapport au ministre de l'Éducation nationale,* Paris, La Documentation française, 1985.

Bertillon, A., *Identification anthropométrique,* Melun, Impr. administrative, 1893 (2 vol.).

Bertillon, J., *La Dépopulation de la France*, Paris, Alcan, 1911.

Bertoquy, A., « Un type d'émigration italienne: l'émigration bergamasque », *Revue de géographie alpine,* 1934.

Bes de Berc, E., *De l'expulsion des étrangers,* thèse de droit, Paris, A. Rousseau, 1888.

Bigallet, H., « Y a-t-il lieu de protéger le travail national en France contre l'immigration étrangère ? », *Composition d'économie politique*, Agrégation de droit, 1901.

Birnbaum, P. et Leca, J. (éd.). *Sur l'individualisme*, Paris, PFNSP, 1986.

BIT, *La Statistique des étrangers,* Étude et Documents, Genève, 1936.

Blache, J., « Compte rendu du livre de M. Jouanny, "Les Origines de la population de l'agglomération de Grenoble" », *RGA*, 1931.

Blanc, A., *L'Immigration en France et le Travail national,* thèse de sciences politiques et économiques, Paris, A. Rey, 1901.

Blanc, A.-M., *Marie Romaine,* Metz, Éd. Serpenoise, 1978.

Blanchard, E., *La Main-d'œuvre étrangère dans l'agriculture française*, thèse de droit, Paris, Marcel Rivière, 1913.

Blanchard, R,. *La Flandre,* thèse de géographie, Lille, Danel, 1906.

— *Grenoble*, Paris, Didier et Richard, 1936.

Bloch, M,. *Seigneurie française et manoir anglais (Cahiers des Annales 16)*, Paris, A. Colin, 1960.

— *Apologie du métier d'historien,* Paris, Colin, « coll. U2 », 1974 (1re éd. 1941).

Bonato, J., *A la sueur de ton front,* Paris, Alsatia, 1960.

Bonn C.,. *Le Roman algérien contemporain de langue française,* thèse d'État (lettres), Bordeaux, 1982 (dact.).

Bonnafous, S., *L'Immigration prise aux mots,* Kiné, 1991.

Bonnet, J.-C., *Les Pouvoirs publics et l'Immigration dans l'entre-deux-guerres,* thèse du 3e cycle d'histoire. Publications du Centre Pierre-Léon, U. de Lyon, 1974.

— « Étude des petits commerçants étrangers dans l'agglomération lyonnaise (1919-1939) à partir du registre du commerce », *Bulletin du Centre d'histoire économique et social,* U. de Lyon-II, 1975.

Bonnet, S., Santini, C. et Barthélémy, H., « Appartenance politique et attitude religieuse dans l'émigration italienne en Lorraine sidérurgique », *Archives de sociologie des religions,* 1962.

— *Les Ouvriers migrants quotidiens des usines sidérurgiques de l'agglomération de Longwy (1962-1963)*, thèse de sociologie, Paris, 1965 (2 vol.)

— *Sociologie politique et religieuse de la Lorraine,* Paris, A. Colin, 1972.

Bonnet, S. et Humbert, P., *La Ligne rouge des hauts fourneaux,* Paris, Denoël, 1982.
Borkowski, J.-L., «L'insertion sociale des immigrés et de leurs enfants», *Données sociales,* INSEE, 1990, p. 310–314.
Boubakri, H., *Le Petit Commerce immigré du Sud tunisien à Paris,* thèse de 3e cycle de géographie, U. de Strasbourg, 1985 (dact.).
Boubeker, A. et Beau, N., *Chroniques métissées,* Paris, A. Moreau, 1986.
Boudjedra, R., *Topographie idéale pour une agression caractérisée,* Paris, Denoël, 1969.
Boudon, R., Horine, A. et Majewski, H., *Ostricourt. Préenquête sur l'immigration polonaise en France,* Paris, Centre de Sociologie européenne, 1963 (dact.).
Boudon, R., *La Logique du social,* Paris, Hachette, 1979.
Bourdieu, P., *Le Sens pratique,* Paris, Minuit, 1980.〔今村仁司・港道隆訳『実践感覚』1・2, みすず書房, 1988–90 年〕
— *Ce que parler veut dire,* Paris, Fayard, 1982.〔稲賀繁美訳『話すということ——言語的交換のエコノミー』藤原書店, 1993 年〕
— «Vivre avec les minorités étrangères». Colloque franco-allemand; extraits publiés dans *Hommes et Migrations,* janvier 1987.
Bouvier, J., *Histoire sociale, sources et méthodes,* Paris, PUF, 1981.
Brand, M.-N., *Le Foyer français, cours élémentaire et moyen suivi d'un lexique,* Paris, chez l'auteur, 1932.
Braudel, F., *Ecrits sur l'histoire,* Paris, Flammarion, coll. «Champs», 1969.
— *L'Identité de la France,* t. I, «Espace et histoire», t. II et III, «Les hommes et les choses», Paris, Arthaud-Flammarion, 1986.
Brecht, B., *Poèmes 4 (1934–1941),* Paris, L'Arche, 1966.
Brisou, C., Maltone, C., Rouch, M., *Comprar un pra : des paysans italiens disent l'émigration (1920–1960),* Bordeaux, Éd. Maison des sciences de l'homme d'Aquitaine, 1989.
Brun, J., *America, America. Trois siècles d'émigration aux États-Unis (1620–1920),* Paris, Julliard/Gallimard, coll. «Archives», 1980.
Burdy, J.-P., *Le Soleil noir. Formation sociale et mémoire ouvrière dans un quartier de Saint-Etienne, 1840–1940,* thèse de doctorat d'histoire, U. de Lyon-II, 1986 (dact.).
Cacérès, B., *La Solitude des autres,* Paris, Seuil, 1970.
Callovi, G., *Déracinés et intégrés,* thèse de sociologie, Paris, EHESS, 1971 (dact.).
Carreno, J.-A., Hayot, A. et Lesure, F., *Le Quartier de la Porte-d'Aix à Marseille. Essai d'ethnologie d'un centre urbain,* maîtrise d'ethnologie, U. d'Aix-Marseille, 1972 (dact.).

De Cassano, *Procès-verbaux sommaires du Congrès international de l'intervention des pouvoirs publics dans l'émigration et dans l'immigration,* colloque international de 1889, Paris, Imprimerie nationale, 1889.

Cassirer, E., *La Philosophie des formes symboliques,* t. III, *La Phénoménologie de la connaissance,* Paris, Minuit, 1972 (1re éd. 1929).〔生松敬三・木田元訳『シンボル形式の哲学』全4巻，岩波文庫，1989-1997年〕

Catani, M., «Les scaldini de Paris», *Terrain,* n° 7, 1987.

— (éd.)., *Le Rôle du mouvement associatif dans l'évolution des communautés immigrées,* rapport de recherche pour le ministère des Affaires sociales, 1987 (dact.).

Cauwes, P.-L., *De la condition faite par la loi de recrutement aux enfants nés en France de parents étrangers et des modifications à y apporter,* Nancy, N. Collin, 1869.

Cavanna, *Les Ritals,* Paris, Belfond, 1978.

Certeau, M. de, «L'opération historique», *Faire de l'histoire,* t. I, Paris, Gallimard, 1974.

Chamboredon, J.-C., «La délinquance juvénile, essai de construction d'objet», *Revue française de sociologie,* juillet 1971.

— «Emile Durkheim: le social objet de science», *Critique,* 1984.

Charef, M., *Le Thé au harem d'Archi Ahmed,* Paris, Mercure de France, 1983.

Charle, C., «Champ littéraire et champ de pouvoir: les écrivains et l'Affaire Dreyfus», *Annales ESC,* 1977.

Charrasse, D. et Noiriel, G., «Lorraine du Nord et anthropologie industrielle en France: bilan provisoire», *Anthropologie et Sociétés,* 1986.

Châtelain, A., «Influence l'apport étranger sur les densités de population du Midi méditerranéen», *Les Études rhodaniennes,* 1946.

— «Méthodes d'enquêtes démo-géographiques: les recherches sur les étrangers dans la région lyonnaise», *Les Etudes rhodaniennes,* 1948.

— *Les Migrants temporaires en France de 1800 à 1914,* thèse d'État (géographie). Atelier de reprod. des thèses, Lille, 1977.

Chaunu, P., *La France,* Paris, Laffont, 1982.

— «L'économie, dépassement et prospective», *Faire de l'histoire,* t. II, Paris, Gallimard, 1974.

Chevalier, L., *Classes laborieuses et Classes dangereuses,* Paris, Librairie générale française, coll. «Pluriel», 1978 (1re éd. 1958).

Cholvy, G., «Déracinement et vie religieuse: Italiens, Espagnols et Tsiganes dans le Midi depuis 1830», *Recherches régionales,* 1982.

Cicourel, A.-V., *La Sociologie cognitive,* Paris, Albin Michel, 1985.

Club de l'Horloge, *L'Identité de la France,* Paris, Albin Michel, 1985.

CNDP, *Répertoire des thèses universitaires sur l'immigration, soutenues en France de 1953 à 1983,* Montrouge, 1985 (dact.).

Cohen, A., *Solal,* Paris, Gallimard, coll. «Folio», 1986 (1re éd. 1930).

Condevaux, J., *Le Mineur du Nord-Pas-de-Calais. Sa psychologie, ses rapports avec le patronat,* Lille, Danel, 1928.

Corbes, H., «L'immigration anglaise dans les Côtes-du-Nord au XIXe siècle», *Société d'émulation des Côtes-du-Nord,* 1962.

Cordeiro, A. et Verhaeren R., *Les Travailleurs immigrés et la Sécurité sociale,* Grenoble, Presses universitaires de Grenoble, 1977.

Cordier, M., *Les Conditions de l'étranger en France,* Caen, Henri Deslenques, 1887.

Cornette, L., *L'État civil des Italiens en France. Aide-mémoire des officiers d'état civil,* Paris, Maresq aîné, 1889.

Couder, L., *Les Immigrés italiens dans la région parisienne pendant les années vingt,* thèse d'histoire, Institut d'études politiques, Paris, 1987 (dact.).

Coulon, M., *Témoignages (deuxième série),* Paris, Mercure de France, 1911.

Courgeau, D., *Les Champs migratoires,* Paris, PUF, 1970.

Craig, J., «Halbwachs à Strasbourg», *Revue française de sociologie,* 1979.

Crémieux, B., «L'émigration politique italienne en France sous la monarchie de Juillet», *Revue des études italiennes,* 1936.

Crespo, G., Jordi, J.-J., *Les Espagnols dans l'Ariégeois de 1830 à 1914,* Atlanthrope, 1991.

Cross, G., *Immigrant Workers in Industrial France (the Making of a New Laboring Class),* Philadelphia, Temple Univ, Press, 1983.

Dalla Volta, R., «L'émigration italienne et son récent accroissement», *L'Économiste français,* 1906.

Dallier, G., *La Police des étrangers à Paris et dans le département de la Seine,* thèse de droit, Paris, Arthur Rousseau, 1914.

Danguillecourt, A., *La Condition des étrangers en France,* thèse de droit, Paris, E. Plon, 1875.

Dantoing, A., «Une manifestation de défense ouvrière contre le travail étranger dans les mines du Pas-de-Calais en 1892», *Revue d'histoire belge contemporaine,* 1974.

Daulatly, J., *La Main-d'œuvre étrangère en France et la Crise économique,* Paris, Domat-Montchrestien, 1933.

Defer, P., *Les Polonais à Troyes après 1870,* Troyes, Grande Imprimerie, 1932.

Depoid, P., *Les Naturalisations en France (1870–1940)*, Paris, Imprimerie nationale, 1942.

Desdevises, M.-C., *La Délinquance étrangère (analyse statistique)*, thèse de droit, U. de Rennes, 1977 (dact).

Desnoyers, L. (éd.). *Les Etrangers à Paris,* Paris, Charles Warée, 1844.

Desrois, A., *Les Etrangers dans le département de l'Ain,* thèse de lettres, Bellegarde, Sordag, 1939.

Dessare, E., *Mon enfance d'avant le déluge,* Paris, Fayard, 1976.

Dewitte, P., *Les Mouvements nègres en France (1919–1939)*, Paris, L'Harmattan, 1985.

Dictionnaire général de l'administration, Paris, Imprimerie P. Dupont, 1849.

Didion, M., *Les Salariés d'origine étrangère en France,* thèse de sciences politiques et économiques, Paris, Giard et Brière, 1911.

Dignan, D., «Europe's melting pot: a century of large-scale immigration into France», *Ethnic and Racial Studies.* 1981.

Dosse, F., *L'Histoire en miettes,* Paris, La Découverte, 1987.

Drelon, R., *Le Westphalak*, Paris, France-Empire, 1982.

Drouard, A., «Les trois âges de la Fondation 〔française〕 pour l'étude des problèmes humains», *Population*, 1983.

Dubar, F., Gayot, G. et Hédoux, J., «Sociabilité minière et changement social à Sallaumines et à Noyelles-sous-Lens (1900–1980), *Revue du Nord,* 1982.

Dubois, J., *Vocabulaire politique et social en France. 1869–1872,* Paris, Larousse, 1963.

Duby, G., (éd.). *Histoire de France,* Paris, Larousse, 1972 (3 vol.).

Ducellier, D., «L'immigration polonaise dans le bassin de Blanzy dans l'entre-deux-guerres», *Revue périodique de la «Physiophile»,* Montceau-les-Mines, 1981 et 1982.

Duchac, R., *La Sociologie des migrations aux Etats-Unis,* Paris, Mouton, 1974.

Duguit, L., *Manuel de droit constitutionnel,* Paris, A. Fontemoing, 1907.

Dupâquier, J. et M., *Histoire de la démographie,* Paris, Perrin, 1985.

Dupeux, G. (éd). *Les Migrations internationales de la fin du XVIIIe siècle à nos jours,* Paris, Éditions du CNRS, 1980 (dact.).

— «L'immigration britannique à Bordeaux au XIXe et au XXe siècle», *Revue d'histoire de Bordeaux,* 1974.

Dupin, L., *L'Immigration ouvrière en France,* thèse de droit, Lyon, A. Storck, 1900.

Durand, P., *L'Identité au point de vue judiciaire; son histoire,* thèse de droit, Lyon, Imprimerie de la Revue Judiciaire, 1910.

Durkheim, E., *Le Suicide,* Paris, PUF, 1983 (1re éd. 1897).〔宮島喬訳『自殺論』中公文庫，1985 年〕
— *Éducation et Sociologie,* Paris, PUF, coll. « Quadrige », 1975 (1re éd. 1922).
— *De la division du travail social,* Paris, PUF, 1930 (1re éd. 1893). 田原音和訳『社会分業論』青木書店，1971 年〕
Duroselle J.-B. et Serra, E., *L'Emigrazione italiana in Francia prima del 1914,* Milan, Franco Angeli, 1978.
Echinard P., *Grecs et Philhellènes à Marseille de la Révolution française à l'indépendance de la Grèce,* thèse de 3e cycle d'histoire, Marseille, A. Robert, 1973.
— et Temine, P., (éd.), *Migrance : histoire des migrations à Marseille,* Edisud, 1989, 4 vol.
Eisenstadt, S. N., *The Absorption of Immigrants,* Londres, Routledge and Kegan, 1954.
Elias, N., *Qu'est-ce que la sociologie ?,* Paris, Pandorra, 1981 (1re éd. 1970).〔徳安彰訳『社会学とは何か——関係構造・ネットワーク形成・権力』法政大学出版局，1994 年〕
— *La Civilisation des mœurs,* Paris, UGE, coll. « Pluriel », 1982 (1re éd. 1939).〔赤井慧爾・中村元保・吉田正勝訳『文明化の過程 上　ヨーロッパ上流階層の風俗の変遷』法政大学出版局，2010 年〕
— *La Société de cour,* Paris, Flammarion, coll. « Champs », 1985 (1re éd. 1969).〔波田節夫・中埜芳之・吉田正勝訳『宮廷社会』法政大学出版局，1981 年〕
Esmein, A., *Eléments de droit constitutionnel,* Paris, Larose, 1896.
Espace-Temps, « Braudel dans tous ses états », n° 34/35, 1986.
Espagne, M., *Bordeaux-Baltique : la présence culturelle allemande à Bordeau aux XVIIIe et XIXe siècles,* Paris, Éditions du CNRS, 1991.
— Werner, M., et Lagier, F., *Le Maître de langue : les premiers enseignants d'allemand en France, 1830–1850,* Paris, Albin Michel, 1991.
Esprit, « Français et immigrés », n° spécial, juin 1985.
Etienne, B., *L'Islam en France : islam, État et société,* Paris, Éditions du CNRS, 1991.
Ewald, F., *L'Etat-providence,* Paris, Grasset, 1985.
Fabiani, J.-L., *Des Philosophes de la République,* Paris, Minuit, 1988.
Faidutti-Rudolph, A.-M., *L'Immigration italienne dans le sud-est de la France,* thèse de géographie, Gap, Louis Jean, 1964.
Fanon, F., *Les Damnés de la terre,* Paris, Maspero, 1982.〔鈴木道彦・浦野衣子訳『地に呪われたる者』みすず書房，1996 年〕
Febvre, L., « L'économique derrière le politique », introduction au t. X de *L'Encyclo-*

pédie française, L'État moderne, Paris, 1935.
— *Combats pour l'histoire,* Paris, Colin, 1953.
— *Pour une histoire à part entière,* Paris, EHESS, 1962.
Ferras, R., «L'Espagnol dans les campagnes du Biterrois», Actes de la table ronde *L'Etranger dans le monde rural,* Avignon, 1986 (dact.).
Ferro, M., *L'Histoire sous surveillance,* Paris, Calmann-Lévy, 1985.
Fishman, J., *Language loyalty in the United States,* La Hague, Mouton, 1966.
Fitzgerald, Z., *Accordez-moi cette valse,* Paris, Laffont, 1973 (1re éd. 1932).
De Folleville, D., *Traité théorique et pratique de la naturalisation,* Paris, A. Maresq, 1880.
Foucault, M., *Les Mots et les Choses,* Paris, Gallimard, 1966.〔渡辺一民・佐々木明訳『言葉と物』新潮社，1974 年〕
François, E. (éd.), *Immigration et Société urbaine en Europe occidentale (XVIe siè-cle–XXe siècle).* Paris, Éd. de la Recherche sur la civilisation, 1985.
Fridenson, P., Strauss, A. (éd.). *Le Capitalisme français (XIXe siècle–XXe siècle),* Paris, Fayard, 1987.
Furet, F., *Penser la Révolution française,* Paris, Gallimard, 1979.〔大津真作訳『フランス革命を考える』岩波書店，2000 年〕
Gallissot, R., «Un regard sur l'histoire: les générations de l'entre-deux-guerres», *Revue européenne des migrations internationales,* 1985.
Gand, M., *Code des étrangers ou État civil et politique en France des étrangers de tout rang et de toute conduite,* Paris, chez l'auteur, 1853.
Gani, L., *Syndicats et Travailleurs immigrés,* Paris, Editions sociales, coll. «Notre temps», 1972.
Gans, H.-J., *The Urban Villagers : Groups and Class in the Life of Italian-American,* New York, The Free Press, 1982 (1re éd. 1962).
Garagnon, P., «La colonie arménienne de Valence sur le Rhône (résumé d'un diplôme d'étude supérieur par Mme Veyret)», *RGA,* 1955.
Garcia, A., «Le bassin houiller de l'Aveyron», *Revue de Géographie pyrénéenne,* 1959.
Garfinkel, H., *Studies in Ethnomethodology,* Prentice Hall, Englewood Cliffs, 1967.
Gaspard, F. et Servan-Schreiber, C., *La Fin des immigrés.* Paris, Seuil, coll. «Points Politique», 1985 (1re éd. 1984).
Gavignaud, G., *Propriétaires viticulteurs en Roussillon,* Paris, Publications de la Sorbonne, 1983.
Gaxotte, P., *Histoire des Français,* Paris, Flammanon, 1972.
Gemälhing, P., *Travailleurs au rabais,* Paris, Bloud et Ce , 1910.

Gentilini, M. *et alii. La Santé des migrants, rapport au ministre des Affaires sociales,* Paris, La Documentation française, 1986.

Gervais de Lafond, P., *De l'étude et de l'exercice de la médecine en France par les étrangers,* thèse en médecine. Tours, Arrault, 1934.

Ginzburg, C., «Signes, traces, pistes: racines d'un paradigme de l'indice». *Le Débat,* 1980. 竹山博英訳『神話・寓意・徴候』せりか書房, 1988 年〕

Girard, A., «Attitude des Français à l'égard de limmigration étrangère. Enquête d'opinion publique», *Population,* 1971.

Giresse, J.-L., *Essai sur la population,* Paris, Guillaumin, 1867.

Glasberg abbé, *A la recherche d'une patrie. La France devant l'immigration,* Ed. Réalité, 1946.

Glazer, N., and Moynihan, D. P., *Beyond the Melting Pot,* Cambridge (Mass.), Harvard Univ. Press, 1963.〔阿部齊・飯野正子『人種のるつぼを越えて——多民族社会アメリカ』南雲堂, 1986 年〕

Glazer, N. (éd.). *Ethnic dilemmas 1964–1982,* Cambridge (Mass.), Harvard Univ. Press, 1983.

Goffman, E., *Asiles,* Paris, Minuit, 1968 (1re éd. 1961).

— *Stigmates,* Paris, Minuit, 1975 (1re éd. 1963).〔石黒毅訳『スティグマの社会学——烙印を押されたアイデンティティ』せりか書房, 2001 年〕

Gomar, N., *L'Emigration algérienne en France,* Paris, Les Presses modernes, 1931.

Gordon, M. M., *Assimilation in American Life,* New York, Oxford Univ. Press, 1964.

Gossiaux, J.-F., «L'Immigration polonaise à Nampcel», dans Segalen M. *et alii., Diversité des formes de la famille et évolution : approches locales. Centre d'ethnologie française,* 1984 (dact.).

Gousseff, C. et Saddier, N., *L'Immigration russe en France, 1920–1930,* maîtrise, U. de Paris-I, 1983.

Grandjonc, J., *Marx et les Communistes allemands à Paris. Vorwärts, 1844,* Paris, Maspero, 1974.

Grando, R., Queralt, J. et Febrès, X., *Vous avez la mémoire courte. 1939 : 500000 républicains venus du Sud «indésirables» en Roussillon,* Perpignan, Chiendent, 1981.

Granotier; B., *Les Travailleurs immigrés en France,* Paris, Maspero, 1979 (1re éd. 1970).

Green N., *Les Travailleurs immigrés juifs à la Belle Epoque,* Paris, Fayard, 1985.

Grillo, R. D., *Idéologies and Institutions in Urban France, the Representation of Immigrants,* Cambridge Univ. Press, 1985.

Gruszynski, J., *La Communauté polonaise en France de 1919 à 1975. Problèmes de*

l'intégration de trois générations, thèse de 3e cycle de sociologie, U. de Paris-V, 1977 (dact.).

Guillaume, P. (éd), *Étrangers en Aquitaine,* Éd. Maison des sciences de l'homme d'Aquitaine, Bordeaux, 1990.

Guillaumin, C., *L'Idéologie raciste. Genèse et langage actuel.* Paris, Mouton, 1972.

Guillon, M., et Taboada-Leonetti, I, *Le Triangle de Choisy*, Paris, CIEMM-L'Harmattan, 1986.

Halbwachs, M., «Chicago expérience ethnique», *Annales d'histoire économique et sociale,* 1932.

— «L'espèce humaine et les faits de population», *L'Encyclopédie française,* t. VII, *Peuples ou races,* Paris, 1935.

— *La Mémoire collective,* Paris, PUF, 1964.

Handlin, O., *Immigration as a Factor of American History,* Prentice Hall, Englewood Cliffs, 1959.

— *A Pictorial History of Immigration,* New York, Crown Publishers, 1972.

Hansen, M. C., «The Third Generation in America», *Commentary,* 1952.

Harbulot, M.-C., *Bouligny. Ses mines, ses cités,* maîtrise, U. de Nancy-II, 1977 (dact.)
.

Hassoun, J.-P. et Tan, Y.-P., *Les Réfugiés de l'Asie du Sud-Est de langue chinoise,* Rapport de recherche à la Mission du patrimoine ethnologique, 1986 (dact.).

Hastirigs, M., «Communisme et folklore; étude d'un carnaval rouge», *Ethnologie française,* 1986.

Hauser, C., *La Population italienne dans les vallées intra-alpines de Savoie du rattachement à la Deuxième Guerre mondiale (1860–1939)*, thèse de 3e cycle (géographie), U. de Paris-I, 1978 (dact.).

Hemingway, E., *Paris est une fête*, Paris, Gallimard, coll. «Folio», 1973 (1re éd. 1964). 〔高見浩訳『移動祝祭日』新潮文庫，2009 年〕

Hepp, E., *De la note d'infamie en droit romain. De la condition légale des étrangers en France,* thèse de droit, Nancy, Berger-Levrault, 1862.

Hermet, G., *Les Espagnols en France,* Paris, Éd. ouvrières, 1967.

Higham, J., *Send These to me, Jews and others Immigrants in Urban America,* New York, Athenum, 1975.

Hirschman, A., *Exit. Voice and Loyalty,* Cambridge (Mass.), Harvard Univ. Press, 1970.〔矢野修一訳『離脱・発言・忠誠——企業・組織・国家における衰退への反応』ミネルヴァ書房，2005 年〕

— *Bonheur privé, action publique,* Paris, Fayard, 1983 (1re éd. 1977).

Holdert, J., *En toi France, mes racines meurtries,* Paris, La Pensée universelle, 1977.

Hollande, M., *La Défense ouvrière contre le travail étranger,* thèse de droit, Paris, Bloud et Cie, 1912.

L'Homme, «Formes de nomination en Europe», n° spécial, 1980.

L'Homme et la Société, «Racisme, antiracisme; étranges, étrangers», n° spécial, 1985.

Horowitz, D. et Noiriel, G. (éd.)., *Immigrants in Two Democracies : French and American Experience,* New York University Press, 1992.

Houzé de L'Aulnoit, A., *Les Ouvriers belges à Lille. Étude sur les conditions d'admissibilité des indigents étrangers aux secours publics,* Lille, Danel, 1885.

Hovanessian, M., *Les Français d'origine arménienne,* note d'activité sur la recherche effectuée pour la MIRE, Paris, 1986 (dact.).

Hugonnier, S., «Tempéraments politiques et géographie électorale dans deux grandes vallées intra-alpines des Alpes du Nord: Maurienne et Tarentaise», *RGA,* 1954.

Hyman, P., *De Dreyfus à Vichy,* Paris, Fayard, 1985 (1re éd. 1979).

Iberraken, M., *Cinémas et Télévisions face à l'immigration maghrébine en Europe : analyse de la production filmique (1961-1979),* thèse de 3e cycle, U. de Paris-IV, 1981 (dact.).

L'Identité française (colloque de mars 1985), Paris, Tierce, 1985.

IHTP (Institut d'histoire du temps présent), *Réfugiés et Immigrés d'Europe centrale dans le mouvement antifasciste et la Résistance en France (1933-1945),* Colloque 1986, U. de Paris-VIII, 1986, 2 vol. (dact.).

Ikor, R., *Les Eaux mêlées,* Paris, Livre de poche, 1963 (1re éd. 1955).

Imbert, L., «Les malades étrangers dans les hôpitaux de Marseille», *Bulletin de l'Académie de médecine,* 1926.

INED (Institut national d'études démographiques), *Documents sur l'immigration. Travaux et Documents n° 2,* Paris, PUF, 1947 (sous la dir. de Louis Chevalier).

— *Français et Immigrés. L'attitude française, l'adaptation des Italiens et des Polonais. Travaux et Documents n° 19,* Paris, PUF, 1953 (sous la dir. d'A. Girard et J. Stoetzel).

— *Français et Immigrés. Nouveaux documents sur l'adaptation. Travaux et Documents n° 20,* Paris, PUF, 1954.

— *Les Algériens en France. Travaux et Documents n° 24,* 1955.

— *Le Peuplement de Paris. Origine régionale. Composition sociale. Attitudes et motivations. Travaux et Documents n° 43,* Paris, PUF, 1964 (par G. Pourcher).

— *L'Immigration étrangère en France, 1946-1973. Travaux et Documents n° 71,* Paris, PUF, 1975 (par G. Tapinos).

— *L'Argent des immigrés. Travaux et Documents n° 94,* Paris, PUF, 1981 (sous la dir. de J.-P. Garson et G. Tapinos).
— *Les Enfants d'immigrés et l'Enseignement du français. Travaux et Documents n° 97,* Paris, PUF, 1982 (sous la dir. de H. Bastide).
Ingouff, J., *De la naturalisation des étrangers en France, ses règles, ses formalités, qui est et qui devient français,* Paris, Maresq, 1881.
INSEE, *Recensements de la population,* Paris, Imprimerie nationale (1954-1982).
— *Pour une histoire de la statistique,* Paris, Imprimerie nationale, 1977.
— *Les Étrangers en France, coll.* «Contours et caractères», Paris, Imprimerie nationale, 1983.
Inspection générale des études de la Seine, *L'Immigration des Espagnols dans le département de la Seine,* Paris, AUREG, 1967, 4 vol. (dact.).
Jacque, A., *Les Déracinés. Réfugiés et migrants dans le monde,* Paris La Découverte, 1985.
JO (Journal officiel), Chambre des députés, Sénat; Documents et Débats parlementaires, 1880-1914; 1945-1947; 1972-1973; 1984.
Joas, H.-J., «Durkheim et le pragmatisme», *Revue française de sociologie,* 1984.
Joutard. P., *Ces voix qui nous viennent du passé,* Paris, Hachette, 1983.
Juret, A., «La francisation des noms de personnes», *Population,* 1947.
Karady, V., «Le problème de la légitimation dans l'organisation historique de l'ethnologie française», *Revue française de sociologie,* 1982.
Kayser, B., «Conséquences sociales et politiques des transformations démographiques dans un village des Alpes-Maritimes», *RGA,* 1954.
Kayser, B., *Campagnes et villes de la Côte d'Azur,* thèse de géographie, Monaco, Édition du Rocher, 1960.
Kergoat, D., *Les Pratiques revendicatives ouvrières (processus revendicatifs et dynamiques collectives),* Paris, CNRS, 1978.
Keuroghlian, A., *Les Arméniens dans la région Rhône-Alpes,* thèse de 3e cycle, U. de Lyon, 1975 (dact.).
Khatibi, A., *Figues de l'étranger dans la littérature française,* Paris, Denoël, 1987.
Koestler, A., *La Lie de la terre,* Paris, Livre de Poche, 1971 (1re éd. 1945).
Köll, L., *Auboué en Lorraine du fer,* Paris, Kartala, 1981.
Kowalski, E,. *Les Immigrés au service de la France. Rapport présenté au Congrès national des immigrés, le 25. 1. 1945 à Paris,* CADI, 1945 (dact.).
Kronowski, A. de, *Almanach historique ou Souvenir de l'émigration polonaise,* Paris, Bourgogne et Martinet, 1837-1838.
Kunhle, S., «Emigration, Democratization and the Rise of the European Welfare

States», in Per Torsik (éd.), *Mobilization Center-Periphery Structure and Nation-Building,* Bergen, Universitätforlaget, 1981.
Laacher, S., (éd.), *Questions de nationalité,* Paris, CIEMM-L'Harmattan, 1987.
Labov, W., *Socioliguistique,* Paris, Minuit, 1976 (1re éd. 1972).
Labrousse E., *Histoire sociale. Sources et méthodes,* Paris, PUF, 1967.
Lacombe, P., *De l'histoire considérée comme une science,* Paris, Hachette, 1894.
Lambert, C., *La France et les Étrangers,* Paris, Delagrave, 1928.
Lannes, X., *L'Immigration en France depuis 1945,* La Haye, Nijhoff, 1953.
Le Bras, H. et Todd, E., *L'Invention de la France,* Paris, UGE, coll. «Pluriel», 1981.
Le Bras, H. (présentation), *Population,* Paris, UGE, coll. «Pluriel», 1985.
— *Les Trois France,* Paris, Odile Jabob/Seuil, 1986.
Le Conte, R., *Étude sur l'émigration italienne,* thèse de droit, Paris, Michalon, 1908.
Le Fèbvre, G., *Hommes-Travail,* Paris, Baudinière, 1929.
Le Febvre, Y., *L'Ouvrier étranger et la Protection du travail national,* Paris, C. Jacques, 1901.
Legat, B.-J., *Code des étrangers,* Paris, Béchet aîné, 1832.
Léger, A., et Tripier M., *Fuir ou construire l'école populaire,* Paris, L'Harmattan, 1986.
Lehmann, L., *De la condition civile des étrangers en France.* thèse de droit, Paris, De Moquet, 1861.
Le Huu Khoa, *L'Immigration du Sud-Est asiatique : les stratégies socio-professionnelles et la typologie de l'insertion,* rapport d'enquête effectué pour la MIRE, 1986 (dact.).
Lejeune, P., *Je est un autre,* Paris, Seuil, 1980.
Lentacker, F., *La Frontière franco-belge. Étude sur les effets d'une frontière internationale sur la vie des relations.* thèse d'État (géographie), U. de Lille-III, 1973.
Lépidis, C., *L'Arménien,* Paris, Seuil, 1873.
Le Play, F. (éd.), «Paysan et savonnier de Marseille», *Ouvriers des deux mondes,* 1859.
— «Tailleur d'habit», *Ouvriers des deux modes,* 1856.
Lequin, Y., *Les Ouvriers de la région lyonnaise (1848-1914),* Lyon, PUL, 1977 (2 vol.).
— (éd.), *La Mosaïque France, Histoire des étrangers et de l'immigration,* Paris, Larousse, 1988.
Le Roy, E., *La Colonie russe dans les Alpes-Maritimes des origines à 1939,* doctorat d'Université, Aix-Marseille, 1955 (dact.).
Le Sueur, L. et Dreyfus, E., *La Nationalité. Commentaire de la loi du 26 juin 1889,*

Paris. G. Pédone-Lamiel, 1890.
Levasseur, E., *La Population française,* Paris, A. Rousseau, 1889 (3 vol.).
Lévi-Strauss, C., *Race et Histoire,* Paris, UNESCO, 1952.〔荒川幾男訳『人種と歴史』みすず書房，2008 年〕
Levy-Leboyer, M. et Bourguignon, F., *L'Économie française au XIXe siècle,* Paris, Economica, 1986.
Linhart, R., *L'Établi,* Paris, Minuit, 1977.
Lochak, D., *Étranger de quel droit ?,* Paris, PUF, 1985.
Mairet, G., *Le Discours et l'Historique,* Paris, Marne, 1974.
Malewska-Peyre, H. (éd.). *Crise d'identité et Problème de déviance chez les jeunes immigrés.* Centre de recherche sur l'éducation surveillée, Vaucresson, 1981. (dact.).
Mangin, J., «Réfugiés polonais dans les Hautes-Pyrénées», *Bulletin de la Société académique des Hautes-Pyrénées,* 1952–1953.
Marangé, J. et Lebon, A., *Démographie, Immigration, Naturalisation, rapport remis au ministère du Travail,* La Documentation française, 1980.
— *L'Insertion des jeunes d'origine étrangère dans la société française, rapport au ministre du Travail,* Paris, La Documentation française, 1981.
Marcel-Rémond, G., *L'Immigration italienne dans le sud-ouest de la France,* thèse de droit, Paris, Dalloz, 1928.
Marchal-Lafontaine, G., *L'Invasion pacifique de la France par les étrangers,* Paris, Dentu, 1886.
Margossian, K., *Odyssée d'un enfant arménien,* Paris, La Pensée universelle, 1975.
Marié, M., *et alii, La Fonction miroir,* Paris, Galilée, 1977.
Marrus, M.-R., *Les Juifs de France à l'époque de l'Affaire Dreyfus,* Paris, Calmann-Lévy, 1972.
— *Les Exclus. Les réfugiés européens au XIXe siècle,* Paris, Calmann-Lévy, 1986 (1re éd. 1985).
— et Paxton, R. O., *Vichy et les Juifs,* Paris, Calmann-Lévy, 1981.
Martial, R., *Traité de l'immigration et de la greffe interraciale,* Paris, Larose; Mons. Imprimerie fédérale, 1931.
— *Français qui es-tu ?,* Paris, Mercure de France, 1942.
Martin, J., *De la situation des ouvriers étrangers en France au point de vue des assurances ouvrières,* Châlons-sur-Marne, Martin, 1908.
Martinencq, P., *Ouvriers des chantiers navals et monde de vie : la Seyne-sur-Mer et son marché de l'emploi (1830–1981),* thèse de sciences économiques, Paris, EHESS, 1982 (dact.).

Mathorez, J., *Les Étrangers en France sous l'Ancien Régime,* Paris, Champion, 1919–1921 (2 vol.).

Mauco, G., *Les Étrangers en France,* thèse de géographie, Paris, Colin, 1932.

— *Mémoire sur l'assimilation des étrangers en France,* Paris, Institut international de coopération intellectuelle, 1937 (dact.).

— *Les Étrangers en France et le Problème du racisme,* Paris, La Pensée universelle, 1977.

— et Demangeon, A., *Documents pour servir à l'étude des étrangers dans l'agriculture française,* Paris, Herman, 1939.

Mauss, M., «Divisions et proportions des divisions de la sociologie» (1927); «Nation, nationalité, internationalisme» (1920 ?), *Œuvres,* Paris, Minuit, t. III, 1969.

— et Durkheim, E., «Note sur la notion de civilisation» (1913), *Œuvres,* Minuit, t. II, 1969.

— «Les techniques du corps» (1934), in *Sociologie et Anthropologie,* Paris, PUF, 1950.〔有地亨・山口俊夫訳『社会学と人類学 II』弘文堂，1976 年〕

Médecin, P., *Étude sur l'administration des étrangers en France,* thèse de droit, Paris, Sirey, 1909.

Medzadourian, G., *Les Exilés de la paix,* Paris, Entente, 1975.

Meillassoux, C., *Femmes, greniers et capitaux,* Paris, Maspero, 1975.

Michel, A., *Les Travailleurs algériens en France,* Paris, CNRS, 1955.

Miège, J., «Le développement d'Ugine (Savoie) 1901–1933», *RGA,* 1934.

Le Migrant, colloque d'Aurillac, Aurillac, Gerbert, 1986.

Milza, P., *Français et Italiens à la fin du XIXᵉ siècle,* Rome, École française de Rome, 1981.

— «Le fascisme italien à Paris», *Revue d'histoire moderne et contemporaine,* 1983.

— (éd.). *Les Italiens en France de 1914 à 1940,* Rome, École française de Rome, 1987.

— et Amar, M., L'Immigration en France au XXᵉ siècle, Paris, Armand Colin, 1990.

Ministère de l'Agriculture, *Enquête sur les étrangers,* Paris, Imprimerie nationale, 1929.

Ministère du Travail (Direction de la population et des migrations), *Répertoire des études en cours de réalisation sur les migrations internationales,* Paris, 1977 (dact.).

Miroz, J., *L'Immigration polonaise en Bourgogne au XXᵉ siècle. Textes et documents.* Association culturelle franco-polonaise Warzawa, Dijion, 1979 (dact.).

Moheau, *Recherches et Considérations sur la population de la France,* Paris, P. Geuthner, 1912 (1ʳᵉ éd. 1778).

Moine, J.-M., *Les Maîtres de forge en Lorraine du milieu du XIXe siècle aux années trente,* thèse de doctorat (histoire), U. de Nancy-II, 1987 (dact.).

Montgomery, D., *Workers' Control in America,* Cambridge (Mass.), Cambridge Univ. Press, 1979.

Morazé, C., «La leçon d'un échec: essai sur la méthode de François Simiand», *Mélanges d'histoire sociale,* 1942.

Moulier Boutang, Y., Garson, J.-P., Silberman, R., *Économie politique des migrations clandestines de main-d'œuvre,* Paris, Publisud, 1986.

Munoz-Perez, F. et Tribalat, M., «Mariages d'étrangers et mariages mixtes en France. Évolution depuis la Première Guerre mondiale», *Population,* 1984.

Muraciolle, L., *L'Emigration algérienne (aspects économiques, sociaux et juridiques),* Alger, Ferraris, 1950.

Nadaud, M., Léonard, maçon de la Creuse, Paris, Maspero, 1976 (1re éd. 1895).

Naudeau, L., *La France se regarde,* Paris, Hachette 1931.

Néré, J., *La Crise industrielle de 1882 et le Mouvement boulangiste,* thèse d'État (histoire), U. de Paris-Sorbonne, 1959 (dact.).

Nguyen Van Yen, C., *Droit de l'immigration,* Paris, PUF, coll. «Thémis», 1987.

Niceforo, A., *La Police et l'Enquête judiciaire scientifique,* Paris 1907.

Nicolay, Th., *Quelques Aspects démographiques et sociologiques de l'immigration d'étrangers dans le bassin houiller de Lorraine,* CREDES, Nancy, 1967 (dact.).

Nicolet, C., *L'Idée républicaine en France,* Paris, Gallimard, 1982.

Noiriel, G. (avec la collaboration d'Azzaoui, B.,), *Vivre et Lutter à Longwy,* Paris, Maspero, 1980.

— *Les Ouvriers sidérurgistes et les Mineurs de fer dans le bassin de Longwy (1919–1939),* thèse de 3e cycle, U. de Paris-VIII, 1982 (dact.).

— «L'histoire de l'immigration en France. Note sur un enjeu», *Actes de la recherche en sciences sociales,* septembre 1984.

— *Longwy. Immigrés et prolétaires (1880–1980),* Paris, PUF, coll, «Pratiques théoriques», 1984.

— *Les Ouvriers dans la société française (XIXe–XXe siècle),* Paris, Seuil, coll. «Points Histoire», 1986.

— «L'immigration en France, une histoire en friche», *Annales ESC,* juillet-août 1986.

— «Immigration et traditions politiques», *Pouvoirs,* 1987.

— «L'histoire de l'immigration dans l'enseignement supérieur et dans la recherche aujourd'hui», in Vieille, P., *L'Immigration à l'université et dans la recherche,* rapport au ministre de l'Éducation nationale, paru dans *Babylone,* n° 6/7,

mai 1989.
— *La Tyrannie du national. Le droit d'asile en Europe (1793-1993)*, Paris, Calmann-Lévy, 1991.

Nora, P., (éd.). *Les Lieux de mémoire*, t. I. *La République*; t. II, *La Nation*, Paris, Gallimard, 1984-1986 (4 vol.). 〔谷川稔監訳『記憶の場』全三巻，岩波書店，2002-2003年〕

Nord, P., «Le mouvement des petits commerçants et la politique en France, 1888-1914», *Le Mouvement social*, 1981.

Nourissier, F., *L'Homme humilié*, Paris, Spes, 1950.

— et Pillepich, A., *Enracinement des immigrés*, Paris, Bloud et Gray, 1951.

O'Brien, P. et Keyder, C., « Les voies de passage vers la société industrielle en Grande-Bretagne et en France», *Annales ESC*, 1979.

ODACH (Office départemental d'action culturelle de l'Hérault), *Paroles. Histoires d'une migration; des Espagnols racontent...*, Montpellier, s.d.

Offerlé, M., «Mobilisation électorale et invention du citoyen; l'exemple du milieu urbain français à la fin du XIXe siècle», in Gaxie P., *Explications du vote*, Paris, PFNSP, 1985.

Olievenstein, C., *Il n'y a pas de drogués heureux*, Paris, Laffont, 1977.

Ollier, C., *Nébules*, Paris, Flammarion, 1981.

Oriol, M., «Identité produite, identité instituée, identité exprimée; confusion des théories de l'identité nationale et culturelle», *Cahiers internationaux de sociologie*, 1979.

— *Bilan des études sur les aspects culturels et humains des migrations internationales (1918-1979)*, Strasbourg, Fondation européenne de la science, 1981 (dact.).

— et Hily, M. C. (éd.). *Les Réseaux associatifs des immigrés en Europe occidentale*, U. de Nice, IDERIC, 1985 (dact.).

Oualid, W., «Les travailleurs étrangers en France; leur répartition professionnelle et sociale», *Revue internationale du travail*, 1929.

Paczkowski, A., «La presse des émigrés polonais en France (1920-1940)», *Revue du Nord*, 1978.

Pairault, A., *L'Immigration organisée et l'emploi de la main-d'œuvre étrangère en France*, thèse de sciences économiques et politiques, Paris, PUF, 1926.

Paon, M., *L'Immigration en France*, Paris, Payot, 1926.

Papault, A., *Le Rôle de l'immigration agricole étrangère dans l'économie française*, thèse de droit, Paris, Marcel Giard, 1933.

Pasquet, L., *Immigration et Main-d'œuvre étrangère en France*, Paris, Rieder, 1927.

De Paulucci di Calboni, M., *L'Italie vagabonde*, Paris, Davy, 1895.

Peraldi, M., *La Frontière mobile : destins migrants et réseaux politiques locaux à Marseille*, rapport intermédiaire de recherche réalisé pour la MIRE, Marseille, CERFISE, 1986 (dact.).

Perrin, J., *La Main-d'œuvre étrangère dans les établissements du bâtiment et des travaux publics en France,* Paris, PUF, 1925.

Perrot, M., « Les rapports entre ouvriers français et étrangers (1871–1893), *Bulletin de la Société d'histoire moderne,* 1960.

— *Les Ouvriers en grève (France. 1871–1890),* Paris, Mouton, 1974 (2 vol.); repris sous une forme abrégée et sous le titre *Jeunesse de la grève, 1871–1890,* Paris, Seuil, 1985.

Petonnet, C., *On est tous dans le brouillard,* Paris, Galilée, 1985.

Peuples-Méditerranée, « Migrations et Méditerranée », n° spécial, 1985.

Pinçon, M., *Les Travailleurs immigrés et les grands ensembles,* Paris, Centre de sociologie urbaine, 1981.

Piore, M., *Birds of Passage and Promised Lands: Long-Distance Migrants and Industrial Societies,* Cambridge (Mass.), Cambridge Univ. Press, 1979.

Pluyette, J., *La Sélection de l'immigration en France et la Doctrine des races,* thèse de droit, Paris, Pierre Bosseret, 1930.

Poinard, M., Le *Retour des travailleurs portugais*, Pans, La Documentation française, 1979.

Polanyi, K., *La Grande Transformation. Aux origines politiques et économiques de notre temps,* Paris, Gallimard, 1983 (1re éd. 1944).〔野口建彦・栖原学訳『大転換——市場社会の形成と崩壊』東洋経済新報社，2009 年〕

Pomian, K., *L'Ordre du temps,* Paris, Gallimard, 1986.

Ponty, J., « Des Polonaises parlent », *Revue du Nord,* 1981.

— *Les Travailleurs polonais en France,* thèse d'État (histoire), U. de Paris-I, 1985 (dact.), 3 vol.

Portemer, J., « L'étranger dans le droit de la Révolution française », in *L'Étranger. Recueil de la Société Jean-Bodin,* 1959.

Portet, J., *De la condition juridique des étrangers en France et de la naturalisation*, Évreux, Charles Hérissey, 1882.

Poszwa, L., *L'Emigration polonaise agricole en France,* Paris, Gebethner et Wolff, 1930.

Preux, A., *De la naturalisation*, Douai, J. Six, 1860.

Projet, « Ces étrangers qui font aussi la France », n° spécial, 1983.

Raulin, A., « Mises en scène des commerces maghrébins parisiens », *Terrain,* n° 7, 1987.

Ray, J., *Les Marocains en France,* Paris, Lavergne, 1937.

Reardon, J. A., *Belgian Workers in Roubaix, France in the 19th,* Dissertation of philosophy, Univ. Of Maryland, 1977 (dact.).

Rebérioux, M., *La République radicale? (1899–1914),* Paris, Seuil, coll. «Points Histoire», 1975.

Reid, D., «The limits of Paternalism: Immigrant Coal Miner's Communities in France, 1919–1945», *European History Quarterly,* 1985.

Renan, E., «Qu'est-ce qu'une Nation ?» (conférence faite en Sorbonne le 11 mars 1882), in *Œuvres complètes,* Paris, Calmann-Lévy, 1947. 〔鵜飼哲・大西雅一郎・細見和之・上野成利訳『国民とは何か』インスクリプト, 1997年〕

Repiton, I., *L'Opinion française et les Émigrés russes, à travers la littérature française de l'entre-deux-guerres,* mémoire de DEA, Institut d'études politiques, Paris, 1986 (dact.).

Reybaud, L., *Le Coton,* Paris, Michel Levy, 1863.

Richard-Jalabert, E., «Les réfugiés carlistes à Marseille pendant la monarchie de Juillet», *Provence historique,* 1974.

Riché, J., *L'Évolution sociale des mineurs de Ronchamp aux XIXe et XXe siècles,* Besançon, Jacques et Démontrond, 1964.

Ricklin, A., «Note sur l'évolution sociale des colonies d'ouvriers italiens », in *Artisans et ouvriers d'Alsace,* Strasbourg, Librairie Istra, 1965.

Robinson, M., *Les Canards majuscules,* Paris, Laffont, 1978.

Roche, D., «Les historiens aujourd'hui; remarques pour un débat», *Vingtième Siècle,* 1986.

Rocher, L., «Les élèves étrangers dans l'enseignement secondaire et dans l'enseignement primaire», *L'Enseignement public,* 1928.

Roland, C., *Du Ghetto à l'Occident. Deux générations yiddishes en France,* Paris, Minuit, 1962.

Sabel, C., *Work and politics,* Cambridge (Mass), Cambridge Univ. Press, 1982.

Sabran, J., *Non ! aux villes tentaculaires,* Grenoble, Presses universitaire de Grenoble, 1973.

Salah, A., *La Communauté algérienne dans le département du Nord,* Lille, Presses universitaires de Lille, 1973.

Salmon-Ricci, C., *La Naturalisation des étrangers en France. Étude critique de la loi du 10. 8. 1927,* Paris, Goddé, 1929.

Salque, J. et *alii, L'Anniversaire de Thomas,* Villerupt, Studio 16, 1982.

Santucci, M.-R., «La main-d'œuvre étrangère dans les mines de la Grand'Combe jusqu'en 1940», colloque *Mines et Mineurs en Languedoc-Roussillon,* Montpel-

lier, Dehan, 1977.
Sapey, C.-A., *Les Étrangers en France sous l'ancien et le nouveau droit,* Paris, Joubert, 1843.
Sarraute, R., *Étude sur la situation juridique des immigres en France,* Paris, Imprimerie centrale commerciale, 1953.
Sartre, J.-P., *Réflexion sur la question juive,* Paris, Gallimard, coll. « Idées », 1954.
Sauvy, A., « La population étrangère en France et les naturalisations », *Journal de la Société statistique de Paris,* 1927.
Sayad, A., « El Ghorba; le mécanisme de reproduction de l'émigration », *Actes de la recherche en sciences sociales,* 1975.
— « Les trois "âges" de l'émigration algérienne », *Actes de la recherche en sciences sociales,* 1977.
— « Qu'est-ce qu'un immigré ? », *Peuples-Méditerranée,* 1979.
— *L'Immigration ou les paradoxes de l'altérité,* Bruxelles, De Boeck-Wesmael, 1991.
Schirmacher, M., *La Spécialisation du travail par nationalité à Paris,* Paris, A. Rousseau, 1908.
Schnapper, D., « Centralisme et fédéralisme culturels: les émigrés italiens en France et aux Etats-Unis », *Annales ESC,* 1974.
— *Juifs et Israélites,* Paris, Gallimard, coll. « Idées », 1980.
— *Là France de l'intégration. Sociologie de la nation en 1990,* Paris, Gallimard, 1991.
Schor, R., *L'Opinion française et les étrangers, 1919-1939,* thèse d'État (histoire), Paris, Publications de la Sorbonne 1985.
— *L'Immigration en France, 1919-1939, sources imprimées en langue française et filmographie,* Centre de la Méditerranée moderne et contemporaine, U. de Nice, 1986.
Schramm, H. et Vormeier, B., *Vivre à Gurs. Un camp de concentration français, 1940-1941,* Paris, Maspero, 1979.
Schütz, A. « The Stranger: an essay in social psychology » (1944), repris dans *Collected Papers II,* The Hague, Nijhoff, 1964.
Scott, J.-W., *Les Verriers de Carmaux,* Paris, Flammarion, 1982 (1re éd. 1974).
Seignobos, C., *La Méthode historique appliquée aux sciences sociales,* Paris, Alcan, 1901.
Serre, M., « Problèmes démographiques d'hier et d'aujourd'hui; note sur l'immigration italienne à Toulon et dans le Var », *RGA* 1952.
SGF (Statistique générale de la France), *Recensements de la population,* Paris, Imprimerie nationale, 1851-1936.

Siegfried, A., «La France et les problèmes de l'immigration et de l'émigration», *Les Cahiers du Musée social,* 1946.

Signoret, S., *Adieu Volodia,* Paris, Fayard, 1985.

Simiand, F., «Méthode historique et science sociale», *Revue de synthèse historique,* 1903.

— «La causalité en histoire», *Bulletin de la Société française de philosophie,* 1906.

— *Le Salaire, l'évolution sociale et la monnaie,* Paris, Alcan, 1932 (3 vol.).

Simmel, G., «Digressions sur l'étranger», in Grafmeyer, Y. et Joseph, I., *L'Ecole de Chicago,* Paris, Aubier, 1982.

Simon, P.-J., *Rapatriés d'Indochine: un village franco-indochinois en Bourbonnais,* Paris, L'Harmattan, 1981 (dact.).

Singer-Kerel, J., *«La population active étrangère au recensement de 1982», GRAMI, Document de travail n° 16, octobre* 1986 (dact).

Sociologie du Sud-Est, «Le seuil de tolérance aux étrangers», colloque du CIR-DOM, 1975.

Sokolnicki, M., *Les Origines de l'émigration polonaise en France (1831–1832),* Paris, Alcan, 1910.

Sportiello, A., *Les Pêcheurs du Vieux-Port. Fêtes et traditions,* Marseille, Jeanne Laffite, 1981.

Stasi, B., *L'Immigration : une chance pour la France,* Paris, Laffont, 1984.

Stein, L., *Par-delà l'exil et la mort. Les républicains espagnols en France,* Paris, Mazarine, 1981 (1re éd. 1979).

Steihberg, S., *The Ethnie Myth (Race, Ethnicity and class in America),* New York, Athenum, 1981.

Sternhell, Z., *Maurice Barrés et le Nationalisme français,* Paris, Complexe, 1985 (1re éd. 1972).

— *La Droite révolutionnaire,* Paris, Seuil, coll. «Points Histoire», 1984 (1re éd. 1978).

— *Ni droite, ni gauche. L'Idéologie fasciste en France,* Paris, Seuil, 1983.

Stora, B., «Les travailleurs indochinois en France pendant la Deuxième Guerre mondiale», *Les Cahiers du CERMTRI,* 1983 (dact.).

Sudre, P., *Le droit au nom,* Paris, Larose, 1903.

Suza, L. de, *La Valise en carton,* Paris, Éditions 13, 1984.

Taboada-Leonetti, I. et Levy, F., *Femmes et Immigrées,* Paris, La Documentation française, 1978.

Tahla, L. (éd.), *Maghrébins en France : émigrés ou immigrés ?,* Paris, CNRS, 1983.

Taravella, L., *Histoire sociale des habitants de Rocca di Ferriere émigrés dans la région parisienne à travers les récits biographiques,* maîtrise de sociologie, U. de

Paris-VII, 1983 (dact.).
Tarde, G., *La Criminalité comparée,* Paris, Alcan, 1886.
Tchernoff, J., *Dans le creuset des civilisations,* Paris, Rieder, 1938 (4 vol.).
Les Temps modernes, «L'Immigration maghrébine en France; les faits et les mythes», n° spécial, 1984.
Ternois. Y., *Zola et ses amis italiens,* Dijon, Presses universitaires, 1967.
Ternon, Y., *La Cause arménienne,* Paris, Seuil, 1983.
Thelot, C., *Tel père, tel fils,* Paris, Dunod, 1982.
Thomas, W. I. and Znaniecki, F., *The Polish Peasant in Europe and America,* New York, Dover Publ. Inc., 1958 (1re éd. 1918).
Thompson, E. P., *The Making of the English Working Class,* London, Penguin Book, 1975 (1re éd. 1963).〔市橋秀夫・芳賀健一訳『イングランド労働者階級の形成』青弓社, 2003 年〕
De Tocqueville, A., *L'Ancien Régime et la Révolution,* Paris, Gallimard, coll. «Folio», 1985 (1re éd. 1856).〔小山勉訳『旧体制と大革命』ちくま学芸文庫, 1998 年〕
— *De la démocratie en Amérique,* Pans, Garnier-Flammarion, 1981, 2 vol. (1re éd. 1835–1840).〔松本礼二訳『アメリカのデモクラシー』全四巻, 岩波文庫, 2005 年〕
Tomasi, J., «Le migrant dans l'entreprise», *Recherches régionales,* 1975
Toujas-Pinède, C., *L'Immigration étrangère en Quercy,* Privat, 1990.
Toulemonde, J., *Naissance d'une métropole,* Tourcoing, Georges Frère, 1966.
Touraine A., «Le retour de l'acteur», *Cahiers internationaux de sociologie,* 1981.
Tournerie, J.-A., *Le Ministère du Travail,* Paris, Cujas, 1971.
Trempé, R., «La main-d'œuvre étrangère aux mines de Carmaux entre les deux guerres», *Revue du Tarn,* 1971.
Tribalat, M., «Nuptialité et fécondité des étrangères», *Économie et Statistique,* 1985.
— (éd), *100 ans d'immigration : étrangers d'hier et Français d'aujourd'hui,* INED, 1991.
Triolet, E., *Le Rendez-vous des étrangers,* Paris, Gallimard, 1955.
Troyat, H., *Étrangers sur la terre,* Paris, La Table ronde, 1950.
— *Un si long chemin,* Paris, Stock, 1987 (1re éd. 1977).
Turabian, A., *Trente Ans en France. Ma vie,* Marseille, L'Aiguillon, 1928.
US Bureau of the Census, 1980 *Census of Population,* Washington DC, US Gvt Printing Office, 1983.
— *Statistical Abstract of the US : 1985,* Washington DC, US Gvt Printing Office, 1986.
— *Historical Statistics of the US Colonial to 1970, part I,* Washington DC, US Gvt

Printing Office, 1975.
Vacher de Lapouge, G., *Race et Milieu social,* Paris, Marcel Rivière, 1909.
Valdour, J., *Les Mineurs,* Paris, Giard et Rousseau 1919.
— *Sous la griffe de Moscou,* Paris, Flammarion, 1929.
Valensi, L. et Wachtel, N., *Mémoires juives,* Paris, Gallimard/Julliard, coll. « Archives », 1987.
Van Gennep, *Traité comparatif des nationalités, t. I, Les Éléments extérieurs de la nationalité,* Paris, Payot, 1921.
Vannestre, O. (éd.), *Les Frontaliers de la Flandre occidentale dans le nord de la France,* Bruxelles, H. M. Schauman, 1964.
De Vaux de Foletier, F., *Les Bohémiens en France au XIXe siècle,* Paris, Lattès, 1981.
Vejarano, F., *Les Naturalisés et leur destin,* thèse de 3e cycle (démographie historique), Paris, EHESS, 1985 (dact.).
Verneuil, H., *Mayrig,* Paris, Laffont, éd. de poche, 1985.
Viargues, R., « Formes et contenu de la motivation des actes administratifs ; l'exemple des décisions d'expulsions des ressortissants étrangers », *Revue de droit public,* 1982.
Vidalenc, J., « Les étrangers en Seine-Inférieure jusqu'au milieu du XIXe siècle », *Études normandes,* 1979.
Videlier, P., et Bouet, B., *Vénissieux de A à V,* Lyon, Presses universitaires, 1983.
Videlier, P., *Destins migrants : Italiens et Algériens à Lyon (1914-1950),* présentation d'une recherche en cours pour la MIRE (Ministère des Affaires sociales), 1985.
Vingtième Siècle, « Étrangers, immigrés. Français », n° spécial, 1985.
Walraff, G., *Tête de Turc,* Paris, La Découverte, 1986 (1re éd. 1984).
Walter, G., *Le Problème de la main-d'œuvre en Lorraine désannexée,* Mâcon, J. Buguet-Comptour, 1935.
Weber, M., *Essais sur la théorie de la science,* Paris, Pion, 1965.
— *Économie et Société,* Paris, Pion, 1971 (1re éd. 1921).
— *Sociologie du droit,* Paris, PUF, 1986.〔世良晃志郎訳『法社会学』創文社，1974 年〕
Weber, E., *Peasants into Frenchmen,* Stanford, Stanford Univ. Press, 1976.
Weil, P., *La France et ses étrangers : l'aventure d'une politique d'immigration, 1938-1991,* Paris, Calmann-Lévy, 1991.
Whyte, W. F., *Street Corner Society,* Chicago, Univ. of Chicago Press, 1943.〔奥田道大・有里典三訳『ストリート・コーナー・ソサエティ』有斐閣，2000 年〕

Wilson S., « Le Monument Henry ; la structure de l'antisémitisme en France », *Annales ESC,* 1977.

Winock, M., *Edouard Drumont et Cie,* Paris, Seuil, 1982.

— *La Fièvre hexagonale,* Paris, Calmann-Lévy, 1986 ; rééd. Seuil, coll. « Points Histoire », 1987.

Wirth, L., *Le Ghetto,* Grenoble, Presses universitaires de Grenoble, 1980 (1re éd. 1928).

Wlocevski, S., *Les Mineurs polonais en France,* Lens, Imprimerie Druck, 1935.

Zehraoui, A., *Les Travailleurs algériens en France. Étude sociologique de quelques aspects de la vie familiale,* Paris, Maspero, 1971.

Zweig, S., *Le Monde d'hier. Souvenirs d'un Européen,* Paris, Belfond, 1982 (1re éd. 1944).〔原田義人訳『昨日の世界』2 巻，みすず書房，1999 年〕

— *Journaux (1920–1940),* Paris, Belfond, 1986 (1re éd. 1984).

増補した文献

インターネット・サイト

2007年に開設予定〔当時〕の，国立移民史博物館のサイト
www.histoire-immigration.fr

高等師範学校の移民史家グループがこの問題に特化した最初のインターネットサイトを設置した。このグループは今日，ネット上で雑誌『移民史研究』を編纂している。
http://barthes.ens.fr/clio/revues/AHI/

さまざまな移民の記憶や文化について有益な情報を提供してくれる非営利団体ジェネリックのサイト
www.generiques.org

著作および論文

Asséo H., *Les Tsiganes. Une destinée européenne*, Paris, Gallimard, 1994.

Association Génériques, *Les Étrangers en France. Guide des sources d'archives publiques et privées*, 4 t., Paris, Direction des archives de France, 1999–2005.

Bade K., *L'Europe en mouvement. La migration de la fin du XVIIIe siècle à nos jours*, Paris, Seuil, «Faire l'Europe», 2002.

Barats C., *L'Intégration et le discours présidentiel sur les immigrés (1981–1991)*, thèse de sciences politiques, université Paris-IX, 1994.

Barnabà Enzo, *Le Sang des marais. Aigues-Mortes, 17 Août 1893, une tragédie de l'immigration italienne*, Marseille, Via Valeriano, 1993.

Bernarab A., *Les Voix de l'exil*, Paris, L'Harmattan, 1994.

Benveniste A., *Le Bosphore à la Roquette. La communauté judéo-espagnole à Paris (1914–1940)*, Paris, L'Harmattan, 1989.

Betz A., *Exil et Engagement. Les intellectuels allemands et la France (1930–1940)*,

Paris, Gallimard, 1991.
Birnbaum P., *La France aux Français. Histoire des haines nationalistes*, Paris, Seuil, 1993.
Blanc-Chaléard M.-C., *Les Italiens dans L'Est parisien. Une histoire d'intégration (1880–1960)*, Rome, École française de Rome, 2000.
Boubeker A., *Familles de l'intégration. Les ritournelles de l'ethnicité en pays jacobin*, Paris, Stock, 1999.
Brubaker R., *Citoyenneté et Nationalité en France et en Allemagne*, Paris, Belin, 1997.〔佐藤成基・佐々木てる訳『フランスとドイツの国籍とネーション』明石書店，2005年〕
Brunet J.-P. (dir.), *Immigration, vie politique et populisme en banlieue parisienne (fin XIXe–XXe siècles)*, Paris, L'Harmattan, 1995.
Caron V., *Uneasy asylum : France and the Jewish refugee crisis, (1933–1942)*, Stanford (Californie), Stanford University Press, 1999.
Cegarra M., *La Mémoire confisquée. Les mineurs marocains dans le Nord de la France*, Villeneuve-d'Ascq, Presses universitaires du Septentrion, 1999.
Collomp C., «Immigrant, Labor Markets and the State. A comparative approach: France and the United States 1880–1930», *Journal of American History*, vol. 86, n° 1, June 1999.
Condominas G. et Pottier R., *Les Réfugiés originaires de l'Asie du Sud-Est. Arrière-plan historique et culturel, les motivations de départ*, La Documentation française, 1983.
Derainne P.-J., *Le Travail, les migrations et les conflits en France. Représentations et attitudes sociales sous la monarchie de Juillet et la Seconde République*, thèse d'histoire, université de Dijon, 1999.
Dewitte P., *Deux siècles d'immigration et France*, Paris, La Documentation française, 2003.
Diminescu D. (dir.), *Visibles mais peu nombreux. Les circulations migratoires roumaines*, Paris, Éd. de la Maison des sciences de l'homme, 2003.
Dornel L., *La France hostile. Socio-histoire de la xénophobie (1870–1914)*, Paris, Hachette, 2004.
Dubost J.-F. et Sahlins P., *Et si on faisait payer les étrangers ? Louis XIV, les immigrés et quelques autres*, Paris, Flammarion, 1999.
Dufoix S., *Politiques d'exil. Hongrois, Polonais et Tchécoslovaques en France après 1945*, Paris, PUF, 2002.
Feldblum M., *Reconstructing Citizenship. The Politics of Nationality Reform and Immigration in Contemporary France*, Albany (NY), State University of New

York Press, 1999.

Gastaut Y., *L'Immigration et l'Opinion en France sous la Ve République*, Paris, Seuil, «XXe siècle», 2000.

Gillette A., Sayad A., *L'Immigration algérienne en France*, Paris, Éditions Entente, 1984.

Gousseff C., *Immigrés russes en France (1900–1950). Contribution à l'histoire politique et sociale des réfugiés*, thèse d'histoire, EHESS, 1996.

Green N., *Du Sentier à la 7e Avenue. La confection et les immigrés, Paris-New York (1880–1980)*, Paris, Seuil, «L'univers historique», 1998.

Guichard E. Et Noiriel G. (dir.), *Construction des nationalités et immigration dans la France contemporaine*, Paris, Presses de l'ENS, 1997.

Hamoumou M., *Et ils sont devenus harkis*, Paris, Fayard, 1993.

Hassoun J.-P., *Hmong du Laos en France. Changement social, initiatives et adaptations*, Paris, PUF, 1997.

Hanneresse M.-C., *Le Patronat et la politique française d'immigration (1945–1975)*, thèse de sciences politiques, IEP-Paris, 1979.

Horowitz D. and Noiriel G. (dir.), *Immigrants in two democracies, French and Americain Experiences*, New York/Londres, New York University Press, 1992.

Hovanessian M., *Les Arméniens et leurs territoires*, Éd. Autrement, 1995.

Kaspi A. et Marès A. (dir.), *Le Paris des étrangers depuis un siècle*, Paris, Imprimerie nationale, 1989.

Kateb K., *Européens, «indigènes» et Juifs en Algérie (1830–1962), Représentations et réalités des populations*, Paris, INED, 2001.

Legoux L., *La Crise de l'asile politique en France*, Paris, CEPED, 1995.

Lillo N., *La Petite Espagne de la Plaine-Saint-Denis (1900–1980)*, Paris, Éd. Autrement, 2004.

Live Y. S., «*Les Chinois de Paris depuis le début de 20ème siècle. Présence urbaine et activités économiques*», *Revue européenne des migrations internationales*, vol. 8, n° 3, 1992.

MacMaster N., *Colonial Migrants and Racism. Algerians in France (1900–1962)*, New York, St Martin's Press, 1997.

Manitakis N., *L'Essor de la mobilité étudiante internationale à l'âge des États-nations. Une étude de cas : les étudiants grecs en France (1880–1940)*, thèse d'histiore, EHESS, 2004.

Massard-Guilbaud G., *Des Algériens à Lyon. De la Grande Fuerre au Front populaire*, Paris, CIEMI-L'Harmattan, 1995.

Masse J.-P., *L'Exception indochinoise. Le dispositif d'accueil des réfugiés politiques*

en France (1973-1991), thèse de sciences sociales, EHESS, 1996.
Meynier G., *L'Algérie révélée. La guerre de 1914-1918 et le premier quart du XXe siècle*, Genève, Droz, 1981.
Milza P., *Voyage en Ritalie*, Paris, Payot & Rivages, 2004.
Milza P. et Peschanski D. (dir.), *Exils et Migrations. Italiens et Espagnols en France (1938-1946)*, Paris, L'Harmattan, 1994.
Moch L., *Moving Europeans. Migration in Western Europe since 1650*, Bloomington, Indiana University Press, 1992.
Mondonico-Torri C., *L'Asile sous la monarchie de Juillet. Les réfugiés politiques en France de 1830 à 1848* , thèse d'histoire, EHESS, 1995.
Noiriel G., *La Tyrannie du national. Le droit d'asile en Europe (1793-1993)*, Calmann-Lévy, 1991 (réédité sous le titre *Réfugiés et sans-papiers. La République face au droit d'asile*, Paris Hachette, «Pluriel», 1998).
Noiriel G., *État, nation et immigration. Vers une histoire du pouvoir*, Paris, Belin, 2001.
Noiriel G., *Altas de l'immigration en France*, Paris, Éd. Autrement, 2004.
Pitti L., *Ouvriers algériens à Renault-Billancourt de la guerre d'Algérie aux grèves d'OS des années 1970. Contribution à l'histoire sociale et politique des ouvriers étrangers en France*, thèse d'histoire, université de Paris-VIII, 2002.
Ponty J., *Polonais méconnus. Histoire des travailleurs immigrés en France dans l'entre-deux-guerres*, Paris, Publications de la Sorbonne, 1988.
Popelier J.-P., *L'Immigration oubliée. L'Histoire des Belges en France*, Lille, Éd. La Voix du Nord, 2003.
Rainhorn J., *Paris, New York : des migrants italiens (années 1880-années 1930)*, Paris, CNRS éditions, 2005.
Roche D., *Humeurs vagabondes. De la circulation des hommes et de l'utilité des voyages*, Paris, Fayard, 2003.
Rosenberg C., *Republican Surveillance. Immigration, Citizenship and the Police in Interwar Paris*, Ph. D., Princeton University, 2000.
Rygiel P., *Destins d'immigrés. Cher 1920-1980. Trajactoires d'immigrés d'Europe*, Besançon, Presses universitaires franc-comtoise, 2001.
Rygiel P. (dir.), *Le Bon Grain et l'Ivraie. L'Etat-nation et les populations immigrées, fin XIXe-début XXe siècle*, Paris, Presses de l'ENS, 2004.
Schnapper D., *La France de l'intégration. Sociologie de la nation en 1990*, Paris, Gallimard, 1991.
Silverman M., *Deconstructing the Nation. Immigration, Racism and Citizenship in Modern France*, London, Routledge, 1992.

Slimani-Direche K., *Histoire de l'émigration Kabyle en France au XXᵉ siècle. Réalités culturelles et politiques, et réappropriations identitaires*, Paris, L'Harmattan, 1997.

Spire A., *Étrangers à la carte. L'administration de l'immigration en France (1945–1975)*, Paris Grasset, 2005.

Stora B., *Ils Venaient d'Algérie. L'immigration algérienne en France (1912–1992)*, Paris, Frayard, 1992.

Taieb É., *Immigrés. L'effet générations: rejet, assimilation, intégration d'hier et d'aujourd'hui*, Paris, Éditions de l'Atelier-Éditions ouvrières, 1998.

Temine É. (dir.), *Migrance. Histoire des migrations à Marseille*, Aix-en-Provence, Édisud, 4 vol., 1989–1991.

Toujas-Pinède C., *L'Immigration étrangère en Quercy, XIXᵉ et XXᵉ siècle*, Toulouse, Privat, 1990.

Tribalat M. (dir.), *Cent ans d'immigration. Étrangers d'hier, Français d'aujourd'hui*, Paris, INED-PUF, 1991.

Tribalat M., *De l'immigration à l'assimilation. Enquête sur les populations d'origine étrangère en France*, Paris, La Découverte, 1996.

Tripier M., *L'Immigration dans la classe ouvrière en France*, Paris, L'Harmattan, 1990.

Vermès G. (dir.), *25 communautés linguistiques de la France*, vol. 2, *Les Langues immigrées*, Paris, L'Harmattan, 1988.

Viet V., *La France immigrée. Construction d'une politique (1914–1997)*, Paris, Fayard, 1998.

Viet V., *Histoire des Français venus d'ailleurs de 1850 à nos jours*, Paris, Perrin, 2004.

Volovitch-Tavarès M.-C., *Portugais à Champigny*, Paris, Éd. Autrement, 1995.

Wahnich S., *L'Impossible Citoyen. L'étranger dans le discours de la Révolution française*, Paris, Albin Michel, 1997.

Weil P., *La France et des étrangers. L'aventure d'une politique de l'immigration de 1938 à nos jours*, Paris, Gallimard, 1995.

Weil P., *Qu'est-ce qu'un Français? Histoire de la nationalité française depuis la Révolution*, Paris, Grasset, 2002.

Weil P. et Hansen R. (dir.), *Nationalité et Citoyenneté en Europe*, Paris, La Découverte, 1999.

Zalc C., *Immigrants et indépendants. Parcours et contraintes. Les petits entrepreneurs étrangers dans le département de la Seine*, thèse d'histoire, université de Paris-X, 2002.

統計に関する補遺

— Statistique Générale de la France, *Recensements de 1901, 1931, 1936*, Paris, Imprimerie Nationale.

— INSEE, *Recensements de 1975, 1982*, Paris, Imprimerie Nationale.

— INSEE, *Les Étrangers en France*, Paris, Imprimerie Nationale, 1983.

— P. Depoid, *Les Naturalisations en France (1870-1940)*, Paris, Imprimerie Nationale, 1942.

から作成した。

大量流入期

国籍別に集計した人口の変動

1901 年	全体		10 歳未満		10 歳以上		外婚 *	帰化 **
	男性	女性	男性	女性	男性	女性		
イギリス	14 841	22 107	1 456	1 455	13 385	20 652	未集計	2 725
ベルギー	168 539	154 851	22 569	22 670	145 970	132 181		46 578
ルクセンブルク	10 034	11 965	911	887	9 123	11 078		ベルギーを参照
ドイツ	36 378	53 394	3 552	3 631	32 826	49 763		10 383
スイス	39 607	32 435	3 643	3 786	35 964	28 649		9 324
オーストリア	5 747	4 043	351	330	5 396	3 713		1 487
スペイン	44 953	35 472	5 151	4 963	39 802	30 509		4 393
イタリア	193 178	137 287	20 933	21 412	172 245	115 875		23 927
外国人全体	550 058	483 813	62 202	63 765	487 856	420 048		130 263

* 調査の年に国籍を異にする者と結婚した男女の数を指す。
** 調査の年に帰化した人の数

国籍別に集計した人口の変動

1931 年	全体		10 歳未満		10 歳以上		外婚 *		帰化 **
	男性	女性	男性	女性	男性	女性	男性	女性	
ポルトガル	41 080	7 883	2 557	2 347	38 523	5 536	—	—	700
アメリカ合衆国	7 832	8 987	873	872	6 959	8 115	112	64	1 623
スイス	58 958	39 517	5 438	4 915	53 520	34 602	878	496	19 714
ドイツ	40 006	31 723	4 373	4 267	35 633	27 456	471	619	33 204
スペイン	200 136	151 728	29 490	27 931	170 646	123 797	1 354	878	26 935
イタリア	485 958	322 080	61666	59 717	424 292	262 363	3 444	1 797	100 642
ポーランド	305 117	202 694	53 706	52 347	251 411	150 347	497	553	13 535
ロシア	47 159	24 769	2 386	2 332	44 773	22 437	505	96	10 972
ベルギー	144 670	109 024	12 898	12 446	131 772	96 578	2 064	1 330	66 896
外国人全体	1 655 962	1 058 735	202 890	195 563	1 453 072	863 173	10 956	6 364	361 231

1975 年	全体		10 歳未満		10 歳以上		外婚 ***		フランス国籍取得
	男性	女性	男性	女性	男性	女性	男性	女性	(男性＋女性)
スペイン	262 365	235 115	35 970	33 985	226 395	201 130	1 595	1 561	261 100
イタリア	260 440	202 500	23 605	22 330	236 835	180 170	2 976	1 528	446 400
ポルトガル	408 530	350 395	93 050	87 990	315 480	262 405	1 261	658	35 700
アルジェリア	483 095	227 595	81 305	78 595	401 790	149 000	1 251	201	6 100
モロッコ	190 570	69 455	23 915	22 400	166 655	47 055	338	130	20 500
トルコ	37 790	13 070	4 520	3 850	33 270	9 220	—	—	—
外国人全体	2 060 845	1 381 570	301 805	284 895	1 759 040	1 096 675	11 786	7 114	1 392 000

* 調査の年に国籍を異にする者と結婚した男女の数を指す。
** 調査の年に帰化した人の数
***1971 年の数字

産業部門別の就業人口の変化

	就業人口全体		漁業・農業		製造業		運輸交通業		商業		自由業・公共サービス		家事サービス	
	男性	女性	男性	女性	男性	女性	男性	女性	男性	女性	男性	女性	男性	女性
1901 年														
イギリス	7 620	6 862	239	47	1 923	764	541	54	3 183	502	1 042	2 656	692	2 839
ベルギー	129 683	52 017	17 348	4 200	89 935	24 448	5 832	3 112	12 166	7 807	1 976	1 709	2 426	10 741
ルクセンブルク	8 186	6 536	1 156	322	4 675	1 349	767	354	971	770	295	494	322	3 247
ドイツ	26 706	30 197	2 473	809	15 178	5 740	1 200	889	5 967	3 097	1 284	3 142	604	16 520
スイス	31 615	15 024	5 530	971	15 008	4 144	1 224	371	7 155	2 477	1 196	1 304	1 502	5 757
オーストリア	4 884	1 812	219	31	2 923	443	138	42	1 224	205	295	410	85	681
スペイン	34 357	11 807	12 784	3 836	13 706	3 166	1 424	521	5 194	1 633	786	538	463	2 113
イタリア	152 768	53 165	22 412	6 402	94 617	17 894	15 497	6 375	15 831	6 787	2 635	1 497	1 776	14 210
外国人全体	415 949	184 121	63 203	16 833	247 406	60 765	27 497	11 940	57 048	24 246	12 574	12 988	8 221	57 349

	就業人口全体		漁業・農業		製造業		運輸交通		商業		自由業・公共サービス		家事サービス	
	男性	女性	男性	女性	男性	女性	男性	女性	男性	女性	男性	女性	男性	女性
1931 年														
ポルトガル	37 380	1 715	2 687	209	31 224	815	2 119	57	939	125	294	255	117	254
合衆国	3 320	1 064	163		1 040		126		1 159		1 747		149	
スイス	46 056	14 790	8 743	2 434	23 317	3 631	1 375	74	9 159	2 448	2 273	2 072	1 189	4 131
ドイツ	29 485	9 355	1 508	295	23 496	2 853	814	123	2 452	1 381	944	1 871	261	2 832
スペイン	150 694	43 506	43 472	14 187	78 843	15 257	9 196	954	15 119	5 179	1 764	1 751	2 300	6 178
イタリア	383 066	91 940	49 884	20 706	273 297	35 504	21 142	2 867	30 239	14 040	4 333	3 312	4 171	15 511
ポーランド	232 728	54 274	33 767	16 578	183 252	23 231	5 128	580	7 879	4 760	1 681	1 393	1 021	7 732
ベルギー	116 920	39 950	24 677	10 694	68 802	13 056	4 923	1 190	13 618	5 700	2 863	2 431	2 037	6 879
ロシア	39 431	8 290	1 925	256	22 813	3 423	4 812	93	5 879	1 604	3 092	1 928	910	986
外国人全体	1 292 293	306 931	181 097	69 145	834 104	115 110	69 345	6 866	115 206	40 795	76 926	21 603	15 615	53 412

産業部門別の就業人口の変化

1975年	農業・漁業	製造業	エネルギー産業	土木建設業	商業	運輸・通信業	営利サービス業	リース・保険業	非営利サービス業
男性									
スペイン	17 680	46 660	535	46 635	8 500	3 160	13 195	725	4 700
イタリア	9 975	56 290	3 100	56 690	8 335	3 390	12 935	755	3 285
ポルトガル	10 515	85 545	590	118 965	8 255	4 310	14 885	740	4 370
ポーランド	1 560	7 275	970	2 040	830	320	1 335	70	815
スイス	1 005	2 530	15	755	1 155	370	1 450	155	1 250
アルジェリア	3 065	123 625	4 090	96 135	15 330	11 460	29 735	1 075	10 380
モロッコ	22 685	56 235	5 160	33 690	5 375	3 495	8 170	420	2 390
トルコ	1 500	15 840	90	9 635	845	290	745	50	285
外国人男性全体	78 125	470 835	16 555	401 165	66 405	33 990	113 740	6 205	47 635

	農業・漁業	製造業	エネルギー産業	土木建設業	商業	運輸・通信業	営利サービス業	リース・保険業	非営利サービス業
女性									
スペイン	1 545	13 210	75	570	4 480	555	9 080	635	24 310
イタリア	1 815	14 960	75	740	4 845	515	6 515	695	6 835
ポルトガル	2 690	42 790	150	1 445	5 910	925	18 470	1 070	30 045
ポーランド	500	2 255	40	45	515	60	1 310	60	1 765
アルジェリア	110	5 160	50	575	1 710	270	3 555	215	2 035
モロッコ	315	2 400	40	230	695	150	1 905	100	2 445
トルコ	50	880	0	65	90	0	70	0	95
外国人女性全体	8 435	96 570	540	4 285	23 495	3 570	53 770	3 725	82 195

社会・職業的カテゴリー別の就業人口の変化

	経営者		被雇用者		労働者		自営の勤労者		失業者		不明	
	男性	女性	男性	女性	男性	女性	男性	女性	男性	女性	男性	女性
1901 年												
イギリス	1 004	259	2 970	4 366	2 207	448	1 102	1 565	243	121	94	103
ベルギー	11 478	5 280	10 080	13 199	87 191	21 148	15 290	10 965	5 312	1 388	332	37
ルクセンブルク	887	415	1 079	3 715	4 885	1 328	921	926	319	136	95	16
ドイツ	2 306	1 203	5 812	19 266	14 667	5 209	2 954	3 824	824	606	143	89
スイス	4 356	1 553	7 192	7 505	14 248	2 858	4 382	2 737	1 114	339	323	32
オーストリア	548	95	906	906	2 174	291	976	471	172	44	48	5
スペイン	4 951	2 870	2 836	2 863	17 189	3 307	8 328	2 598	1 003	167	50	2
イタリア	12 147	4 908	9 107	16 715	98 826	20 372	25 614	9 903	5 749	1 224	1 325	43
外国人全体	40 431	17 275	43 884	70 556	248 637	56 655	64 907	35 069	15 460	4 210	2 630	356

	経営者		被雇用者		労働者		自営の勤労者		失業者	
	男性	女性	男性	女性	男性	女性	男性	女性	男性	女性
1931年										
ポルトガル	516	154	345	264	33 182	1 097	2 042	133	1 295	67
合衆国	619	116	818	301	644	210	1 136	411	103	26
スイス	8 163	2 563	8 102	3 028	23 099	7 443	5 076	1 371	1 616	385
ドイツ	954	439	2 477	2 648	23 664	5 391	1 569	676	821	201
スペイン	16 508	9 789	6 320	3 451	104 045	24 997	18 020	4 079	5 795	1 196
イタリア	36 298	18 717	14 418	8 054	274 495	50 802	42 910	11 478	14 945	2 889
ポーランド	5 627	3 008	3 438	3 267	209 084	42 951	9 234	3 255	5 345	1 793
ベルギー	20 329	10 086	10 307	4 183	71 441	20 688	11 003	4 048	3 840	945
ロシア	2 859	913	4 590	1 773	24 149	2 532	5 477	2 285	2 356	787
外国人全体	104 786	49 309	116 691	33 476	899 874	180 119	123 126	33 359	47 816	10 668

社会・職業的カテゴリー別の就業人口の変化

1975年	農業経営者	農業労働者	商工業経営者	自由業・上級管理職	中級管理職	被雇用者	職工長・熟練工	未熟練労働者	鉱山労働者・漁業労働者	サービス従事者	芸術家・聖職者・軍人・警察官	男性就労人口全体
男性												
スペイン	2 225	15 625	6 210	1 645	3 240	5 525	51 770	54 075	615	4 290	1 000	146 400
イタリア	4 960	4 880	13 140	2 605	5 145	5 815	62 800	52 385	3 155	3 555	1 050	159 490
ポルトガル	180	9 205	2 160	540	1 570	5 520	86 745	142 380	675	3 385	320	252 680
ポーランド	425	1 125	615	575	675	725	3 920	6 085	885	435	380	15 845
スイス	815	180	1 150	1 645	925	630	1 155	1 165	5	225	970	8 865
アルジェリア	80	2 520	8 190	885	2 765	12 310	61 920	215 105	3 820	5 780	335	313 710
モロッコ	95	22 800	2 345	1 190	1 350	3 820	22 245	81 430	5 270	1 910	225	142 680
トルコ	20	1 465	260	210	215	340	5 770	21 300	90	80	50	29 820
外国人男性全体	12 435	64 325	44 435	32 725	30 310	48 845	340 230	658 905	15 975	26 010	11 835	1 286 030

	農業経営者	農業労働者	工商業経営者	自由業・上級管理職	中級管理職	被雇用者	職工長・熟練工	未熟練労働者	鉱山労働者・漁業労働者	サービス従事者	芸術家・聖職者・軍人・警察官	女性就労人口全体
女性												
スペイン	240	1 220	745	310	985	6 030	3 735	16 930	15	25 595	1 785	57 590
イタリア	1 165	600	1 175	275	1 125	7 790	4 090	15 270	0	6 875	1 380	39 745
ポルトガル	55	2 365	375	170	715	6 350	7 050	57 435	25	33 335	175	108 050
ポーランド	220	270	185	170	320	485	585	2 615	5	1 735	440	7 030
スイス	115	15	150	180	515	505	70	245	0	345	625	2 765
アルジェリア	15	70	490	95	565	4 360	1 665	7 395	10	2 700	15	17 380
モロッコ	0	290	185	100	280	1 230	665	3 965	5	2 835	20	9 575
トルコ	0	45	35	35	40	65	305	770	0	65	25	1 365
外国人女性全体	2 690	5 225	5 150	5 845	10 645	37 165	22 580	117 905	70	82 860	8 175	298 310

定着期

人口合計									
1936年	全体		10歳未満		10歳以上		外婚		帰化
	男性	女性	男性	女性	男性	女性	男性	女性	(男性＋女性)
ポルトガル	21 974	6 316	1 693	1 517	20 281	4 799	統計なし		1 794
アメリカ合衆国	5 047	4 667	286	284	4 761	4 383			1 766
スイス	47 118	31 741	3 207	3 015	43 911	28 726			22 649
ドイツ	30 489	27 649	2 701	2 699	27 788	24 950			37 959
スペイン	140 524	113 075	14 020	14 391	126 504	98 684			38 502
イタリア	405 159	315 767	44 179	44 741	360 980	271 026			157 024
ポーランド	231 039	191 655	37 293	36 825	193 746	154 830			26 171
ロシア	41 706	22 251	1 862	1 771	39 844	20 480			13 810
ベルギー	113 438	82 009	9 013	7 577	104 425	74 432			65 828
外国人全体	1 273 351	924 885	131 554	129 579	1 141 797	795 306			516 647

1982年	全体		10歳未満		10歳以上		外婚*		帰化
	男性	女性	男性	女性	男性	女性	男性	女性	（男性＋女性）
スペイン	169 360	152 080	11 400	9 840	157 960	142 240	1 289	1 096	269 000
イタリア	190 240	143 500	8 820	8 280	181 420	135 220	1 666	718	417 300
ポルトガル	405 480	359 380	65 780	63 480	339 700	295 900	1 705	1 619	68 300
アルジェリア	491 040	304 880	83 500	83 040	407 540	221 840	1 566	1 002	72 300
モロッコ	263 220	167 900	59 800	56 960	203 420	110 940	812	289	31 800
外国人全体	2 104 360	1 575 740	317 380	304 580	1 786 980	1 271 160	12 061	8 257	1 426 000

*1981年の数値

産業部門別の就業人口の変化

1936年	労働人口全体		漁業・農業		製造業		運輸交通業		商業		自由業		サービス業		公務員	
	男性	女性	男性	女性	男性	女性	男性	女性	男性	女性	男性	女性	男性	女性	男性	女性
ポルトガル	18 885	1 384	2 606	250	13 363	418	1 493	39	1 074	153	107	264	156	259	86	1
アメリカ合衆国	2 747	771	133	71	612	141	91	7	648	111	1 043	353	47	45	173	43
スイス	36 322	10 670	7 733	2 177	16 736	2 278	1 284	70	7 454	1 859	2 071	1 804	888	2 436	156	46
ドイツ	21 203	7 533	1 567	520	13 452	1 752	826	166	3 259	1 253	1 562	1 670	262	2 116	275	56
スペイン	108 421	35 184	35 615	11 761	46 482	9 842	8 516	881	13 984	4 695	1 092	2 019	2 317	5 918	415	68
イタリア	307 458	91 958	65 798	29 338	186 340	25 681	18 843	1 988	28 624	13 000	2 233	3 799	4 569	17 903	1 051	249
ポーランド	163 911	55 716	42 419	24 144	105 591	13 433	4 363	415	8 810	5 374	1 029	1 633	1 404	10 635	295	82
ベルギー	89 580	29 079	21 682	9 079	46 761	7 870	4 628	796	11 785	4 361	2 632	2 013	1 760	4 879	332	81
ロシア	34 562	7 390	2 531	338	18 199	2 617	5 416	98	5 566	1 621	1 764	1 654	954	1 041	132	21
外国人全体	967 410	278 066	193 422	85 428	521 868	76 334	61 625	5 283	106 452	37 601	20 103	20 714	16 012	51 876	47 928	830

社会・職業的カテゴリー別の就業人口の変化										
1936 年	経営者		被雇用者		労働者		失業者		自営の勤労者	
	男性	女性	男性	女性	男性	女性	男性	女性	男性	女性
ポルトガル	697	208	313	289	13 881	649	1 982	102	2 012	136
アメリカ合衆国	472	96	600	296	432	133	119	21	1 124	225
スイス	8 037	2 387	5 691	2 272	14 935	4 407	2 251	401	5 408	1 203
ドイツ	2 079	795	1 552	2 216	12 829	3 572	1 535	284	3 208	666
スペイン	17 087	9 809	5 016	3 332	59 876	16 673	10 265	1 813	16 177	3 557
イタリア	43 779	26 033	10 690	7 415	177 101	42 880	29 265	4 570	46 623	11 060
ポーランド	9 663	6 298	3 067	3 360	132 096	39 410	8 181	2 639	10 904	4 009
ベルギー	18 013	8 940	7 224	2 832	45 631	13 027	7 402	1 094	11 310	3 186
ロシア	3 281	1 001	3 629	1 369	17 608	1 990	5 112	1 057	4 932	1 973
外国人全体	117 288	60 577	93 701	29 445	548 082	141 816	83 211	15 015	125 128	31 213

1982 年
産業部門別の就業人口

	イタリア		スペイン		ポルトガル		アルジェリア		モロッコ		外国人全体	
	男性	女性	男性	女性	男性	女性	男性	女性	男性	女性	男性	女性
農業・漁業	4 540	740	8 400	1 440	9 100	3 000	1 920	80	18 200	680	51 600	7 700
製造業	35 820	8 520	26 920	7 520	71 160	37 060	80 040	5 260	49 660	2 660	353 640	80 300
エネルギー産業	2 180	40	460	80	1 020	280	3 620	40	5 720	20	15 520	720
土木建設業	37 800	640	25 580	500	104 940	1 340	62 240	280	27 000	220	295 820	3 560
商業	7 820	3 780	6 700	4 720	11 980	11 860	17 360	3 260	8 360	1 260	78 840	32 920
運輸業	2 700	260	2 660	500	6 520	1 180	14 660	880	5 300	100	43 800	4 600
営利サービス業	12 700	6 800	10 460	10 940	23 760	36 920	35 180	8 220	11 180	3 900	144 720	89 840
リース・保険業	740	720	500	880	1 500	2 420	1 040	400	520	300	7 180	5 840
非営利サービス業	2 940	4 760	3 540	12 280	5 260	29 420	10 380	3 920	4 420	2 720	52 240	69 280

1982 年
職種別の就業人口

	イタリア		スペイン		ポルトガル		アルジェリア		モロッコ		外国人全体	
	男性	女性	男性	女性	男性	女性	男性	女性	男性	女性	男性	女性
農業経営者	2 420	260	1 160	240	360	120	100	0	180	0	7 920	1 800
職人	10 600	420	4 600	420	4 080	180	3 300	100	940	80	28 820	2 340
商人	2 400	640	1 280	340	620	120	8 040	920	2 060	160	23 100	4 440
企業経営者	980	20	400	0	100	20	100	0	80	0	3 660	220
自由業	180	60	40	20	20	20	140	40	180	20	2 680	660
管理職	3 740	480	1 800	280	800	160	1 880	280	1 180	100	40 100	7 260
中間的職種	3 200	1 500	2 420	1 520	1 420	960	2 920	1 400	1 700	380	27 420	18 040
技師・職工長	9 200	100	4 200	140	6 680	120	3 580	100	1 020	60	34 120	1 320
被雇用者	5 200	8 200	5 100	8 440	9 560	21 560	21 940	12 960	8 480	3 480	81 480	76 300
サービス従事者	2 140	4 940	1 840	16 160	3 280	41 700	6 780	4 280	2 420	3 780	25 600	83 160
熟練労働者	44 760	2 640	36 380	2 120	104 220	7 280	82 560	2 120	35 700	1 060	372 920	21 820
未熟練労働者	27 980	10 400	24 900	11 980	108 120	58 860	139 200	9 860	74 360	5 660	475 520	118 220
農業労働者	2 180	480	7 960	1 520	9 560	2 980	1 920	120	19 440	740	47 700	6 340
就業経験のない失業者	640	1 160	600	1 480	1 840	4 080	5 720	8 300	1 640	2 720	16 080	27 220
就業人口全体	115 620	31 300	92 680	44 660	250 660	138 160	278 180	40 480	149 380	18 240	1 187 120	369 140

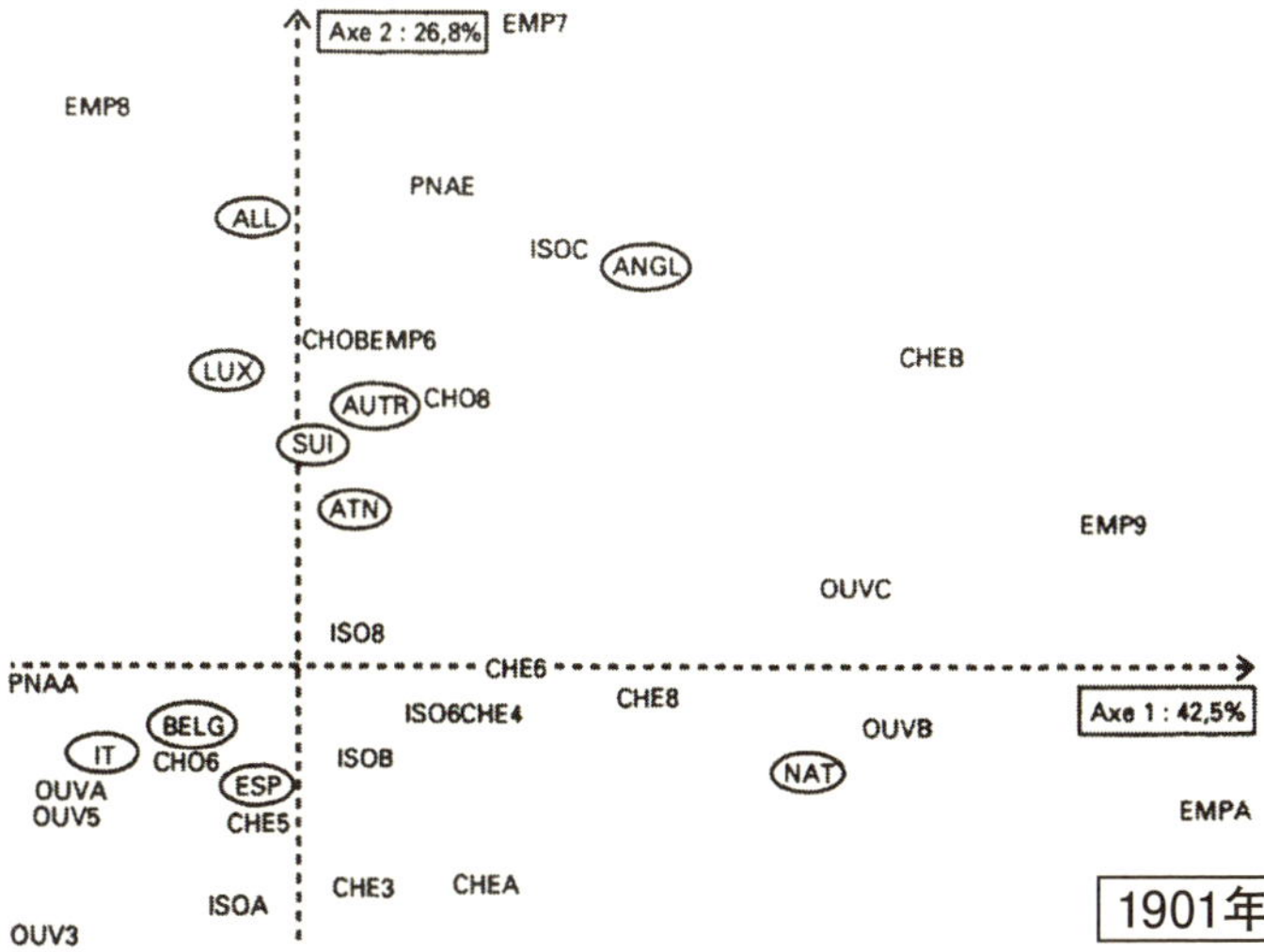
Axe 2 : 26,8%
EMP7
EMP8
PNAE
ALL
ISOC
ANGL
CHOBEMP6
CHEB
LUX
AUTR
CHO8
SUI
ATN
EMP9
OUVC
ISO8
CHE6
PNAA
Axe 1 : 42,5%
CHE8
ISO6CHE4
BELG
OUVB
IT
CHO6
ISOB
NAT
OUVA
ESP
OUV5
CHE5
EMPA
CHE3
CHEA
ISOA
OUV3

1901年

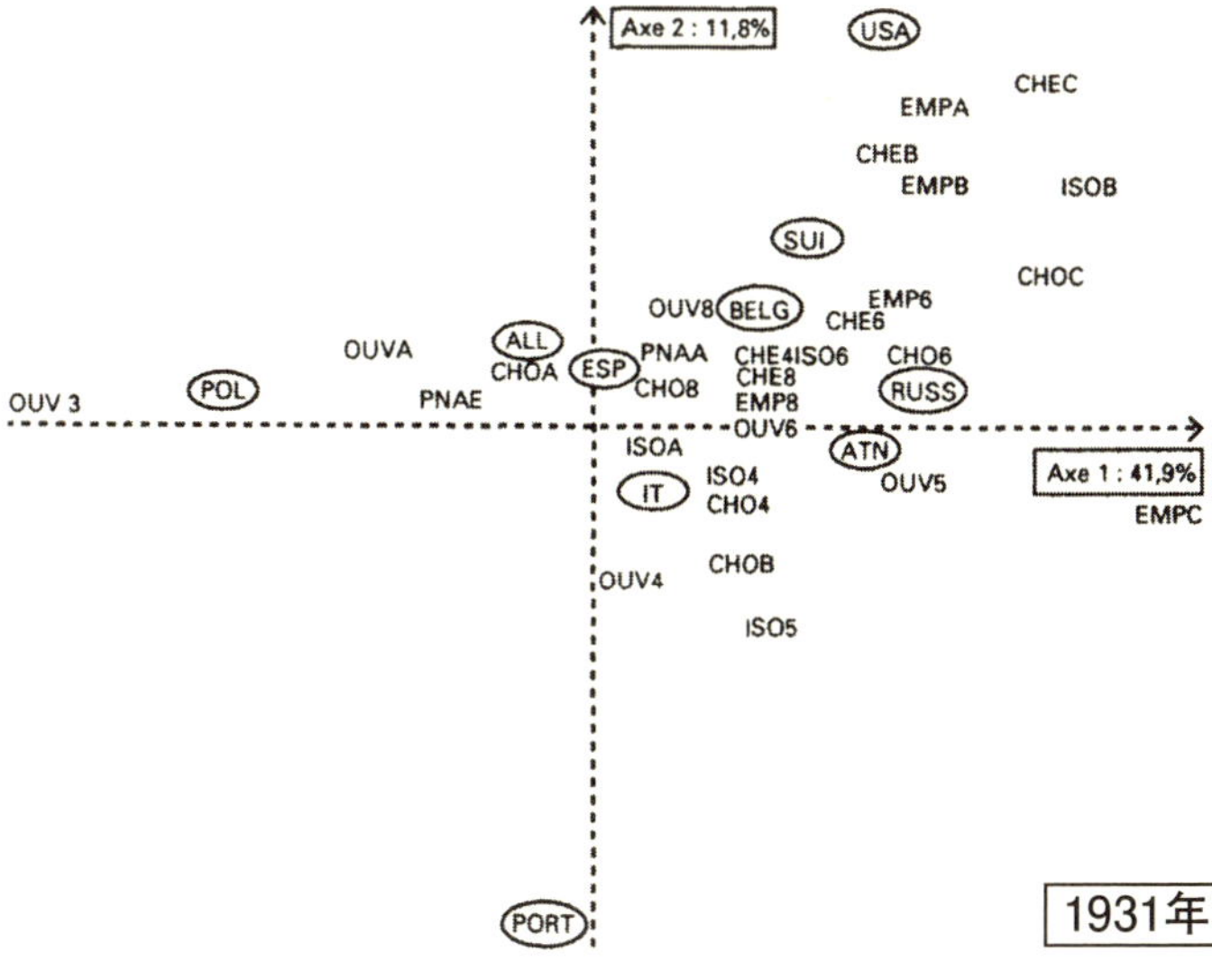
Axe 2 : 11,8%
USA
CHEC
EMPA
CHEB
EMPB
ISOB
SUI
CHOC
EMP6
OUV8
BELG
CHE6
OUVA
ALL
PNAA
CHE4ISO6
CHO6
CHOA
ESP
CHE8
POL
CHO8
RUSS
OUV 3
PNAE
EMP8
OUV6
ISOA
ATN
ISO4
Axe 1 : 41,9%
IT
OUV5
CHO4
EMPC
CHOB
OUV4
ISO5
PORT

1931年

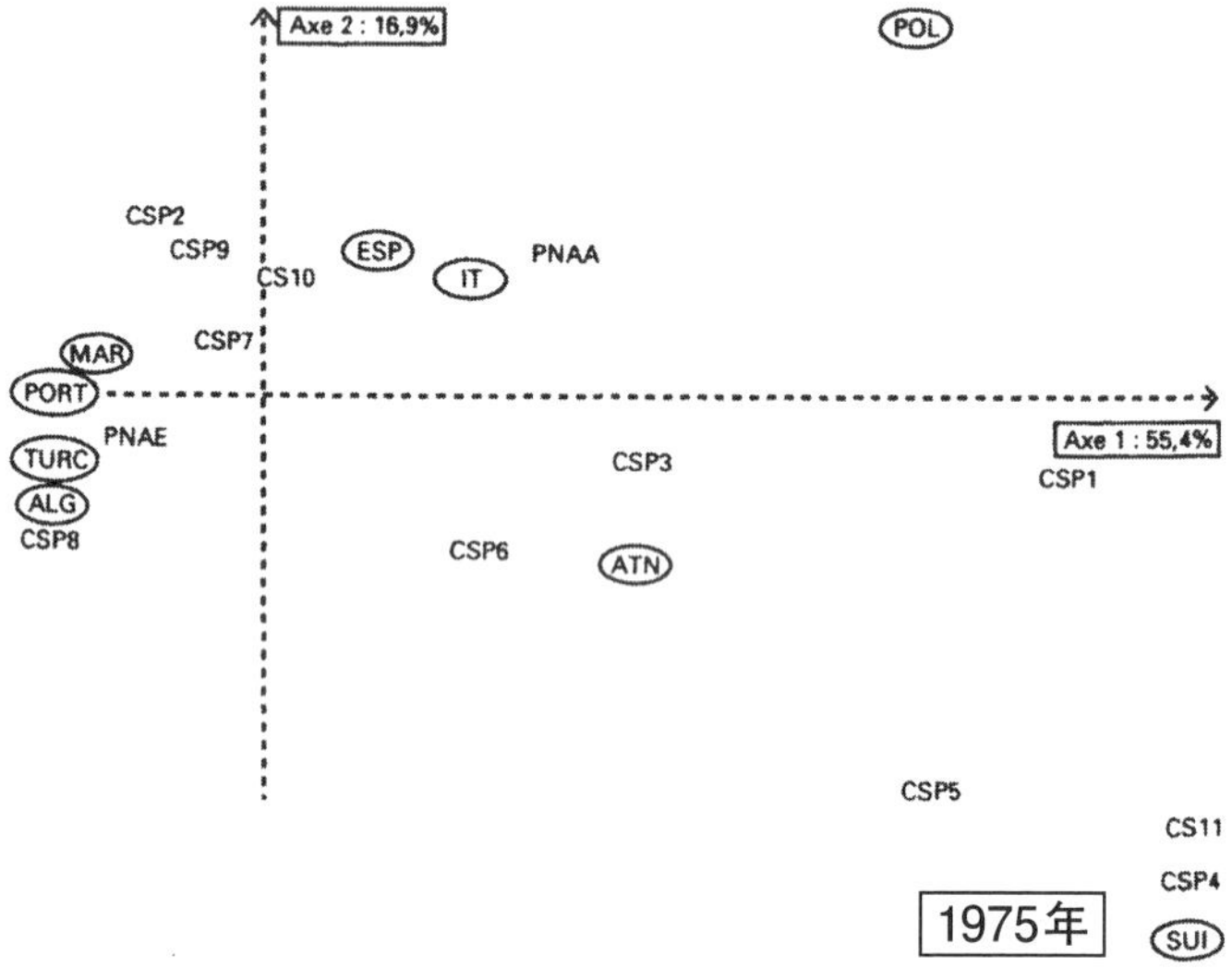

因子分析
観察対象および変数の名称

1．観察対象　IT：イタリア人，ALL：ドイツ人，LUX：ルクセンブルク人，SUI：スイス人，AUTR：オーストリア人，ANGL：イギリス人，NAT：帰化者，ATN：それ以外の国籍，BELG：ベルギー人，ESP：スペイン人，POL：ポーランド人，USA：アメリカ人，PORT：ポルトガル人，RUSS：ロシア人，MAR：モロッコ人，TURC：トルコ人，ALG：アルジェリア人

2．変数

＊1901年，1931年および1975年の各表共通の変数　PNAE：未成年の非就業者，PNAA：成年の非就業者

＊1901年と1931年の各表共通の変数
CHE：経営者，EMP：被雇用者，OUV：労働者，ISO：自営の勤労者，CHO：失業者，1：漁業，2：農林業，3：鉱業・採石業，4：加工業，5：運輸交通業，6：商業・銀行・芸能，7：自由業部門，8：家事サービス部門，9：公共サービス

＊1901年のみに適用される変数
CHEA：農林水産業（1・2）の経営者，CHEB：自由業部門・公共サービス（7・9）の経営者，EMPLA：農林水産業・鉱業・採石業・加工業・運輸交通業（1・2・3・4・5）

の被雇用者，OUVA：農林水産業（1・2）の労働者，OUVB：商業・銀行・芸能・家事サービス部門（6・8）の労働者，OUVC：自由業部門・公共サービス（7・9）の労働者，ISOA：農林水産業（1・2）の自営の勤労者，ISOB：鉱業・採石業・加工業・運輸交通業（3・4・5）の自営の勤労者，ISOC：自由業部門・公共サービス（7・9）の自営の勤労者，CHOA：農林水産業・鉱業・採石業・加工業・運輸交通業（1・2・3・4・5）の失業者，CHOB：自由業部門・公共サービス（7・9）の失業者

＊1931年のみに適用される変数
CHEA：農林水産業（1・2）の経営者，CHEB：鉱業・採石業・運輸交通業（3・5）の経営者，CHEC：自由業部門・家事サービス部門・公共サービス（7・8・9）の経営者，EMPLA：農林水産業（1・2）の被雇用者，EMPLB：鉱業・採石業・加工業・運輸交通業（3・4・5）の被雇用者，EMPLC：自由業部門・公共サービス（7・9）の被雇用者，OUVA：農林水産業（1・2）の労働者，OUVB：自由業部門・公共サービス（7・9）の労働者，ISOA：農林水産業・鉱業・採石業・家事サービス部門（1・2・3・8）の自営の勤労者，ISOB：自由業部門・公共サービス（7・9）の自営の勤労者，CHOA：農林水産業（1・2）の失業者，CHOB：鉱業・採石業・管理・運送業（3・5）の失業者，CHOC：自由業部門・公共企業体（7・9）の失業者

＊1975年のみに適用される変数
CSP1：農業経営者，CSP2：農業賃金労働者，CSP3：工場経営者・商店経営者，CSP4：自由業・上級管理職，CSP5：中間管理職，CSP6：被雇用者，CSP7：職工長・熟練工・見習い，CSP8：単能工・未熟練労働者，CSP9：炭坑員・船員・漁師，CSP10：接客係，CSP11：アーティスト・聖職者・軍隊・警察

今日の移民現象
1999 年の調査

国籍別の人口集計

1999 年	人口		10 歳以下		10 歳以上		フランス人とのカップル	フランス国籍取得者 **	
	男性	女性	男性	女性	男性	女性	（男性＋女性）*	男性	女性
スペイン	80 271	79 923	1 856	1 673	78 415	78 250	35 945	72 516	100 612
イタリア	113 602	87 030	2 278	2 149	111 324	84 881	55 861	91 154	117 925
ポルトガル	295 350	260 033	17 757	16 601	277 593	243 432	77 884	53 452	62 574
アルジェリア	271 812	203 404	11 068	10 777	260 744	192 627	68 451	81 787	75 554
モロッコ	275 772	230 533	30 432	28 741	245 340	201 792	36 497	68 859	65 103
合計（すべての国籍）	1729807	1528732	139 328	131 165	1590479	1397567	488 012	707 748	848 295

* 二人の配偶者のうちのどちらかがフランス国籍

** 国籍取得によりフランス国籍となった移民を出生地国ごとに記載

産業部門別の就業人口

	スペイン人		イタリア人		ポルトガル人		アルジェリア人		モロッコ人		外国人合計	
	男性	女性	男性	女性	男性	女性	男性	女性	男性	女性	男性	女性
農業・漁業	1 875	567	783	172	7 250	2 847	1 160	164	12 329	1 215	31 253	8 056
製造業	8 396	2 594	12 069	2 602	38 471	17 155	22 658	3 437	25 197	3 010	167 456	51 121
土木建設業	7 285	298	10 391	295	78 569	1 835	18 061	353	17 436	338	172 406	4 672
商業	4 472	2 875	6 493	2 558	20 541	12 607	12 665	4 969	12 724	4 012	94 686	49 583
運輸業	1 456	430	1 945	432	7 813	1 273	7 220	666	4 753	456	36 696	7 594
民間サービス	6 975	10 569	10 597	6 199	29 485	75 333	29 998	16 717	23 474	16 448	200 428	196 591
公共サービス	2 575	6 257	3 101	5 262	6 059	21 471	11 481	16 821	8 469	10 472	74 403	111 316
合計	33 034	23 590	45 379	17 520	188 188	132 521	103 243	43 127	104 382	35 951	777 328	428 933